Menschen Zeiten Räume

Arbeitsbuch für Gesellschaftslehre
Band 2
(7. und 8. Schuljahr)

Herausgegeben von
Heiner Beddies,
Dr. Thomas Berger-v. d. Heide

Bearbeitet von
Wolfgang Behr,
Dr. Thomas Berger-v. d. Heide,
Richard Braun, Gero Busse,
Angela Drescher,
Susanne Groß, Winfried Groß,
Heidrun v. d. Heide,
Marion Jüttner-Hötker,
Bernd Lichtenberg, Dr. Harald Neifeind,
Hans-Otto Regenhardt
unter beratender Mitwirkung von
Andreas Lindemeier

Cornelsen

Inhaltsverzeichnis

Themen

Probleme

1. Menschen nutzen und verändern ihre Umwelt 6

1.1 Hunger im Sahel 6
Kampf ums Überleben 8
■ Methode: Arbeiten mit dem Klimadiagramm 12
Überleben in den Savannen 14
Dürre- und Hungerkatastrophen – unabwendbar? 22
■ Werkstatt: Schule einmal anders 30
■ Zusammenfassung 31

Gefährdung der Lebensgrundlagen im historisch-geographisch-politischen Bedingungsgefüge

1.2 Die Nordsee – Ferienparadies oder Kloake? 32
Touristenmagnet Nordseeküste 34
Die Nordsee – Müllkippe und Industriegebiet 38
■ Methode: Arbeiten mit dem Kreisdiagramm 41
■ Zusammenfassung 50

Diskrepanz zwischen wirtschaftlichen Interessen und dem Schutz der Umwelt

1.3 Projekte zum Thema Verkehr 52
Lernen in Projekten 54

Nutzung der Technik unter humanen Vorzeichen

2. Menschen fordern Recht und Gerechtigkeit 60

2.1 „Nichts als die Gerechtigkeit Gottes …" 60
Die Lage des gemeinen Mannes 62
■ Zum Weiterlesen 67
Die Bauernkriege 68
Kampf um gleiche Rechte heute 75
■ Zusammenfassung 79

Legitimation von Widerstand und Revolution

2.2 Freiheit – Gleichheit – Menschenrechte 80
Die Krise des Absolutismus 82
■ Methode: Arbeiten mit Flugblättern 85
Die Revolution des Dritten Standes 86
Gleichheit für alle Menschen 96
■ Werkstatt: Menschenrechte 100
■ Zusammenfassung 101

Anspruch und Wirklichkeit der Menschenrechte in historischer und aktueller politischer Dimension

2.3 Kaffee – Coca – Kokain – Gewalt 102
Kolumbien – Land der Kontraste 104
Land der extremen Gewalt 110
Wege zur Hilfe 116
■ Werkstatt: Rollenspiel 118
■ Zusammenfassung 119

Ursachen und Verantwortung für globale Ungleichheit und Armut

Inhaltsverzeichnis

3. Menschen brauchen einen Platz in ihrer Gesellschaft   120

3.1 **Typisch ... Rollen im Wandel**   120   Alternative Wahrnehmung und Veränderbarkeit von Geschlechtsrollen
- Rollenbilder im Wandel   122
- Werkstatt: Stummes Schreibgespräch   125
- Wahrnehmungen und Erfahrungen   126
- Gleichberechtigung geht uns alle an   132
- Weitermachen   135

3.2 **Süchtige Gesellschaft – kranke Gesellschaft?**   136   Abhängigkeit und Sucht in ihrem gesellschaftlichen Kontext
- Drogen im Alltag   138
- Drogenkarrieren   142
- Wege aus der Sucht   146
- Methode: Streitgespräch   149
- Werkstatt: Anti-Drogen   150
- Zusammenfassung   151

3.3 **Von den Weibern, die man(n) nennet die Hexen**   152   Ursachen und Folgen eines patriarchalisch geprägten Rollenverständnisses
- Verfolgte Frauen, Männer und Kinder   154
- Die eigene Hexe in der Nachbarschaft   158
- Zum Weiterlesen   167
- Methode: Auswerten von Bildern   168
- Zusammenfassung   169

3.4 **Wohin mit Oma und Opa?**   170   Einsamkeit und Armut im Alter oder Miteinander der Generationen
- Die älteren Menschen in unserer Gesellschaft   172
- Ist altern ein Problem?   178
- Methode: Arbeiten mit Grafiken   184
- Zusammenfassung   185

4. Menschen gestalten ihre Lebensbedingungen   186

4.1 **Konflikte in der Stadt**   186   Demokratische Teilhabe an kommunalen Entscheidungen in Geschichte und Gegenwart
- Konflikte im mittelalterlichen Köln   188
- Lebensqualität in der mittelalterlichen Stadt   194
- Methode: Mit alten Texten arbeiten   196
- Lebensqualität heute   197
- Zusammenfassung   205

Inhaltsverzeichnis

4.2	**Gesichter der Industriegesellschaft**	**206**
	Die Industrialisierung beginnt in England	208
	Die Industrialisierung im Ruhrgebiet	214
	Industriegesellschaft – wohin?	222
🟦	Methode: Arbeiten mit Fotos	226
🟩	Zusammenfassung	227

Jugendbücher	228
Worterklärungen	230
Quellenverzeichnisse	236
Register	240
Impressum	244

Technischer Fortschritt schafft und vernichtet Arbeit und verändert Arbeitsbedingungen

Schülerbrief

Liebe Schülerinnen, liebe Schüler!

Das Lernen im Fach Gesellschaftslehre (GL) kann Spaß machen. Ihr habt dies bereits in den Klassen 5 und 6 festgestellt. Wir wollen euch noch einmal den Aufbau des Buches für die Klassen 7 und 8 vorstellen, besonders für diejenigen unter euch, die das Buch zum erstenmal im Unterricht benutzen.

Einführung in die Themenbereiche

Das Buch ist in vier große Themenbereiche gegliedert. Innerhalb dieser Themenbereiche gibt es wiederum verschiedene Unterthemen, die wichtige Probleme aufgreifen.

Jedes Thema wird mit Auftaktseiten eröffnet. Die Materialien der Auftaktseiten sollen neugierig machen und laden dazu ein, selbst Fragen zum Thema zu formulieren. Ein Einleitungstext auf den Auftaktseiten gibt euch Hinweise zur Arbeit mit den Materialien der folgenden Seiten.

Arbeitsangebot der Doppelseiten

Jede Doppelseite bietet ein vielfältiges Angebot, einen Sachverhalt des Faches Gesellschaftslehre zu bearbeiten. Mit Hilfe von Texten, Bildern, Grafiken und Karten wird jedes Teilthema so dargestellt, daß ihr selbst damit arbeiten könnt.

Farbig unterlegte Texte zu Beginn eines Kapitels erläutern thematische Schwerpunkte, stellen Zusammenhänge her und nennen Leitfragen.

Die Überschriften der Doppelseiten benennen das jeweilige Teilthema, um das es geht. Großbuchstaben in der Überschrift einer Seite zeigen an, daß ein neues Unterkapitel beginnt.

Die Texte und Materialien der Doppelseiten sind durch Zwischenüberschriften gegliedert. Auf jeder Doppelseite findet ihr Texte der Autorinnen und Autoren, die einen Sachverhalt erläutern und erklären. Sie haben dabei versucht, die oft komplizierten Aussagen der Forschung so zu vereinfachen, daß ihr sie verstehen könnt.

Schriftliche Quellen

Bei den Themen, die sich mit der Vergangenheit befassen, sind die Berichte der damals lebenden Menschen, die sogenannten Quellen, mit einem **Q** und mit einem Farbbalken am Rand gekennzeichnet.

Materialien

Andere Themen enthalten Arbeitsmaterialien, wie Berichte oder Auszüge aus Zeitungen, mit denen ihr arbeiten könnt. Materialien sind mit einem **M** und einem Farbbalken gekennzeichnet.

Arbeitsaufgaben

In den Arbeitsaufgaben werdet ihr angeleitet, aus den Texten, Quellen, Materialien, Bildern und Karten Informationen zu entnehmen und einen Sachverhalt zu erarbeiten. Ziel der Aufgaben ist es vor allem, euch bei eurer Meinungsbildung zu helfen.

Methodenseiten

Diese Seiten stellen euch jeweils eine wichtige Methode des Faches Gesellschaftslehre vor. An einem Beispiel lernt ihr eine Methode kennen und anzuwenden. Diese Methode könnt ihr dann auch auf Sachverhalte anderer Kapitel anwenden.

Werkstatt

Auf den Werkstattseiten findet ihr Vorschläge zum Weiterarbeiten in anderen Formen, zum Spielen, Basteln und für eigene Nachforschungen.

Zum Weiterlesen

Die Seiten zum Weiterlesen enthalten Ausschnitte aus Jugendbüchern. Hinweise auf weitere Jugend- und Sachbücher findet ihr am Schluß des Buches.

Zusammenfassung

Jedes Thema wird durch eine Zusammenfassung abgeschlossen. Sie kann unterschiedliche Formen haben und will euch anregen, noch einmal über das gesamte Thema nachzudenken.

Worterklärungen

Ein Verzeichnis schwieriger Begriffe steht am Ende des Buches. Die dort aufgeführten Begriffe sind im Text mit einem * gekennzeichnet.

Register

Am Ende des Buches gibt es ein Stichwortverzeichnis. Damit könnt ihr herausfinden, auf welchen Seiten des Buches ein bestimmter Sachverhalt, etwa das Leben im Sahel, behandelt wird.

Menschen nutzen und verändern ihre Umwelt

100 000 vom Hungertod bedroht 1973
Im Zentralafrikanischen Staat Tschad sind rund 100 000 Menschen durch die langanhaltende Dürre vom Hungertod bedroht.

Vor einer neuen Katastrophe 1984
Der Hunger bedroht mehr als sechs Millionen Menschen
In Äthiopien sterben täglich 250 Menschen an Hunger

Sahel awaits the rain 1988

Dürrekatastrophe 1984
Schicksal oder Versäumnis?

Hunger im Sudan 1993
Die Regierung will trotzdem Getreide exportieren

Je mehr Weizen, desto größer der Hunger
Warum sich der Agrarriese Afrika nicht mehr ernähren kann 1990

Aufgeschnappt

Eine Frau beim Einkaufen:
„Herrliches Frühgemüse aus Westafrika – und das schon im Winter."

Ein Mann:
„Die Afrikaner haben selbst Schuld, daß ihr Land zur Wüste wird. Sie sollten sich nicht so vermehren und die Bäume stehen lassen."

Ein Mädchen:
„Meine Eltern spenden Weihnachten immer Geld für ‚Brot für die Welt'."

Eine Frau:
„Wie gut, daß wir den hungernden Menschen im Sahel mit unseren Getreide- und Rindfleischüberschüssen helfen können."

1.1 HUNGER IM SAHEL

— *Nennt die Themen, von denen die Schlagzeilen berichten.*
— *Äußert euch zu den Aussprüchen und Meinungen.*
— *Sammelt Zeitungsartikel über Probleme in der Sahelzone.*

Mit 5 Jahren mußte Fatma ihr Dorf verlassen, weil sie nichts mehr zu essen hatte. Fatmas Dorf liegt im Innern Afrikas in der Sahelzone, die immer wieder von Jahren der Dürre heimgesucht wird.
Über die Lebensverhältnisse dort und die vielfältigen Ursachen der Dürrekatastrophen – klimatische, geschichtliche, politische – und ihre verheerenden Folgen könnt ihr euch im nächsten Kapitel eingehend informieren.
Damit ihr erkennen könnt, welche Bedeutung das Klima hat, lernt ihr auch den Umgang mit Klimadiagrammen.
Schließlich gilt es sorgfältig zu prüfen, wie wir in Europa die Menschen in der Sahelzone dabei unterstützen können, ihre Lebenssituation eigenständig und selbständig zu verbessern.

KAMPF UMS ÜBERLEBEN

1 Hungerflüchtlinge in einem Lager im Sudan. Foto 1983.

Die Flucht
Fatma berichtete 1992 in einem Interview:

> **M1** Ich bin 13 Jahre alt. Ich gehöre zum Volk der Zaghawa, das in Nord-Darfur im Sudan lebt. Als ich 5 Jahre alt war, begann in unserem Dorf Esh Barrah (arab. = Hirse im Überfluß) eine große Dürre. Wir haben immer weniger Hirse, unser Hauptnahrungsmittel, ernten können. Bald wuchs fast gar nichts mehr. Mein Vater verließ uns mit seiner ersten Frau und zog mit den Kühen und den Ziegen in den Süden, denn dort, so hieß es, sollte es noch Futter geben. Meine Mutter, meine Großmutter, meine kleine Schwester und ich hatten nichts mehr zu essen. Um nicht zu verhungern, machten wir uns auf den Weg in die nächste Stadt. Wir verkauften vieles von unseren Habseligkeiten, und so konnte meine Mutter eine Lastwagenfahrt bezahlen. Wir fuhren nach Omdurman bei Khartum, in der Hoffnung, daß wir dort Arbeit und Nahrung finden würden. Mit uns strömten viele hungrige Menschen dorthin. Aber die Polizei griff uns alle auf und transportierte uns in ein Flüchtlingslager in der Wüste westlich von Omdurman.

Im Flüchtlingslager:

> **M2** Wir lebten dort in einem Zelt, das notdürftig aus Säcken zusammengeknüpft worden war. Tagsüber war es im Zelt unerträglich heiß. Kam ein Sandsturm, so weinten wir Kinder, weil er durch alle Ritzen in Nase, Ohren und Mund drang. Kamen wolkenbruchartige Schauer, so stand unser Zelt im Wasser. Meine Mutter und Großmutter versuchten in der Stadt als Wäscherinnen etwas Geld zu verdienen – was eigentlich verboten war –, damit sie für uns Hirse, Wasser und Holz kaufen konnten, oder wir bekamen Hilfslieferungen aus Amerika.

Die Rückkehr:

> **M3** Meine Mutter beschloß nach 8 Jahren Aufenthalt im Flüchtlingslager, wieder zurückzukehren. Sie wollte wieder säen und ernten, denn es gab Regen. Unsere Freunde meinten: „Warum bleibt ihr nicht hier? Hier verhungert ihr nicht." Doch meine Mutter packte unsere Sachen auf einen Lastwagen, der uns zusammen mit anderen Familien nach mehrtägiger Fahrt zurück in unsere Dörfer in Darfur brachte. Lange hatten wir zu tun, um den Sand aus unserer Hütte zu beseitigen. Meine Mutter sagte: „Wir wollen säen und pflanzen, Allah wird uns helfen."

Zeit:	1965	1969-73	1973	1982-84	1985
		Dürre		Dürre	
Einw.:	250 000		60 000		25 000

2 Einfluß der beiden letzten Dürrekatastrophen (Abwanderung und Hungertod) auf die Einwohnerzahl der Region Dar Zaghawa in Darfur (Sudan).

Innerhalb von drei Monaten starben 1984 im Sudan 252 000 Menschen den Hungertod infolge der Dürre und des Bürgerkrieges.

1 *Erstellt eine Zeittafel mit den in M1-M3 enthaltenen Daten und Ereignissen.*
2 *Nennt die Gründe, warum die Mutter mit ihrer Familie das Dorf in Darfur verlassen hat.*
3 *Meßt auf der Karte (Abb. 3) die Entfernung von Fatmas Dorf bis nach Omdurman. Stellt mit Hilfe des Atlasses fest, welcher Entfernung von eurem Heimatort aus das entsprechen würde.*
4 *Beschreibt die Lebenssituation im Lager mit Hilfe des Fotos (Abb.1) und des Berichtes in M2.*
5 *Beschreibt die Bevölkerungsentwicklung im Land der Zaghawa (Abb. 2) und nennt mit Hilfe der Angaben in M1-M3 Gründe dafür.*

Das Beispiel Sudan

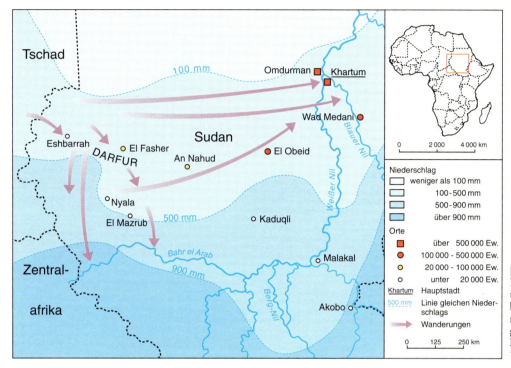

3 Langjährige Niederschlagswerte und Wanderungsbewegungen im sudanesischen Hungergürtel während der Dürrekatastrophe 1982–1984.

Wie die Notlage im Sudan entstand

Aufgrund ausreichender Niederschläge in der Mitte dieses Jahrhunderts entstanden im ehemaligen Nomadenland der Zaghawa zahlreiche Ackerbau-Siedlungen. Viele Nomaden wurden seßhaft und vergrößerten ihre Viehherden. Immer mehr Kinder wurden geboren und blieben am Leben. Als dann die Dürrekatastrophen 1969–73 und 1982–84 einsetzten, war die Not groß. Viele Zaghawa wanderten in die Provinzstädte, in die großen Städte am Nil oder in den regenreicheren Süden in der Hoffnung auf Arbeit oder Hilfe. Die Behörden beschlossen aus Angst vor Unruhen, die Hungerflüchtlinge außerhalb der Städte in großen Sammellagern unterzubringen. Zusammen mit Menschen aus anderen Landesteilen, in denen Bürgerkriege tobten, gelangten sie in Lager, in denen bald 1,5 Millionen (1985) Flüchtlinge lebten. 1993 waren es bereits 2,5 Millionen. Für so viele Menschen fehlte es dort an Trinkwasser, Toiletten, medizinischer Versorgung und an Bildungsmöglichkeiten.

Ein Beispiel:
Wie Fatmas Familie geht es auch anderen. So besitzt z.B. eine durchschnittlich sechsköpfige Familie im nördlichen Sahelgebiet des Sudan zwanzig Ziegen und einen Esel. Mann und Frau bestellen gemeinsam etwa 5 Hektar* Ackerland mit Hirse. Der Jahresbedarf der Familie an Hirse beträgt 1200 kg. Nur etwa alle fünf Jahre fällt soviel Niederschlag, daß die Ernte reicht. Es muß daher die Hälfte des Hirsebedarfs zugekauft werden. Dazu wird Geld benötigt.

Ein Beispiel für die Nahrungsbeschaffung einer Familie in Nord-Darfur:

Ernte	600 kg Hirse
Verkauf von 5 Ziegen (im Wert von)	250 kg Hirse
Lohnarbeit z.B. in landwirtschaftl. Großbetrieben (im Wert von)	200 kg Hirse
Sammeln und Verkauf von Brennholz und Grünfutter (im Wert von)	100 kg Hirse
Flechterei und handwerkliche Arbeiten (im Wert von)	50 kg Hirse
	1 200 kg Hirse

6 *Rechnet und überlegt, wie die Familie im ersten, zweiten und dritten Dürrejahr ihren Hirsebedarf decken kann, wenn die Ernte ausfällt. Bedenkt, daß dann in den Großbetrieben auch nichts mehr verdient werden kann.*

Klima- und Landschaftszonen im nördlichen Afrika

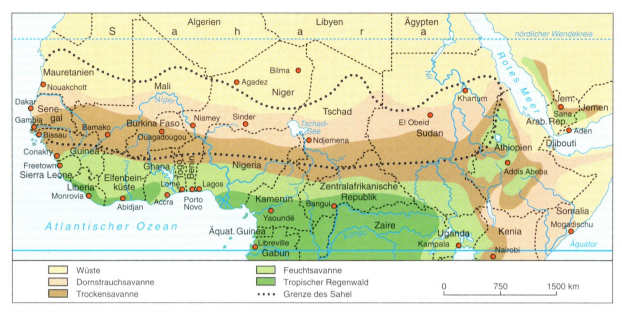

1 Landschaftszonen im nördlichen Afrika. Karte.

Die Sahelzone

Fatmas Heimat, Nord-Darfur, liegt in einem klimatisch sehr empfindlichen Gebiet, der Sahelzone. Um einige Probleme der Menschen in der Sahelzone verstehen zu können, könnt ihr euch auf den folgenden Seiten über die natürlichen Grundlagen des Lebens in dieser Landschaftszone informieren.

Die Sahelzone erstreckt sich am Südrand der Sahara quer über den afrikanischen Kontinent. Ihren Namen erhielt sie im Mittelalter durch arabische Händler und Eroberer, denen nach der Durchquerung des endlosen Sandmeeres das Grün der Gräser und Bäume als „rettendes Ufer" (arabisch: „sahil") erschien. Wenn heute vom Sahel gesprochen wird, so ist ein größeres Gebiet gemeint, das große Teile der Savannen im Nordteil Afrikas einschließt.

Klimazonen im nördlichen Afrika

Die Einstrahlung der Sonne ist am Äquator am stärksten, an den Polen am schwächsten. Daher gibt es auf der Erde verschiedene Klimazonen. Die in Abbildung 1 dargestellte Landfläche gehört zur tropischen Klimazone. Sie wird in die immerfeuchten Tropen (Regenwaldklima), die wechselfeuchten Tropen (Savannenklimate) und die trockenen Tropen (Halbwüsten- und Wüstenklimate) unterteilt. Die Jahresdurchschnittstemperatur liegt in den Tropen über 18,3 °C. Jahreszeiten wie bei uns gibt es in den Tropen nicht, sondern Feucht- (Regen-) und Trockenzeiten. Nach der Verteilung der Niederschläge während des Jahres und der Zahl der feuchten Monate werden fünf Landschaftszonen unterschieden.

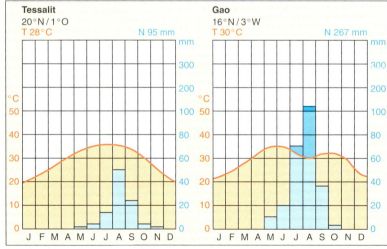

2 Klimadiagramme: Tessalit und Gao.

Klima- und Landschaftszonen im nördlichen Afrika

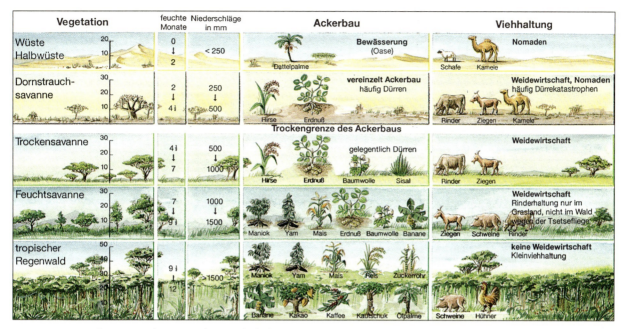

3 Vegetation und Nutzungsformen in den Landschaftszonen im nördlichen Afrika.

1 Beschreibt die in der Karte abgebildeten tropischen Landschaftszonen mit Hilfe von Abb. 3.
2 Ordnet die vier Fotos auf S. 7 den Landschaftszonen zu. Begründet die Zuordnung.
3 Beschreibt mit Hilfe der Karte (Abb. 1) die Lage und Größe der Sahelzone.
4 Entnehmt der Karte, welche Landschaftszonen zur Sahelzone gehören.
5 Sucht im Atlas die Orte von Abb. 2 und Abb. 4.
6 Untersucht im Atlas, welche anderen Klima- und Landschaftszonen es in Afrika gibt.
7 Ordnet die Klimadiagramme den Landschaftszonen zu und begründet die Zuordnung (vgl. Methodenseiten 12 und 13).

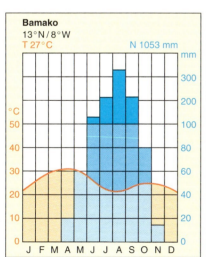
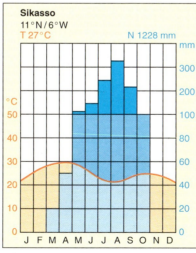
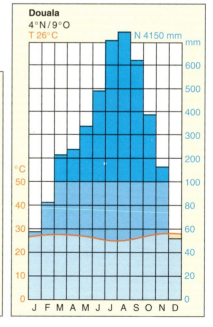

4 Klimadiagramme: Bamako, Sikasso, Douala.

Methode: Arbeiten mit dem Klimadiagramm

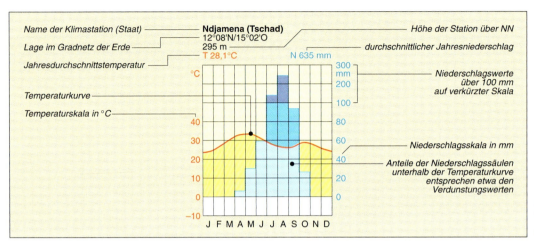

1 Aufbau eines Klimadiagrammes.

Wir arbeiten mit einem Klimadiagramm

Temperatur, Niederschlag und Verdunstung sind drei wichtige Bestandteile des Klimas*. Sie werden in einem Klimadiagramm dargestellt.

An vielen Orten auf der Erde werden in Klimastationen die Lufttemperatur und die Niederschlagswerte* gemessen. Aus den mehrmaligen täglichen Temperaturmessungen (meist 4x) wird ein Tagesmittel errechnet, aus den Tagesmittelwerten unter Berücksichtigung langjähriger Messungen dann ein Monatsmittel.

Diese monatlichen Mittelwerte werden im Diagramm mit einer roten Kurve verbunden. So könnt ihr die Monate mit den niedrigsten (Minimum) und den höchsten (Maximum) Temperaturen gut ablesen.

Die mittleren monatlichen Niederschlagsmengen werden mit blauen Säulen dargestellt. Für Werte über 100 mm ist der Maßstab verkleinert, damit sehr hohe Niederschläge noch gut in einem kleinen Diagramm dargestellt werden können. Der Anteil der Niederschlagssäulen über 100 mm ist dunkelblau.

Die Werte für Temperaturen und Niederschläge werden häufig im Verhältnis von 1:2 eingezeichnet. 10 °C auf der Temperaturskala stehen 20 mm auf der Niederschlagsskala gegenüber. So kann gut abgelesen werden, in welchen Monaten genügend Feuchtigkeit für das Pflanzenwachstum vorhanden ist. Ragen die Säulen über die Kurve hinaus, dann ist der Niederschlag größer als die mögliche Verdunstung. Das sind dann humide (feuchte) Monate.

Liegen die Säulen unter der Kurve, dann ist die Verdunstung* größer als der Niederschlag. Das sind aride (trockene) Monate. Die Flächen zwischen der Kurve und den niedrigen Säulen werden gelb eingefärbt, damit ihr schnell die trockenen Monate erkennen könnt. Hellblau ist der Anteil der Säulen gefärbt, der unter der Kurve liegt. Das gibt an, wieviel vom Niederschlag wieder verdunstet.

1 Zeichnet mit Hilfe von Abb. 2 das Klimadiagramm von Essen.

2 Beschreibt die Klimadiagramme von Ndjamena und Essen. Geht so vor, wie es auf S. 13 vorgeschlagen wird.

3 Vergleicht das Klima der beiden Stationen.

4 Denkt darüber nach, warum es trotz ähnlich hoher jährlicher Niederschläge den Pflanzen, Tieren und Menschen in Ndjamena an Wasser mangelt.

	J	F	M	A	M	J	J	A	S	O	N	D	Jahr
°C	1,5	1,9	5,3	8,9	13,1	16,0	17,5	17,3	14,6	10,0	5,8	2,8	9,6
mm	73	63	47	61	63	75	86	90	66	67	72	66	829

2 Klimatabelle von Essen.

Methode: Arbeiten mit dem Klimadiagramm

Wir lesen ein Klimadiagramm

1. **Temperatur:**
- *Nennt den wärmsten und den kältesten Monat.*
- *Errechnet den Temperaturunterschied.*
- *Stellt fest, welche und wie viele Monate heiß (über 20 °C), warm (15–20 °C), mild (5–15 °C), kühl (0–5 °C), kalt (0 bis -10 °C), sehr kalt (unter -10 °C) sind.*
- *Gebt an, ob die Temperaturkurve ein oder zwei Spitzen bzw. Tiefen hat und in welcher Jahreszeit sie liegen.*
- *Vergleicht die Jahresdurchschnittstemperatur (T) mit der anderer Klimastationen und findet heraus, ob sie höher oder niedriger ist.*
- *Überlegt, was die monatlichen Temperaturen für Pflanzen, Tiere und Menschen bedeuten.*

2. **Niederschlagsverteilung:**
- *Nennt die Monate, in denen die Niederschläge am höchsten, gering oder überhaupt nicht vorhanden sind.*
- *Gebt an, wie groß der Unterschied zwischen den niederschlagsreichsten und den niederschlagsärmsten Monaten ist.*
- *Vergleicht den durchschnittlichen Jahresniederschlag (N) mit dem anderer Klimastationen und findet heraus, ob er höher oder geringer ist.*
- *Überlegt, was die monatliche Niederschlagsmenge für Planzen, Tiere und Menschen bedeutet.*

3. **Zusammenwirken von Temperatur, Niederschlag und Verdunstung:**
- *Gebt die ariden Monate an.*
- *Nennt die humiden Monate.*
- *Errechnet, wieviel Niederschlag in einem feuchten Monat verdunstet (hellblaue Säule) und wieviel Niederschlag für Pflanzen übrig bleibt.*
- *Überlegt, was bei hohen Niederschlagsmengen geschieht, wenn Boden und Pflanzen nicht mehr alle Feuchtigkeit aufnehmen können.*
- *Bedenkt, wie sich die monatlichen Temperaturen, Niederschläge und Verdunstungswerte auf Pflanzen, Tiere und Menschen auswirken können.*

Wir zeichnen ein Klimadiagramm

1. *Besorgt euch Karo- oder Millimeterpapier.*
2. *Zeichnet im unteren Teil des Blattes eine 12 cm lange Rechtsachse und tragt darauf die Monate ein.*
3. *Zeichnet nun ausgehend von der Rechtsachse rechts und links zwei 18 cm lange Hochachsen.*
4. *Tragt 4 cm über der Rechtsachse die 0 °C-Linie ein.*
5. *Beschriftet die Achsen des Diagramms (2 cm = 10 °C = 20 mm Niederschlag). Vergeßt nicht den Namen und die Lage der Klimastation, die Jahresdurchschnittstemperatur (T) und den durchschnittlichen Jahresniederschlag (N).*
6. *Tragt die Werte für Temperatur und Niederschlag ein und zeichnet die Temperaturkurve sowie die Niederschlagssäulen.*
7. *Koloriert das Diagramm.*

5 *Beschreibt die Abbildungen 3 und 4. Überlegt, in welchen Monaten sie fotografiert sein könnten.*

3 / 4 Verschiedene Jahreszeiten in der Savanne. Fotos 1994.

ÜBERLEBEN IN DEN SAVANNEN

1 Abdelhag zu Besuch in seinem Heimatort mit seinem gleichnamigen Neffen. Foto 1994.

Leben in El Mazrub

Abdelhag Eldodo berichtete 1994 von seinem Heimatdorf, das in der Region Darfur im Sudan liegt:

M1 Meine Kinder- und Jugendzeit verbrachte ich in El Mazrub, einem Dorf im Übergangsbereich von der Dornstrauch- zur Trockensavanne. Die Regenzeit dauert normalerweise von Juni bis Mitte Oktober. Als aber 1969 bis 1973 eine Dürrekatastrophe die Sahelzone heimsuchte, wurden die Vorräte knapp. Viele Bauern sagten sich: „Wenn das so weitergeht, ist es besser, nach Süden zu ziehen". Bei der zweiten großen Dürre in den Jahren 1982–84 versandeten die Felder. Es wuchs nichts mehr, und erstmals mußten Hilfsgüter verteilt werden. Will ich heute meine Eltern besuchen, so muß ich in ein neues Dorf 50 km weiter südlich fahren. Dort haben die Bauern seit 1973 den Busch gerodet, Felder angelegt und neue Hütten gebaut. Sie hoffen, daß dieses Land nicht zur Wüste wird.

Wie wir in El Mazrub leben:
Unsere Religion ist der Islam. Eine Durchschnittsfamilie hat 4–6 Kinder. Einige Männer haben zwei Frauen, das läßt unsere Religion zu. Unser Hauptnahrungsmittel ist wie fast überall in Afrika die Hirse. Es gibt verschiedene Hirsesorten. Am wohlschmeckendsten ist die kleine Rispenhirse und am ertragreichsten – vorausgesetzt, es fällt genug Regen – die Kolbenhirse.
Die Hirse wird in einem Holzmörser zerstampft und zu leckerem Brei gekocht oder als Fladen gebacken.

Auf den Feldern unseres Dorfes werden u.a. Erdnüsse angebaut. Das daraus gewonnene Öl nehmen wir zum Kochen und Backen. Wir bauen auch Wassermelonen, Bohnen, Gurken, Mais, Sesam und Malven an. Die Malven nehmen wir für Tee, als Saft und als Heilmittel. Wir sammeln Früchte und Nüsse. Entweder werden sie verzehrt, oder es werden leckere Soßen für den Hirsebrei daraus hergestellt.
Wenn eine Familie zehn 50 kg-Säcke Erdnüsse geerntet hat, so verkauft sie 8. Die Familie behält $1/2$ Sack zum Essen und zur Ölgewinnung und $1 1/2$ Säcke für die Aussaat im nächsten Jahr.
Mit dem Verkauf von Hirse und Gemüse verdienen wir uns etwas Geld. Doch das reicht nicht immer fürs Leben. Deshalb arbeiten immer einige Familienangehörige auf großen Plantagen und unterstützen mit dem Verdienst ihre Familie. In unserem Dorf gibt es die Möglichkeit, in drei größeren landwirtschaftlichen Betrieben zu arbeiten. Sie gehören meist Händlern und sind jeweils 100 ha groß.
Eine Familie besitzt etwa 3 oder 4 Kühe, die Milch geben, 10 bis 15 Ziegen, viele Hühner, einen Esel; manche Familien haben auch ein Kamel. Hunde und Katzen gibt es natürlich auch. Früher wurde auf den tiefer, näher am Grundwasser gelegenen Stellen Baumwolle angebaut. Sie wurde versponnen und zu Tuch gewebt, eine langwierige Arbeit. Heute kauft jeder sich Stoffe und Kleider. Natürlich kostet das Geld.
Eine Einnahmequelle ist das Gummi Arabicum, das aus der Gummiakazie gewonnen wird. Mit einer kleinen Axt wird die Rinde der Baumstämme in der nicht so heißen Jahreszeit angeritzt. Die Gummimilch quillt hervor, trocknet dabei aus und bildet unten am Ritz nach einer Woche einen Klumpen, der dann in einem Sack eingesammelt wird …

1 *Beschreibt das Leben der Bauern von El Mazrub und schildert, wie sie auf die Verwüstung und die drohenden Hungerkatastrophen reagierten.*
2 *Sucht das Dorf auf der Karte (S. 9) und meßt die Entfernungen nach El Fasher, El Obeid und nach Khartum. Nennt vergleichbare Entfernungen von eurem Heimatort zu Städten in Mitteleuropa. Nehmt dazu den Atlas zu Hilfe.*

Überleben in der Dornstrauchsavanne

Wanderhackbau

Jede Familie hat so viel Land, wie sie bewirtschaften kann, etwa 10 ha. Davon sind in der Regel 3,5 ha Hirse, 1,8 ha Erdnüsse, 0,2 ha Malven, 0,5 ha Sesam und 4 ha einjährige Brache. Nach vier bis sechs Jahren sind die Nährstoffe im Boden verbraucht. Dann werden die Felder verlagert. Neuerdings hat der Gemüseanbau in kleinen Gärten in Hofnähe zugenommen.

Markttag

Abdelhag berichtete weiter:

M2 … Jeden Donnerstag ist Markt in unserem Dorf. Dort kann jeder das verkaufen, was er übrig hat, und das kaufen, was er nicht angebaut oder selbst hergestellt hat. Früher wurde fast nur getauscht, heute wird meist mit Geld bezahlt. Nur die Nomaden* tauschen noch gern auf unserem Markt, z. B. ein Gefäß mit Butter gegen 2 kg Hirse oder 2 l Milch für 1 kg Erdnüsse.

Auf dem Marktplatz gibt es einfache Marktstände und die Hütten der großen Händler, der Metzger, Schreiner, Schuhmacher, Schneider und des Schmieds. Am Rande des Marktplatzes befindet sich ein Pferch*. Dort muß jeder gegen eine Gebühr seinen Esel, sein Pferd oder Kamel „parken". Auf unserem Markt kann fast alles gekauft werden: Kleider, Stoffe, Zucker, Salz, Datteln, Süßigkeiten, Eier, Zwiebeln, Hühner, Ziegen, Töpfe, Möbel, Schuhe, Sandalen und gebrauchte Flaschen, Dosen und Kanister, die wir weiterverwenden. Aber nicht alle haben das nötige Geld dafür. In der Erntezeit wiegt ein Angestellter des Staates die Erdnußsäcke. Die Ernte wird von Händlern aufgekauft. Die Preise schwanken häufig und werden immer niedriger …

2 Dorfmarkt in El Mazrub/Sudan. Foto 1994.

3 Recyclingware* auf einem Markt in Mali. Foto 1994.

3 *Fertigt eine Liste an, wie die Bewohner ihren Lebensunterhalt bestreiten. Unterscheidet, was sie für die Selbstversorgung anbauen, womit sie Geld verdienen und was sie mit dem Geld kaufen.*

4 *Erkundigt euch nach der Größe der Anbauflächen deutscher Bauernhöfe bei Landwirten oder der Landwirtschaftskammer und vergleicht sie mit der hier geschilderten.*

5 *Überlegt, warum und wofür die auf dem Foto (Abb. 3) abgebildete Recyclingware gekauft wird.*

Wie Mädchen und Jungen leben

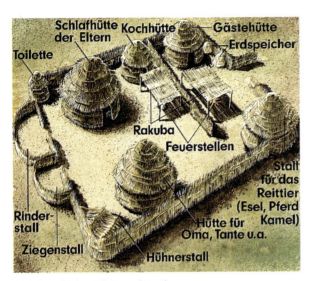

1 Ein Gehöft in El Mazrub/Sudan.

Hütte und Hof
1 *Beschreibt das Gehöft (Abb. 1).*

Auf dem Hof findet das tägliche Leben statt. In den Hütten wird geschlafen und bei Regen Unterschlupf gesucht. Die Dächer und geflochtenen Wände der Hütten aus Hirsestroh lassen die Luft durch, was im Sommer etwas Kühlung bringt. Die Hofanlage ist mit einem hohen aus Stroh geflochtenen Zaun umgeben. Die Kinder schlafen in der Gästehütte, die Mädchen mitunter auch in der Kochhütte, kleine Kinder bis zum 5. Lebensjahr bei ihren Eltern. Neben der Kochhütte und im Eingangsbereich sind aus Zweigen und Stroh Sonnenschutzdächer gebaut. Sie heißen Rakuba. Feuerstellen aus drei Steinen, auf die ein Topf gestellt wird, befinden sich unter dem Kochrakuba und in der Kochhütte. Wenn es regnet, wird in der Kochhütte das Essen zubereitet.

Möbliert sind die Hütten nur sparsam: einfache Bettgestelle mit Strohmatten, selbstgebaute Sitze, Holzhaken für die Kleider, Hängeregale für Töpfe, Schalen und Vorräte.

Kinderalltag im Sudan
Ab dem 7. Lebensjahr besteht Schulpflicht. Die Kinder bekommen lange Ferien: 3 Monate von Mai bis Juli, damit sie bei der Feldbestellung helfen können, und dann noch einmal 21 Tage Ferien für die Ernte im Dezember/Januar.

Abdelhag erzählte weiter:

> **M1** Während der **Schulzeit** stehen wir um 7 Uhr auf, trinken nur Tee und gehen um 7.45 Uhr zur Schule, etwa 1 km weit. Um 9 Uhr gibt es eine Frühstückspause. Wir laufen nach Hause, denn die Mutter wartet schon mit Hirsebrei und Trinkwasser auf uns. Nach Schulschluß um 13.30 Uhr gibt es Teigfladen. Wer nicht zu Hause helfen muß, geht um 16 Uhr wieder zur Schule, dort können wir Sport treiben, malen, Schulaufgaben erledigen und spielen. Wir kennen auch Spiele, die euch unbekannt sind, z. B. das Bohnenspiel, das Knöchelspiel und besondere Hinkespiele. Um 18 Uhr geht die Sonne unter, dann müssen wir wieder zurück sein, um die Kühe und Ziegen in den Pferch zu treiben, die Ziegen zu melken und Futter für den Esel heranzuschaffen. Um 19 Uhr gibt es dann Abendessen: Hirsebrei mit Milch. Die Männer und Jungen sitzen dabei unter dem großen Rakuba und die Frauen und Mädchen unter dem kleinen Kochrakuba.
> Dann wird es schnell dunkel. Wir dürfen noch ein bis zwei Stunden spielen oder erzählen uns gegenseitig Geschichten. Um 21 Uhr müssen die jüngeren Kinder ins Bett. Die älteren Jungen gehen manchmal abends mit Hunden, Speer und Stock auf die Jagd z. B. nach Stachelschweinen und Ameisenbären.

2 Abend im Dorf. Foto 1994.

Wie Mädchen und Jungen leben

In den **Ferien** müssen die Kinder sehr viel helfen. Wenn von den Männern die Felder vorbereitet und Büsche gerodet werden, dann tragen wir die Zweige zusammen. Bei der Hirseaussat hacken die Männer in Abständen ein kleines Loch in den Boden, und die Kinder werfen einige Körner hinein und schieben mit dem Fuß Erde darüber. Später müssen sie mehrmals Unkraut abhacken. Beim Hacken und auch beim Dreschen mit dem Dreschflegel helfen sich mehrere Familien gegenseitig.

Die Kinder stehen um 5 Uhr morgens auf und fangen gegen 6 Uhr an zu arbeiten. Zwischen 6 und 7 Uhr geht die Sonne auf. Ab 10 Uhr wird es sehr heiß auf den Feldern. Dann ist die Arbeit sehr anstrengend. Da die Kinder morgens nur Tee getrunken haben, freuen sie sich, wenn die Mutter oder die Schwester um 9 Uhr mit dem Frühstück aufs Feld kommt. Sie setzen sich unter einen schattigen Baum. Anschließend arbeiten sie weiter bis zur Mittagspause um 12 Uhr. Bis 16 Uhr ruhen sie sich im Schatten eines Baumes aus und arbeiten dann noch einmal bis 18 Uhr.

Eine Uhr haben die Kinder nicht. Sie richten sich nach dem Stand der Sonne, und wenn es dunkel ist, wird auch nicht mehr gearbeitet, nur das Feuer gibt dann Licht. Wer es sich leisten kann, hat eine kleine Öllampe. Neben der Feldarbeit passen die Kinder in den Ferien auf die Kühe und Ziegen auf, die sonst von einem Hirten gehütet werden. Unsere Eltern können so Geld sparen. Die Frauen melken die Kühe, und die Kinder die Ziegen. Sie helfen auch beim Buttern …

Abdelhag berichtet weiter über die unterschiedliche Erziehung von Mädchen und Jungen:

M2 … Die Mädchen holen Wasser aus dem Brunnen. Manchmal schimpft die Mutter, weil sie so lange dazu brauchen. Sie meint, sie würden mit den anderen Mädchen dort spielen. Die Jungen müssen Brennholz suchen. Die älteren Mädchen müssen schon kochen. Jede Mutter freut sich, wenn ihre Tochter 10 Jahre alt geworden ist, dann kann sie das Kochen übernehmen und auf die kleinen Kinder aufpassen. So gibt es eine Arbeitskraft mehr im Haushalt. Die Kinder helfen und lernen dabei gleichzeitig fürs Leben. Die Mädchen lernen das Flechten von Körben, Schalen, Tabletts und Fächern, das Herstellen von

3 **Wasserholen vom Brunnen.** Foto 1994.

Kalebassen (Gefäße aus Kürbis) und das Ausbessern der Strohzäune und Hauswände.

Die Jungen erhalten mit 15 Jahren einen Sakien. Das ist ein Armmesser, das jeder Mann in Darfur unter dem Kleid am Oberarm trägt. Sie können sich damit verteidigen, schnitzen, Hühner und später, wenn sie älter sind, auch größere Tiere schlachten …

2 *Lest den Text (M1) über den Kinderalltag und überlegt, was die Kinder auf dem Foto (Abb. 2) noch zu tun haben.*

3 *Zeichnet auf ein liniertes Blatt eine Tagesablauftabelle mit fünf Spalten (1. Sp.: Uhrzeit, 2. und 3. Sp.: Tätigkeiten der Kinder während der Schulzeit und in den Ferien, 4. und 5. Sp.: eure Tätigkeiten während der Schulzeit und den Ferien). Ihr könnt die Tabelle auch bebildern.*

4 *Vergleicht das Leben in El Mazrub mit dem eurigen und findet heraus, was in eurem Leben ganz anders ist.*

5 *Überlegt, worauf die Unterschiede zurückzuführen sind. Denkt dabei nicht nur an die geographische Lage, sondern auch an die Lebensverhältnisse im Sudan.*

6 *Beschreibt und diskutiert die unterschiedliche Erziehung der Jungen und Mädchen (M2).*

Leben am Rande der Feuchtsavanne

1 Kinder der Großfamilie Somé im Innenhof des Gehöftes. Foto 1993.

Nani hungert nicht

In Burkina Faso nahe der Grenze zu Ghana liegt das Dorf Memere. Die Menschen gehören zum Volk der Dagari; sie sind katholisch. Das Dorf hat eine Kirche und neuerdings auch eine 4 km entfernte Grundschule. Der Markt liegt 10 km weiter westlich. Die Dagari betreiben Ackerbau, haben aber auch Rinder und anderes Vieh. Die Gehöfte sehen aus wie Lehmburgen: Eine fensterlose Mauer umgibt mehrere einstöckige, rechteckige, aus Lehm gebaute Häuser. In einem solchen Gehöft lebt eine Großfamilie, meist Brüder mit ihren Familien. Jede Familie hat darin einen eigenen Bereich, der mit halbhohen Lehmmauern abgetrennt ist. Der älteste Bruder ist das Familienoberhaupt.

Die Familie Somé

Nani ist 12 Jahre alt und wohnt mit ihren Eltern, zwei kleineren Geschwistern, dem Großvater, einer Tante und einem Kindermädchen in einem Teil einer solchen „Lehmburg". Sie berichtete 1993:

> **M1** Ich gehe nicht mehr im Ort zur Schule, sondern in der Stadt und wohne dort bei Verwandten. In den Ferien bin ich zu Hause, helfe im Haushalt, auf den Feldern und hole in großen Krügen auf dem Kopf Wasser aus Brunnen, die 200 und 500 m entfernt liegen. Manchmal helfe ich der Mutter auch beim Wäschewaschen in der Nähe der Brunnen oder an einem 1 km entfernten Teich. Da mein Großvater als ehemaliger französischer Soldat eine Pension bekommt, seine Söhne aus dem Ausland Geld schicken und auf den Feldern wegen ausreichender Niederschläge (1000 mm im langjährigen Durchschnitt) gute Ernten eingebracht werden konnten, geht es meiner Familie einigermaßen gut. Mein Großvater ließ deshalb auch ein Steinhaus bauen, in dem sich Schlafräume und ein Wohnzimmer befinden. Im Sommer ist es jedoch unter dem Blechdach zu heiß, so daß wir uns alle lieber in den Lehmhäusern aufhalten …

Das Leben in Memere

Nanis Vater hat ein Fahrrad und ein Ochsengespann, mit denen er zu seinen Feldern in den Busch fährt. Sie liegen bis zu 10 km weit entfernt und werden durch Rodung gewonnen. Die traditionelle Brandrodung ist jedoch verboten. Wildwachsende Bäume werden geschont, sie bleiben mitten auf den Feldern stehen.

1 *Beschreibt das Aussehen des Gehöftes und die Kleidung der Kinder (Abb. 1, 2).*

Angebaut werden Hirse, Bohnen, Erdnüsse und Baumwolle, auch Mais, Gurken, Melonen und Knollenfrüchte, wie Maniok*, Yams* und Süßkartoffeln. Während der Kolonialzeit (vgl. S. 26–28) kamen neue Gemüsesorten ins Dorf: Kohl, Tomaten, Zwiebeln, Auberginen. Nanis Vater baut $1/2$ ha Baumwolle und 1 ha Erdnüsse an. Für den Baumwollanbau werden ein Ochsengespann und Ackergeräte benötigt, die nicht jedes Gehöft besitzt.

2 *Erläutert, warum Nani keinen Hunger leidet.*

3 *Vergleicht das Leben von Nani mit dem von Fatma (S. 8), Abdelhag (S. 14, 15) und mit eurem.*

Leben am Rande der Feuchtsavanne

2 Das Gehöft der Familie Somé in Memere. Foto 1993.

Abwanderung und Wanderarbeit

Drei Männer einer Großfamilie unterhielten sich 1994:

M2 Henri (Sohn von Lucien): Ich möchte mir ein Fahrrad und ein Radio kaufen. Deshalb will ich in diesem Jahr mehr Baumwolle anbauen und weniger Hirse. Die kann ich mir dann von dem verdienten Geld auch noch kaufen.

Gaston: Hoffentlich machst du keinen Fehler. Im letzten Jahr gab es doch kaum etwas dafür. Ich gehe auf Nummer sicher. Ich baue mehr Erdnüsse an, die kann ich verkaufen oder selbst essen, wenn der Verkauf nichts einbringt.

Lucien: Ich bin ja hier der Älteste, und ich muß euch sagen, erst kommen wir und dann die anderen. Der Hirsevorrat in den Speichern reicht gerade für ein Jahr.

Henri: Aber wir ernten doch schon wieder in sechs Monaten.

Lucien: Schluß da, auf unseren Feldern will ich nicht noch mehr Pflanzen für den Markt sehen.

Henri: Wenn das so ist, dann gehe ich nach Abidjan, zu Emanuel, der besorgt mir dort Arbeit, und dann habe ich endlich eine Menge Geld.

4 *Meßt auf einer Atlaskarte die Entfernung von Memere bis nach Abidjan. Überlegt, wie die jungen Männer dorthin gelangen können.*

Wanderarbeit = doppelte Belastung der Frauen

Etwa 70 Prozent der jungen Männer aus Memere arbeiten in der Trockenzeit oder ganzjährig in den Städten von Burkina Faso, auf den großen Zuckerrohrfeldern südwestlich von Memere oder in den Hafenstädten und den Plantagen der „reichen" Nachbarländer Cote de Ivore (Elfenbeinküste) und Ghana. Die Männer fehlen dann häufig auf den Feldern, wenn die meiste Arbeit anfällt. Während der Aussaat und Ernte müssen die Frauen und Kinder mehr tun und auch die schwere Männerarbeit übernehmen. Andererseits verdienen die Männer für die Familie Geld, das dringend benötigt wird für Steuern, Schulgeld und kleine Konsumgüter. Viele, vor allem jüngere Männer, kommen nur noch zu Besuch in ihr Heimatdorf, wenn nach der Ernte die Feste ge-feiert werden. Sie bringen dann ein Fahrrad oder ein Transistorradio mit. Abends sitzt dann die Großfamilie zusammen und hört französische und englische Musik, anstatt sich wie früher mit Liedern, Rätseln, Märchen und Erzählungen zu unterhalten.

5 *Nennt Gründe für die Abwanderung der Männer und Folgen für das Leben der Frauen und Kinder.*

Ohne Frauen geht gar nichts

1 Kochen am offenen Feuer. Foto 1993.

2 Kilometerlange Wege zum Markt. Foto 1993.

3 Reparaturarbeiten auf einem Hausdach aus Lehm. Foto 1993.

4 Frauen bei der Feldarbeit. Foto 1993.

Das Leben der Frauen

Ein Arbeitstag von 16 Stunden ist für eine Frau auf dem Lande nicht ungewöhnlich: Holz holen, Wäsche waschen, Geflügel füttern, Wasser holen, Feldarbeit bei 40 °C, Hirse ausdreschen, dreimal täglich Kochen, Hirse stampfen, Geschirr abwaschen, Lehmhäuser ausbessern, Marktgang einmal wöchentlich, Kleider reparieren, Matten und Körbe herstellen, Kinder versorgen, Hof und Häuser fegen, Ernte einbringen, Gemüse bewässern und verarbeiten, Baumfrüchte sammeln, Feuer machen, Bier brauen, Handarbeiten, Zäune ausbessern ...

1 *Beschreibt die Arbeiten der Frauen auf den Fotos dieser Doppelseite. Denkt dabei auch an das Klima, die Entfernungen und die Arbeitsgeräte der Frauen.*
2 *Überlegt, was es bedeutet, wenn Mutter und Kinder bei der Arbeit meist zusammen sind.*
3 *Stellt die Arbeiten der Frauen in einem Schaubild dar.*
4 *Vergleicht den Arbeitsalltag einer afrikanischen Frau mit dem eurer Mutter.*

Aus einem Bericht der Deutschen Welthungerhilfe:
M1 ... Viele Frauen sind die Ernährer der Familie, weil die Männer abgewandert sind, um Geld zu verdienen. Sie müssen sehr viel Kraft haben, um die Arbeit zu schaffen, oder wenn sie ihre Kinder sterben sehen, weil sie die 12 Pfennige für die Dorfhebamme nicht hatten, ... Rund 50 Prozent der Kinder sterben noch vor dem 5. Lebensjahr. Die Frauen aus 38 Dörfern der Region Djibo im Norden Burkina Fasos haben sich zu Selbsthilfegruppen zusammengeschlossen. Die Deutsche Welthungerhilfe unterstützt sie. Dabei geht es um sehr einfache Dinge: Hacken, Schaufeln, Gießkannen, Saatgut, Drahtzäune, vor allem aber Beratung und Ausbildung, um Ernährung und Gesundheit in den Dörfern zu verbessern ...

Ohne Frauen geht gar nichts

Was ist zu tun?
In vielen Landesteilen Burkina Fasos gibt es Selbsthilfeprojekte für Frauen. Frauen leisten die Hauptarbeit in der Landwirtschaft und sind für die Ernährung der Familie zuständig. Um die Lebensverhältnisse zu verbessern, werden beispielsweise Kurse zu folgenden Themen angeboten:
– Alphabetisierungskurse, denn nur ein Zehntel der Frauen kann lesen und schreiben;
– arbeitssparenden Maßnahmen, wie Getreidemühlen, die das zeitaufwendige Stampfen der Hirse ersetzen können;
– umweltschonende Arbeiten, wie Baumanpflanzungen, Sparherde aus Lehm;
– gesunde Ernährung und Hygiene;
– Gartenbau mit organischem Dünger;
– Belebung alter Handwerkstechniken.

Sophie Palé, ein Mitglied in einem Selbsthilfeprojekt in einer Kleinstadt, erinnerte sich 1989:

M2 ... Am Anfang war es schwierig, unsere Frauen aus der Reserve zu locken. Sie waren mißtrauisch und sahen nur die zusätzliche Arbeit. In der Tat fühlten sich die Frauen oftmals überfordert.
Schon durch Haus- und Feldarbeit und die Kinderbetreuung überlastet, mußten sie nun noch unentwegt zu verordneten Gemeinschaftseinsätzen antreten. Die Versammlungen, die Impfaktionen für ihre Kinder, das Schleppen von Wasser und Steinen für den Bau von Brunnen und Gesundheitsstationen, das Pflanzen von Bäumen auf Höfen und Plätzen, das Bestellen von Gemeinschaftsfeldern ließ den Frauen kaum mehr Atem. Sie haben jedoch diese Entwicklung aus eigener Kraft geschafft ...

Eine Sprecherin aus einem Dorf, Célestine Nikiéma, meinte 1989 dazu:

M3 ... Es stimmt, unseren Frauen wurde viel abverlangt. Aber sie lernten dabei auch, an allen Dingen teilzuhaben, ihr eigenes Leben zu gestalten und die Verantwortung für die Entwicklung des Landes mitzuübernehmen. Daß schließlich eine Frau von niederem Stand dann noch bei der Dorfversammlung vor den Ältesten das Wort ergreift, war noch vor ein paar Jahren undenkbar ...

4 *Nennt die Veränderungen, die die Frauenprojekte (M1–M3) im Dorfleben bewirkten.*

5 **Frauen lernen in einem Ausbildungsprojekt.** Foto 1993.

6 **Jeder Tropfen Wasser muß geholt werden.** Foto 1993.

7 **Nahrungszubereitung: Stampfen der Hirse im Mörser.** Foto 1993.

5 *Findet mit Hilfe der Abbildung 5 heraus, wie die Frauen unterrichtet werden.*
6 *Erläutert, warum sich die Selbsthilfe-Projekte an Frauen wenden.*

DÜRRE- UND HUNGERKATASTROPHEN – UNABWENDBAR?

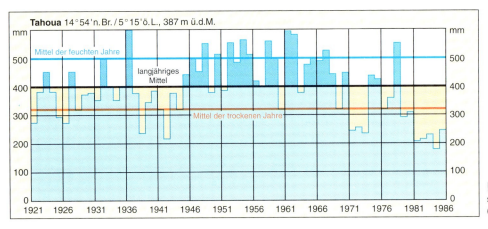

1 Jährliche Niederschlagsmenge in Tahoua (Niger). Diagramm.

Warum hungerte Fatma, und warum wurde Abdelhags Dorf nach Süden verlegt?
Die Dürre- und Hungerkatastrophen sowie die Wüstenausbreitung (Desertifikation*) haben mehrere Gründe, die ihr auf den Seiten 22–25 erarbeiten könnt.

Klima
Seit 30 Jahren fallen in der Sahelzone weniger Niederschläge als in den Jahrzehnten zuvor. Außerdem treten von Jahr zu Jahr große Schwankungen mit extremen Dürrejahren auf.

> Wüstenausbreitung: In den letzten 50 Jahren hat sich die Wüste um 700 000 km² in der Sahelzone ausgebreitet.

1 *Überschlagt, wie groß die Fläche der Verwüstung im Vergleich zur Fläche der BRD (357 000 km²) ist.*
2 *Wertet das Niederschlagsdiagramm (Abb. 1) aus und stellt fest, in welchen Jahren es Feucht- und wann es Trockenzeiten gegeben hat.*
3 *Gebt Zeiträume an, in denen das Leben der Sahelbewohner gesichert schien.*

Rückblick
Langanhaltende Dürren gibt es im Sahel nicht erst in den letzten 30 Jahren. Über Jahrhunderte gewachsene Wirtschafts- und Lebensformen sicherten jedoch das Überleben. Nomaden und Bauern versorgten sich weitgehend selbst (Subsistenzwirtschaft*) und paßten sich den Umweltbedingungen an:

– durch Wanderungen nach Norden und Süden in Abhängigkeit von Jahreszeit und Niederschlag,
– mit einem Ackerbau als Regenfeldbau* hauptsächlich nur in ertragssicheren Gegenden (bis 600 mm Jahresniederschlag),
– mit dem Anbau vieler unterschiedlicher Sorten,
– durch ausgeklügelte Vorratswirtschaft: Speicherung des Überschusses aus ertragreichen Jahren.

Bevölkerung
Medizinische Versorgung und fehlende Geburtenkontrolle haben zu einer Bevölkerungsexplosion geführt. Das bewirkt eine zu starke Nutzung des Landes. Die Gebiete mit sicherer Trinkwasserversorgung sind übervölkert. Auch die Städte, in die vor allem Männer auf der Suche nach Arbeit wandern, wachsen schnell.

Staat	Fläche in Mio. km²	Einwohner in Mio. 1960	1990	2000 (Schätzung)
Burkina Faso	0,27	4,3	9,1	12,0
Niger	1,27	2,7	7,5	9,7
Sudan	2,50	11,8	24,8	32,9

2 Bevölkerungsentwicklung in Staaten der Sahelzone.

4 *Stellt die Bevölkerungsentwicklung eines Landes (Abb. 2) in einem Diagramm dar.*
5 *Beschreibt die Bevölkerungsentwicklung (Abb. 2) in den Ländern. Erklärt die Unterschiede.*
6 *Vermutet, welche Probleme auf die Länder zukommen werden.*

Ursachen der Dürre- und Hungerkatastrophen im Sahel

Weidewirtschaft

Nomaden und seßhafte Hirsebauern halten heute mehr Tiere als die Dornstrauchsavanne ernähren kann. Dazu beigetragen haben auch neue Tiefbrunnen, die mit Entwicklungshilfegeldern gebaut wurden. Die Fleisch- und Milchleistung der Tiere ist gering, denn es mangelt an Futter. So gibt eine Kuh im Sahel nur etwa 1/2 l Milch täglich, in Deutschland sind es 20 l.

Ungeregelter und übermäßiger Weidegang vernichtet die schützende Pflanzendecke. Der Boden wird von den wolkenbruchartigen Regenfällen weggespült oder von den starken Passatwinden* weggeweht. Diese Abtragungsvorgänge werden auch Erosion* genannt.

7 *Beschreibt die Entwicklung der Viehbestände in Niger (Abb. 4) vor den beiden großen Dürren.*

8 *Setzt die Entwicklung in Beziehung zu den Niederschlagsverhältnissen (Abb. 1) und zur Bevölkerungsentwicklung.*

Wanderfeldbau

Regenfeldbau findet in den Savannen traditionell in der Form des Wanderfeldbaus statt: Gräser, Büsche und Sträucher werden gerodet, nur die Bäume bleiben stehen. Die Böden werden mit einer Hacke flachgründig aufgelockert. Ein Anbau erfolgt dann 2–5 Jahre bis zur Erschöpfung des Bodens. Es schließt sich dann eine längere Brachezeit an (früher: 12–20 Jahre), in der sich der Boden wieder erholen kann.

Damit sich die stark anwachsende Bevölkerung ernähren konnte, wurden die Anbauflächen der alten Siedlungen vergrößert und die Brachezeiten verkürzt. Die dem Klima angepaßte Grenze des Regenfeldbaus liegt bei 600 mm Jahresniederschlag. Die Bauern gingen mit ihrem Hirseanbau während der Feuchtphase von 1950–1965 etwa 200 km zu weit nach Norden in Gebiete mit nur 200 mm Niederschlag. Die Nomaden verloren dadurch wichtige Weideflächen, in die sie in der Trockenzeit mit ihren Herden wanderten.

9 *Beschreibt die Entwicklung der Bodennutzung (Abb. 3).*

10 *Nennt die Risiken, die durch die Ausdehnung des Hirseanbaus nach Norden entstanden.*

Staat	Jahr	Nutzfläche (in Mio. ha)			
		Ackerland	Weide	Wald	sonst. Fläche/Wüste
Burkina Faso	1974	2,4	10,0	7,6	7,4
	1989	3,6	10,0	6,7	7,2
Niger	1974	2,6	10,2	3,0	110,9
	1989	3,6	9,3	2,1	111,8
Sudan	1971	11,7	56,0	53,4	135,0
	1989	12,4	56,0	47,1	135,0

3 Entwicklung der Bodennutzung in Sahel-Staaten 1971–1989.

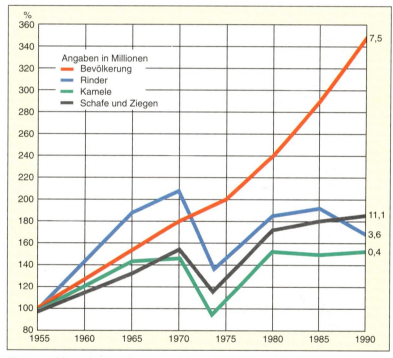

4 Entwicklung der Bevölkerungszahl und der Viehbestände in Niger 1955–1990.

Ursachen der Dürre- und Hungerkatastrophen im Sahel

1 Jugendliche holen Brennholz. Foto 1990.

2 Holzmarkt in der Stadt. Foto 1992.

Abholzung

Holz dient als Baumaterial für Wohnhütten; Zweige und Dorngestrüpp hingegen für Hof- und Gartenbegrenzungen sowie für Viehpferche. Beides wird vor allem aber zum Kochen benötigt, auf dem Lande ebenso wie in der Stadt. Denn Öl ist für viele zu teuer. Holz wird daher über weite Strecken in die Städte transportiert und dort auf dem Markt verkauft. Mit dem Holzhandel läßt sich mehr verdienen als mit dem Ackerbau. Allein in Nord-Darfur werden jedes Jahr 50 000 000 Bäume abgeholzt. Die Umgebung der Städte ist meist schon im Umkreis von 100 km baumlos. Wenn diese Entwicklung anhält, dürften die Dornstrauch- und Trockensavanne in 20–30 Jahren völlig baumlos sein. Aufforstungen gibt es dort so gut wie nicht. Deshalb stirbt die Baumsavanne, und Regenwasser und Wind tragen die Bodenkrume ab.

Eine sechsköpfige Familie verbraucht jede Woche etwa eine Eselsladung Brennholz. Das entspricht etwa einem Baum mittlerer Größe.

Eine Dorfgemeinschaft mit 100 Familien (600 Einwohner) in der Dornstrauchsavanne entwaldet für sich wöchentlich 7 Hektar.

1 *Errechnet die Anzahl der Bäume und die Größe der Fläche, die eine Dorfgemeinschaft mit 100 Familien pro Jahr für Brennholz benötigt.*

2 *Beschreibt und erläutert die Tätigkeiten auf den Abbildungen 1 und 2.*

Ursachen der Dürre- und Hungerkatastrophen im Sahel

Export landwirtschaftlicher Produkte (Cash Crops*)

Der auf Selbstversorgung ausgerichtete Hirseanbau und die Weidewirtschaft wurden aus günstigen Gebieten an Flüssen und Niederungen verdrängt. An ihre Stelle trat schon zur Kolonialzeit* ein großflächiger Anbau von Erdnüssen, Sesam, Sisal in Regenfeldbau*, von Baumwolle und Reis in Bewässerungsanbau für den Weltmarkt. Diese Waren nennt man Cash Crops. Die selbständig gewordenen Staaten Afrikas haben diese Monokulturen* noch ausgedehnt, um durch die Ausfuhr der Cash Crops dringend benötigte Einnahmen zu erwirtschaften.

Der Anbau von Cash Crops in großen Monokulturen benötigt chemische Dünge- und Pflanzenschutzmittel. Häufig werden auch Landmaschinen (Pflüge, Traktoren, Erntemaschinen) eingesetzt, die im Gegensatz zum traditionellen Hackbau die Erosion begünstigen.

Viele Menschen können sich durch Lohnarbeit in diesen großen Betrieben, die dem Staat, Firmen oder reichen Privatpersonen gehören, etwas Geld verdienen, das sie dringend für den Kauf von Nahrungsmitteln, Kleidung oder zur Zahlung von Steuern und Schulgeld benötigen.

Geldwirtschaft

Der Zwang, Geld zu verdienen, hat dazu geführt, daß auch die kleinen Hirsebauern immer mehr Cash Crops anbauen. Der Anbau von genügend Hirse auch für Notzeiten tritt dann häufig in den Hintergrund. Viele junge Männer verlassen das Land, um in den Städten oder auf Plantagen im Süden Geld zu verdienen. Sie lassen die schwächeren Familienangehörigen (Alte, Frauen, Kinder) zurück. Die Zurückgebliebenen sind mit der Feldbestellung, der Ernte und den Instandhaltungsarbeiten oft überfordert.

Entwicklungs- und Hungerhilfe

Seit den Dürrekatastrophen 1973 und 1984 wurden Nahrungsmittel für Milliarden Dollar in die Sahelstaaten geschickt. Doch der Hunger konnte nicht besiegt werden. Der Staatschef von Tansania, Nyerere, sagte einmal: „Wer immer nur nimmt, wird wieder arm."

3 Sucht auf einer Wirtschaftskarte im Atlas die wichtigsten Hauptanbaugebiete der Sahelstaaten für Cash Crops.

3 Sammelstelle für Baumwolle. Foto 1993.

In einem Bericht der Hilfsorganisation terre des hommes von 1993 heißt es:

> **M** Mit Weizenhilfe gegen Entwicklung
> … Wo einst legendäre Königreiche und Hochkulturen blühten, hängen heute viele Staaten am Tropf internationaler Nahrungsmittelhilfen … Der Hunger im Sahel wird langfristig nicht dadurch zu überwinden sein, daß Getreide, Milchpulver und Pflanzenöle aus den Überschüssen der USA und der EU nach Afrika geschickt werden. Sinnvolle Hilfe muß die Menschen dort in die Lage versetzen, sich selbst zu versorgen.
> Über Jahre hinweg gewährtes Gratisgetreide hat lokale Märkte zerstört. Für einheimische Bauern lohnte der Anbau nicht mehr. Sie gaben auf, die Nahrungsmittelproduktion sank – unabhängig von der Dürre …

4 Stellt die Gründe zusammen, die für und gegen den Anbau von Cash Crops sprechen.
5 Überlegt, was Nyerere mit seinem Ausspruch meint.
6 Führt mit Hilfe des Berichtes (M) ein Pro- und-Kontra Gespräch, ob Nahrungsmittelhilfe sinnvoll ist.
7 Erläutert, warum junge Männer ihre Heimat verlassen.

Die Folgen der europäischen Kolonialherrschaft

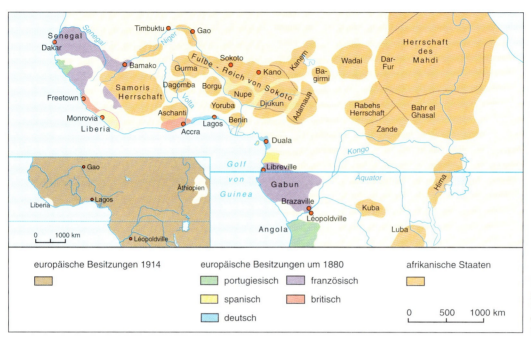

1 Koloniale Zugehörigkeit der Staaten südlich der Sahara 1880 und 1914.

Auf den Seiten 22–25 habt ihr Gründe für die schlechte Lage der Menschen in der Sahelzone kennengelernt. Wichtige historische Ursachen für diese Entwicklung und ihre langfristigen Folgen könnt ihr euch aus den Materialien der Seiten 26–28 erarbeiten.

Die europäische Kolonialherrschaft in Afrika

Am Ende des 19. Jahrhunderts strebten die europäischen Großmächte Großbritannien, Frankreich und Deutschland nach der Vorherrschaft. Im Zeitalter des Imperialismus (von lateinisch imperium = Weltreich) versuchte jede dieser Mächte, möglichst große Gebiete in Afrika und Asien unter Kontrolle zu bringen. Ohne Rücksicht auf die dort lebende Bevölkerung errichteten sie z. B. in Afrika mit militärischer Gewalt Kolonien, die sie entweder direkt durch ihr Militär oder indirekt mit Hilfe von Stammeshäuptlingen verwalteten.

Durch den Besitz der Kolonien wollten die Kolonialmächte politischen Einfluß gegenüber den anderen europäischen Mächten ausüben. Sie hofften auch, Rohstoffe aus den Kolonien billig erwerben zu können. Begehrt waren Kautschuk, Erdnüsse, Baumwolle, Kaffee, Kakao, Ölpalmen, Sisal, Tropenholz, Gold und Elfenbein. Handelsgesellschaften machten mit dem An- und Verkauf dieser Produkte große Gewinne.

Weiter sollten die Kolonien als Absatzmärkte für die Industriewaren Europas dienen. Um ihre Ziele zu erreichen, veränderten die Europäer oft gewaltsam die wirtschaftlichen und sozialen Verhältnisse der afrikanischen Völker. Dabei zerstörten sie die bestehenden afrikanischen Kulturen und Reiche.

Aber nicht erst durch die Kolonialherrschaft im 19. und 20. Jahrhundert wurden Afrikas Völker an ihrer Entwicklung gehindert. Bereits im 16. und 17. Jahrhundert wurden Millionen Afrikaner als Sklaven gewaltsam nach Amerika verschleppt. Als billige Arbeitskräfte mußten sie in den Plantagen und Bergwerken der Europäer arbeiten. Die afrikanischen Sklaven ersetzten die indianische Bevölkerung, die durch die Zwangsarbeit und die Herrschaft der Europäer in den neu entdeckten Ländern Lateinamerikas im 16. Jahrhundert fast vollständig ausgerottet worden war.

1 Beschreibt mit Hilfe der Karte 1 die europäische Besitzergreifung zwischen 1880 und 1914.
2 Stellt mit Hilfe von Karte 2 fest, wann die Staaten der Sahelzone selbständig wurden.
3 Untersucht für Mali, Burkina Faso und den Sudan die politische Entwicklung seit der Unabhängigkeit (Karte 2). Schreibt Stichworte auf.

Die Folgen der europäischen Kolonialherrschaft

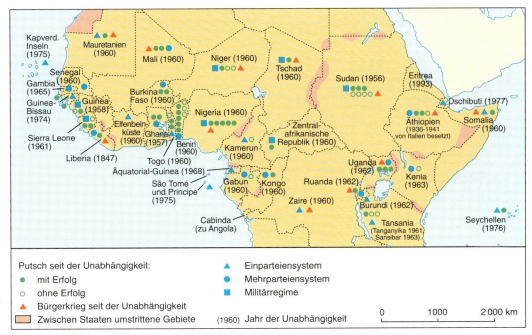

2 Afrikanische Staaten südlich der Sahara nach ihrer Unabhängigkeit.

Putsch seit der Unabhängigkeit:
- ● mit Erfolg
- ○ ohne Erfolg
- ▲ Bürgerkrieg seit der Unabhängigkeit
- Zwischen Staaten umstrittene Gebiete
- ▲ Einparteiensystem
- ● Mehrparteiensystem
- ■ Militärregime
- (1960) Jahr der Unabhängigkeit

Die Folgen der Kolonialherrschaft

Der Schriftsteller Aimé Césaire urteilte über die Folgen der Kolonialpolitik in Afrika 1980:

M1 ... Ich aber spreche von zertretenen Kulturen, von beschlagnahmtem Land, von ermordeten Religionen, von vernichteter Kunst. Ich spreche von Tausenden hingeopferter Menschen für den Bau der Eisenbahn Kongo–Ozean. Ich spreche von Millionen Menschen, die man ihren Göttern, ihrer Erde, ihren Sitten, ihrer Weisheit entriß. Ich spreche von Millionen Menschen, denen man geschickt das Zittern, den Kniefall, die Verzweiflung, das Unterwürfigsein eingeprägt hat ...

Der falsche Start

Schon 1962, also in der Zeit als die meisten Staaten Afrikas unabhängig wurden, sprach ein Wissenschaftler, René Dumont, von „einem falschen Start" der neuen afrikanischen Staaten. Er meinte damit, daß diese Staaten durch das Erbe der Kolonialzeit an einer richtigen Entwicklung gehindert wurden. Die neuen politischen Führer Afrikas hielten an der bisherigen Herrschaftsordnung der Kolonialherren fest und übten oft eine Alleinherrschaft oder eine Militärdiktatur in den neuen Staaten aus. Verstärkt wurde der „falsche Start" noch zusätzlich durch die Tatsache, daß die Länder Afrikas die Wirtschaftsstruktur der Kolonialzeit beibehielten oder noch verstärkten. Das amerikanische Magazin „Time" formulierte es so:

M2 ... Irgend etwas in der Uhr afrikanischer Entwicklung wurde zerstört, als Europa in den Kontinent einbrach. Und als die Kolonialisten abzogen, hinterließen sie wirtschaftliche, politische und kulturelle Strukturen, die Europa besser dienten als den neuen Staaten ...

4 Stellt die Folgen der Kolonialpolitik an Hand von M1, M2 und der Übersicht unten zusammen.

Das koloniale Erbe:

– Künstliche Ländergrenzen, welche Stammes-, Volks- und Religionszugehörigkeiten nicht berücksichtigen.
– Übernahme der Sprache der Kolonialherren und der Verwaltungs- und Schulstrukturen.
– Abhängigkeit vom Weltmarkt durch den Export von Rohstoffen und den Import von Fertigwaren.
– Exportorientierung der Landwirtschaft und die Vernachlässigung der Selbstversorgung.
– Orientierung an den Werten der Industriestaaten.
– Hohe Ausgaben für das Militär.

Die Folgen der europäischen Kolonialherrschaft

Opfer des Bürgerkriegs im Sudan. Foto 1992.

Geißel Bürgerkrieg

Immer wieder melden die Medien Bürgerkriege aus Afrika. Bilder von verhungernden Menschen und riesigen Flüchtlingsströmen prägen das europäische Bild von Afrika. Über die vielfältigen Ursachen der Bügerkriege wird dagegen wenig berichtet. Auch hier spielt das koloniale Erbe eine wichtige Rolle.

Eine Ursache der Bürgerkriege liegt in der künstlichen Staatenbildung durch die Kolonialmächte, die unterschiedliche ethnische* Gruppen und Völker in einem Staat vereinigten. Im Sudan lebt eine große Zahl von Menschen mit völlig unterschiedlichen Sprachen und Religionszugehörigkeiten. Im Norden leben vorwiegend Araber islamischen Glaubens, die sich selbst als „weiße Araber" bezeichnen. Im Süden leben überwiegend nichtarabische Völker, die christlichen Glaubens sind. Die Nordsudanesen bezeichnen diese als „Abid" (Sklaven). Seit 22 Jahren, verstärkt seit den achtziger Jahren, tobt im Sudan ein Bürgerkrieg um die Vorherrschaft des Nordens über den Süden.

Ähnliche Bügerkriegskonflikte beherrschen bis vor kurzem die Politik in Niger und Mali. Mit Waffengewalt sollte das Nomadenvolk der Tuareg zur Seßhaftigkeit gezwungen werden.

1 *Verfolgt in den Medien Berichte über Bürgerkriege im Sahel.*

2 *Vergleicht die Strukturdaten des Sudans mit denen von Kolumbien und Deutschland auf S. 107.*

Sudan in Zahlen:	
Fläche	2 505 813 km²
Einwohner	30,0 Mio.
davon:	
0–14 J.	45,2 %
15-64 J.	52,4 %
über 65 J.	2,4 %
Araber	49,1 %
Dinka	11,5 %
Nuba	8,5 %
Beja	6,4 %
Sonstige	20,0 %
Städte (Einw. in Tausend):	
Khartum	817,2
Omdurman	526,3
Einwohner pro Arzt:	9369
Bruttosozialprodukt* pro Einwohner 1992:	400 $
Anteil am Gesamtwert des Exports im Jahre 1990:	
Baumwolle	44,6 %
Sesam	11,0 %
Gummi Arabicum	10,4 %
Hauptabnehmeländer der Exportgüter Sudans im Jahre 1990:	
Thailand	17 % des Exports
Rußland	10 % des Exports
Saudi Arabien	10 % des Exports

Seit 1983 Bürgerkrieg im Sudan

1983	Die Einführung des islamischen Rechts im Sudan führt zu Aufständen im christlichen Südteil des Sudan.
1985	Sturz der Regierung; Hungersnot.
1986	Großangriff der Südsudanesen gegen die neugewählte Regierung.
1988	Massaker der Armee an Angehörigen des Dinka-Stammes, 1989 Militärputsch.
1990–92	Kämpfe um die Stadt Juba im Südsudan.
Aug. 1993	Bombardierung von Flüchtlingslagern an der Grenze zu Uganda, 200 000 Südsudanesen fliehen.
Febr. 1994	Die Luftwaffe bombardiert Flüchtlingslager, 280 000 Menschen fliehen in die Nachbarländer.

Was ist zu tun?

Kleine Schritte zur Verbesserung des Lebens

Das Erbe der Kolonialzeit und die Abhängigkeiten vom Weltmarkt und seinen Regeln lassen sich so schnell nicht abschütteln. Trotzdem können und müssen zahlreiche kleine Schritte zur Verbesserung der Lebenssituation der Sahelbewohner getan werden. Vor allem die Eigenständigkeit und Selbsthilfe in den Staaten der Sahelzone sollten gefördert werden, z. B. durch:
– Eindämmen des Bevölkerungswachstums (durch sexuelle Aufklärung und Geburtenkontrolle),
– Alphabetisierung und Ausbildung (von Frauen, Männern und Kindern),
– Einkommensmöglichkeiten und Entscheidungsbefugnisse für Frauen,
– Ernährungs- und Gesundheitsbildung,
– angepaßte ökologische Landwirtschaft (Wiederbelebung alter traditioneller Anbauformen),
– Bewässerung, Düngung, Wasserrückhaltemaßnahmen,
– Steigerung des Anbaus für den heimischen Markt,
– Erhöhung der Erzeugerpreise für heimische Nahrungsmittel,
– Bau von Vorratsspeichern und Kühlhäusern,
– Erosionsbekämpfung durch Aufforstung und Verbot von ungeregeltem Holzeinschlag,
– Anlage von Brennholzplantagen,
– Einführung von geschlossenen Sparöfen,
– Änderung der Tierhaltung (Verringerung und Umstellung des Viehbestandes, Anbau von Futterpflanzen, Heugewinnung, Hüten der Herden),
– Erweiterung der Produktion (Baumwollverarbeitung, Weberei, Kleiderherstellung, Wiederbelebung alten Handwerks).

1 *Erläutert einige der Maßnahmen.*
2 *Überlegt, welche Maßnahmen sich vor allem auf die Sahelzone und welche sich auf die Feuchtsavanne beziehen.*
3 *Beschreibt die auf den Fotos (Abb. 1, 2, 3) gezeigten Projekte.*
4 *Besorgt euch Informationen über Projekte in der Sahelzone von Organisationen, die im Bereich der Entwicklungshilfe arbeiten, z. B. Deutsche Welthungerhilfe e. V., Postfach 12 05 09, 53047 Bonn. Auskünfte können euch auch Mitarbeiter in Dritte Welt-Läden geben.*

1 Aufzuchtbeete für Baumsämlinge. Foto 1993.

2 Bau einer geschlossenen Feuerstelle (Sparherd). Foto 1993.

3 Erdwälle schützen vor Erosion. Foto 1993.

Werkstatt

1 „Baumschule" in Nordtogo. Foto 1992.

2 Anlieferung der Setzlinge auf dem Schulgrundstück. Foto 1992.

Schule einmal anders

In einer Schule in Nordtogo lernen Schüler, wie Bäume gepflanzt und hochgezogen werden. Jede Schülerin und jeder Schüler ist für einen Baum verantwortlich. Wasser zum Gießen und Dornsträucher zum Schutz vor Tierverbiß müssen von den Schülern mitgebracht werden. Am Ende des Jahres wird die Aufzucht des Baumes benotet.

1 *Beschreibt die Abbildungen 1 und 2.*
2 *Überlegt, welches Ziel dieses Projekt hat.*
3 *Erkundigt euch nach Schulen in Deutschland, die Kontakte zu afrikanischen Schulen haben.*

Ein Hungerexperiment

Was es bedeutet zu hungern, ist für uns heute kaum nachvollziehbar. Organisiert folgendes Experiment: Teilt eure Klasse in zwei Gruppen auf. Alle frühstücken morgens nicht zu Hause. Eine Gruppe darf etwas zum Frühstück mit in die Schule bringen, die andere nicht. Beide Gruppen setzen sich zur Frühstückszeit in zwei verschiedene Ecken des Klassenraums. Während die Hälfte der Klasse ißt, können die anderen nur zuschauen. Sie dürfen auch kein Wasser trinken und keine Süßigkeiten essen.

4 *Sprecht anschließend über eure Erfahrungen mit dem Hungerexperiment.*

Hirse: Das mineralstoffreichste Getreide

Hirsekörner werden bei uns meist geschält angeboten, weil die harte Schale nicht verdaulich ist. Um eventuell vorhandene Staubpartikelchen zu entfernen, sollte sie heiß abgewaschen werden. Aus Hirse lassen sich u. a. leckere süße und salzige Breie, Fladen und Aufläufe backen.

> **Ein Rezept für süßen Hirsebrei**
>
> 250 g Hirse,
> 1/2 l Wasser,
> eine Prise Salz,
> 125 g Honig,
> Obst,
> zum Verfeinern: etwas Milch, Zitronensaft, Zimt, Mandeln und Nüsse (gehackt).
> Hirse im Wasser mit dem Honig aufkochen und dann zugedeckt bei milder Hitze ca. 20 Minuten ausquellen lassen, bis das Wasser fast aufgenommen worden ist. Die Zutaten unterrühren. Vom Herd nehmen. Kann warm oder auch kalt gegessen werden.

5 *Kocht nach diesem Rezept. Vielleicht könnt ihr es auch einmal auf einer offenen Feuerstelle versuchen.*

Zusammenfassung

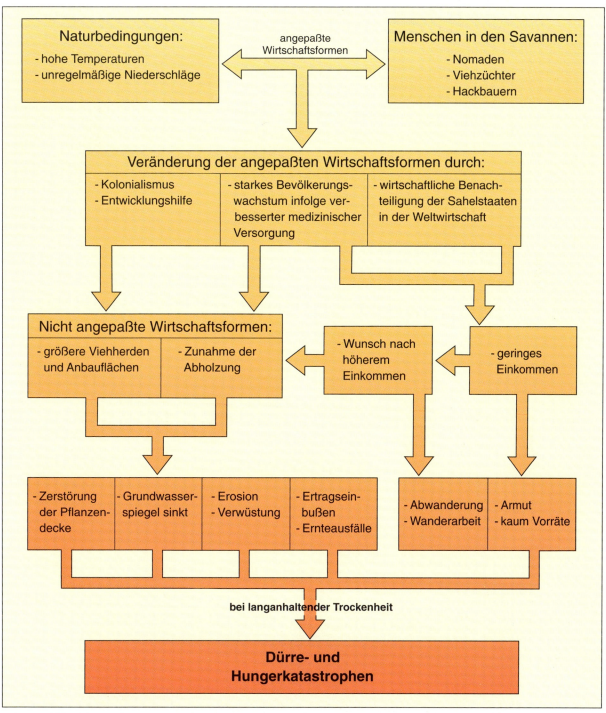

Leben und Überleben in den Savannen.

1 Erläutert die im Schaubild dargestellten Zusammenhänge.

2 Bildet Gruppen und stellt in Wandzeitungen das Leben von Fatma, Abdelhag und Nani dar.

Menschen nutzen und verändern ihre Umwelt

1.2 DIE NORDSEE – FERIENPARADIES ODER KLOAKE?

Ihr habt schon einmal Ferien an der Nordseeküste gemacht? Dann wird euch manche Regel bekannt sein, die Sven, Lisa, Jana und Dennis erst lernen mußten. Doch nicht nur als Ferienparadies lernen die Vier die See kennen – der wachsende Tourismus hat auch eine Schattenseite.
Mehr davon auf den nächsten Seiten. Hinzu kommt, daß Fischerei, Schiffahrt und Gas- und Ölindustrie die Nordsee wirtschaftlich nutzen. Informiert euch in diesem Kapitel, welche Gefährdungen von Watt und Nordsee damit verbunden sind.
Doch das Naturparadies Nordsee sollte uns trotz aller Nutzung für die Zukunft erhalten bleiben. Was ihr dafür tun könnt, erfahrt ihr in diesem Kapitel.

TOURISTENMAGNET NORDSEEKÜSTE

1 Touristen an der Nordseeküste. Foto 1994.

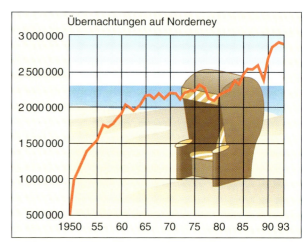

2 Zahl der Übernachtungen auf Norderney 1950–1993.

Ferien auf Norderney

1 *Schreibt auf ein Blatt Papier senkrecht in die Mitte das Wort „Nordsee". Sucht nun nach Begriffen, die ihr mit dem Wort „Nordsee" verbindet. Tragt diese Begriffe waagerecht so ein, daß sie jeweils einen Buchstaben aus dem senkrechten Wort enthalten. Anregungen bieten die Fotos der Auftaktseiten.*
2 *Beschreibt die Abbildung 1.*
3 *Erläutert die Entwicklung in Abb. 2.*

„Was machen wir in den Sommerferien?", fragte Sven (14) seine ein Jahr ältere Schwester Lisa sowie Jana (16) und Dennis (14). Sie einigten sich auf Norderney als Ferienziel. Bahnfahrkarten wurden gekauft, Fahrräder und Gepäck aufgegeben, und es ging los. Auf der Insel angekommen, gab es unerwartete Probleme: Beide Campingplätze waren voll belegt. "Dann zelten wir eben in den Dünen, das ist sowieso viel schöner", schlug Sven vor. Ein guter Platz war schnell gefunden, die Zelte aufgebaut, und jetzt wurde erst einmal ordentlich eingekauft. „Wohin mit dem Müll?" fragte Lisa. „Den lassen wir draußen am Strand liegen, im Zelt stört er nur," entgegnete Sven.
Am nächsten Morgen waren die Zeltwände überall mit Sand bedeckt und der Müll nicht mehr zu finden. „Egal, jetzt wird gebadet", entschied Dennis und rannte sofort durch das Watt zum offenen Meer. Die anderen drei tobten durch die Dünen, wobei es Sven eine besondere Freude machte, Grasbüschel herauszurupfen, um die anderen damit zu bewerfen.

Nach zwei Stunden kam Dennis zitternd mit einer Rettungsschwimmerin von der DLRG* zurück. „Ich bin nicht mehr zum Ufer zurückgekommen. Ich hatte noch nie so eine Angst," flüsterte er. „Er hat Riesenglück gehabt, daß wir ihn herausgefischt haben, denn bei Ebbe zieht einen das Wasser ins offene Meer hinaus," berichtete die Frau.
Als die Vier danach zu ihren Zelten zurückkehrten, trafen sie zwei Mitarbeiter der Nationalparkverwaltung, die ihnen klarmachten, daß sie mit ihren Zelten aus den Dünen verschwinden müßten. „Fragt mal bei der Jugendherberge nach, ob Ihr dort zelten dürft", rieten die beiden. Die Vier hatten Glück und fanden einen Platz auf der Wiese vor der Jugendherberge. Neben ihnen zelteten Tim und Jürgen aus Bremen. Die Sechs kamen ins Gespräch. „Also wir sind nach Norderney gefahren, weil wir bei uns in der Weser nicht baden dürfen", berichtete Tim.
Als Dennis später seinen Müll mal wieder achtlos wegwarf, gab es Ärger mit dem Herbergsvater: Er drückte Dennis einen Prospekt über die Insel in die Hand. Von nun an gab es keine großen Schwierigkeiten mehr, bis auf ein trauriges Erlebnis auf einer Wattwanderung. Lisa fand einen toten Vogel (siehe Foto, S. 33). „Eine Sauerei!" schimpfte Sven, „die Dosenverpackung könnte von einem Schiff sein."– „Vielleicht hat sie ein Tourist achtlos weggeworfen," vermutete Jana. „Sie kann aber auch von uns stammen," erschrak Dennis.

4 *Untersucht an Hand des Textes, was die Vier nach eurer Meinung falsch gemacht haben. Macht Verbesserungsvorschläge.*

Ferien an der Nordseeküste

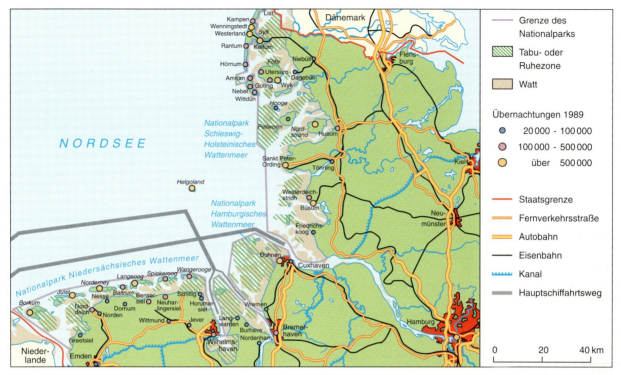

3 Fremdenverkehrsgebiete, Nationalparkflächen und Hauptschiffahrtslinien an der deutschen Nordseeküste (Stand 1994).

Tourismus an der Nordseeküste

5 *Entnehmt der Karte die Namen der Urlaubsorte mit den höchsten Übernachtungszahlen.*

Zu den ältesten Seebädern an der Nordseeküste gehört Norderney. Karl Riedel berichtete 1991 in einem Buch über die Anreise von Köln nach Norderney im Jahre 1822:

M ... Mit dem Rheindampfer nach Rotterdam, von dort auf dem Land nach Amsterdam, mit dem Dampfer nach Halingen, wiederum auf dem Landweg nach Groningen, von dort mit dem Dampfschiff nach Emden, mit dem Wagen nach Norden, und dann mit Kutsche oder Schiff auf die Insel ...

6 *Verfolgt die Reiseroute von 1822 in einem Atlas. Informiert euch über die Dauer einer Fahrt mit dem Auto oder dem Zug nach Norderney heute.*

Unsere Urlauber Jana, Lisa, Dennis und Sven sind nur vier von 180 000 Gästen, die 1993 im Durchschnitt 8 Tage lang die Insel Norderney besucht haben. Neben den 12 000 Einwohnern der Insel benötigen auch die Touristen Wohnraum, Restaurants, Geschäfte, Freizeiteinrichtungen und Parkplätze. Watt- und Strandwanderungen sind beliebt und jeder vierte Besucher macht einen Schiffsausflug zu einer Nachbarinsel. Jede(r) verbraucht 170 l Wasser, 2 Kilowatt Strom und produziert 1 kg Müll – pro Tag! Fast alle Waren müssen vom Festland zur Insel gebracht werden. Norderney ist aber nur ein Beispiel. Jedes Jahr besuchen etwa 3 Millionen Touristen die deutsche Nordseeküste.

7 *Listet die Umweltbelastungen auf, die durch den Tourismus an der Nordseeküste verursacht werden. Berechnet dazu auch den jährlichen Wasser- und Stromverbrauch sowie die anfallende Müllmenge.*

8 *Versetzt euch in die Lage eines Inselbewohners, der sich über das Verhalten der Touristen beklagt. Schreibt auf, was er vorzutragen hat.*

9 *Erstellt auf einer Wandzeitung einen Verhaltenskatalog für Nordseeferiengäste.*

10 *Erkundigt euch nach der Einwohnerzahl und der Besucherzahl eures Wohnortes und vergleicht diese Zahlen mit den Angaben für Norderney.*

Lebensraum Wattenmeer

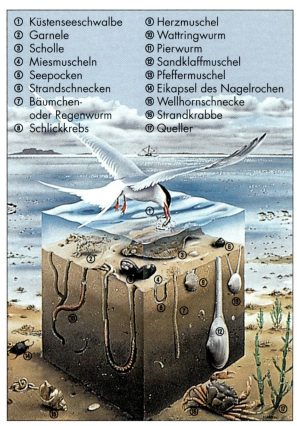

① Küstenseeschwalbe
② Garnele
③ Scholle
④ Miesmuscheln
⑤ Seepocken
⑥ Strandschnecken
⑦ Bäumchen- oder Regenwurm
⑧ Schlickkrebs
⑨ Herzmuschel
⑩ Wattringwurm
⑪ Pierwurm
⑫ Sandklaffmuschel
⑬ Pfeffermuschel
⑭ Eikapsel des Nagelrochen
⑮ Wellhornschnecke
⑯ Strandkrabbe
⑰ Queller

1 Schlickwürfel. Zeichnung.

Ein Ausflug ins Wattenmeer
1 *Beschreibt Abbildung 1.*

Schon früh um 7 Uhr treffen sich Jana, Lisa, Dennis und Sven zu einer Wattwanderung. Die Wattführerin erklärt: „Hier in den Salzwiesen (Abb. 2) gibt es viele versteckte Nester mit Jungvögeln – insgesamt mehr als 250 Arten. Die Altvögel sind bei Ebbe zur Futtersuche im Schlick. Damit die Jungvögel und andere Tierarten nicht gefährdet werden, darf das Wattenmeer in diesem Gebiet nur auf gekennzeichneten Wegen betreten werden". Durch das Sandwatt geht es zum grüngrauen Schlick. Verblüfft über die große Anzahl kleiner Tiere sind die Vier, als die Wattführerin mit dem Spaten einen „Schlickwürfel" (Abb. 1) aushebt. Durch den Schlick schlängeln sich kleine Flüsse, die Priele. Bei genauem Hinsehen kann man einige kleine Schollen, Seezungen und Heringe entdecken. „Leider hat die Anzahl der Fische und Vögel in den letzten Jahren abgenommen, und Robben sind ganz selten geworden", beendet die Wattführerin ihren Vortrag.

2 *Vermutet Gründe, die zum Rückgang der Tierarten geführt haben.*

Das Wattenmeer
3 *Beschreibt mit Hilfe der Karte auf S. 35 die Ausdehnung des Wattgebietes an der deutschen Nordseeküste.*

Von Esbjerg (Dänemark) im Norden bis Den Helder (Niederlande) im Westen erstreckt sich ein bis zu 15 km breiter Küstenstreifen, bei dem der Meeresboden zur offenen See hin nur leicht abfällt. Dieser Küstenstreifen wird als Watt und das Meer in dem Bereich als Wattenmeer bezeichnet. Flut und Ebbe dauern jeweils sechs Stunden und dreißig Minuten. Die Flüsse führen dem Watt Süßwasser und Nährstoffe zu. Es bildet sich eine sehr nährstoffreiche Brackwasserzone aus Salz- und Süßwasser. Es dauert bis zu 3 Jahren bis sich das Wasser des Wattenmeeres mit frischem Wasser aus dem Nordatlantik ausgetauscht hat. Die Inseln bieten dem Watt als Wellenbrecher Schutz vor der offenen See und verhindern, daß die von den Flüssen herantransportierten Sinkstoffe wieder von den Wellen abgetragen werden.

Leben im Watt
Im Watt gibt es mehr Lebewesen als in jedem anderen Lebensraum der Erde. Rund 4000 Pflanzen- und Tierarten sind hier zuhause. 250 Tierarten kommen nur hier und sonst nirgendwo auf der Welt vor. In einem Teelöffel voll Wattboden leben mehrere Millionen Algen; in einem Kubikmeter bis eine Million Wattschnecken, ca. 400000 Kleinkrebse und 30000 Pierwürmer.
Die meisten Nordseefische wie Heringe, Flundern, Sprotten, Schollen und Seezungen haben hier ihre Kinderstube, d.h. sie wachsen hier heran. Bis zu 3 Millionen Vögel haben ihre Brutgebiete, Rast- und Überwinterungsplätze im Watt. Mehrere Arten sind vom Aussterben bedroht.

4 *Nennt mit Hilfe der beiden Texte besondere Eigenschaften des Lebensraumes Wattenmeer.*
5 *Erläutert die Abbildungen 2 und 3.*
Nennt Ursachen für die Vielfalt der Tierarten im Wattenmeer.
6 *Überlegt, an welcher Stelle der Abb. 3 der Mensch einzuzeichnen wäre.*

Lebensraum Wattenmeer

2 Salzwiesen. Foto 1994.

Nationalpark Wattenmeer
7 *Beschreibt in der Karte auf Seite 35 die Ausdehnung der Nationalparks Wattenmeer.*

Zwischen den Jahren 1985 und 1990 wurde fast das gesamte deutsche Wattenmeer von den Bundesländern Schleswig-Holstein, Niedersachsen und Hamburg zu Nationalparks erklärt. Nationalparks sind Landschaftsgebiete, deren Nutzung durch den Menschen stark eingeschränkt oder sogar verboten ist. Etwa 45% der Nationalparkflächen im Wattenmeer wurden zur Schutzzone I (Tabu- oder Ruhezone) erklärt. Vor allem hier befinden sich die Muschel- und Seehundbänke sowie die Vogelbrutstätten. Hier hat die Natur Vorrang vor menschlichen Aktivitäten. Insbesondere darf die Zone I nur auf gekennzeichneten Wegen betreten werden. Die Schutzzone II (Zwischenzone) umfaßt etwa 50% der Gesamtfläche. Sie darf zeitweilig – zum Beispiel außerhalb der Vogelbrutzeiten – betreten werden. Wirtschaftliche Nutzung (zum Beispiel Fischerei) ist eingeschränkt möglich. Der Rest der Nationalparks gehört zur Schutzzone III. Sie darf als Badestrand oder für Kur- und Erholungseinrichtungen genutzt werden. Der Bau von Wohnhäusern ist nicht erlaubt.

8 *Überlegt, warum nicht das gesamte Wattenmeer zur Schutzzone I erklärt worden ist. Benutzt dazu auch die Karte auf Seite 35.*
9 *Informiert euch über die Nationalparks Wattenmeer (z. B. bei der Nationalparkverwaltung Niedersächsisches Wattenmeer, Virchowstr. 1, 26382 Wilhelmshaven).*

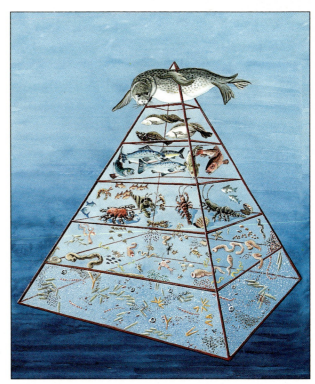

3 Nahrungspyramide im Wattenmeer.

DIE NORDSEE – MÜLLKIPPE UND INDUSTRIEGEBIET

1 Algenteppiche am Nordseestrand. Foto 1988.

2 Abtransport toter Robben. Foto 1988.

Das Meer schäumt
1 *Sammelt aus Tageszeitungen Nachrichten über Unfälle und Verschmutzungen in der Nordsee.*
2 *Beschreibt die Gefühle, die ihr beim Betrachten der Bilder 1 und 2 empfindet.*

„die tageszeitung" vom 25.7.1994 berichtete:

M ... Wer jetzt einen der ersten heißen Sommertage am Strand der Nordsee verbringt, begreift, was eine Algenblüte ist: Träge wie Ölfarbe schwappt das Wasser ans Ufer. Keine glitzernden Lichtreflexe mehr: mattgrüne Schlieren ziehen sich durch die trübe Flüssigkeit. ... Warnungen von Wissenschaftlern verhallen ungehört, wie die Befürchtungen norwegischer und dänischer Forscher: „Jederzeit kann es zu einer Algenpest kommen, die noch die Katastrophe von 1988 übertrifft als Fische tonnenweise starben ... Mäßige Planktonblüten sind eine ganz normale Erscheinung im Meer. ... Sobald die Tage im Frühjahr lang genug sind, beginnt die Vermehrung der Algen. Der Bestand steigt in kurzer Zeit rasch an. Im natürlichen Fall kommt es jedoch selten zu einer alles erstickenden Massenblüte der Algen, da irgendwann die Nährstoffe ... aufgebraucht sind. ... Erst die unbegrenzte Nährstoffzufuhr durch ... Überdüngung des Meeres hat unkontrollierbare Massenblüten möglich gemacht. Nitrate* werden vor allem durch die Flüsse eingetragen. Kunstdünger, besonders aber auch Gülle aus der Landwirtschaft sorgen im Meer dafür, daß im Meer ständig Frühling herrscht. Doch auch die Luft trägt inzwischen zum Nahrungsüberfluß im Meer bei: Die Hälfte der pro Jahr durch menschliche Einflüsse allein in die Nordsee rieselnden 800 000 Tonnen Nitrat* kommt aus Auspuffrohren und Schornsteinen. Phosphate* stammen daneben aus der Landwirtschaft, außerdem aber vor allem aus Waschmitteln ...

3 *Erstellt an Hand des Zeitungsberichts (M) eine Liste der Stoffe, die die Algenblüte in der Nordsee fördern. Erklärt die Entstehung der Algenblüte.*
4 *Überlegt, welche Auswirkungen die Verschmutzung der Nordsee auf die Arbeitsplätze der Küstenbewohner hat. Schreibt auf, was ein Fischer oder die Besitzerin einer Pension dazu sagen könnten.*

Patient Nordsee
Jahrzehntelang hatten die Menschen geglaubt, die Nordsee mit ihren riesigen Wassermengen könne den Müll und die Abwässer der Menschen ohne Folgen ertragen. Als im Mai 1988 große Algenteppiche den Fischen den lebensnotwendigen Sauerstoff entzogen, diese massenhaft starben und im Sommer 1988 über 8000 Robben in der Nordsee verendeten (siehe Bild 2), war klar: Der Patient Nordsee ist totkrank, er gehört auf die Intensivstation.
5 *Erstellt in Gruppen eine Verschmutzungslandkarte der Nordsee. Eine Folie mit den Umrissen der Nordsee könnt ihr mit einem Tageslichtprojektor auf ein großes Stück Pappe projizieren. In der Umrißkarte könnt ihr alle Verschmutzungen der Nordsee und ihre Herkunft einzeichnen.*
6 *Belegt mit Hilfe der Karte auf Seite 39, warum gerade das Wattenmeer besonders gefährdet ist.*

Die Gefährdung der Nordsee

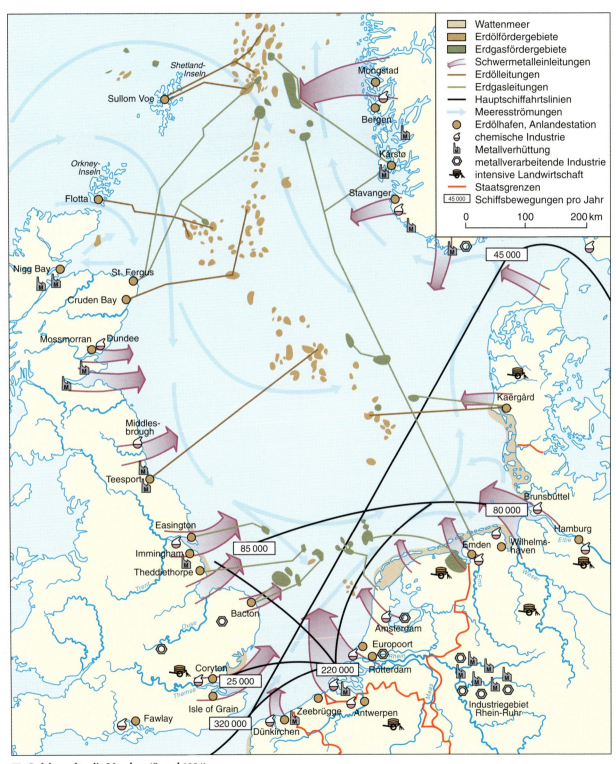

3 Gefahren für die Nordsee (Stand 1994).

Müllschlucker Nordsee

1 Angeschwemmter Müll an einem Nordseestrand. Foto 1994.

Schiffsmüll und die Folgen

Müll, der an die Strände der Nordsee gespült wird, stammt zum größten Teil von Schiffen. Seit Beginn der Seefahrt war es üblich, die auf den Schiffen anfallenden Abfälle über Bord zu werfen. Man ging davon aus, daß der Müll damit „beseitigt" sei.

Der Müll an den Stränden ist nicht nur unansehnlich, ein großer Teil ist für die Umwelt auch gefährlich. Dazu gehören zum Beispiel verloren gegangene Fischernetze oder auch die Halteringe der Bierdosen aus Plastik, in denen sich regelmäßig Seevögel verfangen und zugrunde gehen (vgl. S. 33). Plastikreste sind für Meerestiere und Seevögel oft eine tödliche Gefahr: Sie halten sie – wie auch Zigarettenkippen – für Nahrung und picken sie auf. Die Tiere verhungern häufig, weil ihr Magen mit den wertlosen Stoffen gefüllt ist, die Vögel sich aber „satt" fühlen.

1 *Belegt, daß der Müll – nachdem er das Schiff verlassen hat – keineswegs „beseitigt" ist. Benutzt dazu die Abb. 1 auf S. 41.*

2 *Schildert weitere Gefahren, die durch Müll in der Nordsee und an den Küsten entstehen können.*

3 *Untersucht Abb. 2 und nennt Materialien, die von Schiffen stammen können. Welche Müllarten findet ihr in Abb. 1 wieder?*

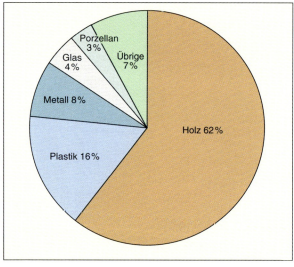

2 Volumenanteile des angeschwemmten Strandmülls an der Nordseeküste in Prozent (Stand 1988). Kreisdiagramm.

4 *„Ein großer Teil des Schiffsmülls in der Nordsee landet schließlich im Wattenmeer." Begründet diese Aussage mit Hilfe der Karte auf S. 39.*

5 *Vervollständigt eure Verschmutzungslandkarte.*

Methode: Arbeiten mit Diagrammen

Diagramme
Diagramme sind zeichnerische Darstellungen von Zahlenwerten. Man nennt sie auch „gezeichnete" Tabellen. Der Vorteil der Diagramme gegenüber der Tabelle ist ihre Anschaulichkeit: Zusammenhänge werden besser sichtbar. Häufig verwendet werden Kreisdiagramme (Bild 1) und Säulendiagramme (Bild 2). Zur Auswertung von Diagrammen gehören die **Beschreibung**, die **Erklärung** und die **Wertung**.

Beispiel: Kreisdiagramm
Kreisdiagramme zeigen die Zusammensetzung einer Gesamtmenge in Prozenten. Sie sind besonders als unterteilte „Tortendiagramme" verbreitet. Es folgt die Auswertung eines Beispiels (Abbildung 1).

Beschreibung: Abbildung 1 zeigt ein Kreisdiagramm mit drei Sektoren in unterschiedlichen Farben. Es zeigt den Verbleib des von Schiffen in die Nordsee eingebrachten Mülls. Die Mengen sind in absoluten Zahlen und in Prozentanteilen angegeben. Das große „Tortenstück" zeigt, daß 70 % des Mülls auf den Meeresboden sinken. Je 15 % verbleiben im Wasser oder werden an die Küsten geschwemmt. Die Zahlen gelten für das Jahr 1988.

Erklärung: Schiffsmüll aus Metall oder anderen schweren Materialien sinkt auf den Meeresboden. Leichtere Materialien wie Holz oder Plastik bleiben dagegen länger an der Wasseroberfläche und werden häufig durch Strömungen oder Ebbe und Flut an die Küsten getrieben.

Wertung: Das Kreisdiagramm ist übersichtlich. Es ermöglicht aber nur scheinbar eindeutige Aussagen, da die Zahlenangaben auf Schätzungen beruhen. Nur mit dem Diagramm ist eine Bewertung des Problems „Müll an Nordseestränden" nicht möglich. Dazu brauchen wir weitere Informationen, zum Beispiel aus Texten oder Abbildungen der Seite 40. Strandmüll hat verschiedene Quellen und verursacht unterschiedliche Gefahren. Am Strand besonders gefährlich sind Glas, Metall und Porzellan, während Plastikabfälle den Strand vor allem verschandeln.

1 *Beschreibt, erklärt und bewertet das Kreisdiagramm auf S. 40 (Abb. 2).*
2 *Bearbeitet entsprechend das Säulendiagramm in der Abbildung 2 auf dieser Seite.*

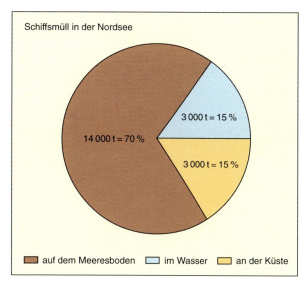

1 Wo bleibt der Schiffsmüll in der Nordsee? (Angaben für 1988). Kreisdiagramm.

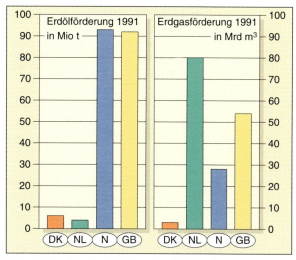

2 Erdöl- und Erdgasförderung in der Nordsee. Säulendiagramm.

Gefahrenquelle Schiffahrt

1 Der vor der Küste der Shetland-Inseln zerbrochene Öltanker Braer. Foto 6.1.1993. (Kleines Foto: Helfer mit toten Seevögeln)

Ein Schiffsunfall in der Nordsee
1 Beschreibt Abbildung 1.
2 Informiert euch im Biologieunterricht über die Folgen einer Verschmutzung von Seevögeln mit Öl.

Im Greenpeace-Magazin Nr. I/1991 berichtete der britische Lotse Antony Butcher von seiner Arbeit:

M1 ... Als Lotse erlebe ich allerhand: Vor kurzem wurde ich zu einem panamesischen Tanker gerufen. Er fuhr im Ärmelkanal. Ich bestieg den Tanker und staunte nicht schlecht über die zahlreichen Rost- und Flickstellen an der Außenwand. Echt alter Kahn! Es war neblig und die Sicht war eingeschränkt. So ein Tanker hat bei einer Geschwindigkeit von 12 bis 17 km pro Stunde einen „Bremsweg" von 18 km! Ein Lotse kann dem Kapitän keine Befehle geben, nur Empfehlungen. Ich riet deshalb dem Kapitän, eines der drei Radargeräte zu benutzen. Leider waren sie alle kaputt! Wir holten einen Techniker, der aus den drei kaputten Radargeräten ein funktionierendes zusammenflickte. Als ich endlich das seeuntaugliche Schiff lenken wollte, meinte der Kapitän, nun brauche er mich nicht mehr, er hätte ja Radar. Also verließ ich das chaotische Schiff wieder. Zwei Tage später verunglückte derselbe Tanker in einem Seegebiet, in dem er auf seiner Fahrt nach Rotterdam nie hätte sein sollen. Er war auf eine falsche Schiffahrtsroute geraten. Beim Unfall war ein Teil seiner 1000 Tonnen Öl ins Meer geflossen. Vor dem Seefahrtsgericht erklärte später der Kapitän des Tankers, er habe das Schiff fahren müssen, obwohl es nicht seetauglich war. „Sonst bekommt jemand anders deinen Job, Skipper", hatte ihm sein Reeder* gesagt ...

3 Spielt die Vorgänge auf dem Tanker in einem Rollenspiel nach. Bezieht die Person des Reeders mit ein.
4 Beschreibt die Abbildung 2 auf S. 43.
5 Formuliert Forderungen, damit sich ein Schiffsunfall, wie in M1 geschildert, möglichst nicht wiederholt.
6 Sammelt aus Tageszeitungen aktuelle Meldungen über Tankerunfälle auf den Weltmeeren.

Die Nordsee – eine „Autobahn" der Meere
7 Erläutert den Verlauf der Hauptschiffahrtswege in der Nordsee. Benutzt dazu die Karte auf S. 39.

Anfang 1993 strandete der Öltanker Braer bei Sturm an der Südküste der Shetland-Inseln und brach auseinander. Fast die gesamte Ladung von 85000 Tonnen Rohöl floß ins Meer (vgl. Bild 1). Im Dezember 1993 verlor der französische Frachter „Sherbro" im Ärmelkanal Container mit 700000 Säckchen eines hochgiftigen Pflanzenschutzmittels. Die gefährlichen Giftsäckchen trieben auch an die deutsche Nordseeküste, Strände wurden gesperrt.
Diese Fälle und die Geschichte in M1 sind nur Beispiele für Schiffsunglücke in der Nordsee. Betrachtet man die Anzahl der Schiffsbewegungen auf der Nordsee, liegt der Vergleich mit einer Autobahn in der Urlaubszeit nahe. Die südliche Nordsee ist eine der meistbefahrenen Schiffahrtsstraßen der Welt.

Gefahrenquelle Schiffahrt

Rund 800 Schiffe passieren Tag für Tag allein den Ärmelkanal. Täglich steuern vollbeladene Großtanker Wilhelmshaven an, den nach Rotterdam größten Ölhafen an der Nordseeküste.
Ungefähr ein Drittel aller Großtanker ist bereits älter als 20 Jahre.

8 *Beschreibt den Verlauf der Hauptschiffahrtsrouten an der deutschen Nordseeküste mit Hilfe der Karten auf S. 35 und S. 39. Nennt Gefahren für die Großtanker auf ihrem Weg nach Wilhelmshaven.*

9 *Überlegt, welche Folgen ein Tankerunglück wie das der „Braer" vor der deutschen Nordseeküste haben könnte. Die Karte auf S. 39 kann euch dabei helfen.*

In die Nordsee gelangende Ölmengen (Schätzung 1988):	
aus natürlichen Quellen	ca. 1%
aus der Atmosphäre	ca. 10%
durch Flüsse	ca. 24%
durch Industrie an der Küste	ca. 18%
aus der Öl- und Erdgasförderung	ca. 21%
Einleitung von Schiffen, Schiffsunfälle	ca. 15%
aus sonstigen Quellen	ca. 11%

Schleichende Ölverschmutzung

Tankerkatastrophen sind nicht die alleinige Ursache für die Ölverschmutzung der Nordsee. Eine ständige, „schleichende" Ölverschmutzung findet bereits durch die tägliche Schiffahrt statt. Die Tanks der Öltanker werden häufig auf offener See gewaschen, bevor eine andere Sorte Rohöl oder Benzin geladen wird. Die Abwässer aus der Tankwäsche und aus dem Maschinenraum fließen dann oft ungereinigt ins Meer. Daneben kommt es beim Beladen der Öltanker und Betanken anderer Schiffe manchmal zu kleineren Ölunfällen. Ende 1983 haben sich die Schiffahrtsnationen entschlossen, Tankreinigungen auf See zu verbieten. Zur Aufdeckung dieser schleichenden Ölverschmutzung werden seit 1985 verstärkt Flugzeuge mit Ölsensoren und Kameras eingesetzt. Von 1988 bis 1992 wurden die Ölrückstände kostenlos in den deutschen Seehäfen entsorgt.

10 *Begründet mit Hilfe des Textes die Unterschiede der Säulenhöhen in der Abbildung 2.*

11 *Ermittelt an Hand der Übersicht den vermutlichen Anteil der Schiffahrt an der Ölverschmutzung.*

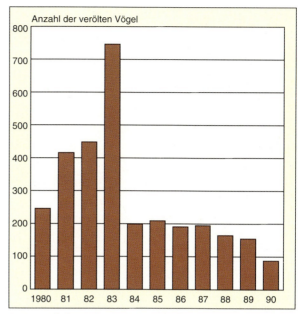

2 Anzahl der auf Helgoland gefundenen verölten Vögel 1980–1990. Säulendiagramm.

Die Sicherheit der Schiffahrt auf der Nordsee

In einem Prospekt schrieb 1989 der Verband der Mineralölwirtschaft zum Transport von Öl auf See:

M2 … Tankerunfälle der Vergangenheit hatten die Verschmutzung der betroffenen Küsten zur Folge, brachten Küstenfischerei und Touristik zum Erliegen und verursachten den Tod vieler See- und Küstenlebewesen. Die Sicherheitsmaßnahmen sind in den vergangenen Jahren verbessert worden, … Versicherungen und die Eigentümer der Schiffsladungen sind schon von sich aus an einem unfallfreien Transport interessiert …

12 *Lest den Text von M2. Begründet eure eigene Meinung zu folgender Aussage: „Eine völlige Sicherheit für den Öltransport mit Tankern in der Nordsee wird es nie geben."*

Schätze aus der Nordsee: Erdöl und Erdgas

1 Förderplattform in der Nordsee. Foto 1993.

2 Die gekenterte Bohrplattform West Gamma. Foto 1990.

Öl über alles
1 *Beschreibt die Bilder 1 und 2.*

Öl, das ist unser Leben! Ohne das „schwarze Gold" fahren keine Autos, laufen keine Maschinen, rechnen keine Computer, können wir nicht fernsehen, nicht telefonieren, gibt es keine moderne Medizintechnik – selbst Hochleistungssport ist ohne Öl nicht denkbar. Viele alltägliche Gebrauchsgegenstände sind aus Öl gemacht. Wer Öl hat, ist reich. Um Öl werden Kriege geführt. „Öl hilft siegen", warb eine Ölgesellschaft.
2 *Erstellt eine Liste der Erdölprodukte, die sich in eurem Klassenraum befinden.*

Großtankstelle Nordsee
3 *Nennt mit Hilfe der Karte auf S. 39 Transportmöglichkeiten für Erdöl und Erdgas aus der Nordsee. Überlegt, welche Gefahren dadurch entstehen können.*

Die Förderung von Erdöl und Erdgas in der Nordsee begann Anfang der siebziger Jahre. 1971 haben sich die Anliegerstaaten der Nordsee darüber geeinigt, welches Land in welchem Teil der Nordsee nach Erdgas und Erdöl bohren darf. Über große Ölvorkommen in der Nordsee verfügt Großbritannien; an zweiter Stelle liegt Norwegen. Deutschland besitzt nur geringe Anteile an Erdöl- und Erdgasvorkommen. 1994 gab es 160 Förderplattformen in der Nordsee und ein Pipelinenetz mit einer Länge von 9000 km.

Risiko Gas, Risiko Öl
4 *Ermittelt aus der Abbildung 3 den prozentualen Anteil des Nordseeöls an den Rohöleinfuhren Deutschlands im Jahre 1993.*

Im Katalog zur Greenpeace-Ausstellung „Nordsee" aus dem Jahre 1994 wurde berichtet:

Schätze aus der Nordsee: Erdöl und Erdgas

M1 ... Die Öl- und Gasförderung in der Nordsee ist in den letzten 20 Jahren zu einem bedeutenden Wirtschaftszweig geworden. Über 50 000 Arbeitsplätze hängen an der Erdöl- und Erdgasindustrie. ... Ausschließlich wirtschaftliche Interessen bestimmen, wo und wie Erdöl und Erdgas in der Nordsee gefördert und transportiert werden. So darf z. B. die DEA* im ökologisch* empfindlichen Wattenmeer Erdöl fördern. ...
Wissenschaftler schätzen, daß jährlich 200 000 Tonnen Chemikalien von den Bohr- und Förderinseln in die Nordsee gelangen. Die Gifte dienen z. B. als Schmierschlamm für die Bohrköpfe. Die jetzt gebräulichen Mittel sind zwar nicht akut giftig, reichern sich aber in den Lebewesen der Nordsee an. ... Insgesamt sickern zwischen 23 000 und 70 000 Tonnen Öl in die Nordsee: durch Einleitung von Bohrschlämmen und Produktionsabwässern sowie durch Unfälle auf den hochexplosiven Plattformen ...

5 Listet an Hand von M1 die Gefahren auf, die von der Öl- und Gasförderung für die Nordsee ausgehen.
6 Überlegt, warum sich die Menge des Öls, das die Nordsee verschmutzt, nicht genau angeben läßt.
7 Ermittelt aus der Tabelle auf S. 43 den geschätzten Anteil der Erdöl- und Erdgasförderung an der Ölverschmutzung der Nordsee.

Schrottplatz Nordsee

Im Katalog zur Greenpeace-Ausstellung „Nordsee" von 1994 heißt es weiter:

M2 ... Die Ölfirmen versprachen, die Nordsee so zu hinterlassen, wie sie sie vorgefunden hatten. Doch die Realität sieht anders aus. Ausgediente und gestrandete Plattformen bleiben als Industriemüll in der Nordsee zurück. Die ... Ölgesellschaften scheuen offenbar die Kosten der Bergung. Die Versenkung kostet sie keinen Pfennig. So liegt die norwegische Plattform West Gamma, die im August 1990 kenterte, noch immer im Meer ...

Mehr als 30 % der Bohrinseln sind über 15 Jahre alt und nach 20 Jahren sollen die Ungetüme ausgemustert werden. Abbauen und an Land schleppen ist aber technisch nicht möglich. Die Pfeiler der Riesenanlagen werden daher zum Teil unter der

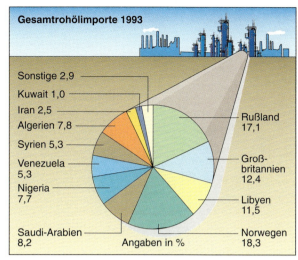

3 Rohöleinfuhren nach Deutschland 1993. Kreisdiagramm.

Wasseroberfläche abgeschnitten und die Aufbauten versenkt. Sie stellen aber weiterhin eine große Gefahr für die Fischerei dar. Die Pipelines verbleiben nach ihrer Nutzung auf dem Meeresboden. Damit wird die Nordsee zu einem gigantischen Schrottplatz.

8 Erläutert die Aussagen von M2.
9 Vervollständigt eure Verschmutzungslandkarte.
10 Nennt die Vorteile für unsere Gesellschaft und unsere Umwelt, wenn der Ölverbrauch erheblich gesenkt werden könnte.
11 Diskutiert die Aussage „Unsere Gesellschaft braucht das Öl aus der Nordsee und muß die Nordseeverschmutzung daher in Kauf nehmen".

Die „Aktionskonferenz Nordsee*" forderte 1989 in ihrem „Nordsee-Memorandum*":

M3 ... Dicht bei oder in besonders empfindlichen Gebieten (Watten, flache Buchten ...) sind Öl- und Gasförderung, Pipelines und Verladeeinrichtungen ein zu großes Risiko. Hier dürfen keine Genehmigungen erteilt werden. ...
Bei der Suche und Ausbeutung von Bodenschätzen [in der Nordsee] müssen strenge Vorsorgemaßnahmen verlangt, beachtet und kontrolliert werden, um Risiken für die Umwelt ... auszuschließen. Wenn das Risiko eines Unfalls besteht, hat eine Ausbeutung von Bodenschätzen zu unterbleiben ...

12 Begründet eure Meinung zu den Forderungen der Aktionskonferenz Nordsee (M3).

Nutzung der Nordsee um jeden Preis?

1 Protest gegen Industrieansiedlung an der Nordseeküste. Foto 1992.

Maßnahmen zum Schutz der Nordsee
1 *Beschreibt die Abbildung 1.*

In dem Prospekt „Aktuell: Lebensraum Nordsee/Ostsee" des Bundesumweltministeriums von 1993 wird berichtet:

> **M1** Nordseeschutz: Ein Meer wird gesund
> ... Die Nordseeschutz-Konferenz ist das internationale Rettungsprogramm für die Nordsee. 1984 bereits vereinbarten die Anliegerstaaten der Nordsee eine Zusammenarbeit mit dem Ziel, das Wasser in der Nordsee wieder so sauber zu machen, daß nicht nur die Urlauber, sondern vor allem die dort heimischen Tiere und Pflanzen sich wieder wohlfühlen. ... Ende 1989 wurde ... die Abfallverbrennung auf See endgültig eingestellt. Ab 1993 ist die Verbrennung von flüssigen giftigen Abfällen ... verboten. ... Die Entsorgung von Industrieabfällen ins Meer wurde 1989 ebenfalls eingestellt. ... Vom 1.1.1993 an gelten in der EU* neue Abgasgrenzwerte, die nur noch von PKW mit Katalysator eingehalten werden können. ... Um die Nährstoffzufuhr zu bremsen, treibt die Bundesregierung den Bau neuer und die Nachrüstung veralteter Kläranlagen voran. ... Von 1980 bis 1990 ist auch die Nährstoffbelastung der Gewässer durch Düngemittel um ein Drittel zurückgegangen. Die Nordsee ist auf dem Wege der Besserung ...

2 *Erläutert den Begriff „Entsorgung".*
3 *Notiert aus M1 in Stichworten beschlossene Maßnahmen zum Schutz der Nordsee.*
4 *Zeigt Probleme auf, die bei der Überwachung der Einhaltung der Beschlüsse (M1) entstehen können.*
5 *Informiert euch beim Bundesumweltministerium, Postfach 12 06 29, 53048 Bonn über weitere staatliche Bemühungen zum Nordseeschutz.*

Nordseeschutz-Konferenzen
Proteste von Umweltschützern, Fischern und Bewohnern der Küstenregionen machten die Gefahren für die Nordsee öffentlich bekannt. Die 1. Nordseeschutz-Konferenz 1984 in Bremen hat keine bedeutenden Beschlüsse gefaßt. Wichtigstes Ergebnis der 2. Konferenz* 1987 in London war die Erklärung des Vorsorgeprinzips zum leitenden Grundsatz. Das Vorsorgeprinzip bedeutet, Gefährdungen der Nordsee gar nicht erst entstehen zu lassen. Abfälle und Umweltgifte sollen von Anfang an vermieden und gar nicht erst produziert werden. Die Technik soll nicht um jeden Preis zur Nutzung der Nordsee eingesetzt werden. Dies führt dazu, daß die Erhaltung der Nordsee für Menschen und Tiere vor wirtschaftlichen Interessen Vorrang haben soll.

Auf der 3. Nordseeschutz-Konferenz 1990 in Den Haag wurden verschärfte Bestimmungen beschlossen. So soll der Eintrag einiger Schwermetalle* bis 1995 um 70 % verringert werden. Alle Kläranlagen sollen so ausgerüstet werden, daß die Abwässer auch biologisch gereinigt werden.

Probleme bei der Umsetzung der Beschlüsse der Nordsee-Konferenzen zeigten sich bisher insbesondere bei der Einhaltung der Beschlüsse.

6 *Informiert euch im Biologieunterricht über die Gefahren durch Schwermetalle für Menschen und Tiere. Beachtet dabei auch Abbildung 3 auf S. 37.*
7 *Beschreibt mit eigenen Worten die Bedeutung des Begriffes „Vorsorgeprinzip".*
8 *Überlegt in Gruppen, was ein Umweltschützer, die Managerin einer Ölfirma, ein Lotse, der Bürgermeister einer Stadt am Rhein und eine Ferienhausvermieterin auf Sylt zu den Beschlüssen der Nordseeschutz-Konferenzen sagen könnten. Führt dann ein Streitgespräch (vgl. S. 149) zu den Beschlüssen der Nordseeschutz-Konferenzen.*
9 *Formuliert eine Antwort zum letzten Satz in M1 aus der Sicht eines Umweltschützers. Schreibt dazu auch an Greenpeace, Vorsetzen 53, 20450 Hamburg und bittet um eine Stellungnahme.*

Nutzung der Nordsee um jeden Preis?

Das Projekt „Europipe"

Aus der Hannoverschen Allgemeinen Zeitung vom 1. Oktober 1993:

> **M2** Norwegisches Gas für Europa
> ... 9 Millionen Haushalte zusätzlich können mit der Erdgasmenge versorgt werden, die seit heute durch eine neue Gaspipeline von Norwegen nach Emden fließt. Doch das Gas reicht nicht: Fachleute erwarten eine Erhöhung des Bedarfs... Deshalb wird mit Hochdruck an der Fertigstellung der umstrittenen „Europipe" gearbeitet. 1995 soll sie eingeweiht werden...

10 *Beschreibt an Hand der Karte den Verlauf der neuen Erdgaspipeline „Europipe".*

Stellungnahmen zum Bau der „Europipe"

So könnten sich verschiedene Personen zum Bau der „Europipe" geäußert haben:

Eine Politikerin:

Das Europipeprojekt stärkt die Wirtschaft in der von Arbeitslosigkeit bedrohten Region Emden. Es schafft neue Arbeitsplätze auch im Hinblick auf die Zukunft unserer Kinder. Außerdem erhält das Land Niedersachsen mehr Steuern, die wir z.B. für den Bau neuer Schulen einsetzen können. Die Europipe wird in einem Tunnel im Wattenmeerboden verlegt. Damit werden auch die Ziele des Naturschutzes angemessen berücksichtigt. Wir sichern durch den Bau der Europipe die Energieversorgung bis in das nächste Jahrtausend.

Ein Mitglied einer Umweltgruppe:

Die Umweltgruppen sind gegen den Bau der Pipeline. Der Tunnelbau vernichtet große Flächen Wattenmeer mit einer einzigartigen Artenvielfalt. Mit ihrem Lärm werden Baufahrzeuge überwinternde Zugvögel für immer vertreiben. Der Nationalpark Wattenmeer wird durch die Europipe zerschnitten. Betroffen sind auch Tourismus und Landwirtschaft. Vor allem die Fischerei ist bedroht. Die Entscheidung für die Europipe stellt auch die Weichen für andere Großprojekte im Wattenmeer. Bereits jetzt plant man den Bau einer zweiten Pipeline parallel zur Europipe. Und was passiert, wenn die Pipeline einmal undicht wird?

Eine Sprecherin der norwegischen Gasgesellschaft:

Gas ist eine saubere und billige Energie. Jeder Kubikmeter Gas ersetzt eine große Menge Öl. Die

2 Wichtige Erdgaspipelines in der Nordsee (Stand 1994).

Luft wird damit sauberer. Wenn weniger Öl verbraucht wird, fahren auch weniger Öltanker über die Nordsee. Das bedeutet ein geringeres Unfallrisiko. Pipelines sind teuer. Deshalb müssen wir die Trassen durch das Meer so kurz wie möglich halten. Wir sichern mit dem Bau der Europipe die Energieversorgung Deutschlands auch für die nächste Generation.

Ein Mitglied der Gewerkschaft:

Die Europipe schafft Arbeitsplätze in Emden und Umgebung. Zum Beispiel beim Bau der Anlagen. Handwerksbetriebe werden Reparaturen und Wartungsarbeiten durchführen. Industriebetriebe, die billiges Erdgas benötigen, werden sich bei uns ansiedeln. Das schafft sichere Arbeitsplätze. Die Europipe wird so oder so gebaut werden. Wenn sie nicht zu uns kommt, dann kommt sie zu unserem Nachbarland.

11 *Führt mit Hilfe der erfundenen Stellungnahmen ein Streitgespräch (vgl. S. 149) über den Bau der „Europipe" durch. Bildet dazu Gruppen, die jeweils eine Person vertreten. Überlegt, welche Meinungen eine betroffene Kurdirektorin, ein Fischer oder der Oberbürgermeister von Emden vertreten könnten.*

12 *Berücksichtigt in dem Rollenspiel auch den Gesichtspunkt des Vorsorgeprinzips.*

Aktiv für den Schutz der Nordsee

1 Besetzung einer Bohrplattform als Protest gegen den Bau der Europipe. Foto 1992.

Die Umweltschutzorganisation Greenpeace
1 *Erläutert Abbildung 1.*

Aus einem Interview mit dem Greenpeacemitglied* Susanne G. im Jahre 1994:

M1 Frage: Warum bist Du Greenpeacemitglied?
Antwort: Für die Umwelt läßt sich besser gemeinsam etwas tun, und es macht so mehr Spaß. Unser Motto ist: Taten statt Warten!
Frage: Greenpeace ist bekannt geworden durch spektakuläre Aktionen wie die Besetzung von Müllschiffen oder die Verstopfung der Abflußrohre von Chemiefirmen. Hast Du schon einmal an solchen Aktionen teilgenommen?
Antwort: Nein. Ich wohne zu weit weg von der Küste. Ich arbeite in unserer Umwelt-AG mit. Wenn wir auffällige Verschmutzungen der Luft, des Bodens oder im Wasser entdecken, rufen wir das Umweltamt in der Stadtverwaltung an. Die nehmen unsere Greenpeacegruppe ernst.
Frage: Hältst Du diese Aktionen für sinnvoll?
Antwort: Natürlich! Ohne unsere Aktionen hätte die Nordseeschutz-Konferenz* bestimmt nicht die Müllverbrennung auf See oder das Einleiten von Säuren in die Nordsee verboten. Ich persönlich glaube, daß die Nordseeschutz-Konferenz ohne unsere Aktionen nicht zustande gekommen wäre.
Frage: Reichen Euch diese Erfolge nicht?
Antwort: Nein. Wenn ein Problem gelöst ist, treten schon neue auf, da Tourismus, Schiffsverkehr und Ölförderung ständig zunehmen.
Frage: Aber wie kamst Du auf Greenpeace?
Antwort: Wer nicht informiert ist, kann nicht mitreden! Meine Freundin brachte mich auf Greenpeace. Es hätte genauso eine andere Umweltgruppe wie zum Beispiel der BUND* oder die Aktionskonferenz Nordsee* sein können.

2 *Lest das Interview und stellt dar, welche Ziele sich Greenpeacemitglieder geben.*
3 *Erläutert das Motto von Greenpeace.*

Forderungen zum Schutz der Nordsee
Im Katalog zur Greenpeace-Ausstellung „Nordsee" aus dem Jahre 1994 wurde gefordert:
M2 …
– Verlangen Sie Produkte aus umweltschonender Landwirtschaft ohne den Einsatz von Kunstdünger und Gülle.
– Lassen Sie, so oft es geht, Ihr Auto stehen.
– In allen schwierigen Seegebieten müssen Lotsen die Schiffe führen.
– Unsichere Ölförderanlagen sind stillzulegen.
– Ohne saubere Tanks darf kein Schiff den Hafen verlassen.
– Öl- und Gaspipelines dürfen im Nationalpark Wattenmeer nicht genehmigt werden.

4 *Versucht die einzelnen Greenpeaceforderungen zum Schutz der Nordsee mit Hilfe von Texten und Materialien dieses Kapitels zu begründen.*
5 *Ergänzt die Forderungen aus M2.*
6 *Lest noch einmal M1 auf S. 46. Bewertet dann die letzte Forderung in M2 auf dieser Seite.*

Aktiv für den Schutz der Nordsee

2 Gesellschaftslehre im Jahr 2000? Karikatur.

Tips zur Rettung der Nordsee
Jede(r) kann sofort beginnen, einen persönlichen Beitrag zur Rettung der Nordsee zu leisten. Der BUND* gibt in seinem Heft „Die Nordsee" von 1991 Anregungen zum Schutz der Nordsee:

M3 ...
1. In toten Robben wurden Rückstände von Chlorkohlenwasserstoffen* gefunden. Sie entstehen zumeist bei der Produktion von Kunststoffen.
Was könnt ihr tun?
2. Pflanzliche Nahrungsmittel werden häufig gedüngt und mit Pflanzenschutzmitteln behandelt. Dünger und Gift gelangen über Flüsse ins Meer.
Was könnt ihr tun?
3. Zur Herstellung von weißem, chlorgebleichtem Papier wird viel Wasser gebraucht und Abwasser erzeugt. Das fließt vielfach ungereinigt über die Flüsse ins Meer.
Was könnt ihr tun?
4. Batterien, Arzneimittel, Fotochemikalien, Farben, Lacke, Lösungsmittel, Öl und Bremsflüssigkeit sind Sondermüll*. Bei unsachgemäßer Entsorgung gelangen sie ins Grundwasser oder in die Flüsse.
Was könnt ihr tun?
5. Alle Waschmittel enthalten wasserbelastende Stoffe. Waschmittel tragen entscheidend zu katastrophalen Algenblüten bei, die Fischen die Luft zum Atmen rauben.
Was könnt ihr tun?
6. Vor allem Stickstoffverbindungen führen zu Algenblüte und Fischsterben. Ein Großteil der Stickstoffverbindungen gelangt aus Automotoren über die Luft ins Meer.
Was könnt Ihr tun?
7. Umwelterhaltung fängt bei uns selbst an, aber erst gemeinsam sind wir stark genug, träge Politiker oder Industriegiganten zu beeindrucken.
Was könnt ihr tun? ...

7 *Formuliert Antworten zu den Fragen in M3. Entwickelt weitere Tips zur Rettung der Nordsee.*
8 *Beschreibt die Karikatur oben. Entschlüsselt ihre Aussage. Begründet eure Meinung zur Frage in der Unterschrift der Karikatur.*
9 *Entwerft in Gruppen Flugblätter mit Forderungen für eine Nutzung der Nordsee, die auf die Bedürfnisse von Menschen und Tieren Rücksicht nimmt. Hängt die Flugblätter in eurem Klassenraum aus. Ihr könnt auch für das eindringlichste Flugblatt einen Preis verleihen, das Flugblatt vervielfältigen und an andere Mitschülerinnen und Mitschüler verteilen.*
10 *Erstellt eine Ausstellung zum Thema „Nordsee - Ferienparadies oder Kloake?"*

Zusammenfassung

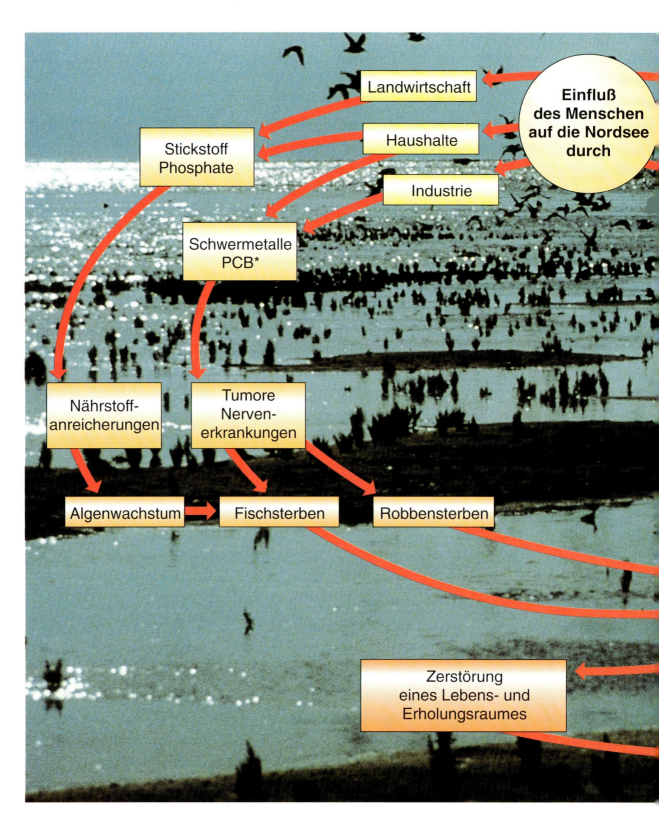

Zusammenfassung

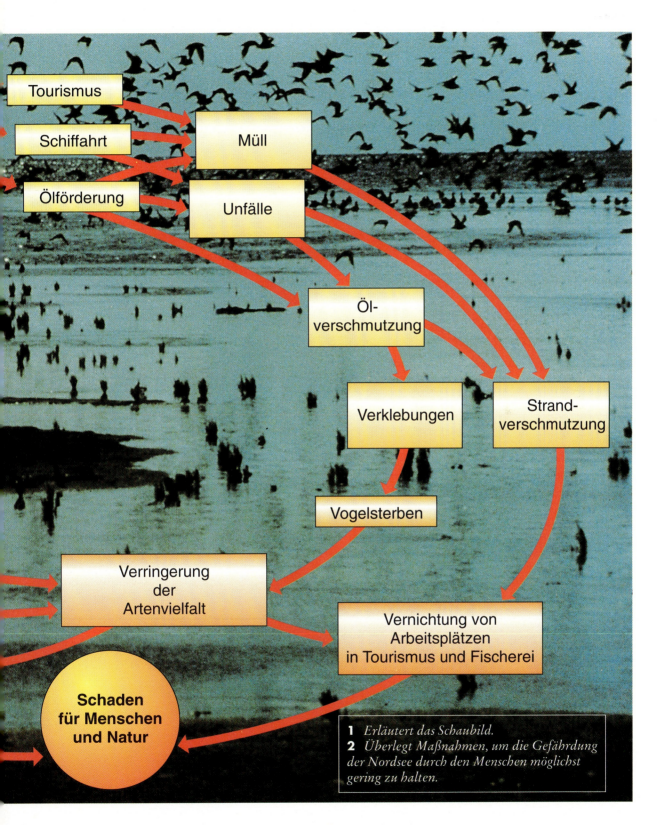

1 Erläutert das Schaubild.
2 Überlegt Maßnahmen, um die Gefährdung der Nordsee durch den Menschen möglichst gering zu halten.

Menschen nutzen und verändern ihre Umwelt

1.3 PROJEKTE ZUM THEMA VERKEHR

LERNEN IN PROJEKTEN

Das Thema Verkehr geht alle an: Ständig sind wir unterwegs, zu Fuß, mit dem Fahrrad, mit Bussen oder PKW's. Bereits morgens beim Schulweg benutzen wir verschiedene Verkehrsmittel, genauso wie auf auf dem Nachhauseweg. Ein Urlaub oder Freizeitaktivitäten ohne die Benutzung von Verkehrsmitteln sind schwer vorzustellen.

Die hohe Verkehrsbelastung hat aber auch Folgen, die wir alle kennen: Lärm, Schmutz und die Zerstörung der Umwelt durch die Abgase der Fahrzeuge. Dazu kommen die Kosten für Straßen und die Folgen der Verkehrsunfälle.

Auf den Seiten 55–59 findet ihr Vorschläge, wie ihr euch in Projekten mit den Auswirkungen und den Folgen des Verkehrs auseinandersetzen könnt. Wählt einen Vorschlag aus oder überlegt euch eigene Themen. Wie man in einem Projekt lernen kann, wird auf dieser Seite erläutert.

Lernen in einem Projekt

Themen, die viele Bereiche berühren, lassen sich häufig besser in der Form eines Projektes bearbeiten als mit anderen Unterrichtsmethoden.

Die Projektmethode wird oft in der Industrie angewandt, um zu besonderen Arbeitsergebnissen zu kommen. Man arbeitet dort in Gruppen, die auch ungewöhnliche Wege zur Erreichung eines bestimmten Zieles gehen dürfen, z.B. brauchen sie keine Dienstwege und Dienstzeiten einzuhalten. Wichtig ist nur, daß am Ende das Ergebnis besser ist, als es mit den herkömmlichen Methoden hätte erreicht werden können.

Das Geheimnis der Projektmethode liegt in der Arbeitsweise der Gruppen, die sich aus Interesse und nicht aus Pflicht, um die Lösung einer Aufgabe kümmern und deswegen mehr Phantasie und Durchhaltevermögen entwickeln.

Auch in der Schule kann Projektarbeit erfolgreich sein, wenn ihr die Regeln für Projektarbeit beachtet.

1 *Überlegt, was euch spontan zum Thema „Verkehr" einfällt. Sammelt die Einfälle an der Tafel.*
2 *Stellt fest, welche Fächer in einem Projekt Verkehr eigentlich vertreten sein müßten.*
3 *Bildet aus den Einfällen Hauptgruppen der Themen an der Tafel, die ihr mit bunter Kreide umrandet oder farbig unterstreicht.*

Phasen einer Projektarbeit:

Planungsphase	Erarbeitungsphase	Präsentation
– Gruppen bilden, Themen sammeln	– Verteilen von Teilaufgaben	– Darstellen der Ergebnisse auf Plakatkarton
– Entscheidung für ein Thema oder Teilthema	– Materialsichtung und Erarbeitung	– Aufkleben von Fotos, Grafiken
– Material suchen; Feststellen, was besorgt werden muß	– Durchführen von Erkundungsaufgaben, Interviews	– Zusammenschneiden von Video- und Tonaufnahmen
– Planung von Interviews	– Zwischendiskussion der Ergebnisse	– Ausarbeiten eines Vortrages
– Überlegungen zur Präsentation		– Artikel in Schülerzeitung oder Ortspresse

Regeln für die Projektarbeit

– Achtet darauf, daß in den Arbeitsgruppen verschiedene „Fähigkeiten" vertreten sind und nicht nur eine auch sonst immer zusammenarbeitende Gruppe der Klasse sich wieder trifft.

– Sucht geduldig nach einem Thema oder Teilthema, das alle interessiert und vermeidet, daß ihr ein Thema wählt, das den kleinsten gemeinsamen Nenner darstellt. Nur wenn ein Thema allen gefällt und Spaß macht, kann die Gruppe gut arbeiten.

– Falls ihr euch bei der Themenwahl nicht einigen könnt, ist es besser die Gruppe zu teilen oder umzubilden. „Beleidigte Leberwürste" und „Rechthaber" halten die Gruppenarbeit nur auf.

– Gruppen- und Projektarbeit braucht Zeit, besonders viel, um den Arbeitsprozeß zu organisieren. Laßt euch also nicht am Anfang entmutigen!

4 *Ordnet euch nach eurem Interesse einer Hauptgruppe zu und nehmt mit den anderen Interessentinnen und Interessenten einen ersten Kontakt auf.*
5 *Setzt euch in den Hauptgruppen zusammen und beginnt die erste Phase der Planung (siehe Übersicht). Beachtet dabei die Regeln für die Projektarbeit.*

Projektvorschlag: Autoverkehr vermeiden

Freizeitverkehr mit dem Auto – unbedingt nötig?
Der Freizeitverkehr machte im Jahre 1989 43 Prozent des Personenverkehrs aus. Die Schülerinnen einer 7. Klasse in Wolfsburg wollten es einmal genau wissen, welchen Anteil sie und ihre Eltern an diesem Freizeitverkehr haben. Vier Wochen schrieben sie an jedem Wochenende auf, welche Fahrten sie mit ihren Eltern im Pkw wohin unternommen haben. Ihre Auswertung fanden sie ganz überraschend. Es sind nicht immer nur die anderen, die mit dem Auto unterwegs sind.

Projektvorschlag:
– Schreibt vier Wochen lang die Wochenendfahrten mit euren Eltern auf und notiert die benutzen Verkehrsmittel. Wertet eure Erhebung nach dem Beispiel unten aus und erstellt eine Wandzeitung, auf der ihr eure Fahrten jeweils eintragt.
– Errechnet die Gesamtfahrleistung jeder Familie in den vier Wochen eures Projekts.
– Vergleicht die Wochenendfahrten miteinander und versucht herauszufinden, ob man Fahrten unter einem gemeinsamen Begriff zuordnen kann.
– Sucht abschließend Möglichkeiten, wie man die Autofahrten am Wochenende vermeiden könnte. Welche Alternativen bieten sich bei euch an?

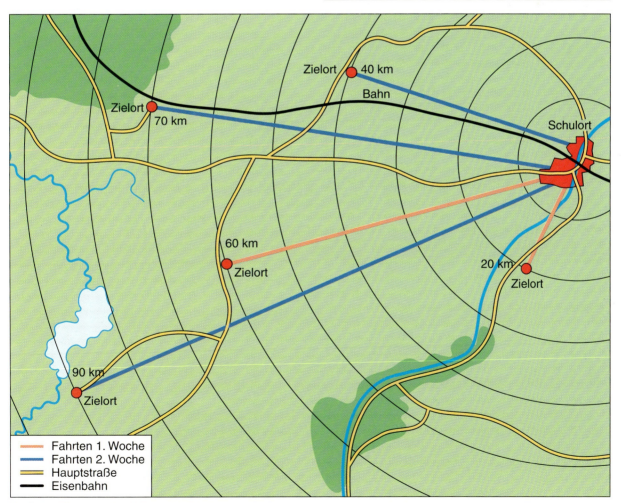

Wochenendfahrten einer Klasse.

Projektvorschlag: Ozon – das gefährliche Gas

1 Im Juli 1994 erließ die Hessische Landesregierung wegen hoher Ozonwerte Geschwindigkeitsbeschränkungen auf allen Straßen. Foto 1994.

Wirkungen des Ozon:

Ozonwerte (in millionstel Gramm pro m³ Luft)	Folgen bei längerer Einwirkung
100	Augenreizungen
200	Atemwegsbeschwerden
240	Verschlechterung der Lungenfunktion
300	Hustenreiz, Brustschmerzen
ab 400	Schädigung der Atmungsorgane
ab 1000	Schädigung der Erbanlagen des Menschen

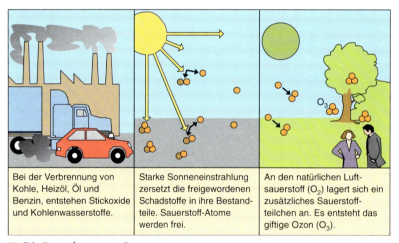

Bei der Verbrennung von Kohle, Heizöl, Öl und Benzin, entstehen Stickoxide und Kohlenwasserstoffe.

Starke Sonneneinstrahlung zersetzt die freigewordenen Schadstoffe in ihre Bestandteile. Sauerstoff-Atome werden frei.

An den natürlichen Luftsauerstoff (O_2) lagert sich ein zusätzliches Sauerstoffteilchen an. Es entsteht das giftige Ozon (O_3).

2 Die Entstehung von Ozon.

Ozonalarm

An besonders schönen Sommertagen, bei strahlend blauem Himmel und hohen Termperaturen von 26–32 Grad Celsius wurde in den letzten Jahren in den großen Ballungsgebieten über die Medien Ozonalarm ausgerufen. Kinder und alte Leute wurden aufgefordert, sich nicht im Freien aufzuhalten und sich nicht besonders anzustrengen.

Ursache für den Ozonalarm waren die stark gestiegenen Ozonwerte in der Luft. Die starke Sonneneinstrahlung der heißen Sommertage hatte Teile der Autoabgase in das gefährliche Gas Ozon verwandelt. Das Land Hessen erließ 1994 an Tagen mit besonders hohen Ozonwerten Geschwindigkeitsbegrenzungen für Landstraßen (80 km/h) und Autobahnen (90 km/h). Die meisten Autofahrer hielten sich an diese Begrenzungen. Die Geschwindigkeitsbegrenzungen lösten aber eine heftige Debatte zwischen den politischen Parteien aus.

Themenvorschlag:
- Die Ozonwerte in unserer Gemeinde, in unserem Stadtteil und die Reaktion der Menschen darauf. *Eine Befragung.*
- Soll das Autofahren bei Sommersmog bei uns verboten werden? – Für und Wider eines Fahrverbotes. *Eine Befragung.*
- Müssen die Kinder bei Sonne in der Wohnung bleiben, weil die Politiker nicht handeln wollen? *Befragung von Lokalpolitikern und Eltern.*
- Die aktuellen naturwissenschaftlichen Gründe für das Entstehen von Ozon und die Möglichkeiten seiner Bekämpfung. *Eine Untersuchung in verschiedenen Fächern (Gesellschaftslehre und Naturwissenschaften).*

Projektvorschlag: Ozon – das gefährliche Gas

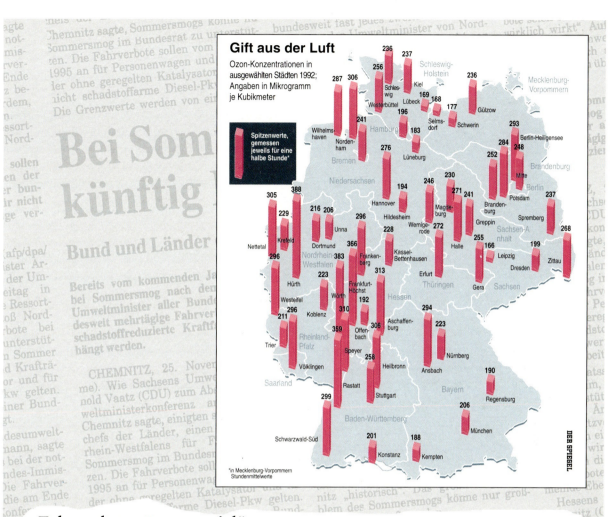

„Fahrverbot wäre unsozial"
Umweltminister stoßen mit Sommersmog-Plan auf Kritik

Stuttgart/Saarbrücken (ap). Auf Kritik sind die Umweltminister von Bund und Ländern am Wochenende mit dem Vorhaben gestoßen, Autos und Motorräder ohne Katalysator bei hohen Ozonwerten im Sommer bundesweit von den Straßen zu verbannen. Der gewerkschaftsnahe Auto Club Europa (ACE) nannte das geplante Fahrverbot unsozial, auf das sich die Minister am Freitag geeinigt hatten. Dem Bund für Umwelt und Naturschutz (BUND) geht die Abmachung nicht weit genug.
Zum geplanten Fahrverbot bei hohen Ozonkonzentrationen im Sommer erklärte ACE-Sprecher Rainer Hillgärtner am Sonnabend, die von den Umweltministern verlangte Maßnahme lasse außer acht, daß Berufspendler nach wie vor auf ihr Auto angewiesen seien.
BUND-Bundesgeschäftsführer Onno Poppinga bemängelte im Saarländischen Rundfunk ebenfalls, daß die Kapazitäten im öffentlichen Nahverkehr nicht ausreichen, um die Folgen des Fahrverbots zu bewältigen. Eine Verlagerung von 50 Prozent des Individualverkehrs auf Busse und Bahnen könne der Nahverkehr nicht bewältigen.
(Göttinger Tageblatt vom 28.11.1994)

Projektvorschlag: Der Weg in die Autogesellschaft – ein Irrweg?

Die ersten Autos

Die Eisenbahn war als Verkehrsmittel gegen Ende des 19. Jahrhunderts bereits hoch entwickelt. Das Eisenbahnnetz hatte in Deutschland um 1920 eine Länge von über 60 000 Kilometer. Für den Straßenverkehr blieb die Pferdekraft bis zum Ende des Jahrhunderts der wichtigste Antrieb. Dampfmaschinen eigneten sich schlecht dafür. Sie waren zu schwer und nicht ohne technische Kenntnisse zu bedienen. Der Kölner Kaufmann Nikolaus August Otto (1832–1891) entwickelte 1862 einen Gasmotor, der nicht so aufwendig war wie eine Dampfmaschine. Die beiden Ingenieure Gottlieb Daimler (1834–1900) und Wilhelm Maybach (1846–1929) verbesserten den Gasmotor und bauten ihn 1887 in einen offenen Kutschwagen ein. Zur selben Zeit entwickelte der Mechaniker und Konstrukteur Carl Benz (1844–1929) ein dreirädriges Fahrzeug mit einem Benzinmotor und elektrischer Zündung. In einem Anzeigentext von Carl Benz hieß es 1890:

Q1 Vollständiger Ersatz für Wagen mit Pferden! Erspart den Kutscher, die teure Ausstattung, Wartung und Unterhalt der Pferde! Absolut gefahrlos! Sehr geringe Betriebskosten! …

Über das Auto schrieb Marie Holzer 1915:

Q2 … (Das Automobil) rast, Schrecken verbreitend, durch die Welt, losgelöst von althergebrachten Gesetzen. Kein Schienenstrang schreibt ihm die Wege vor; keine Pferdelunge zwingt … (es) zu einem vorgeschriebenen Tempo … Es ist der Herr der unbegrenzten Möglichkeiten … der Einzelwille triumphiert hier über die Bedürfnisse der Gesamtheit, erzwingt sich sein Recht, tritt zerstörend in ihre Gewohnheiten, in ihre Ruhe ein …

1 *Vergleicht Q1 und Q2. Erläutert die einzelnen Aussagen der Texte, schreibt sie stichwortartig heraus und stellt sie gegenüber.*

Die mobile Gesellschaft			
Im Durchschnitt fuhr in Deutschland jeder im Jahr (Schätzung):			
1850	1900	1950	1985
17 km	442 km	1778 km	10 000 km
davon mit der Eisenbahn …:			
100 %	100 %	63 %	8 %
… und mit dem Auto:			
0 %	0 %	37 %	92 %

Das Auto als Massenverkehrsmittel

H. Pudor schrieb 1908:

Q3 … Das Automobil steht deswegen an der Spitze, weil es weniger den schnellsten, als den freiesten Verkehr ermöglicht. Bei der Eisenbahn war der Mensch noch an die Schienenwege gebunden, das Automobil kann sich seinen Weg selbst suchen. … Der Autofahrer wählt sich nicht nur seine Straße selbst, er kann sich auch ein beliebiges Ziel setzen, und er kann allein fahren oder er kann sich seine Gesellschaft selbst wählen …

In einem Nachrichtenmagazin hieß es 1991:

M … Die Grenzen der Belastbarkeit sind in den Städten längst überschritten, die Autokolonnen machen urbanes (städtisches) Leben praktisch unmöglich. Jeden Tag die gleichen Bilder, in Frankfurt und Berlin, in Rom und Stockholm, in Los Angeles und Singapur: Zehntausende, meist mehrere hunderttausend Autos rollen morgens auf die Metropolen* zu. Jeden Tag kilometerlange Staus, weil die Straßen der Städte, auch wenn sie sechs oder acht Spuren haben, den Automassen zu wenig Platz bieten …

Themenvorschlag:

– Die Entwicklung des Verkehrs an unserem Schul-, Wohnort. *Ein Interview mit den Verkehrsplanern der Gemeinde bzw. eine Dokumentation.*

– Fahrradwege oder Autostraßen. *Eine Ausstellung über unseren Schul- oder Heimatort.*

– Verkehrsopfer: Lärm, Unfälle, Umweltkosten. *Eine Dokumentation.*

– Die Veränderung unseres Viertels durch den Straßenbau. *Referat über die Veränderungen, Diavortrag.*

– Von der Dorfstraße zur Durchgangsstraße. *Eine gemalte Geschichte. Interviews mit älteren Anwohnern unter der Fragestellung „So war es damals". Vor- und Nachteile der Mobilität.*

Projektvorschlag: Der Weg in die Autogesellschaft – ein Irrweg?

1 Entwicklung des Pkw-Bestandes in Deutschland bis zum Jahre 2010. Prognose 1994.

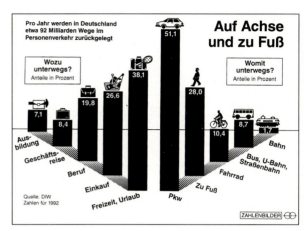

3 Mobilität 1992.

	1992	1993	1994
Unfälle (gesamt)	2,38 Mio.	2,33 Mio.	2,27 Mio.
davon: mit Personenschäden	395 462	382 000	392 297
Tote	10 631	9 900	9 777

4 Unfälle 1992–1994 in Deutschland.

	Luftverschmutzung	Unfälle	Lärm, Boden- u. Wasserbelastung
Pkw	3,62	3,28	0,56
Bahn	0,21	0,48	1,05
Bus	0,74	0,56	0,21

5 Kosten aus dem Verkehr, die nicht von dem Verursacher oder von Versicherungen, sondern von der Allgemeinheit getragen werden (in DM pro 100 Personenkilometer). Stand 1992. In diesen Kosten sind keine Fahrtkosten (Benzin, Fahrkarte etc.) enthalten.

2 Durchschnittliche Länge von Pkw-Fahrten (Stand 1992).

Menschen fordern Recht und Gerechtigkeit

2.1 „NICHTS ALS DIE GERECHTIGKEIT GOTTES …"

Seid ihr schon einmal ungerecht behandelt worden? Dann ist euch das Gefühl sicher bekannt, das Bauern im Mittelalter und in der Zeit um 1500 spürten, wenn sie an ihre Herrschaft dachten. Über Jahrhunderte waren die Bauern unterdrückt und ausgebeutet worden. Niemand wollte ihre Forderungen anhören und anerkennen.

In diesem Kapitel könnt ihr die großen Veränderungen in der Zeit um 1500 untersuchen und herausarbeiten, wie Bauern auf das ihnen angetane Unrecht reagierten.

Aber auch heute werden Menschen immer noch ungerecht behandelt. Am Beispiel der Indianer, die in der Provinz Chiapas in Mexiko leben, könnt ihr herausfinden, daß die Frage nach der Gerechtigkeit heute genau so aktuell ist wie vor 470 Jahren.

DIE LAGE DES GEMEINEN MANNES

Tiefgreifender Wandel

Um 1500 veränderte sich die Lebenssituation der Menschen in Europa tiefgreifend. Neue Produktionsweisen, neue Techniken, neue Rechtsordnungen und eine neue Religion traten neben die bisherigen. Über Jahrhunderte waren die mittelalterlichen Techniken, Rechtsordnungen und die katholische Religion unverändert geblieben. Nun existierten neue und alte Formen nebeneinander. Der Wandel vollzog sich nicht plötzlich, sondern allmählich, in den Städten schneller als auf dem Land. Nur die Veränderungen durch die Industrialisierung im 18. und 19. Jahrhundert sind mit dem Wandel der damaligen Zeit vergleichbar (vgl. S. 214).

Der Veränderungsprozeß löste bei den Menschen große Ängste aus.

Revolution in Wissenschaft und Technik

Auf vielen Gebieten versuchten die Menschen zu neuem Wissen zu gelangen: in der Medizin und den Naturwissenschaften, in der Seefahrt und im Bergbau. Zahlreiche Neuerungen veränderten bisherige Verfahren grundlegend. Die Verbesserung des Kompasses und Fortschritte in der Schiffbautechnik machten die Entdeckungen und Eroberungen anderer Kontinente möglich. Verbesserte Pumpen veränderten den Bergbau grundlegend, die Erfindung der Druckerpresse löste eine „Medienrevolution" aus.

Vor allem hatte aber eine neue Art des Denkens das bisherige Vorgehen abgelöst. Im Mittelalter bestimmte die Religion das ganze Leben in Europa. Alle neuen wissenschaftlichen Erkenntnisse wurden mit den Aussagen der Bibel verglichen. Die Bibel und die Lehre der katholischen Kirche galten auch in wissenschaftlichen Fragen als höchste Instanz. Hier nun begann im 15. Jahrhundert ein Wandel.

Der niederländische Gelehrte Rudolf Agricola (1444–1485) schrieb an einen Freund, was viele Menschen am Ende des 15. Jahrhunderts dachten: „... Laß dir verdächtig sein, was du bisher gelernt hast. Verurteile alles und verwirf das, für das du keine stichhaltigen Beweise findest. Auf dem Glauben beruht die Frömmigkeit, die wissenschaftliche Bildung aber sucht stets nach Beweisen ..." (1)

1 Druckerwerkstatt im 16. Jahrhundert. Holzschnitt von Jost Ammann.

Die Medienrevolution

Bücher waren über Jahrhunderte in den Klöstern von den Mönchen immer wieder abgeschrieben und in den Bibliotheken der Klöster verwahrt worden. Das wichtigste Buch war die in Latein verfaßte Bibel. Nur wenige Menschen außerhalb der Klöster konnten lesen.

Mit der Erfindung des Buchdrucks durch Johannes Gutenberg in Mainz im Jahre 1450 veränderte sich der Umgang mit Büchern vollkommen. An die Stelle der wenigen und schwer zugänglichen handgeschriebenen Exemplare traten nun die von jedermann zu kaufenden Bücher, deren Zahl beliebig vermehrbar war. Bücher wurden nun nicht mehr gedruckt, um das Wissen aufzubewahren, sondern um mit ihnen Geld zu verdienen. Das Buch war zu einer käuflichen Ware geworden. Die Zahl der Druckereien wuchs sehr schnell: Um 1500 gab es in 250 europäischen Städten mehr als 1150 Druckereien.

Neben den Büchern entstand eine neue Art von Druckschriften, die sehr billig waren und auch von denen, die nicht lesen konnten, gekauft wurden: die Flugschriften. Holzschneider und Buchmaler faßten die Botschaft der Flugschrift in einem oder mehreren leicht verständlichen Bildern zusammen. So wurden die Flugschriften zu einem Instrument der Meinungsbildung für ein Massenpublikum.

Die Reformation

2 Vorzeichen des Jüngsten Gerichts. Ausschnitte aus einem Altarbild von Wolfram Rinke aus der Liebfrauenkirche in Oberwesel, um 1500.

3 Vision 1508. Edelmann und Mönch pflügen den Acker, ein Bauer hält den Gottesdienst, die Kirche steht auf dem Kopf. Holzschnitt, 1508.

Revolution des Glaubens

Mit seiner Kritik an den Mißbräuchen in der katholischen Kirche löste der Mönch Martin Luther 1517 die größte Veränderung des Christentums seit seiner Entstehung aus. Anstelle der einen katholischen Kirche mit dem Papst an der Spitze gab es wenige Jahre später verschiedene christliche Kirchen und christliche Glaubensgemeinschaften. An deren Spitze standen Landesfürsten, die sich zu der neuen von Luther und anderen Reformatoren* verkündeten Lehre bekannten.

Luthers Absicht, die Kirche zu reformieren, verwandelte sich unter dem Druck der Verfolgung durch den Papst und den Kaiser zu einer radikalen Neubegründung des christlichen Glaubens. Zwei Lehren Luthers wirkten revolutionär: die Lehre von der Freiheit des Christenmenschen und die Lehre vom allgemeinen Priestertum.

Mit der Freiheit des Christenmenschen meinte Luther, daß alle Menschen durch Jesus erlöst und damit im religiösen Sinne frei und gleich vor Gott seien. Die Bauern und alle anderen Abhängigen sahen in Luthers Lehre aber die Bestätigung ihrer Auffassung, daß ihre Unterdrückung und Ausbeutung ungerecht sei. Sie beriefen sich gegenüber der Obrigkeit auf Luther.

Unter der Lehre vom allgemeinen Priestertum verstand Luther, daß alle Menschen durch die Taufe Priester geworden seien. Von daher könne jeder Mensch ohne die Hilfe eines besonders geweihten Priesters die Bibel selbst auslegen und müsse nur das glauben, was in der Bibel stehe. Dem Papst und Bischöfen sprach Luther das Recht ab, wie bisher allein zu bestimmen, was der wahre Glaube sei.

Durch seine Übersetzung der Bibel in das Deutsche und die Gestaltung des Gottesdienstes in deutscher Sprache und mit deutschen Kirchenliedern gewann Luther viele Anhänger. Im Mittelpunkt des Gottesdienstes stand nun die Predigt mit der Auslegung der Bibel durch einen manchmal sogar von der Gemeinde gewählten Pfarrer.

Die neue Lehre Luthers verbreitete sich mit Hilfe der neuen Drucktechnik und der neuen Form der Meinungsbildung durch Flugschriften in für damalige Zeiten unvorstellbarer Geschwindigkeit.

Freie Bauern werden unterdrückt

1 Der Ständebaum des Petrarca Meister, um 1520. Der Holzschnitt aus dem Buch „Vom adligen Ursprung" zeigt den Aufbau der damaligen Gesellschaft in der üblichen Form: ganz unten die Bauern im Wurzelwerk des Baumes als Basis der Gesellschaft, darüber Handwerker und Kaufleute. Über diesen sitzen Vertreter des Adels, ein Bischof und ein Kardinal. Über ihnen befinden sich der Papst und der Kaiser. Neu ist in der Darstellung, daß über dem Papst ein Bauer (mit dem Dudelsack) seinen Fuß auf die Schulter des Papstes stellt und der Bauer mit der Mistgabel mit seinem Fuß den Kaiser berührt.

Auf den Seiten 64-67 könnt ihr untersuchen, wie sich die Lage der Bauern veränderte und warum es zum Ausbruch der Bauernkriege kam. An Hand der Forderungen der Bauern, niedergeschrieben in den „Zwölf Artikeln" (S. 68/69), könnt ihr herausfinden, was die Bauern erreichen wollten.

Der „gemeine Mann" wird unruhig

1 *Untersucht die Darstellung des Ständebaumes und versucht zu erklären, was der Künstler über die Gesellschaftsordnung um 1520 aussagen will. Benutzt dazu auch die Bilderläuterung.*
2 *Überlegt, wie damals Adelige, Bürger und Bauern auf dieses Bild reagiert haben könnten.*
3 *Versucht für unsere Gesellschaft einen Ständebaum zu malen. Wer sitzt oben, wer unten?*

Die Gesellschaft um 1500 zerfiel aus der Sicht der Herren, in zwei Gruppen: in die Obrigkeit und die Untertanen, „den gemeinen Mann". Die Obrigkeit waren die Fürsten, Grafen und Adelige, Bischöfe und Äbte. Zur Obrigkeit zählte auch der Kaiser des Deutschen Reiches. Mit dem Begriff „gemeiner Mann" waren auf dem Land die besitzenden Bauern, in den Städten die nicht an der Herrschaft beteiligten Bürger und Handwerker gemeint. Frauen, Arme und das Gesinde hatten in dieser zweigeteilten Gesellschaftsordnung keinen anerkannten Platz.
Seit 1480 war es in den Städten und auf dem Land immer wieder zu Unruhen gekommen, ein Protest gegen die schlechte wirtschaftliche Lage des „gemeinen Mannes".

Freie Bauern werden unterdrückt

Die Bundschuhbewegung

1493 trafen sich im Bistum Speyer heimlich leibeigene* Bauern, um einen Aufstand gegen den Bischof von Speyer, ihren Grundherrn*, zu verabreden. Die Bauern waren über die ständig steigenden Abgaben und ihre schlechte Lage unzufrieden. Ihr Losungswort bei den heimlichen Treffen lautete: „Was ist das für ein Wesen? – Wir mögen von den Pfaffen genesen."

Joß Fritz war der Anführer der Bauernbewegung. Sie nannte sich „Bundschuh" und hatte auf ihrer Fahne den bäuerlichen Schuh, der mit langen Riemen geschnürt wurde (vgl. Bild 2). Joß Fritz forderte die Abschaffung der Leibeigenschaft*, die Aufteilung der Kirchen- und Klostergüter und eine Garantie, daß alle Bauern Wasser, Wald und Weide ihrer Gemeinde nutzen konnten. Ihre Forderungen sahen die Bauern durch das Göttliche Recht* begründet. Joß Fritz sprach für viele Bauern, wenn er ausrief: „Nichts, denn die Gerechtigkeit."

Der Aufstandsversuch des Bundschuh wurde verraten, als die Bauern Boten aussandten, um etwa 20 000 Bauern anzuwerben. Viele Anführer wurden festgenommen, gefoltert und hart bestraft. Joß Fritz aber konnte entkommen. Noch zweimal gründete er eine Bundschuhbewegung, so 1502 in Lehen bei Freiburg. Die neue Geheimlosung hieß nun: „Gott grüß Dich Gesell, was hast Du für ein Wesen? – Der arme Mann in der Welt mag nicht mehr genesen!" Auch diese neue Bundschuhbewegung wurde verraten, bevor es zu einem Aufstand kam.

4 *Vergleicht die erste und die zweite Losung der Bundschuhbewegung miteinander.*

Die Lage der Bauern verschlechtert sich

Ab 1450 erhöhten die Grundherren, Adelige und Klöster, die Abgaben und Steuern (den Zehnten*) oder trieben sie auch bei Mißernten unerbittlich ein. Sie versuchten auf diese Weise, ihre eigene schlechte Wirtschaftslage auf Kosten der Bauern zu verbessern. Durch die Zunahme der Bevölkerung wuchs die Zahl der Menschen, die ein Hof ernähren mußte. Die Höhe der Abgaben blieb aber gleich.
Besonders schlimm für die Bauern in Süddeutschland war die Leibeigenschaft* mit der die Grundherren die Freizügigkeit der Bauern aufhoben. Damit wollten sie verhindern, daß die Bauern in die Städte zogen, wo sie mehr verdienen konnten. Die bis dahin freien Bauern verloren so ihre Freiheitsrechte.

2 Bauer mit Fahne. Links steht der Bundschuh. Holzschnitt von Pamphilius Gengenbach mit dem Titel: Der Bundtschu, diß Biechlein, sagt von dem bösen Fürnemen der Bundschuher, wie es sich angefangt, geendet und auskumen ist. Basel, 1514.

Sie und ihre Familien mußten sich verpflichten, nicht aus dem Besitz des Grundherrn wegzuziehen.
Das Kloster Kempten war einer der größten Grundbesitzer im Allgäu. Sein Abt war weltlicher und kirchlicher Herr über zahlreiche Bauern. In einer Beschwerde hieß es 1523 über den Bauern Hans Hiemer zu Lego:

> **Q** ... (Er) ist ein freyer man gewesen hat zu der Ehe genomen Barbara Mullerin daselbst, die ist laib aigen gewesen, dem ist der kirchgang verpotten worden, bis er sich auch laibeigen gemacht ...

5 *Versetzt euch in die Lage des Hans Hiemer und bedenkt, daß er, wie alle Bauern damals, sehr gläubig war und Wert darauf legte, zum Gottesdienst gehen zu können. Spielt ein Gespräch mit seiner Frau, in dem es darum geht, ob er sich in die Leibeigenschaft begeben oder auf den Gottesdienstbesuch verzichten soll.*

Freie Bauern werden unterdrückt

Bauern bei der Fronarbeit. Buchmalerei aus dem 15. Jahrhundert.

Todfallabgaben

Im Januar 1525 faßten Bauern des Klosters Kempten ihre zahlreichen Klagen über ihren Herrn, den Abt*, in einem Buch zusammen. Eine von ihnen lautete:

> **Q** … Konrad Fraydinng, leibeigen* Mann, hat gehabt ein Frauen, die ist ihm gestorben, da musst er mit dem Abt teilen und gab ihm 50 rheinisch fl. Danach nahm er ein ander Frauen …, die starb ihm auch. Da hat mein Herr aber das halbe Teil haben wollen. Da musst er ihm 30 fl. geben. Da nahm er die dritt Frauen, die starb ihm auch. Da nahm er aber den halben Teil, da gab er ihm 20 fl. Zuletzt ist er selber tot. So hat man aber den halben Teil han. Also fand sein Kind die Gelder vor ausbezahlt. Da ist nit mehr überblieben den 18 Pfd. Heller. Das hat der Abt auch wollen halb han. Da hand ihm die Kind nichts wollen geben. Da han er alles genommen und müssen ein Teil der Kind nach dem Almosen gan. Des waren sie wohl über worden, hätt man ihrem Vater das Gut nit also abgenommen …

1 *Erstellt mit Hilfe der Quelle eine Übersicht über die Abgaben, die Konrad Fraydinng und seine Erben dem Kloster leisten mußten.*

Ausbau der Macht der Landesherren

Aber nicht nur die Abgaben stiegen. Zur gleichen Zeit versuchten die Landesherren, Grafen und Fürsten, ihre Herrschaft über die Dörfer auszudehnen. Bis dahin hatten die besitzenden Bauern in der Gemeinde wichtige Fragen selbst in der „gemeind" geregelt. Alle besitzenden Bauern versammelten sich dazu zu einem Kreis im Freien und stimmten mit Mehrheit über ihre Angelegenheiten ab. Diese demokratischen Regelungen wollten die Herren beseitigen. Sie versuchten, über ihre Amtsleute ihre herrschaftlichen Anordnungen durchzusetzen. Dabei beriefen sich die Herren auf das in Latein geschriebene Römische Recht*, das die Bauern nicht kannten und nicht lesen konnten. Die Bauern beharrten dagegen auf ihren alten Recht, das über Jahrhunderte mündlich überliefert war.

2 *Spielt eine Bauernversammlung, die mit einem Amtmann über eine Anordnung des Herrn streitet:*
– *der Amtmann fordert höhere Abgaben;*
er beruft sich auf geschriebenes Recht;
– *die Bauern fordern die kostenlose Nutzung des Waldes; sie berufen sich auf mündliche Zusagen.*

Der Ausbruch der Revolution

Im Sommer 1524 kam es in Süddeutschland zu den ersten Aufständen. In wenigen Monaten dehnten sich die Unruhen über weite Teile des Deutschen Reiches aus. Die Herren waren überrascht. Sie wollten Zeit gewinnen, um militärisch zu rüsten. Deshalb forderten sie die Bauern auf, ihre Klagen schriftlich einzureichen. Die Bauern gaben über 300 Klageschriften ab. Auf keine der Klagen gingen die Herren ein.
In den Monaten Januar bis Mai 1525 schlossen sich darauf hin zunächst im Allgäu und am Bodensee Tausende von Bauern zu politischen und militärischen Genossenschaften zusammen. Sie nannten sich „Christliche Vereinigungen", „Landschaften", oder „Christliche Versammlung". Sie wählten Führer, die mit den Vertretern der Obrigkeiten zunächst verhandeln sollten. Gemeinsam wollten sie gestützt auf das Evangelium „Gerechtigkeit und das göttliche Recht" gegenüber ihren Herrschaften durchsetzen. Neu war, daß die Bauern sich über die Gebiete ihrer Herren hinaus vereinigten und daß sie ein gemeinsames Programm hatten. Dieses Programm, die „Zwölf Artikel", hatte der Schreiber des Baltringer Haufens, Sebastian Lotzer, mit Hilfe des Memminger Pfarrers Christoph Schappeler im Februar 1525 in Memmingen verfaßt. Memmingen war die erste Stadt in Oberschwaben, die die Reformation übernommen hatte. Die „Zwölf Artikel" wurden von fast allen Bauernhaufen als Forderungskatalog übernommen.

Zum Weiterlesen

Ein harter Arbeitstag

Wir befinden uns im Jahre 1495. Martin, seine Schwester Anna und ihre Eltern sind seit Sonnenaufgang auf ihrem Acker, um ihn zu pflügen und mit Rübensetzlingen zu bestellen. Die Kuh, die bisher den Pflug gezogen hat, sackt zu Boden, weil sie bald kalben wird. Daher müssen der Vater und Martin nun den Pflug selbst ziehen:

„Nimm den Pflug", sagte der Vater.
„Aber das ist doch …"
„Die Rüben müssen heute noch gesetzt werden", schnitt ihr der Vater das Wort ab. „Morgen und übermorgen muß ich für den Herrn arbeiten."
Die Mutter seufzte und stellte sich hinter den Pflug. Der Vater und Martin hängten sich mit ganzer Kraft in die Stricke und zogen den Pflug vorwärts. Als die Sonne schon hoch am Himmel stand und Martin sich noch einmal mit letzter Kraft bis zum Ende des Ackers geschleppt hatte, blieb der Vater stehen. Auch er atmete schwer. „Zeit fürs Vesper", sagte er. Die Mutter holte Brot und Käse und sogar ein Stück Speck. Anna lief zum Bach und holte Wasser. Sie gab dem Vater den Krug. Der reichte ihn Martin und ließ ihn zuerst trinken. Das hatte er noch nie getan, und Martin war richtig stolz. Er fühlte sich wie ein Mann, obwohl er erst dreizehn war.
Während sie aßen und tranken, hörte Anna Hundegebell und Hufschlag.
„Die Herren jagen wieder", rief sie.
„Wenn sie nur nicht …" Die Mutter brach den Satz ab, denn schon sah sie zwei Hirsche um ihr Leben rennen, dicht gefolgt von bellenden Hunden und den Reitern. Und alle kamen genau auf ihren Acker zu.
„Nein"! rief sie und schlug die Hände vors Gesicht. Der Vater ballte die Fäuse und stieß einen Fluch aus. Martin sah die Hirsche und Hunde über den so mühsam, ja qualvoll gepflügten Acker jagen, und er sah die vielen Reiter heranpreschen. Plötzlich sprang er auf und stellte sich ihnen in den Weg. Ein Pferd scheute und warf beinahe seinen Reiter aus dem Sattel. Ein zweiter Reiter versetzte Martin einen Fußtritt, daß der zu Boden taumelte. „Aus dem Weg, Bauernlümmel!" Dann ritten alle schnell weiter. Die Pferdehufe zertrampelten viele Rübensetzlinge oder wirbelten sie durch die Luft.
Der Vater trug Martin aus dem Acker und legte ihn auf die Wiese. „Dummer Bub", sagte er. „Du kannst dich den Herren doch nicht in den Weg stellen."

„Aber die Rüben", stöhnte Martin und richtete sich langsam auf.
Die Mutter gab ihm Wasser zu trinken. Anna strich ihm liebevoll übers Gesicht.
„Tut's weh?"
Martin schüttelte den Kopf. „Nicht arg."
„Dann müssen wir …" Der Vater drehte sich um – die Reiter kamen zurück.
Die Mutter fing an zu beten. Anna drückte sich fest an Martin.
Die Herren zügelten ihre Pferde. „Her mit dem Lümmel!"
„Herr", sagte der Vater, „wir haben die Rüben heute morgen gesetzt …"
Da zischte die Reitpeitsche des Herrn nieder und zog einen roten Striemen über das Gesicht des Vaters.
„Habe ich dich nach deiner Meinung gefragt?" Der Herr sah Martin an. „Steh auf!"
Anna wollte ihren Bruder nicht loslassen.
Nun fetzte die Reitpeitsche auf ihren Rücken. Martin stand schnell auf.
„Wegen dir sind uns die Hirsche entkommen", sagte der Herr und zog die Peitsche über Martins Gesicht. „Ich sollte dir dafür die Augen ausstechen lassen."
Die Mutter fiel vor dem Herrn auf die Knie. „Erbarmen, Herr, habt Erbarmen. Er ist doch ein Kind."
„Ein Kind?" Der Herr lachte bitter. „Ein verdammter, aufsässiger Bursche ist das, der die schlimmste Strafe verdient hat. Aber damit ihr seht, wie gut ihr es bei mir habt, bekommt er nur zehn Hiebe mit der Peitsche."
Er winkte zwei Männer zu sich. Die packten Martin, rissen ihm sein Leinenhemd vom Leib, banden ihn an einen Baum und peitschten ihn aus. Der Vater, die Mutter und Anna mußten zusehen. Martin stöhnte vor Schmerz und biß sich die Lippen blutig. Aber er schrie und weinte nicht.
„Das soll dir und euch allen eine Lehre sein", sagte der Herr. Dann gab er seinem Rappen die Sporen und ritt mit seinem Gefolge davon.
„Da haben wir noch einmal Glück gehabt", sagte der Vater.
Die Mutter nickte. „Dem Vater im Himmel sei Dank!"

Wie es mit Martin weitergeht, erfahrt ihr in dem Buch von Manfred Mai „Der deutsche Bauernkrieg", Ravensburg 1992.

DIE BAUERNKRIEGE

Im Februar 1525 verfaßten der Schreiber Sebastian Lotzer und der Pfarrer Christoph Schappeler ein Programm für die aufständischen Bauern, die „Zwölf Artikel". Ihre Forderungen begründeten sie mit der Bibel. In allen Artikeln setzten sie das Evangelium als Richtschnur fest und orientierten sich an ihm. Deswegen hofften die Bauern auf den Beistand Luthers, der ja auch das Evangelium zur Richtschnur seiner neuen Lehre und seines Handelns gemacht hatte (vgl. S. 63).

Dann forderten sie drei damals berühmte Theologen* auf, unter ihnen Luther, die Artikel zu prüfen und über ihre Rechtmäßigkeit zu urteilen. Innerhalb von zwei Monaten erschienen 25 Drucke der Artikel mit etwa 25000 Exemplaren, was für die damalige Zeit eine hohe Auflage war.

Zwei Monate nach dem Erscheinen veröffentlichte Luther eine Antwort auf die „Zwölf Artikel". Seine Antwort enttäuschte die Bauern sehr. Die Fürsten benutzten Luthers Aussagen zur Begründung ihres unbarmherzigen Kampfes gegen die Bauern.

Im folgenden könnt ihr an ausgewählten Artikeln jeweils die Forderungen der Bauern und die Antwort Luthers untersuchen. Am besten arbeitet ihr dabei in Gruppen.

Q1 Die Zwölf Artikel, Februar/März 1525

... Zum anderen ergibt sich klar und lauter, daß die Bauern, die in ihren Artikeln solches Evangelium zur Lehre und Leben begehren, nicht ungehorsam und aufrührerisch genannt werden können. Wenn aber Gott die Bauern (die bange darum beten, nach seinem Worte leben zu dürfen) erhören will: wer will den Willen Gottes tadeln? ...

1. Zum ersten ist es unserer demütig Bitt und Begehr, auch unserer Wille und Meinung, daß wir nun fürderhin Gewalt und Macht haben wollen, daß die ganze Gemeinde ihren Pfarrer selbst erwählen ... soll; auch Gewalt haben, denselbigen wieder abzusetzen, wenn er sich ungebührlich verhalten sollte. Der selbige Pfarrer soll uns das heilige Evangelium lauter und klar predigen, ohne alle menschlichen Zusatz, Lehre und Gebot, nichts als den wahren Glauben uns stets verkünden.

1 *Stellt fest, auf was und auf wen sich die Bauern bei ihren Forderungen im 1. Absatz berufen. Notiert es in einem Satz.*
2 *Schreibt die Forderungen der Bauern auf. Was verlangen sie von ihrem Pfarrer?*

2. ... wollen wir den rechten Kornzehnt* gern geben, doch wie sichs gebührt ... so gebührt er einem Pfarrer, der klar das Wort Gottes verkündet ... Den kleinen Zehnt* wollen wir gar nicht geben. Denn Gott der Herr hat das Vieh dem Menschen abgabenfrei erschaffen. Das erachten wir für einen ungebührlichen Zehnten, den die Menschen ersonnen haben. Darum wollen wir ihn nicht weiter geben.

3 *Schreibt auf, mit welchen Argumenten die Bauern die Zahlung des kleinen Zehnt ablehnen.*

3. Zum dritten ist es der Brauch gewesen, daß man bisher behauptet hat, wir seien Eigenleute (Leibeigene), was zum Erbarmen ist, in Anbetracht dessen, daß uns Christus alle mit seinem kostbaren Blutvergießen erlöst und losgekauft hat – den Hirten ebenso wie den Höchsten, keinen ausgenommen. Darum ergibt sich aus der Schrift, daß wir frei sind und deshalb wollen wir's sein. Nicht, daß wir völlig frei sein und keine Obrigkeit haben wollen: das lehrt uns Gott nicht ... Wir bezweifeln auch nicht, ihr werdet als wahre und rechte Christen uns aus der Leibeigenschaft gern entlassen oder uns aus dem Evangelium belehren, daß wir leibeigen seien ...

4 *Schreibt Stichworte auf zu den Forderungen der Bauern im dritten Artikel, zur Begründung der Forderungen und zu den Hoffnungen der Bauern.*

Weitere Forderungen

Weiter forderten die Bauern in den Zwölf Artikeln:
– Freie Jagd und Fischerei,
– unentgeldlicher Bezug von Brenn- und Bauholz und Rückgabe der Wälder an die Gemeinden,
– die Dienste sollen verringert werden,
– die Strafbußen sollen herabgesetzt werden,
– die Todfallabgaben* werden nicht mehr gezahlt.

Soweit die Artikel durch die Heilige Schrift sich als unberechtigt erwiesen, wollten die Bauern sofort auf sie verzichten. Sollten sich weitere Forderungen aus der Heiligen Schrift ergeben, wollten die Bauern sie auch noch stellen.

Die Zwölf Artikel

Q2 Luther: Ermahnung zum Frieden April/ Mai 1525:

... ihr bekennt, daß ihr euch zusammenrottet und empört und wollt dies mit dem Evangelium beschönigen. ... Das Evangelium lehrt die Christen leiden und das Unrecht dulden und zu Gott beten in aller Not. Ihr aber wollt nicht leiden, sondern wie die Heiden die Obrigkeit nach eurem Willen und eurer Ungeduld zwingen ...

Auf den ersten Artikel ...

Dieser Artikel ist recht, wenn er nur christlich durchgeführt würde ... Wenn aber die Güter der Pfarre von der Obrigkeit kommen und nicht von der Gemeinde, so kann die Gemeinde nicht diese Güter dem zuwenden, den sie erwählt; denn das wäre geraubt und genommen ... Will sie einen Pfarrer haben, muß sie damit beginnen, daß sie diesen zuerst demütig erbittet von der Obrigkeit. Will die Obrigkeit nicht, so wähle sie einen eigenen und nähre ihn von ihren eigenen Gütern ...

5 *Stellt fest, was Luther zum 1. Absatz des zweiten Artikels der Bauern meint und was das Evangelium die Christen lehrt. Notiert es.*

6 *Nennt die Gründe, mit denen Luther die Forderungen im 1. Artikel der Bauern ablehnt.*

Auf den zweiten Artikel

Den Zehnten sollen dem Pfarrer und armen Leuten ausgeteilt werden, das Übrige behalten werden zur Hilfe, wenn das Land in Not ist ... Dieser Artikel ist nichts als Raub und öffentliche Strauchdieberei. Denn da wollen sie den Zehnten, der nicht ihnen, sondern der Obrigkeit gehört, an sich reißen und damit machen, was sie wollen ... Das heißt die Obrigkeit ganz und gar abgesetzt ...

7 *Notiert, wie Luther die Aussagen der Bauern bewertet. Versucht dafür einen zusammenfassenden Begriff zu finden.*

Auf den dritten Artikel

Es soll kein Leibeigner sein, weil uns Christus hat alle befreit? - was ist das? Das heißt christliche Freiheit ganz fleischlich machen ... Lest St. Paulus, was er von den Knechten, welche zu der Zeit alle leibeigen waren, lehrt. Darum ist dieser Artikel gerade gegen das Evangelium und räuberisch, weil damit jeder sein Leib, der unfrei geworden ist, seinem Herrn wegnimmt. Denn ein Leibeigener kann gut Christ sein und christliche

Martin Luther. Kupferstich von Lucas Cranach d. Ä., 1520.

Freiheit haben, wie ein Gefangener oder Kranker Christ ist und dennoch nicht frei ist. Es will dieser Artikel alle Menschen gleich machen und aus dem geistlichen Reich Christi ein weltliches, äußerliches Reich machen, was nicht möglich ist. Denn ein weltliches Reich kann nicht bestehen, wo nicht Ungleichheit ist bei den Personen ...

8 *Stellt die Argumente Luthers gegen die Forderungen der Bauern nach Freiheit zusammen.*

9 *Stellt fest, wie Luther zu der bestehenden weltlichen Herrschaft steht.*

10 *Faßt die Wünsche der Bauern insgesamt in Schlagworten zusammen und versucht dasselbe mit den Antworten Luthers. Schreibt diese auf eine große Wandzeitung und vergleicht.*

11 *Stellt „Holzschnitte" in Form von Plakaten zu den Forderungen der Bauern her.*

12 *Spielt ein Gespräch zwischen Bauern und Bürgern über „Die Zwölf Artikel" und Luthers Schreiben.*

13 *Haltet als Fürsten einen Ratschlag über „Die Zwölf Artikel" ab.*

Die Revolution des gemeinen Mannes

1 Bauernaufstände und Bauernkriege 1524/1525.

Der Beginn der Kämpfe
1 *Beschreibt mit Hilfe der Karte den Beginn der Bauernkriege in Süddeutschland.*
2 *Stellt fest, auf welche Gebiete und Städte die Kämpfe übergriffen.*

Auf die Forderungen und Klagen der Bauern gingen die Herren in Süddeutschland nicht ein. Durch Verhandlungen versuchten sie Zeit zu gewinnen, um das Heer des Schwäbischen Bundes unter dem Truchseß von Waldburg zu rüsten. Als die Bauern dies merkten, zogen einzelne Haufen ohne Rücksicht auf die Verhandlungen ihrer Führer mit den Herren vor Burgen und Klöster. Sie forderten die Annahme der „Zwölf Artikel" und die Übergabe. Wo dies verweigert wurde, stürmten und plünderten sie ab März 1525 Burgen und Klöster.
Im Verlauf der Bauernkriege verbündeten sich immer häufiger auch die Bewohner der Landstädte mit den Bauern, besonders in Schwaben, Tirol und in Thüringen.
Militärisch waren die Bauernhaufen dem Heer des Schwäbischen Bundes unter dem Truchseß* von Waldburg unterlegen. Ohne eigene militärische Erfahrung kämpften die Bauernhaufen jeweils vereinzelt gegen die militärisch ausgebildeten Landsknechte und Reiter. Oft flohen die Bauern schon beim Anblick des gut organisierten Heeres. Nur in seltenen Fällen stellten sich Adelige, wie Götz von Berlichingen und Florian Geyer, auf die Seite der Bauern und übernahmen die militärische Leitung.

Bauern suchen eine friedliche Regelung
Dort wo die Bauern im militärischen Vorteil waren, ließen sie sich auf Verhandlungen ein und schlossen zum Beispiel den Vertrag von Weingarten. Im Vertrag wurde ihnen zugesichert, daß ihre Forderungen vor einem Schiedsgericht gerecht verhandelt würden. Die Bauern legten daraufhin die Waffen nieder, da sie ihre Forderungen anerkannt glaubten. Die Herren nutzten diese in ihren Augen einfältige Haltung der Bauern aus. Sie bekämpften nach diesem kampflosen Sieg andere Bauernhaufen erbarmungslos.

Verwirklichung von direkter Demokratie
In den Bauernhaufen, die immer stärker auch von „gemeinen Bürgern" und Pfarrern aus den Städten unterstützt wurden, wurde über die jeweiligen nächsten Ziele demokratisch beraten und abgestimmt. Die Bauern wählten, wie in ihren Dörfern, ihre Führer. Über die Ergebnisse der Verhandlungen mit den Herren wurde ausführlich beraten und dann abgestimmt. Auf Grund der demokratischen Verfahren dauerten Entscheidungen der Bauern länger als die der Fürsten, was die Kriegsführung der Bauern erschwerte.

Neue Herrschaftsordnungen
In vielen Bauernhaufen wurde die bestehende politische Ordnung immer grundsätzlicher in Frage gestellt. Die Bauern entwarfen eine gerechtere weltliche Ordnung. Kennzeichen der neuen politischen Ordnung waren die Berufung auf das Evangelium und die Besetzung aller wichtigen Ämter nach Wahlen. In den gewählten Vertretungen sollten nicht nur wie bisher der Adel und die Geistlichkeit, sondern auch Bürger und Bauern vertreten sein.
3 *Untersucht das Schema auf S. 71 und beschreibt die politischen Vorstellungen der Bauern im Vergleich mit der damals bestehenden Ordnung.*

Die Revolution des gemeinen Mannes

2 „Von dem großen Lutherischen Narren." Holzschnitt aus der 1522 veröffentlichten Schrift von Thomas Murner.

4 Prüft am Beispiel Württembergs, ob die Bauern die bisher bestehende Ordnung völlig abschaffen wollten. Untersucht dies besonders an den Aufgaben des Herzogs.

5 Erklärt am Beispiel Württembergs, welche Vorschläge der Bauern demokratisch sind.

Freiheit und Gleichheit für alle

Zwei Entwürfe gingen besonders weit: Die Landesordnung für Tirol von Michael Gaismair, die er 1526 für den Tiroler Bauernhaufen entwarf, und das Programm des Predigers Thomas Müntzer für die Bauern in Thüringen von 1525 (vgl. S. 72).
Michael Gaismair forderte in seiner Landesordnung, die eine Art Verfassungsentwurf für das Land Tirol darstellte:

> **Q** ... Wir geloben ... zum ersten die Ehre Gottes und danach den gemeinen Nutzen zu suchen ...
> (2) ... alle gottlosen Menschen, die das ewige Wort verfolgen,

Vergleich der politischen Ordnung in Württemberg 1525 mit den Plänen der Bauern, entwickelt während der vier Wochen ihrer Herrschaft im April/Mai 1525:

Beispiel Württemberg	bestehende Ordnung	Programm der Bauern
Landesherr	Herzog von Württemberg	Herzog von Württemberg
Regierung	Einsetzung durch den Landesherrn	Herzog und vom Landtag gewählte Vertreter von: – Adel (4), – Bürgern (4), – Bauern (4)
Landtag	Abgeordnete von: – Adel, – Geistlichkeit, – Amtsstädte	gewählte Abgeordnete von: – Adel, – Bürgern, – Bauern
Landgerichte, Dörfer, Städte	Einsetzung der Beamten durch den Landesherrn	Einsetzung durch die Regierung

> den gemeinen Mann beschweren und den gemeinen Nutzen verhindern, auszurotten ...
> (4) ... sollen alle Bevorzugungen aufgehoben werden ... damit niemand vor dem anderen Vorteile hat ...
> (5) sollen alle Ringmauern in den Städten und Schlösser und Befestigungen niedergebrochen werden und es soll nur noch Dörfer, keine Städte geben, ... damit kein Unterschied zwischen den Menschen sei und völlige Gleichheit im Lande ...

Weitere Forderungen waren: Die Bergwerke sollen dem Staat gehören und die bisherigen Besitzer enteignet werden, die Preise der Waren sollen kontrolliert werden. An Abgaben soll nur der Zehnte zur Versorgung der Pfarrer und der Armen bestehen bleiben, alle übrigen Steuern werden abgeschafft. Die Regierung und die Richter sollten auf Zeit gewählt werden.

6 Faßt mit euren Worten die Forderungen im Verfassungsentwurf für Tirol zusammen und beurteilt sie im Vergleich mit dem Programm der Bauern in Württemberg.

7 Diskutiert die Aussage 2 in Q und stellt fest, wie Gaismair mit politischen Gegnern umgehen will.

8 Besorgt euch andere Schulbücher und Jugendbücher zum Thema „Bauernkriege" und stellt fest, was dort über die Demokratievorstellungen des „gemeinen Mannes" berichtet wird.

Die Revolution des gemeinen Mannes

1 Thomas Müntzer. Zeichnung nach einem Stich von C. van Sichem, 1525.

Thomas Müntzer
Anders als Luther verhielt sich der Prediger Thomas Müntzer. Er stellte sich ganz auf die Seite der Bauern. In seinen Predigten forderte Müntzer zunächst die Errichtung des Reiches Gottes auf Erden. Er schlug einen „Bund der Auserwählten des Herrn", in dem Fürsten, Bürger, Bauern und Bergleute gemeinsam gegen das Böse kämpfen sollten, vor. Die Fürsten verweigerten aber die Mitarbeit und bekämpften statt dessen Müntzers Lehren als Aufruhr. Müntzer predigte nun immer stärker für die einfachen Leute. Er erklärte den Bauern die Ursache ihres Elends 1524 so:

> **Q1** ... Sieh zu, die Grundsuppe des Wuchers, der Dieberei und Räuberei sind unsere Herren und Fürsten; sie nehmen alle Kreaturen als Eigentum: die Fische im Wasser, die Vögel in der Luft, das Gewächs auf Erden muß alles ihrer sein. Darüber lassen sie dann Gottes Gebot ausgehen unter die Armen und sprechen: Gott hat geboten, du sollst nicht stehlen; es hilft ihnen aber nicht. So sie nun alle Menschen nötigen, den armen Ackersmann, Handwerksmann und alles was da lebt, schinden und schaben, und wenn einer sich am allergeringsten vergreift, so muß er hängen. Da sagt dann der Doktor Lügner (Luther) auch noch: Amen. Dabei machen die Herren das selber, daß ihnen der arme Mann feind wird. Die Ursache des Aufruhrs wollen sie nicht wegtun, wie kann es auf die Dauer gut werden? Wenn ich das sage, muß ich aufrührerisch sein, wohlan ...

1 *Sagt mit euren Worten, worin Müntzer die Ursache des Elends der Bauern sah.*

2 *Stellt fest, wie Müntzer zu Luther stand.*

Auch in Thüringen bildete sich ab März 1525 ein Bauernhaufen. Von Mühlhausen aus sammelte Thomas Müntzer die Bauern um sich, die bald das ganze Eichsfeld beherrschten. Er predigte jetzt noch schärfer gegen die Fürsten:

> **Q2** ... Gott will ... die Gewaltigen vom Stuhl stoßen und die Niedrigen erheben. Und nachdem er die große Unterdrückung des Volkes gesehen hat, will er es jetzt befreien. Aus diesem Grund kann kein Fürst, Graf, Edelmann oder andere angesehene Leute, die Gewalt auf Erden besitzen, vor ihm (Gott) bestehen bleiben, sie müssen herunter ...

Kurz vor der entscheidenden Schlacht rief Müntzer die Mansfelder Berggesellen am 26. April 1525 zum Kampf auf:

> **Q3** ... Wenn euer nur drei sind, die in Gott gelassen, allein seinen Namen und Ehre suchen, werdet ihr hunderttausend nicht fürchten. Nun dran, dran, dran, es ist Zeit, die Bösewichter sind verzagt, wie die Hunde ... dran, dran, solange ihr Tag habt, Gott geht euch voran, folget, folget! Thomas Müntzer, ein Knecht Gottes wider die Gottlosen ...

Am 15. Mai 1525 kam es bei Frankenhausen zur Schlacht zwischen den Truppen der Fürsten und Bauern. Philipp von Hessen führte die Truppen der Fürsten, Thomas Müntzer leitete die Bauernhaufen. Als die Bauern sich von den Söldnern der Fürsten umstellt sahen, flohen sie fast kampflos.
5000 Bauern wurden getötet, 600 gefangengenommen. Auch Thomas Müntzer wurde gefangen. Er bekannte unter der Folter den Kern seines Programms:

> **Q4** ... Omnia sunt communia (Alles gehört der Gemeinschaft) und sollte einem jeden nach seinem Bedürfnis und nach Gelegenheit ausgeteilt werden. Welcher Fürst, Graf oder Herr das nicht tun will und daran ermahnt wurde, dem soll man den Kopf abschlagen oder hängen ...

Nach weiteren Verhören und Folterungen wurde er öffentlich hingerichtet.

3 *Sucht Gründe dafür, warum die Fürsten Thomas Müntzer so scharf bekämpften und warum viele Bauern und Städter Müntzer folgten.*
4 *Erkundigt euch nach Thomas Müntzer Denkmälern oder Gedenkbriefmarken.*

Die Revolution des gemeinen Mannes

2 Bauern ziehen in den Krieg. Holzschnitt von 1548 (Ausschnitt).

Eine Revolution ohne Beteiligung von Frauen?
5 *Sucht auf der Abbildung oben Frauen und beschreibt ihre Rolle.*

In den Quellen zur Revolution des „gemeinen Mannes" und der Bauernkriege werden Frauen kaum erwähnt. Die handelnden Rollen liegen in den von Männern verfaßten Berichten bei den Männern. Über Frauen wurde nur berichtet, daß man für sie sorgen soll. Frauen und Kinder sollen geschont werden, wenn Bauern eine Burg stürmen oder das Heer des Schwäbischen Bundes angreift. Über die aktive Rolle der Frauen ist bisher wenig bekannt. 1988 schrieb die Historikerin Marion Kobelt-Goch:

M ... So war es möglich, daß sich in Gemünd etwa 200 Frauen einem Bauernheer anschlossen, „ain liederlich volckh", wie von obrigkeitlicher Seite bemerkt wird. Mit heißem Wasser und Steinen bewaffnet, halfen Frauen bei der Stadtverteidigung, Verfolgte wurden von ihnen gerettet oder verraten ... sie gewährleisteten notfalls das Überleben der Familie ...

Bei genauer Suche in den zeitgenössischen Berichten finden sich Hinweise auf eine aktive Rolle von Frauen:
– In der fränkischen Reichstadt Windsheim schlossen sich am 5./6. Mai 1525 sechzig Frauen zusammen, wählten eine Hauptmännin, um das Kloster zu stürmen. Diese Aktion wurde aber vom Bürgermeister und Rat der Stadt verhindert;
– in Allstedt wollten Frauen zur Unterstützung Müntzers einen eigenen Haufen bilden und aktiv eingreifen, „welichs in doch untersagt, das sie es unterlassen" (1);
– in Mühlhausen verjagten Frauen Weihnachten 1523 Pfarrer;
– in Rothenburg stürmten Frauen mit „Gabeln und Stangen" Pfarrhäuser;
– Frauen verspotteten 1525 Geistliche und bedrohten Nonnen des Klosters Heggbach (Oberschwaben) für den Fall, daß ihren Männer im Bauernkrieg etwas geschehe.

6 *Sucht Gründe für das Nichtwahrnehmen der Frauen in den Quellen und den Darstellungen.*

Kampf um Freiheit und die Folgen

1 Aufständische Bauern vor dem Kloster Weißenau. Der Abt und die Mönche fliehen. Federzeichnung 1525/26.

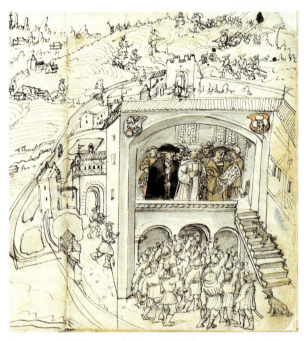

2 Bauern huldigen nach ihrer Niederlage erneut dem Abt. Federzeichnung 1525/26.

Die Folgen

Mehr als 70 000 Bauern fielen in den Kämpfen oder kamen auf der Flucht um. Die militärische Überlegenheit der Herren beendete die Revolution des „gemeinen Mannes" schnell. Die überlebenden Bauern mußten an die Herren eine Entschädigung zahlen, die Anführer der Bauern wurden hingerichtet. Auch die Bürger in den Städten wurden mit hohen Bußen belegt. Noch Jahre nach der Revolution trieben die Herren die Strafgelder der Bauern und der Stadtbürger ein.

Aus Sorge vor neuen Aufständen ließen die Herren aber die Forderungen der Bauern untersuchen und die schlimmsten wirtschaftlichen Mißstände abstellen. Auf dem Reichstag in Speyer 1526 wurden die Herren ermahnt, die Bauern so zu behandeln, wie es mit „Gewissen, göttlichem Recht und Billigkeit" zu vereinbaren sei. In einem Vertrag von Memmingen aus dem Jahre 1526 erzwangen die Leibeigenen des Klosters von Kempten die Abstellung ihrer Beschwerden. Allerdings wurde die Leibeigenschaft nicht aufgehoben, sondern nur stark gemildert. Dieser Vertrag galt über 200 Jahre.

Die Bauern vergaßen den Bauernkrieg über lange Zeit nicht. In verschiedenen Krisensituationen und Auseinandersetzungen erinnerten Bauern ihre Herrschaft an die Erfolge der Bauern in den Bauernkriegen von 1525.

1 *Berichtet mit Hilfe der Bilder oben und dem Text über den Ausgang der Bauernkriege.*

Der lange Weg zur Freiheit und Gleichheit für alle

Die Aufhebung der persönlichen Unfreiheit der Bauern, der Frauen, der Besitzlosen und Kinder war ein langer Prozeß. In Frankreich wurden 1789 allgemeine Freiheitsrechte für die Bürger gefordert und verkündet. In der Praxis galten sie aber nur für reiche Männer. Frauen, Bauern und Arme blieben von diesen Rechten ausgeschlossen (vgl. S. 90–91). In Deutschland dauerte es noch bis zum Jahre 1918 bis die politische und rechtliche Gleichheit für Männer und Frauen verkündet und langsam auch umgesetzt werden konnte. Aber auch heute ist sie noch nicht in allen Bereichen verwirklicht. Die Anfänge dieses Weges liegen in der Revolution von 1525.

KAMPF UM GLEICHE RECHTE HEUTE

Am 1. Januar 1994 besetzten bewaffnete Indianer verschiedener Stämme, alle Nachkommen der Mayas*, vier Städte in der Provinz Chiapas, der südlichsten Provinz Mexikos. In Ocosingo, Altamirano, Las Margaritas und in San Cristobal de las Casas stürmten sie Gemeindeverwaltungen und Geschäfte. Sie lieferten sich mit mexikanischen Regierungssoldaten erbitterte Kämpfe, bevor sie sich wieder in die Berge zurückzogen. In San Christobal verbrannten die Indios die Grundbücher, in denen die Besitzverteilung zwischen Indianern und Großgrundbesitzern festgeschrieben war. Auch ein Jahr später war der Konflikt um die gerechte Behandlung der Indianer und die gerechte Verteilung des Bodens in der mexikanischen Provinz Chiapas noch nicht beigelegt. Am Beispiel der Indianer in Chiapas könnt ihr untersuchen, wie aktuell auch heute noch die Forderung nach Gerechtigkeit und gleichen Rechten für viele Menschen in zahlreichen Staaten der Erde ist. Wenn ihr die aktuelle Berichterstattung in den Medien verfolgt, könnt ihr auch leicht andere Beispiele für den Kampf für diese Forderungen finden und dokumentieren.

20000 Indios fordern Gerechtigkeit

Gegenüber einem deutschen Journalisten beschrieb ein Sprecher der Indianer ihre Lage im Frühjahr 1994:

M1 ... Wir sind die Nachkommen von Pancho Villa* und Emiliano Zapata*, die nichts haben, absolut nichts, kein Haus, kein Land, keine Arbeit, keine Gesundheit, keine ausreichende Ernährung, weder Bildung noch das Recht, frei und demokratisch unsere Repräsentanten zu wählen ...

Über ihre Lebensumstände sagte er weiter:

M2 ... Chiapas ist nicht wie Mexiko. In Mexiko gab es Anfang des Jahrhunderts eine Revolution, eine Landreform, Fortschritt und auch Reichtum in den Städten. Hier leben wir in Armut und viele von uns buchstäblich in der Sklaverei der Großgrundbesitzer ... Viel haben sie uns versprochen, nichts gehalten. Wir zahlen seit fünf Jahren Steuern für Trinkwasser, Strom und Straßen. Nichts davon haben wir gesehen ...
Die Farmer und Viehzüchter von Chiapas haben uns nie das Land gegeben, das uns laut Gesetz zusteht ... Sie verpachten Parzellen von ihrem

Indianische Kämpferinnen vor dem Rathaus in San Christobal. Foto 1994.

schlechtesten Land und verlangen dafür zehn bis fünfzehn Scheffel* Tribut. Das ist ungefähr die Hälfte von dem, was so ein Stück Land überhaupt hergibt. Damit wir uns die nötigsten Dinge, wie Salz, Macheten* oder Kleider leisten können, müssen wir uns als Tagelöhner auf den Fincas* verdingen. Dafür bezahlen sie uns fünftausend Pesos (ca. 3 DM) am Tag ...

Nach dem Überraschungserfolg der Indianer versuchte die mexikanische Armee, die Indianer mit Panzern und Flugzeugen aus den besetzten Städten zu vertreiben. Nach 14 Tagen erfolglosen Kampfes bat die Armee den Bischof von San Cristobal de las Casas um Vermittlung. In langwierigen Gesprächen wurde ein Friedensabkommen in der Kathedrale von San Cristobal de las Casas zwischen den Indianern und den Vertretern der mexikanischen Regierung ausgehandelt. Der vereinbarte Waffenstillstand zwischen der Armee und den Indianern wurde 1994 eingehalten. Alle anderen für die Indianer wichtigen Vereinbarungen waren ein Jahr später immer noch nicht von der mexikanischen Regierung verwirklicht worden. Deswegen kündigten die Sprecher der Indianer an, erneut zu den Waffen greifen zu wollen. Der Kampf zwischen den Indianern und der Armee forderte 1994 über 400 Tote.

1 *Bescheibt mit Hilfe von M1, M2 und dem Text die Situation der Indianer in Chiapas.*

Kampf um Gerechtigkeit heute

1 Subcomandante Marcos, der Führer der Aufständischen Maya-Indianer in der mexikanischen Provinz Chiapas. Foto 1994.

Mit Hilfe der Materialien der Seiten 76–78 könnt ihr die Hintergründe des Konflikts in Chiapas untersuchen und euch ein Urteil darüber bilden, was Gerechtigkeit für die Indianer der Provinz Chiapas bedeuten könnte.

Ungleiche Verteilung des Bodens

Der mexikanische Schriftsteller Carlos Monsivais erklärte 1994 zu dem Aufstand, den er selbst ablehnt:

> **M1** ... Man will in Chiapas nicht länger hinnehmen, daß die Regierenden, die Großgrundbesitzer, diejenigen, die für die Abholzung der Wälder und die Ruinierung der Wirtschaft verantwortlich sind, die sich illegal Land aneignen und das System aufrecht erhalten, ungestraft die Gesetze brechen können ...
> Man darf nicht vergessen, daß Chiapas 1988 den höchsten Anteil der Stimmen der Regierungspartei, PRI*, hatte: 92 Prozent ... Dort gab es einen unverschämten Wahlbetrug. Die PRI tendiert zum Wahlbetrug ...

In einer großen deutschen Tageszeitung berichtete ein Journalist am 16. Dezember 1994 nach einer Reise durch Chiapas:

> **M2** ... seit dem Aufstand ... im vergangenen Jahr haben die Landnahmen durch die indianischen Campesinos zugenommen ... Einige Grundbesitzer, denen die Regierung kaum verstärkten Polizeischutz geben will, haben bewaffnete private Schutztruppen gebildet, die sich „weiße Garden" nennen. Sie vertreiben die Indios wieder von den besetzten Feldern und Äckern; dabei hat es schon Tote und Verletzte gegeben. Kaum jemand bestreitet, daß die meisten Ländereien und Kaffeeplantagen in der Vergangenheit auf unrechte Weise zusammen gebracht wurden: durch Ausnutzung der Unwissenheit bei den Indios, Bestechung von Gemeindeältesten (das Land gehörte den indianischen Gemeinden) oder durch Urkundenfälschung mit Hilfe korrupter* Justizbeamter ... Die Campesinos organisieren sich, werden zunehmend selbstbewußter und erkennen eine Rechtslage, die nach ihrer Meinung von einer Oberschicht gegen sie, die indianischen Kleinbauern, gemacht wurde, nicht an. Eine neue Ordnung der agrarischen Besitzverhältnisse ist auch die Hauptforderung des ... Befreiungsheeres ...

Chiapas – reich an Bodenschätzen

Ein anderer deutscher Journalist beschrieb die Situation der Provinz Chiapas im April 1994 so:

> **M3** ... Eigentlich keine arme Gegend. Ein Viertel der mexikanischen Ölvorkommen sind hier zu finden, fast die Hälfte aller Erdgasquellen. Chiapas erzeugt fünfzig Prozent der elektrischen Energie für Mexiko, doch gut ein Drittel der Wohnstätten haben keinen Stromanschluß, über die Hälfte keine Kanalisation oder kein Trinkwasser. 19 Prozent der arbeitenden Bevölkerung bekommen keinen Lohn für ihre Tätigkeit, 40 Prozent bekommen weniger als den gesetzlichen Mindestlohn ... ein Drittel der Bevölkerung leidet deswegen an schwerer Unterernährung ... Die Großgrundbesitzer und ihre bewaffneten Kleinarmeen, die Guardias Blancas, sind es, die den Indianern besonders zusetzen ...

1 *Stellt aus M1–M3 in einer Übersicht wichtige Ursachen des Aufstandes der Indianer gegen die Regierung Mexikos zusammen.*

2 *Orientiert euch mit Hilfe der Karte auf S. 77 über die Provinz Chiapas.*

3 *Informiert euch in einem Atlas und in einem Lexikon über Mexiko und verfolgt in den Medien Berichte über Mexiko oder die Provinz Chiapas. Fertigt dazu eine Wandzeitung an.*

Kampf um Gerechtigkeit heute

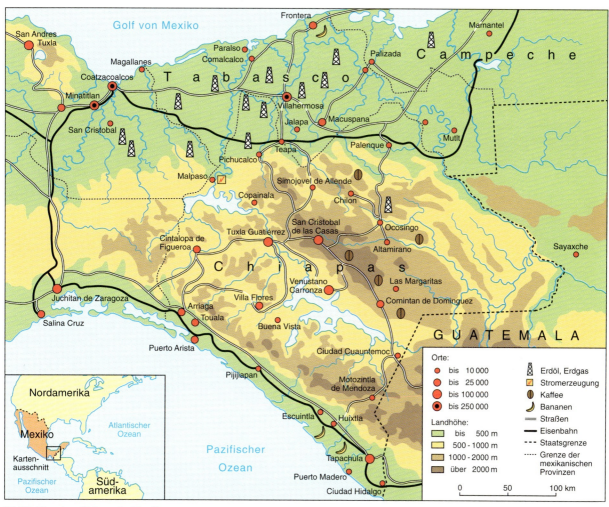

2 Die Provinz Chiapas in Mexiko.

Provinz Chiapas

Von den 3,2 Millionen Einwohnern der Provinz Chiapas sprechen 716 000 (22,3 %) eine indianische Sprache. Ein Drittel der Indianer versteht kein spanisch. Diese Indianer leben in extremer Armut. Viele Häuser in Chiapas haben einen Erdfußboden.
Chiapas ist der ärmste Bundesstaat Mexikos. 60 Prozent der Bevölkerung sind in der Landwirtschaft beschäftigt, nur 10 Prozent im industriellen Bereich.
30 Prozent der Einwohner Chiapas können nicht lesen und schreiben, 30 Prozent der Kinder zwischen sechs und 14 Jahren besuchen keine Schule.
Auf 1500 Einwohner kommt ein Arzt.

4 *Vergleicht die Zahlen für Chiapas mit den Zahlen für Kolumbien und Deutschland auf S. 107.*

Mexiko in Zahlen:	
Fläche:	195 8000 km²
Einwohner (Stand 1993):	84,5 Mio.
davon:	
Mestizen*	75 %
Weiße	10 %
Indianer	14 %
Städte (Einw. in Mio., Stand 1993):	
Mexiko-Stadt	21,80
Guadalajara	3,25
Religion (römisch-katholisch):	90 %

Forderungen nach Gerechtigkeit

1 Landloser Campesino, der ein Stück Land besetzt hat. Foto 1994.

2 Samuel Ruiz, Bischof von San Christobal und Anwalt der Indianer Mexikos. Foto 1994.

Die Menschenwürde ist unteilbar

Im April 1994 gab der Bischof von San Christobal de las Casas einer Journalistin einer deutschen Zeitung ein Interview. Der 70jährige Bischof streitet seit 35 Jahren für die Indianer und tritt für ihre Rechte gegenüber dem mexikanischen Staat ein:

M ... Wenn wir von Gerechtigkeit für die Indianer sprechen, bezieht sich das nicht nur auf diese Ecke von Mexiko ... die Forderung nach sauberen und glaubwürdigen Wahlen betrifft nicht nur Chiapas, sondern das ganze Land ...
Natürlich ist es ein Frieden, der nicht nur aus der Abwesenheit von Krieg entsteht. Er setzt voraus, daß Gerechtigkeit geschaffen wird. Mehr noch als die Forderungen nach mehr Schulen, mehr Krankenhäusern, mehr Land verlangen sie ja ein Mehr an Würde, mehr Respekt. Gefordert wird eine juristische* Basis für eine veränderte Beziehung zwischen den Völkern und dem Staat. Aber natürlich bedeutet eine Veränderung des Gesetzes nicht automatisch eine Veränderung des Herzens. Und das ist ein langer und schwieriger Prozeß für unsere Stadt und für diesen Teil des Landes, der bis jetzt an eine ungleiche Beziehung gewöhnt war.

Frage: Ist es nach 500 Jahren ungleicher Beziehung denn noch möglich, diese so verschiedenen Welten miteinander zu versöhnen?

Antwort: Dieselbe Frage kann man zur Beziehung zwischen Erster und Dritter Welt stellen. Hältst Du es denn nicht für möglich, daß die Erste Welt* die Dritte Welt* einmal als gleichwertig in der Beziehung ansehen wird? Ich denke schon. Die Würde ist schließlich kein Privileg*, das erst von dem anderen akzeptiert werden muß, sondern sie existiert einfach. Es ist das Fundament: Du, die Du deutsch sprichst, bist genau so ein Mensch wie ich, der ich spanisch spreche oder ein Indianer, der nicht spanisch, sondern seine eigene Sprache spricht. Es ist dieselbe Menschenwürde. Wir alle müssen das lernen, denn in gewisser Hinsicht sind wir alle noch Rassisten* ...

1 Beschreibt die Abbildung 1.
2 Lest das Interview (M) genau durch und schreibt in Stichworten absatzweise die Hauptaussagen auf.
3 Lest noch einmal auf S. 68 nach, was die Bauern in ihrem dritten Artikel der „Zwölf Artikel" forderten.
Diskutiert, ob diese Forderungen auch von den Indianern in Chiapas übernommen werden könnten.
4 Stellt mögliche Gemeinsamkeiten im Kampf um Gerechtigkeit der Bauern um 1525 und bei den Indianern in Mexiko 1994/95 in einer Tabelle zusammen.
5 Überlegt, ob die Aussage des Bischofs über die Würde der Menschen auch auf das Verhältnis von Ausländern, Asylsuchenden und Deutschen bei uns zutreffen kann.

Zusammenfassung

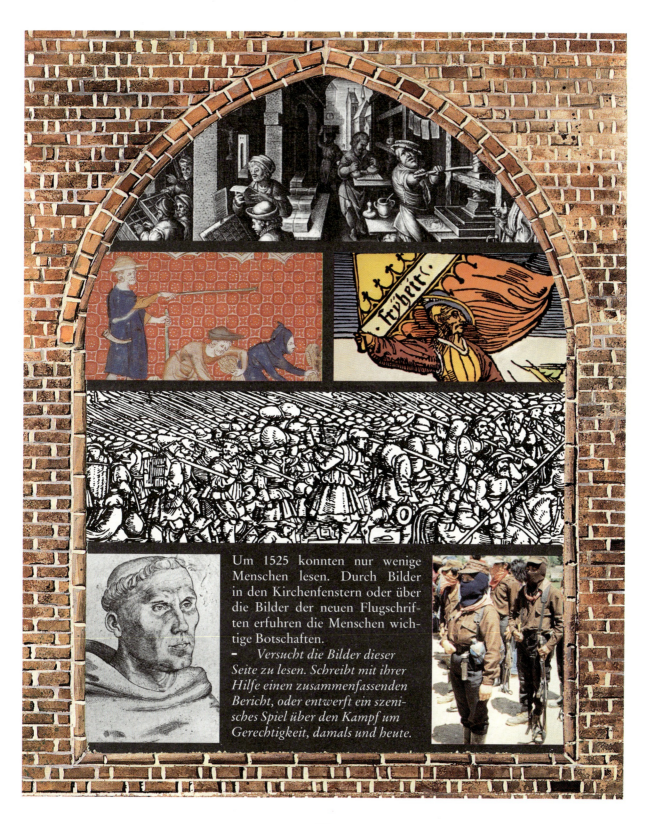

Um 1525 konnten nur wenige Menschen lesen. Durch Bilder in den Kirchenfenstern oder über die Bilder der neuen Flugschriften erfuhren die Menschen wichtige Botschaften.
- *Versucht die Bilder dieser Seite zu lesen. Schreibt mit ihrer Hilfe einen zusammenfassenden Bericht, oder entwerft ein szenisches Spiel über den Kampf um Gerechtigkeit, damals und heute.*

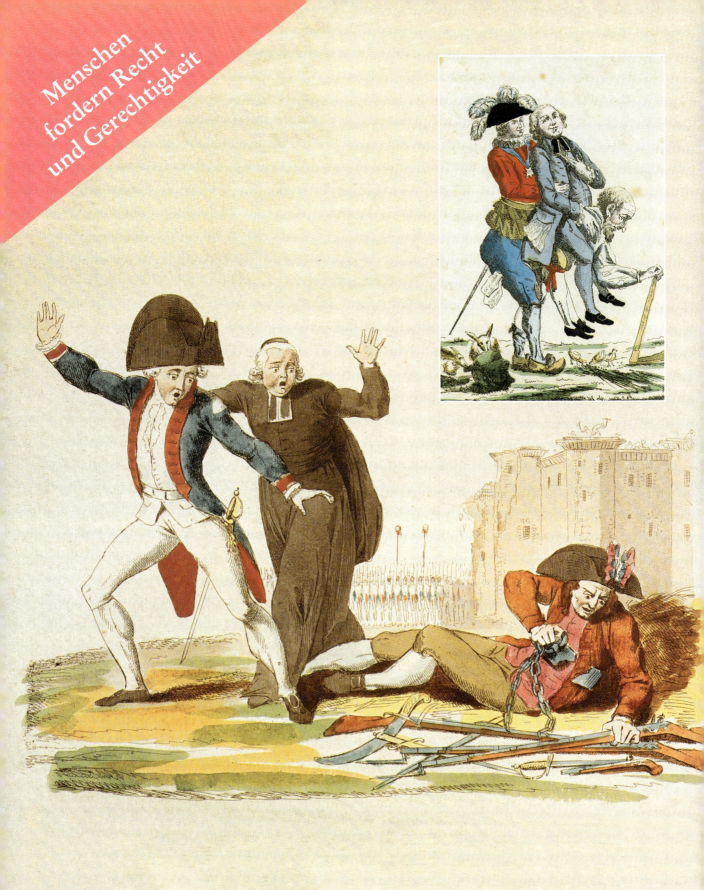

Menschen fordern Recht und Gerechtigkeit

- Beschreibt die Abbildungen und überlegt, ob sie miteinander zusammenhängen.
- Stellt den Text in einen Bezug zu den Abbildungen.
- Sammelt Fragen zum Thema des Kapitels.

2.2 FREIHEIT – GLEICHHEIT – MENSCHENRECHTE

Aus den Menschen- und Bürgerrechten von 1789
Art. 1: Die Menschen sind und bleiben von Geburt an frei und gleich an Rechten ...
Art. 2: ... Diese Rechte sind Freiheit, Sicherheit und Widerstand gegen Unterdrückung ...
Art. 4: Die Freiheit besteht darin, alles tun zu können, was dem anderen nicht schadet ...
Art. 11: Freie Gedanken- und Meinungsfreiheit ist eines der kostbarsten Menschenrechte;
jeder Bürger kann daher frei schreiben, reden und drucken ...

DIE KRISE DES ABSOLUTISMUS

1 Vortrag eines Gelehrten im Salon* der Madame Geoffrin in Paris.
Gemälde von G. Lemmonier um 1745.

Die Bedeutung der Menschen- und Bürgerrechte

Die „Erklärung der Menschen- und Bürgerrechte von 1789" war ein wichtiger Schritt, die Grundrechte der Menschen zu formulieren und ihre Einhaltung zu fordern. Die Menschen- und Bürgerrechte sind bis heute eine „Kontrolle" gegenüber Herrschern und Regierungen. Sie erlauben es zu überprüfen, ob die Rechte der Menschen beachtet werden. Verstöße gegen die Menschen- und Bürgerrechte* durch Regierungen, Militär und Polizei sind auch in unserer Zeit festzustellen.

1 *Stellt mit Hilfe der Abbildungen auf S. 80 und der Menschen- und Bürgerrechte (S. 81) Vermutungen an, was wohl an der Herrschaft des französischen Königs kritisiert wurde.*

Kritik an der absolutistischen Herrschaft

Im Laufe des 18. Jahrhunderts forderten Menschen, die kritisch gegenüber den Herrschern eingestellt waren, Menschen- und Bürgerrechte ein. Solche Kritiker werden Aufklärer genannt. Sie wandten sich gegen Ungerechtigkeiten der Herrscher und gegen die Unterdrückung von Menschen und bekämpften den Aberglauben. Die Politik sollte auf die Vernunft gegründet werden. In Vorträgen und Schriften wandten sie sich gegen den Absolutismus*, in dem der König seine Macht fast uneingeschränkt, das heißt als Alleinherrscher, ausübte. Die Aufklärer trafen sich in Salons wohlhabender Bürgerinnen und Bürger, wie zum Beispiel dem der Madame Marie-Thérèse Geoffrin (1699–1777) in Paris (vgl. Abb. 1). Dort diskutierten Philosophen*, Wissenschaftler und Künstler über aktuelle politische Fragen, aber auch über Grundsätzliches, wie die Rechte der Menschen in Staat und Gesellschaft.

Der Staatsphilosoph und Historiker Charles de Montesquieu (1689–1755) schrieb 1748 in seinem Buch „Vom Geist der Gesetze":

> **Q** … Wenn die gesetzgebende Gewalt mit der ausführenden in einer Person oder in einer amtlichen Körperschaft vereinigt ist, dann gibt es keine Freiheit, weil man fürchten kann, derselbe Herrscher oder Senat werde tyrannische* Gesetze geben, um sie tyrannisch auszuführen. Es gibt auch keine Freiheit, wenn die richterliche Gewalt nicht von der gesetzgebenden und von der ausführenden Gewalt getrennt ist. … Alles wäre verloren, wenn ein und derselbe Mensch oder ein und dieselbe Körperschaft der Vornehmen, des Adels oder des Volkes diese drei Gewalten ausübte, die gesetzgebende, die ausführende und die richterliche Gewalt …

2 *Überprüft eure Vermutungen aus Aufgabe 1.*
3 *Stellt fest, worin Montesquieu die Bedeutung der Gewaltenteilung sieht.*
4 *Entwerft an Hand der Abbildung und der Quelle einen Redeausschnitt aus dem Vortrag des Gelehrten.*

Soziale und wirtschaftliche Ungleichheit

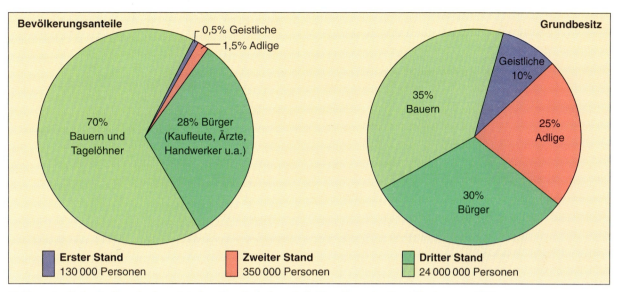

2 Der ständische Aufbau der französischen Gesellschaft und die Verteilung des Grundbesitzes um 1780.

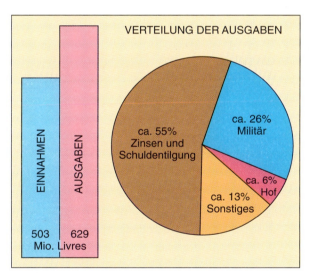

3 Staatshaushalt 1788.

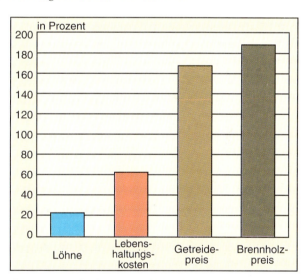

4 Steigerung der Löhne und Lebenshaltungskosten 1785–1789. (Durchschnittswerte).

5 *Beschreibt den Aufbau der französischen Gesellschaft und die Verteilung des Grundbesitzes.*
6 *Stellt fest, wie die Lasten in der Gesellschaft verteilt waren und beurteilt die Verteilung unter der Frage nach Gleichheit und Gerechtigkeit.*

Die Gesellschaft Frankreichs war im 18. Jahrhundert wie in den Jahrhunderten vorher in Stände eingeteilt. Den ersten Stand bildeten die Geistlichen (der Klerus), den zweiten Stand die Adligen. Die übrige Bevölkerung – von den reichen Bürgern über die Bauern bis zu den Tagelöhnern – bildete den dritten Stand. Klerus und Adel besaßen gegenüber dem dritten Stand Sonderrechte. Sie zahlten keine direkten Steuern und wurden vom König bei der Vergabe von hohen Ämtern im Staat und in der Kirche bevorzugt. Von der politischen Macht blieben alle Stände weitgehend ausgeschlossen. Als der Staat durch hohe Kriegsausgaben und eine aufwendige Hofhaltung in eine große Finanznot geriet, kam es zu einer Krise.

Der Dritte Stand wehrt sich

„Die Spinne und die Fliege". Zeitgenössischer Stich.

Lasten der französischen Bauern im 18. Jahrhundert:

Persönliche Dienste:

Fron   unbezahlte Arbeiten

Sachleistungen:

Zins   zumeist Bargeldzahlungen
Kornzehnt*   ein Teil der Ernte

Belastungen von Handel und Verkehr:

Gebühren   bei Landverkauf
Marktzoll
Brücken-
und Straßenzoll
Bannrechte   die Pflicht, herrschaftliche
                 Einrichtungen (z. B. Mühlen)
                 gegen Gebühr zu benutzen

Beschwerden des Dritten Standes

1 *Beschreibt den Vorgang auf der Abbildung oben und „entschlüsselt" die Bildunterschrift.*
2 *Setzt die Übersicht in einen Bezug zur Abbildung.*

Anliegen der Einwohner von Lignères-la-Doucelle (Anfang 1789):

Q1 … Seit langem schon leiden die Einwohner unter der übergroßen Last der allzu vielen verschiedenen Steuern, die sie zahlen müssen. … Es gibt nicht einen großen Hof, und auf den kleinen Anwesen sitzen entweder arme Leute oder Menschen, denen es so schlecht geht, daß sie zwei Tage die Woche kein Brot haben. …
Die genannten Einwohner verlangen, daß es im Königreich nur noch zwei Steuern geben soll, die eine auf Grund und Boden, die andere auf das Gewerbe …
Daß alle Herren, Adlige und andere Privilegierte, die ihre Güter für sich bewirtschaften, … auf diese Güter ebenso Steuern zahlen wie der Bürgerliche …

Forderungen des Dritten Standes
Aus einer Flugschrift von 1788:

Q2 Was bist du? Ein Bauer. – Was ist ein Bauer? Ein Mensch, ein Bürger, ein Glied des Dritten Standes. – Was ist der Dritte Stand? Der Nährvater des Staates, sein edelster Verteidiger. – Inwiefern ist er der Nährvater? Durch den Ackerbau, den Handel, die Gewerbe, die er allein treibt zum Vorteil aller. – … Bringen die beiden ersten Stände keine Opfer? Sie sollten es, zum mindesten aus Gerechtigkeit und Dankbarkeit; sie sind die reichsten Grundherren, sie genießen alle Auszeichnungen, alle Vergünstigungen …

Forderungen des Dritten Standes aus dem Gerichtsbezirk Rennes (Anfang 1789):

Q3 … Die Abgeordneten der Generalstände* sollen ihre Arbeit mit einer genauen Erklärung über die wesentlichen Rechte der Bürger und des Volkes beginnen, … die durch kein menschliches Gesetz aufgehoben werden dürfen oder können: die Freiheit, die Sicherheit der Personen und die vollkommene Gleichheit aller einzelnen Menschen vor dem Gesetz und in bezug auf die Steuern, gegenüber allen Inhabern von Staatsgewalt …

3 *Listet die Beschwerden und die Forderungen des Dritten Standes auf (Q1–Q3).*
4 *Erläutert die in Q3 genannten Forderungen nach Freiheit, Gleichheit und Sicherheit.*
5 *Entwerft ein Flugblatt (vgl. die nächste Seite), in dem die Bauern ihre Lage darstellen und eigene Forderungen aufstellen.*
6 *Versucht, auch für den Teil der Bevölkerung ein Flugblatt zu entwerfen, der nicht lesen konnte.*
7 *Gestaltet in einem Rollenspiel das Gespräch eines Bauern mit einem adligen Grundherrn.*

Methode: Arbeiten mit Flugblättern

Aus einem Flugblatt des französischen Philosophen Kervélegan, Januar 1788:

> Q Ist es wirklich wahr, ... daß ihr davon träumt, die entwürdigenden Ketten zu zerbrechen, die der hochmütige Adel euch seit urdenklichen Zeiten tragen läßt? Seid ihr endlich entschlossen, der ... Sklaverei zu entspringen, in deren Staub ihr bis jetzt gekrochen seid? ... Adel und Klerus, diese beiden räuberischen Stände, haben sich alle Vorteile der Gesellschaft gesichert ... Für uns haben sie alle Quellen eines leichteren Lebens und des Wohlergehens versiegen lassen, fast wie Lasttiere hat man uns gequält und geplagt ...

Das Flugblatt als „Quelle"

Flugblätter sind Einblatt-Drucke, die bald nach der Erfindung der Buchdruckerkunst erschienen. Oft bestanden sie nur aus einer Abbildung. Dadurch waren sie auch für Menschen verständlich, die nicht lesen konnten. Zu ihnen gehörte im 18. Jahrhundert mehr als die Hälfte der Bevölkerung. Flugblätter und Flugschriften (mehrblättrige Drucke) dienten der schnellen Information der Öffentlichkeit. Häufig waren sie ein Angriffsmittel gegen die Obrigkeit. Während der Französischen Revolution erreichte die Verbreitung von Flugblättern einen Höchststand.

Fragen an Flugblätter

An Flugblätter können folgende Fragen gestellt werden. Nicht

Flugblatt: „Der vaterländische Freudentaumel".
(Die Nacht des 4./5. August 1789). Anonyme Aquatinta-Radierung, 1789.

alle lassen sich für ein Flugblatt ohne weitere Informationen beantworten.

Zum Verfasser:
- Ist ein Verfasser für das Flugblatt angegeben? Wie läßt sich die Angabe „anonym" erklären?

Zum Flugblatt:
- Welcher Vorgang ist dargestellt?
- Welche Personen und Gegenstände sind abgebildet?
- Aus welchem Anlaß könnte das Flugblatt entstanden sein?
- Wofür wirbt oder gegen wen richtet sich das Flugblatt?

Das Flugblatt zeigt vier Bauern mit ihren Dreschflegeln. Auf der Erde sind Standes- und Amtszeichen des Adels (Rüstungen, Wappen, Degen, Orden) und der Geistlichkeit (Bischofsstab und -hut) zu erkennen. Die Darstellung bezieht sich auf den 4./5. August 1789, als die Nationalversammlung (vgl. S. 87) die Vorrechte des Adels und des Klerus abschaffte.

Zum Betrachter:
- Wie ist die Wirkung auf den Betrachter?

– *Bearbeitet das Flugblatt auf dieser Seite mit Hilfe der Fragen.*
– *Überprüft an Hand der Fragen eure Ergebnisse zur Abbildung auf S. 84.*
– *Untersucht, ob die Abbildung auf S. 84 als Flugblatt gelten könnte. Stellt fest, welche weiteren Erkenntnisse ihr durch die Fragen noch gewonnen habt beziehungsweise welche Fragen offen bleiben.*
– *Untersucht weitere Flugblätter in diesem Kapitel.*
– *Achtet auf Flugblätter, die in eurem Wohnort verteilt oder angeschlagen werden, und untersucht sie mit Hilfe der Fragen.*

DIE REVOLUTION DES DRITTEN STANDES

1 Die Eröffnung der Ständeversammlung.
Ausschnitt aus einem Gemälde von A. Couder.

2 Der Schwur im Ballhaus.
Ausschnitt aus einem Gemälde von J.-L. David, um 1790.

3 Die Nationalversammlung. Ausschnitt aus einem zeitgenössischen Stich von H. Helman.

Die Ständeversammlung tagt

König Ludwig XVI. (1754–1793) plante, die Staatsschulden durch die Einführung neuer Steuern und eine Reform des Steuersystems zu verringern. Er wollte den Ersten und Zweiten Stand stärker zur Steuerzahlung heranziehen. Diese lehnten die Reformvorschläge ab und erreichten die Einberufung der Ständeversammlung zum 5. Mai 1789.

Sie setzte sich aus etwa je 300 Abgeordneten des Ersten und Zweiten und etwa 600 des Dritten Standes zusammen. Abgeordnete durften nur Männer über 25 Jahre sein, die in den Steuerlisten erfaßt waren. Bei Abstimmungen sollte, wie früher üblich, jeder Stand eine Stimme haben. Die Abgeordneten des Dritten Standes forderten jedoch eine Abstimmung nach Köpfen. Das lehnten die beiden anderen Stände ab.

Der Dritte Stand erklärt sich zur Nationalversammlung

Nach wochenlangem Streit um die Form der Abstimmung erklärte der Dritte Stand am 17. Juni 1789: Wir sind von mindestens 96 Prozent des Volkes entsandt worden und vertreten die Nation in ihrer großen Mehrheit. Deshalb nennen wir uns künftig „Nationalversammlung". Als der König aus Empörung über das Vorgehen des Dritten Standes den Sitzungssaal sperren ließ, versammelten sich die Abgeordneten am 20. Juni 1789 im Ballhaus. Dort schworen sie, nicht eher auseinanderzugehen, bis eine Verfassung fertiggestellt sei. Die meisten Geistlichen und über 40 Adlige schlossen sich der Nationalversammlung an.

„Das Volk von Paris" stürmt die Bastille

Als nach einer erneuten Mißernte das Brot knapper und noch teurer wurde und dazu Gerüchte verlauteten, der König plane, Truppen nach Paris zu verlegen, um die Nationalversammlung einzuschüchtern, stieg die Erregung in Paris an. Redner riefen das Volk zur Bewaffnung auf. Am Morgen des 14. Juli 1789 versammelte sich eine große Menschenmenge vor der Bastille, einer alten Festung, die nur noch als Gefängnis diente. Für das Volk war sie ein Symbol des absolutistischen Staates. Der Sturm auf die Bastille war für die Franzosen später von solcher Bedeutung, daß sie den 14. Juli zum Nationalfeiertag erklärten und noch immer jedes Jahr feiern.

Der Sieg des Dritten Standes

Bauern stürmen die Schlösser ihrer Grundherren

Auf dem Lande richtete sich der Haß der Bauern gegen die Grundherren, die sie unterdrückten und ausbeuteten. Die Bauern weigerten sich, Abgaben und Steuern zu zahlen, schlossen sich zusammen und drangen mit Gewalt in die Schlösser ein, raubten Papiere und Urkunden und verbrannten sie. Unter dem Druck der Bauern–Unruhen und gegen den Widerstand eines großen Teils des Adels beschloß die Nationalversammlung am 4./5. August 1789 unter anderem:
– Abschaffung der Leibeigenschaft,
– Beseitigung der Gerichtsbarkeit des Grundherrn,
– gleiche Steuerpflicht für alle Bürger,
– Aufhebung der Sonderrechte für Jagd und Gehege,
– Zulassung aller Bürger zu Ämtern in Staat und Heer.
Am 19. Juni 1790 wurden alle Vorrechte des Adels abgeschafft.

Die Nationalversammlung beschließt eine Verfassung

Am 3. September 1791 wurde die Arbeit an einer Verfassung abgeschlossen, die die Macht des Königs einschränkte. Sie garantierte allen Bürgern Freiheit und Gleichheit vor dem Gesetz, dazu weitere Grundrechte (vgl. S. 90). Umstritten war jedoch das Wahlrecht. In der absoluten Monarchie hatte es keine Wahlen gegeben. Aber auch jetzt durften nicht alle Franzosen wählen. Ausgeschlossen blieben alle Frauen, alle Männer unter 25 Jahren und alle Männer über 25 Jahre, die keine oder nur geringe Steuern zahlten. Wahlberechtigt waren von circa 26 Millionen Einwohnern etwa 4 Millionen Männer, die ein höheres Einkommen hatten und entsprechende Steuern zahlten. Gewählt werden durften nur etwa 0,2 Millionen Männer. Diese „Wahlmänner" zahlten sehr hohe Steuern, waren also sehr wohlhabend. Ein solches Wahlrecht nach Einkommen und Steuerleistung wird „Zensuswahlrecht" genannt.

4 Bauern stürmen das Schloß ihres Grundherren. Stich eines Unbekannten, nach 1789.

5 Die drei Stände schmieden die Verfassung. Anonyme zeitgenössische Karikatur.

1 Tragt in eine Liste die wichtigsten Ereignisse und Ergebnisse der Revolution zwischen 1789 und 1791 sowie deren Befürworter und Gegner ein.
2 Ordnet die Abbildungen 1–5 den jeweiligen Stellen im Text zu, in denen die Bild-Vorgänge angesprochen werden.
3 Untersucht die Ergebnisse der Revolution unter der Frage, worin „Freiheit" und „Gleichheit" bestanden.
4 Überprüft an Abb. 5, inwieweit sie den tatsächlichen Verlauf und die Ergebnisse der Revolution bis 1791 wiedergibt.
5 Vergleicht das Wahlrecht von 1791 mit dem Wahlrecht in der Bundesrepublik Deutschland. Erkundigt euch darüber bei euren Eltern oder auf dem Wahlamt der Gemeinde (Stadt).
6 Untersucht am bisherigen Text des Kapitels, ob Frauen im Verlauf der Revolution bis 1791 eine Rolle spielten.

Frauen fordern Rechte

1 Zug der Frauen von Paris nach Versailles am 5. Oktober 1789. Zeitgenössische Darstellung.

Frauen holen den König nach Paris

1 *Vergleicht eure Ergebnisse aus Aufgabe 6, S. 87, mit dem Bild auf dieser Seite.*
2 *Vermutet, welche Gründe es für den „Zug der Frauen" gegeben haben könnte.*

Bis in den Herbst des Jahres 1789 hinein weigerte sich der König, den Beschlüssen über die Abschaffung der Privilegien und die Menschen- und Bürgerrechte zuzustimmen. Die Spannung in Paris stieg, als Gerüchte über einen militärischen Schlag des Königs gegen die revolutionäre Bewegung aufkamen. Die wirtschaftliche Lage verschlechterte sich wegen zunehmender Kapitalflucht ins Ausland. Vor allem Frauen im Textilgewerbe wurden arbeitslos. Immer häufiger war in Paris schon morgens kein Brot mehr zu kaufen. So auch am Morgen des 5. Oktober 1789.

In einem Zeitungsbericht zum 5. Oktober hieß es:

> **Q1** … Frauen aus dem Volk, vor allem die Händlerinnen der Markthallen und die Arbeiterinnen des (Stadtteils) Faubourg Saint-Antoine nehmen sich des Wohls des Vaterlandes an. Sie sammeln in den Straßen alle Frauen, die sie treffen, gehen sogar in die Häuser, um alle, die den Zug vergrößern könnten, mitzunehmen. … Im Rathaus öffnet sich unseren braven Französinnen ein Weg. Sie suchen Waffen, sie brechen die Pforten der Magazine auf … Bald sind sie im Besitz von Gewehren, Kanonen, Munition … Die Frauen, die am Morgen losmarschierten, haben sich geteilt: Die einen gehen … (zur) Nationalversammlung … Die übrigen gehen bis zum Gitter des Schlosses (Versailles) weiter … Diese Frauen sagten sowohl der Nationalversammlung als auch der Wache, daß sie gekommen waren, um Brot zu fordern. … Als der König von der Jagd zurück war, empfing er eine Abordnung der Nationalversammlung und der Damen von Paris … (Nach gewalttätigen Auseinandersetzungen mit der Wache erscheint der König auf dem Balkon). … Plötzlich rief man wie durch Eingebung: „Der König nach Paris! Der König nach Paris!" Nach einer gewissen Zeit erscheint der König wieder auf dem Balkon und sagt: „Meine Kinder, Ihr wollt, daß ich nach Paris komme, ich werde gehen, sofern es mit meiner Frau und mit meinen Kindern sein wird." Ein Schrei „Es lebe der König" bezeugt die allgemeine Freude. … Es vergingen vier Stunden, bevor die bewaffnete Abteilung, die die königliche Kutsche anführte, ankam. In diesem Zeitraum fuhren 50 bis 60 Fuhrwerke mit Getreide oder Mehl unter den Augen der Bürger vorbei … Frauen, die große Pappelzweige trugen, führten den Zug an …

Urteile über den Zug der Frauen

Der Historiker und Journalist Paul Sethe schrieb 1965:

> **M1** … Die Ereignisse des 5. Oktober werden in der Welt bekannt unter dem Namen des Zuges der Weiber nach Versailles. … Der politische Beobachter wird diesen Namen hinnehmen müssen … Auch ohne den Zug der Weiber würde die Geschichte nicht anders verlaufen, als sie es nun tut …

Die Historikerin Susanne Petersen äußerte sich 1991:

> **M2** … Mit dieser Massendemonstration … hatten die Frauen das „Recht" auf Teilnahme am politischen Leben nicht reklamiert (gefordert), sondern ausgeübt. … Beim Sturm auf die Bastille waren sie noch im Hintergrund geblieben … Der Marsch nach Versailles aber … wurde zum „Tag der Weiber" … Alle politisch denkenden Frauen erkannten in diesem Marsch einen besonders wichtigen … Erfolg, weil er auf das Konto der Pariser Frauen ging …

3 *Vergleicht die Gründe für den „Zug der Frauen" mit euren Vermutungen aus Aufgabe 2.*

Frauen fordern Rechte

4 Faßt den Verlauf des Zuges in Stichworten zusammen.
5 Untersucht, ob in dem Zeitungsbericht (Q1) eine bestimmte Meinung über die Frauen deutlich wird.
6 Schreibt die Urteile über den Zug (M1, M2) mit euren eigenen Formulierungen um.
7 Vergleicht die Urteile und diskutiert, welches euch am meisten überzeugt.
8 Überlegt, ob in den Urteilen bestimmte Einstellungen gegenüber Frauen deutlich werden.

Frauen fordern politische Rechte
9 Schildert euren Eindruck von der Sitzung eines Frauenclubs (Abb. 2). Welchen gesellschaftlichen Schichten könnten die Frauen zugeordnet werden?

Seit 1789 wurden – ähnlich den Männerorganisationen – in vielen Städten Frauenclubs gegründet. Der Frauenclub in Dijon setzte sich aktiv für politische Rechte der Frauen ein. Als der Chefredakteur Prudhomme den Club in seiner Zeitung angriff, antworteten die Dijoner Republikanerinnen (10. Februar 1793):

Q2 ... Bürger Prudhomme, was erwartet ihr eigentlich für einen Gewinn für die Republik aus Eurer Kritik? ... Ihr richtet sie im wesentlichen gegen die Frauen aus Lyon und Dijon. ... Von allen Staatsformen ist die Republik diejenige, die der Natur am nächsten ist. Und weil in dieser Staatsform jedes Individuum ein ... Bestandteil des Ganzen ist, muß es also zum Wohl der Republik beitragen. Daraus folgt zwangsläufig, daß die Frauen, die Teil der Gesellschaft sind, alles in ihrer Macht stehende für die Gesellschaft tun müssen. ... Um dies auf vorteilhafte und sichere Art und Weise zu erreichen, hieß es, sich zusammenzuschließen, denn was können schon die voneinander isolierten Individuen* erreichen? ... In ihren Versammlungen konnte der Wetteifer, Gutes zu tun, aufkommen und sich verbreiten ...; wieder ist es diese Gesellschaft von Bürgerinnen, die eine Hilfswerkstatt eingerichtet hat, wo seit 15 Monaten 300 arbeitslose Frauen weben ... Euch zufolge ... scheint es unnütz, daß Frauen lesen können ... Wollt Ihr die Frauen also in einem Zustand der Naivität* ... halten? ... Seid also gerecht, Männer, die Ihr von Aufklärung nur so strotzt, und verurteilt nicht die Frauen, wenn sie an Euren Rechten teilhaben ...

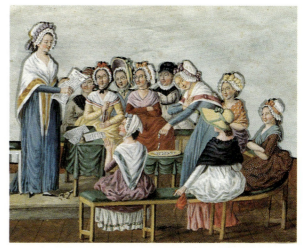

2 Sitzung eines Frauenclubs. Gouache von B. Lesueur, Paris 1791.

Blandin-Demoulin, Präsidentin der Gesellschaft der Freundinnen der Republik ... Dijon.

Die Unterdrückung der Frauenbewegung
Gegen die Forderung von Frauen nach Mitwirkung in der Politik wandte sich der Abgeordnete Amar am 30. Oktober 1793. Er forderte ein Verbot des Frauenclubs der Revolutionären Republikanerinnen:

Q3 ... 1. Dürfen Frauen politische Rechte ausüben und sich in Regierungsangelegenheiten einmischen? ... Man kann ganz allgemein mit nein antworten. ... (Die) häuslichen Aufgaben, zu denen Frauen von Natur aus bestimmt sind, gehören selbst zur allgemeinen Ordnung der Gesellschaft. Diese soziale Ordnung resultiert aus dem Unterschied, der zwischen Mann und Frau besteht ...

Durch Gesetz wurden Clubs und Vereine von Frauen verboten. Politisch aktive Frauen wurden verfolgt und hingerichtet.

10 Vergleicht Q2 und Q3 und nehmt Stellung.
11 Führt ein Streitgespräch zwischen einer Dijoner Republikanerin und dem Abgeordneten Amar durch.
12 Überprüft die folgende These: Die „Menschen- und Bürgerrechte" von 1789 waren „Männerrechte". Zieht auch eure Überlegungen nach Bearbeitung der Aufgabe 4 auf S. 90 mit heran.
13 Tragt eure Kenntnisse über Forderungen nach „Frauenrechten" in der Gegenwart zusammen.

RECHTE FÜR ALLE MENSCHEN

1 Prachtdarstellung der Menschen- und Bürgerrechte von 1789. Anonymes zeitgenössisches Gemälde.

Die Erklärung der Menschen- und Bürgerrechte in Frankreich von 1789

Die Menschen- und Bürgerrechte von 1789 wurden der Verfassung von 1791 (vgl. S. 87) vorangestellt. Sie stellen einen hohen Anspruch an die Menschen, ihr Zusammenleben diesen „Grundrechten" entsprechend zu gestalten.

Aus den Menschen- und Bürgerrechten vom 26. August 1789:

Q1 …
Art. 1: Die Menschen sind und bleiben von Geburt an frei und gleich an Rechten. …
Art. 2: Das Ziel einer jeden politischen Vereinigung besteht in der Erhaltung der natürlichen und unantastbaren Menschenrechte. Diese Rechte sind Freiheit, Sicherheit und Widerstand gegen Unterdrückung.
Art. 3: Die Nation bildet den hauptsächlichen Ursprung jeder Souveränität*. Keine Körperschaft und kein Individuum können eine Gewalt ausüben, die nicht ausdrücklich von der Nation ausgeht.
Art. 4: Die Freiheit besteht darin, alles tun zu können, was dem anderen nicht schadet. … Diese Grenzen können nur gesetzlich festgelegt werden.
Art. 10: Niemand darf wegen seiner Meinung, selbst religiöser Art, belangt werden, solange die Äußerungen nicht die gesetzlich festgelegte Ordnung stören.
Art. 11: Freie Gedanken- und Meinungsfreiheit ist eines der kostbarsten Menschenrechte; jeder Bürger kann daher frei schreiben, reden und drucken …
Art. 17: Da das Eigentum ein unverletzliches und heiliges Recht ist, kann es niemandem genommen werden, außer im Falle öffentlicher Notwendigkeit unter der Bedingung einer gerechten und vorherigen Entschädigung …

1 *Betrachtet die Abbildung und überlegt, was der Künstler mit seiner „Prachtdarstellung" wohl ausdrücken wollte.*

2 *Überprüft, welche der Menschen- und Bürgerrechte (Q1) im Gegensatz zur absolutistischen Herrschaft stehen.*

Menschenrechte in Geschichte und Gegenwart

Die Seiten 91 bis 93 enthalten Materialien zu den Menschenrechtsverletzungen in der Vergangenheit und in unserer Zeit.
Die Aufgaben sollen euch bei der Erarbeitung der Materialien unterstützen.

3 *Listet auf, für welche Gruppen Menschenrechte gefordert wurden beziehungsweise werden. Notiert dazu, worin die Verletzungen der Menschenrechte bestanden und noch bestehen.*

4 *Vergleicht auf dieser Doppelseite Q1 mit Q2 und überlegt, warum Olympe de Gouges eine Erklärung der Rechte der Frau veröffentlicht hat.*

5 *Achtet auf Nachrichten und Reportagen über die Verletzung von Menschenrechten und berichtet im Unterricht darüber.*

6 *Diskutiert über den Anspruch der Menschenrechte und ihre Verwirklichung.*

7 *Nehmt Kontakt zur Menschenrechtsorganisation „amnesty international", Sektion der Bundesrepublik Deutschland, 53108 Bonn, auf und fragt nach Informationsmaterial über Menschenrechtsverletzungen heute.*

8 *Entwerft Plakate zum Thema „Menschenrechte". Über „Menschenrechte für Kinder" informiert euch die Seite 100.*

Menschenrechte – Anspruch und Wirklichkeit

Frauen fordern Menschenrechte

Olympe de Gouges (1748–1793), Kämpferin für die Rechte der Frauen, hingerichtet 1793 während der Französischen Revolution, forderte 1791:

Q2 Erklärung der Rechte der Frau und der Bürgerin:
... Präambel*
Wir, die Mütter, Töchter, Schwestern, Vertreterinnen der Nation, verlangen, in der Nationalversammlung vertreten zu sein.
Artikel I
Die Frau ist frei geboren und bleibt dem Manne gleich an Rechten.
Artikel II
Ziel und Zweck jedes politischen Zusammenschlusses ist der Schutz der natürlichen und unveräußerlichen Rechte sowohl der Frau als auch des Mannes. Diese Rechte sind: Freiheit, das Recht auf Eigentum, Sicherheit und besonders das Recht auf Widerstand gegen Unterdrückung. ...
Artikel X
Niemand darf wegen seiner Meinung, auch wenn sie grundsätzlicher Art ist, verfolgt werden. Die Frau hat das Recht, das Schafott* zu besteigen. Sie muß gleichermaßen das Recht haben, die Rednertribüne zu besteigen ...
Artikel XI
Die freie Gedanken- und Meinungsäußerung ist eines der kostbarsten Rechte der Frau ...
Artikel XVII
Das Eigentum gehört beiden Geschlechtern, seien sie vereint oder getrennt ...

2 Indische Frauen bei einer Demonstration. Foto um 1992.

Christine Madelung, Mitarbeiterin bei „amnesty international", einer internationalen Organisation, die sich für die Einhaltung der Menschenrechte in allen Staaten der Erde einsetzt, schrieb 1993 über Frauen und Menschenrechte:

M ... Während in einigen Ländern in Ansätzen damit begonnen wird, Verbrechen an Frauen wie Mitgiftmorde, Witwenverbrennung, Mädchenhandel, sexuelle Ausbeutung und Vergewaltigung in Haft staatlicherseits zu ahnden (bestrafen), gibt es in anderen Ländern eine deutliche Rückwärtsbewegung. ... So müssen sich Frauen in vielen islamischen Ländern inzwischen an strikte Kleiderordnungen halten, und ihre Bewegungsfreiheit außerhalb des eigenen Haushaltes wurde deutlich eingeschränkt. Sie werden so nicht nur von ihrer Erscheinung her aus dem öffentlichen Leben entfernt, sondern auch tatsächlich durch eine strenge Beschneidung ihrer Möglichkeiten in Ausbildung und Beruf. ... Frauen werden politisch verfolgt, gebannt, inhaftiert, mißhandelt und gefoltert oder ermordet, weil sie für ihre Rechte eintreten, sich für andere einsetzen und sich mit unerhörtem Mut und Willen gegen soziale Mißstände wenden ...

Menschenrechte – Anspruch und Wirklichkeit

1 „Der Schrei." Lithographie von Edvard Munch, 1893 (Ausschnitt).

2 Folter. Foto von amnesty international, um 1992.

Verletzung der Menschenrechte durch Folter

Aus einem Augenzeugenbericht von 1975/76 über das Folterzentrum „El Infierno" („Die Hölle") in Uruguay. Dort verfolgte die Militärregierung politisch Andersdenkende und versuchte sie durch Foltern zu Aussagen zu zwingen:

M1 ... Nach einigen Tagen kam ich zu dem Ergebnis, daß sich dort ungefähr 500 Menschen befanden. Meine Nummer war einhundert und etwas. ... Wie kommt man dorthin? Auf dem Boden eines Privatautos oder Lastwagens, mit verbundenen Augen, die Hände auf dem Rücken gefesselt. ... Wir saßen alle, nach unseren Nummern geordnet, in Reihen ... Man hörte ständig Schreie und diese Musik, die mich verrückt machte. ... Bei Tagesanbruch begannen sie, bestimmte Nummern aufzurufen. Am ersten Tag waren es, wie ich mich erinnere, die Nummern 39, 43 und 117. ... Nummer 39 war eine Frau, wie ich später herausfand, und ich hörte an diesem Morgen ihre Schreie.
Die „Foltermaschine" (Folterraum) war gleich nebenan. ... An meinem dritten Tag zogen sie mich von meinem Stuhl und ließen mich ... eine Treppe an der Wand hinaufgehen ... (Mein Freund) lag wimmernd auf dem Boden. In der vorangegangenen Nacht war er an den Armen aufgehängt und „weich gemacht" worden. „Weichmachen" konnte alles mögliche bedeuten. Es konnten Elektroschocks ... und auch Schläge sein. ... Tag für Tag und Nacht für Nacht folterten sie ihn so, 63 Tage lang ...

Über Uruguay hieß es im „Jahresbericht 1993" der Menschenrechtsorganisation „amnesty international":

M2 ... (Die Interamerikanische Menschenrechtskommission forderte) ... die uruguayische Regierung auf, die unter der Militäradministration (Militärregierung) in den 70er und Anfang der 80er Jahre verübten Tötungen und Folterungen sowie das „Verschwindenlassen" von Menschen in dem fraglichen Zeitraum zu untersuchen. ... Erneut trafen Berichte über Mißhandlungen an Personen im Gewahrsam der Polizei ein. Bei mindestens fünf Opfern handelte es sich um Minderjährige. ... Zu den am häufigsten berichteten Mißhandlungsmethoden zählten Schläge ...

Menschenrechte – Anspruch und Wirklichkeit

3 Bosnische Gefangene im Lager von Manjaka bei Banja Luka. Foto 1992.

Verletzungen von Menschenrechten

Anläßlich der Wiener Menschenrechtskonferenz 1993 schrieb der Journalist Theo Sommer:

M3 (Von der amerikanischen Unabhängigkeitserklärung 1776) ... zieht sich eine Linie über die Menschenrechtserklärung der Französischen Revolution zur Allgemeinen Erklärung der Menschenrechte der Vereinten Nationen (1948) und zur Wiener Menschenrechtskonferenz (1993). Papier freilich ist geduldig. Es dauerte selbst in den Vereinigten Staaten fast neunzig Jahre, bis dort die Sklaverei abgeschafft wurde, und abermals neunzig Jahre, bis die gesetzlichen Rassenschranken fielen. In Europa jedoch fanden die Menschenrechte erst nach dem blutigsten, brutalsten Jahrhundert der abendländischen Geschichte Beachtung, ... in dem etwa 170 Millionen dem Moloch* Krieg ... oder dem organisierten Wahnsinn des Hitlerismus*, Stalinismus*, Maoismus* ... zum Opfer fielen ...

4 Menschenrechte. Karikatur, 1988.

Aus dem „Jahresbericht 1993" der Menschenrechtsorganisation „amnesty international":

M4 ... Im Berichtszeitraum haben Menschenrechtsverbrechen ungeheuren Ausmaßes die Weltöffentlichkeit empört und wachgerüttelt. In Somalia und dem ehemaligen Jugoslawien wurden Tausende von Menschen getötet oder brutal gefoltert. In Ländern wie China, Irak, Liberia, Peru, Sri Lanka oder Tschad fielen der staatlichen Repression* ebenfalls unzählige Menschen zum Opfer ...

5 Zeichnung von Pablo Picasso für amnesty international. 1959.

Frauen fordern Rechte

1 Demonstrantinnen am 8. März 1994. Foto.

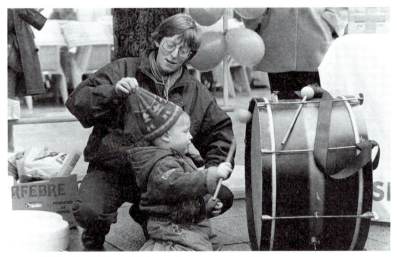

2 Endlich mal auf die Pauke hauen ... Foto vom 8. März 1994.

Auf dieser Doppelseite findet ihr Materialien über den Internationalen Frauentag 1994.

Internationaler Frauentag* – 8. März 1994
1 *Klärt zunächst die Arten der Materialien.*
2 *Erarbeitet den Inhalt und faßt die Aussagen der Materialien zusammen. Geht am besten in arbeitsteiliger Gruppenarbeit vor.*

3 *Überprüft eure Überlegungen aus Aufgabe 13, S. 89, an den Ergebnissen aus den Materialien.*
4 *Diskutiert die Aussagen des Kommentars auf Seite 95. Lest dazu auch im Kapitel 3.1, auf den Seiten 132/133, nach.*
5 *Vergleicht die in den Materialien angesprochenen Ziele der Frauen mit den Frauenrechten, die zur Zeit der Französischen Revolution gefordert wurden (S. 91). Schreibt auf, was heute erreicht ist und was noch offen bleibt.*
6 *Beschafft euch Material über das Problem „Gleichstellung von Mann und Frau". Kontaktadressen: Ministerium für die Gleichstellung von Mann und Frau, Breite Straße 27, 40190 Düsseldorf; Niedersächsisches Frauenministerium, Hamburger Allee 26–30, 30161 Hannover.*

Frauen fordern Rechte

Frauen schlagen für ihre Rechte Krach
Aktionen von Kap Arkona bis zur Zugspitze

Vom „Hexenfrühstück" bis zum Pfeifkonzert reichten die Aktionen, mit denen am Internationalen Frauentag Demonstrantinnen für ihre Rechte eingetreten sind. Viele Organisationen hatten erstmals einen Frauenstreiktag ausgerufen. Der DGB war jedoch gegen diese Bezeichnung, da Streiks nur bei Arbeitskämpfen möglich seien.

FRANKFURT A. M, **8. März** (ap/afp/dpa/FR). In vielen Städten zogen Frauen am Dienstag mit Trommeln, Rasseln und Trillerpfeifen auf die Straße, um ihrer Forderung nach Gleichberechtigung in Politik, Beruf und Familie Gehör zu verschaffen. In Berlin legten Demonstrantinnen an mehreren Orten durch Straßenblockaden den Verkehr lahm. Die „Straße des 17. Juni" am Brandenburger Tor wurde symbolisch in „Straße des 8. März" umbenannt. An der Nordspitze der Insel Rügen, am Kap Arkona, und auf der Zugspitze hißten Frauen Fahnen mit der Aufschrift: „Deutschland von Norden bis Süden in Frauenhand." In Stuttgart wurde das Reiterdenkmal auf dem Karlsplatz unter dem Motto „Aus dem Kaiser wird eine Frau" mit Frauenkleidern einer Geschlechtsumwandlung unterzogen. In Bonn verpackten die Demonstrantinnen das Rathaus mit einer lila Schleife.
Allein in Nordrhein-Westfalen waren nach Angaben der Gewerkschaften Zehntausende Frauen unterwegs.
…

(Frankfurter Rundschau vom 9. März 1994)

KOMMENTAR
Frauen unterwegs

… Die lautesten Demonstrationen gab es in den westlichen Industrieländern, wo die Frauen im Ringen um rechtliche, politische und soziale Gleichstellung die größten Fortschritte erzielt haben. Dort hingegen, wo Frauen als Sachen gelten, von religiösen Führern unter Kutten gezwungen werden, oder wo sie, wie in Afrika, Sklavenarbeit leisten oder verstümmelt werden, waren die Protestmärsche untersagt – und von internationaler Frauensolidarität ist kaum etwas zu spüren. … Wahrscheinlich kommen die Frauen, anstatt mit schrillen Aktionen gegen die Männer, eher zusammen mit ihnen voran. In Nord- und Mitteleuropa jedenfalls sind die meisten Männer gar nicht mehr so verstockt, und in vielen modernen Ehen werden Partnerschaft und Arbeitsteilung ohne großes Aufsehen längst im Alltag gelebt.

(Braunschweiger Zeitung vom 9. März 1994)

3 Gleichgewicht? Karikatur 1994.

GLEICHHEIT FÜR ALLE MENSCHEN

1 Alle Menschen werden gleich. Anhänger der Revolution bringen Adlige und Geistliche auf die gleiche Länge. Zeitgenössische Darstellung.

Gleichheit nur vor dem Gesetz?

Forderungen nach Gleichheit wurden im Verlauf der Revolution immer lauter. Was wurde unter Gleichheit verstanden? Mit welchen Mitteln wurde sie durchgesetzt? Wie beschreibt das Grundgesetz der Bundesrepublik Deutschland Gleichheit? Auf den folgenden Seiten könnt ihr Antworten zu den Fragen erarbeiten.

1 *Beschreibt die Figuren und den Vorgang auf der Abbildung und haltet fest, wie Gleichheit hier dargestellt wird.*
2 *Sprecht über eure eigenen Vorstellungen von Gleichheit und notiert sie.*

Der Abgeordnete Boissy d'Anglas sagte in einer Rede vom 23. Juni 1795:

> **Q1** ... Die Gleichheit vor dem Gesetz, das ist alles, was ein vernünftiger Mensch verlangen kann ... Die absolute Gleichheit ist ein Hirngespinst; damit es sie geben kann, müßte es eine totale Gleichheit des Geistes, der Tugend*, der körperlichen Kraft, der Erziehung, ja des Vermögens aller Menschen geben ... Gleichheit kann für den ... Menschen nur Gleichheit der Rechte heißen. Schon gar nicht kann es sich um Gleichheit des Vermögens, der Körpergröße, der Kräfte, des Geistes, der Aktivität, des Fleißes oder der Arbeit handeln ...

3 *Stellt fest, was der Abgeordnete d'Anglas unter Gleichheit versteht und vergleicht mit der Abbildung sowie mit euren Überlegungen aus Aufgabe 2.*
4 *Überlegt, welche Einstellung der Zeichner zur Frage der Gleichheit gehabt haben könnte.*

Der Ruf nach mehr Gleichheit

Die Verfassung von 1791 (vgl. S. 87) sicherte den Bürgern neben anderen Grundrechten Gleichheit vor dem Gesetz zu. Im politischen Bereich, zum Beispiel beim Wahlrecht, gab es keine Gleichheit. Die Kritiker der Verfassung forderten Gleichheit auch im gesellschaftlichen und wirtschaftlichen Bereich. Sie stützten sich auf ärmere Bevölkerungsschichten, die die Revolution vor allem in Paris mitgetragen hatten: die Sansculotten*.

Gleichheit durch Gewalt?

2 Zwei Sansculotten. Zeitgenössische kolorierte Radierungen eines Unbekannten.

Die Sansculotten
Aus einem Flugblatt der Sansculotten* (1793):

Q2 ... Ein Sansculotte, ihr Herren Schufte? Das ist einer, der immer zu Fuß geht, der keine Millionen besitzt, wie Ihr sie alle gern hättet, keine Schlösser, keine Lakaien zu seiner Bedienung ... Er ist nützlich, denn er versteht ein Feld zu pflügen, zu schmieden, zu sägen, zu feilen, ein Dach zu decken, Schuhe zu machen und bis zum letzten Tropfen sein Blut für das Wohl der Republik zu vergießen ...

5 *Untersucht, gegen wen das Flugblatt (Q2) gerichtet sein könnte? Woran zeigt sich der kritische Ton des Flugblatts?*
6 *Überlegt, wie diese Gruppe in unserer Gesellschaft genannt werden könnte?*
7 *Stellt die Abbildung in einen Bezug zu Q2.*

Aus einem Antrag der Sektion der Sansculotten an den Nationalkonvent vom 2. September 1793:

Q3 ... Beauftragte des Volkes,
Wie lange werdet ihr es noch dulden, daß ... die Schieber die Hungersnot über das gesamte Gebiet der Republik ausdehnen ... Infolgedessen hat die Vollversammlung der Sektion der Sansculotten ... beschlossen, den (National-) Konvent zu folgenden gesetzlichen Maßnahmen aufzufordern:
1. daß die einstigen Adligen keinerlei militärische Funktionen ausüben noch irgendwelche öffentlichen Ämter bekleiden dürfen ...;
2. daß die Preise für alle Grundlebensmittel unveränderlich fixiert werden ...;
3. daß auch die Preise der Rohstoffe fixiert werden ...;
4. daß alle Bauern, die infolge irgendwelcher Zwischenfälle ihre Ernte nicht einbringen können, entschädigt werden; ...
8. daß ein Höchstbetrag für die Vermögen festgesetzt wird; ...
11. daß der gleiche Bürger nur eine Werkstätte, nur einen Laden haben kann; ...

8 *Untersucht, ob die Forderungen mit den Menschen- und Bürgerrechten (S. 90) vereinbar sind.*
9 *Überlegt, welche Auswirkungen auf die Wirtschaft hätten eintreten können, wenn die Ziele der Sansculotten verwirklicht worden wären.*

Gewaltherrschaft und Zwangswirtschaft
Im Sommer 1793 geriet die Getreideversorgung von Paris ins Stocken. Unter dem Druck der Sansculotten beseitigte der Konvent mit einem Gesetz die Wirtschaftsfreiheit und legte Höchstpreise für wichtige Lebensmittel, Brennstoffe und Grundbedarfsartikel sowie für die Löhne fest. Der Wohlfahrtsausschuß setzte die Maßnahmen unter der Führung Robespierres diktatorisch durch.

10 *Untersucht, inwieweit sich diese Entwicklung bereits bei den Forderungen der Sansculotten erkennen läßt. Stellt Unterschiede fest.*

Gleichheit durch Gewalt?

Entlassung politischer Gefangener nach dem Ende der Schreckensherrschaft. Zeitgenössischer Stich eines Unbekannten.

Die Politik Robespierres

1 *Berichtet an Hand der Abbildung über die Empfindungen der Menschen, die der Zeichner ausdrücken wollte.*

Robespierre über die Grundsätze seiner Politik in einer Rede vom 5. Februar 1794:

> **Q** ... Welchem Ziel streben wir zu? Dem friedlichen Genuß der Freiheit und der Gleichheit ... Wir wollen eine Gesellschaftsordnung, in der alle niedrigen und grausamen Leidenschaften unbekannt sind ... Wenn die Triebkraft der Volksregierung im Frieden die Tugend* ist, so ist in revolutionärer Zeit diese Triebkraft zugleich die Tugend und der Schrecken. ... Der Schrecken ist nichts anderes als die rasche, strenge, unbeugsame Gerechtigkeit ...

Todesurteile der Revolutionstribunale

(Gesamtzahl der Opfer der Revolution mit bzw. ohne Todesurteil 35 000 Menschen):

Von den Verurteilten
- gehörten zum Dritten Stand   85,0 %
- waren Adlige   8,5 %
- waren Geistliche   6,5 %

2 *Schreibt zu Q eine Gegenmeinung auf. Zieht dazu die Statistik über die Todesurteile heran.*

3 *Stellt anhand der nebenstehenden Zeittafel fest, welches Ergebnis die Französische Revolution in der Frage der Gleichheit hatte.*

Vom Ende der Monarchie 1792 zur Herrschaft Napoleon Bonapartes 1799

21.9.1792	Abschaffung der Monarchie, Frankreich wird Republik.
21.1.1793	Hinrichtung von König Ludwig XVI.
1793/1794	Verschärfung der Wirtschaftskrise und Gefahr einer Gegenrevolution durch die europäischen Monarchien. Gewaltherrschaft und Zwangswirtschaft unter der Führung Robespierres. Verfolgung und Hinrichtung der Gegner der radikalen Revolutionäre (etwa 35 000 Opfer).
27.7.1794	Robespierre wird von den Gemäßigten der Tyrannei* angeklagt.
28.7.1794	Hinrichtung Robespierres.
1795	Vorherrschaft der Besitzenden wird durch eine neue Verfassung wieder hergestellt. Ein Direktorium übernimmt die Macht.
1799	Napoleon Bonaparte (1769–1821) stürzt das Direktorium und regiert als Diktator. Er erklärt die Revolution für beendet. Unangetastet bleiben: persönliche Freiheit, Gleichheit vor dem Gesetz, Recht auf Eigentum und Wirtschaftsfreiheit.

Wieviel Gleichheit?

Gleichheit nach dem Grundgesetz

Q Artikel 3 des Grundgesetzes der Bundesrepublik Deutschland

(1) Alle Menschen sind vor dem Gesetz gleich.

(2) Männer und Frauen sind gleichberechtigt. Der Staat fördert die tatsächliche Durchsetzung der Gleichberechtigung von Frauen und Männern und wirkt auf die Beseitigung bestehender Nachteile hin.

(3) Niemand darf wegen seines Geschlechts, seiner Abstammung, seiner Rasse, seiner Heimat und Herkunft, seines Glaubens, seiner religiösen oder politischen Anschauungen benachteiligt oder bevorzugt werden. Niemand darf wegen seiner Behinderung benachteiligt werden.

1 *Untersucht an Q, welchen Einfluß die Französische Revolution in der Frage der Gleichheit auf unser Grundgesetz gehabt hat.*

Soziale Gleichheit?

2 *Versetzt euch in die Lage der beiden Jungen (Abb. 1, 2) und beschreibt ihre Gedanken zur Frage der Gleichheit.*

3 *Klärt den Unterschied zwischen „Gleichheit vor dem Gesetz" und „sozialer Gleichheit".*

4 *Versucht, auf die Seitenüberschrift „Wieviel Gleichheit?" Antworten zu finden.*

5 *Schreibt dem Abgeordneten d'Anglas (Q1, S. 96) in einem Brief eure Meinung zur Frage der Gleichheit.*

1 Deutscher Junge in seinem Kinderzimmer. Foto 1993.

2 Indischer Junge auf einer Baustelle. Foto 1993.

Werkstatt

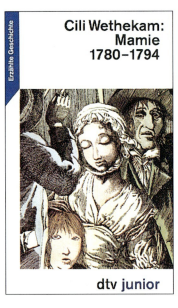

Paris 1780. Die ersten Anzeichen der Revolution machen sich bemerkbar. Die Zeiten sind unsicher, die Waisenhäuser überfüllt. 7000 Kinder werden jährlich ausgesetzt. Die Geschichte von einem dieser Kinder, Mamie, gibt ein Zeitbild von der Französischen Revolution aus der Sicht der kleinen Leute. Bei allem Schrecklichen, das dieses Mädchen erleben muß, begegnet es aber auch der Menschlichkeit und Güte. Trotzdem muß Mamie mit ihrem Leben zahlen, weil sie einem Jungen hilft, der in ähnlicher Lage war wie sie.

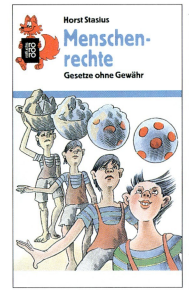

Jeder, der im Leben für die Menschenrechte eintritt, benötigt eine bestimmte Portion Mut und Geduld und geht Risiken ein. Jeder kann etwas tun. Zum Beispiel könntet ihr ein wenig die Arbeit von Amnesty International unterstützen, indem ihr einmal an einem Basar oder Flohmarkt mitwirkt. Ab sechzehn Jahren könnt ihr dann auch selbst Mitglied von Amnesty International werden. Ihr setzt eine lange Geschichte mit euren kleinen, aber so wichtigen Beiträgen fort. Der große Schritt der Menschheit besteht aus unzähligen winzigen Schritten.

Menschenrechte auch für Kinder

Q Erklärung der Vereinten Nationen vom 20. November 1959 (Auszug)

I Das Kind erfreut sich aller in dieser Erklärung enthaltenen Rechte. Ohne jede Ausnahme und ohne Unterscheidung oder Benachteiligung durch Rasse, Hautfarbe, Geschlecht, Sprache, Religion, politische oder sonstige Überzeugung, nationale oder soziale Herkunft, Eigentum, Geburt oder sonstige Umstände ... hat das Kind auf diese Rechte Anspruch.
...
III Das Kind hat Anspruch auf einen Namen und eine Staatsangehörigkeit von Geburt an.
IV ... Das Kind hat das Recht auf ausreichende Ernährung, Wohnung, Erholung und ärztliche Betreuung. ...
V Das Kind, das körperlich, geistig oder sozial behindert ist, erhält diejenige besondere Behandlung, Erziehung und Fürsorge, die sein Zustand und seine Lage erfordern.
...
VII Das Kind hat Anspruch auf unentgeltlichen Pflichtunterricht, wenigstens in der Volksschule.
...
VIII Das Kind ist in allen Notlagen bei den Ersten, die Schutz und Hilfe erhalten.
IX Das Kind wird vor Vernachlässigung, Grausamkeit und Ausnutzung jeder Art geschützt. ...
X Das Kind wird vor Handlungen bewahrt, die rassische, religiöse oder andere Herabsetzung fördern. Es wird erzogen in einem Geist des Verstehens, der Duldsamkeit, der Freundschaft zwischen den Völkern, des Friedens, weltumspannender Brüderlichkeit ...

1 *Schreibt aus Q stichwortartig die Rechte der Kinder heraus und klärt, welche Rechte in unserer Gesellschaft erfüllt sind und welche leicht verletzt werden können.*

2 *Diskutiert, welche Rechte der Staat allein nicht schützen kann.*

3 *Überlegt, welche Rechte für den indischen Jungen (S. 99, Abb. 2) wahrscheinlich nicht verwirklicht sind.*

4 *Vergleicht die Rechte für Kinder mit den Menschen- und Bürgerrechten von 1789 (S. 90).*

5 *Achtet auf Nachrichten und Berichte über Menschenrechtsverletzungen an Kindern und berichtet im Unterricht darüber.*

6 *Sucht in der Schülerbücherei nach Kinder- und Jugendbüchern, die zum Thema „Menschenrechte" passen könnten. Die oben abgebildeten Bücher könnt ihr in einer öffentlichen Bücherei ausleihen oder im Buchhandel kaufen.*

Zusammenfassung

1 Versetzt euch in die abgebildeten Figuren aus der Französischen Revolution und überlegt, was sie an Ende der Revolution empfunden haben könnten und wie sie die Revolution beurteilten.
2 Schreibt auf, was in den „Denkblasen" der Figuren stehen könnte.
3 Notiert, was die Amnesty-Mitarbeiterin über die Beachtung der Menschenrechte heute aufschreiben könnte.
4 Entwerft eine Aufschrift für das Plakat, das die Frau aus unserer Zeit trägt.

Menschen fordern Recht und Gerechtigkeit

„Aber Coca-Anbau ist doch verboten!" mahnt Pedro seinen Vater. Der aber will sich lieber darauf verlassen, daß er nicht erwischt wird.
Pedro wohnt in Kolumbien. Ihr lernt im nächsten Kapitel das Land und seine Vergangenheit kennen. Ihr könnt euch auch darüber informieren, was es mit dem Coca-Anbau auf sich hat.
Vor allem aber gilt es zu untersuchen, warum Pedros Vater nicht mehr Kaffee, sondern Coca

2.3 KAFFEE – COCA – KOKAIN – GEWALT

anbauen will – obwohl das für ihn nicht ohne Risiko ist.
Schließlich werdet ihr feststellen, daß die verzweifelte Lage der Campesinos im scheinbar fernen Kolumbien von unseren Wünschen und Interessen in Europa mitbestimmt wird. Das heißt: Wir müssen überlegen, wie wir uns verhalten wollen!

KOLUMBIEN – LAND DER KONTRASTE

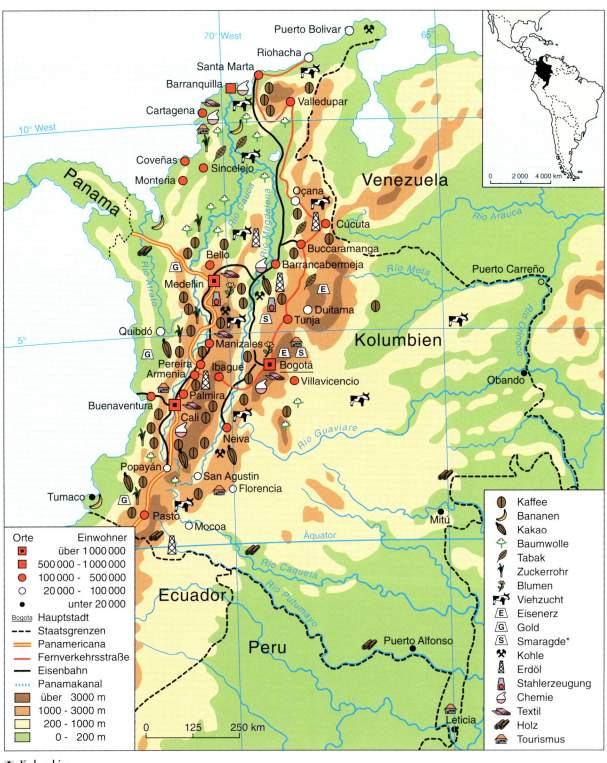

1 Kolumbien.

Naturräume Kolumbiens

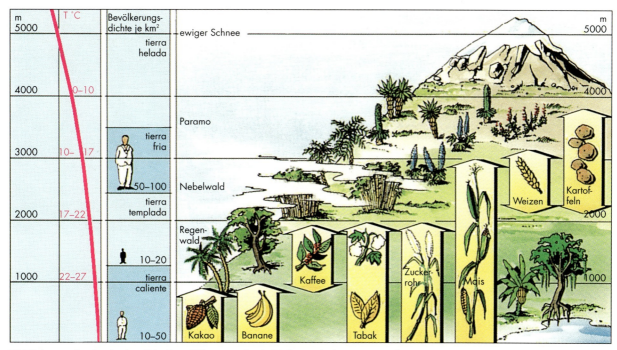

2 Höhenstufen der Anden. Die Coca-Pflanze wächst in Höhen zwischen 500 m und 1500 m.

Kolumbien

1 *Informiert euch mit Hilfe der Karte auf S. 104 über:*
- *die Lage Kolumbiens im Gradnetz,*
- *die Höhengliederung Kolumbiens,*
- *die Lage der großen Städte.*

2 *Versucht die Fotos der Auftaktseiten den großen Regionen des Landes zuzuordnen. Benutzt dazu die Karte S. 104 und einen Atlas.*

3 *Beschreibt mit Hilfe der Karte die Lage Kolumbiens im Kontinent Amerika.*

4 *Benennt mögliche Transportwege von Kolumbien in die USA.*

Schneebedeckte Berge der Anden, sonnige Strände am Atlantik und Pazifik, tropischer Regenwald am Äquator und lebensfeindliche Salzwüsten im Norden – so vielfältig sind die Naturräume Kolumbiens. Kolumbien gliedert sich in zwei Großlandschaften. Das Gebirgs- und Bergland der Anden im Westen macht ungefähr ein Drittel der Landesfläche aus. Das Tiefland im Osten nimmt den größten Teil des Landes ein. Es wird durch Feuchtsavannen und tropischen Regenwald bestimmt.

Höhenstufen in den Anden

In über 3500 m Höhe, höher als fast alle Alpengipfel, wird in den Anden noch Ackerbau betrieben. Da die Sonneneinstrahlung in den Tropen sehr stark ist und die Luft vom Boden her erwärmt wird, wirken die Anden wie ein Heizkörper in der Höhe. Die Folge ist eine Verschiebung der Höhengrenzen der Vegetation und des Anbaus nach oben. Mit der Höhe nehmen aber auch hier die Temperaturen ab. Je nach Empfindlichkeit erreichen die Pflanzen ihre Höhengrenzen. Es ergeben sich somit deutliche Höhenstufen. Das Tiefland wird als tierra caliente (heißes Land) bezeichnet. Darüber folgt die tierra templada (gemäßigtes Land). Die tierra fria (kühles Land) schließt sich von 2500 m bis etwa 3500 m Höhe an. Noch höher liegt die tierra helada (frostiges Land).

5 *Beschreibt mit Hilfe der Abb. 2 die Vegetation und die Nutzung der einzelnen Höhenstufen.*

6 *Begründet, warum die tierra fria der Hauptlebensraum für die Bevölkerung ist.*

7 *„Kolumbien, fruchtbar und reich an Bodenschätzen". Begründet diesen Satz.*

Extreme Ungleichheit in Kolumbien

1 Barrio* in Bogotá. Foto 1994.

2 Gesicherte Villa in Bogotá. Foto 1994.

Kolumbien ist ein Land mit großen Gegensätzen. Auf den folgenden Seiten könnt ihr die Gegensätze untersuchen und herausfinden, worin die Ursachen für die extreme Ungleichheit liegen und welche Folgen dies in der kolumbianischen Gesellschaft hat.

Land der Kontraste
Clara, ein kolumbianisches Mädchen aus Bogotá könnte 1994 folgendes berichtet haben:
Ich heiße Clara Diaz und bin 14 Jahre alt. Seit einem Jahr leben wir in einem der vielen Barrios* von Bogotá, der Hauptstadt unseres Landes. Gestern hatte Gabriel mein Bruder, großes Glück: Er fand auf dem nahegelegenen Müllplatz ein Stück Wellblech. Nun regnet es nicht mehr durchs Dach unserer Hütte. Aber der Hunger bleibt. Ich denke gern zurück an unser kleines Bauernhaus auf dem Land. Dort lebte ich mit meiner Mutter und fünf Geschwistern. Meinen Vater habe ich nicht gekannt. Kurz nach meiner Geburt hat er meine Mutter verlassen; sie mußte allein für unseren Lebensunterhalt aufkommen. Wir alle mußten bei der Kaffee-Ernte helfen. Der Erlös aus dem Kaffeeanbau wurde immer geringer, so daß wir die Pacht nicht mehr bezahlen konnten. Dann hat uns der Besitzer vertrieben. Wochenlang waren wir auf der Suche nach einem neuen Wohnplatz.
Hätten wir nur vorher gewußt, wie viele Menschen hier nach Arbeit suchen!

Aus einem Reiseführer zu Kolumbien aus dem Jahre 1993:

> **M** ... Das Stadtbild von Bogotá erscheint wie eine Meßlatte für Reichtum und Armut. Wer nördlich der Calle 90 wohnt, signalisiert allein durch die Adresse Geld und Einfluß. Die nördlichen Zonas residenciales* werden durch Straßensperren mit bewaffneten Wächtern und bissigen Hunden geschützt, und die Prachtvillen und besseren Wohnblocks verbergen sich mitunter hinter hohen Mauern. ...
> Das Centro International liegt inmitten einer Landschaft aus Wolkenkratzern und hypermodernen Geschäften, Hotels und Banken. In den Auslagen der Juweliere funkeln die schönsten und teuersten Smaragde* der Welt ...

1 *Erläutert mit Hilfe des Berichtes von Clara ihre Lebenssituation.*
2 *Lest den Text aus dem Reiseführer (M). Stellt euch vor, Clara steht in Bogotá auf der Prachtstraße Calle 90. Schildert mit ihren Augen ihre Eindrücke.*
3 *Erarbeitet in Gruppen mit Hilfe der Materialien auf S. 107 den Aufbau der kolumbianischen Gesellschaft:*
– Untersucht die Altersstruktur der Bevölkerung im Vergleich mit der Altersstruktur Deutschlands.
– Beschreibt die Verteilung des Bodens und der Einkommen.

Extreme Ungleichheit in Kolumbien

Kolumbien in Zahlen (Stand 1993):

Fläche:	1 400 000 km²
Einwohner:	33,4 Mio.
davon:	
0–14 J.	34,8 %
15–64 J.	62,9 %
über 65 J.	2,3 %
Mestizen	58,0 %
Weiße	20,0 %
Mulatten	14,0 %
Schwarze	4,0 %
Indianer	3,0 %
Städte (Einw. in Mio.):	
Bogota	4,92
Cali	1,62
Medellin	1,58
Einwohner pro Arzt:	1079
Bruttosozialprodukt* pro Einwohner 1992:	1290 $

Anteil bestimmter Waren am Gesamtwert des Exports (in %):

	1988	1990
Erdöl	19,7	37,0
Kaffee	33,8	21,0
Bekleidung	3,9	6,8
Blumen	3,8	3,4
Schmucksteine	0,5	1,7

Hauptabnahmeländer:
USA	40 % des Exports
Europäische Union	23 % des Exports

Deutschland in Zahlen (Stand 1993):

Fläche:	356 733 km²
Einwohner:	80,3 Mio.
davon:	
0–14 J.	16,2 %
15–64 J.	67,9 %
über 65 J.	15,9 %
Städte (Einw. in Mio.):	
Berlin	3,45
Hamburg	1,68
Köln	1,03
Einwohner pro Arzt:	324
Bruttosozialprodukt pro Einwohner 1992:	23 000 $

Anteil bestimmter Waren am Gesamtwert des Exports (in %):
Fertigwaren (Industriegüter)	84,0 %
Nahrungsmittel	5,4 %

Hauptabnahmeländer:
USA	9,0 % des Exports
Europäische Union	55,0 % des Exports

Armut in Kolumbien (Stand 1986):

Anteil der Haushalte:

	unter der Armutslinie*	unter der Elendslinie**
Stadt	36 %	15 %
Land	42 %	22 %
Insgesamt	38 %	17 %
	ca. 11 Mio. Menschen	ca. 5 Mio. Menschen

* Statistische Grenze auf einer Skala der Einkommensverteilung für Haushalte, die in Armut leben müssen.
** Grenzlinie für Haushalte, deren Einkommen nicht einmal für eine hinreichende Ernährung ausreicht.

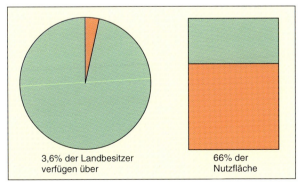

3 Verteilung von Grund und Boden in Kolumbien (Stand 1990).

3,6% der Landbesitzer verfügen über 66% der Nutzfläche

4 Berichtet an Hand der Übersicht oben über die Exportgüter Kolumbiens und beachtet die Veränderungen zwischen 1988 und 1990.

5 Vergleicht die Hauptexportwaren Deutschlands mit denen Kolumbiens.

Welthandelspartner Kolumbien

1 / 2 Tausche Traktor gegen Kaffee. Karikatur 1995.

	1986	1987	1988	1989	1990
Kaffee US $/kg	4,48	2,49	2,89	2,42	1,74
Bananen US $/kg	0,41	0,21	0,26	0,26	0,28
Erdöl US $/bl	12,55	17,70	13,71	17,60	22,00
Kohle US $/t	36,55	27,40	28,15	36,26	40,06

3 Ausfuhrpreise kolumbianischer Waren 1986–1990.

	1985	1988	1990	1992
Einfuhr	100	202	334	441
Ausfuhr	100	191	272	320
davon: Kaffee	100	93	61	36

4 Index* der Ein- und Ausfuhrpreise in Kolumbien 1985–1992.

Welthandelspreise verändern sich laufend

1 Beschreibt die Karikatur oben.

2 Verfolgt in Tabelle 3 die Entwicklung der Preise für Kaffee und Bananen aus Kolumbien in den Jahren 1986–1990. Faßt euer Ergebnis in einem Satz zusammen.

3 Beschreibt ebenso die Preisentwicklung für kolumbianisches Erdöl und Kohle von 1986–1990.

4 Untersucht die Preisentwicklung bei den Waren, die von Kolumbien aus dem Ausland eingekauft wurden (Tabelle 4, Einfuhr). Beachtet, daß es sich um Indexangaben* handelt. Formuliert das Ergebnis.

5 Stellt die Preisentwicklung bei den Waren, die Kolumbien in das Ausland liefert (Tabelle 4, Ausfuhr) dem Ergebnis von Frage 4 gegenüber. Untersucht auch den Sonderfall des Kaffees.

6 Versucht mit Hilfe der Tabellen 3 und 4 eine Aussage über die Preisentwicklung der Waren, die Kolumbien im Ausland kauft und der Waren, die Kolumbien in das Ausland verkauft, zu formulieren. Zeichnet euer Ergebnis als ein Diagramm (vgl. S. 41).

Kolumbien ist wie jedes andere Land beim Handel mit dem Ausland von der Preisentwicklung des Weltmarktes und der Entwicklung an den Börsen* der Welt abhängig. Die Preise bestimmen sich nach Angebot und Nachfrage. Bei einem hohen Angebot beispielsweise von Kaffee fallen die Preise, bei einer starken Nachfrage und einem geringen Angebot steigen die Preise. Für jedes Produkt entwickelt sich aber der jeweilige Preis unterschiedlich, eben wieder nach dem Gesetz von Angebot und Nachfrage. Die kolumbianische Erdölwirtschaft und die Kohleproduktion konnte in den letzten Jahren steigende Ausfuhrpreise verzeichnen. Ganz anders erging es den kolumbianischen Kaffeebauern. Da sehr viele Länder die Anbauflächen für Kaffee ausweiteten und immer mehr Kaffee auf dem Weltmarkt anboten, fiel der Preis für Kaffee auf dem Weltmarkt besonders stark. Gleichzeitig stiegen aber die Einfuhrpreise zum Beispiel für Traktoren.

7 Erläutert die Auswirkungen der Preisentwicklung des Kaffees auf dem Weltmarkt für Kaffeeanbauer in Kolumbien.

Welthandelspartner Kolumbien

5 - 8 Weltmarktprodukt Kaffee. Comic 1995.

Billiger Kaffee macht arm

Kaffee wird in Kolumbien, wie in vielen anderen Ländern Lateinamerikas, von Kleinbauern, den Campesinos, produziert. Im Unterschied zu den großen Plantagenbesitzern verfügen sie häufig nur über kleine Felder mit schlechten Böden.

Die Kaffeepflanze braucht drei Jahre bis sie erstmals geerntet werden kann. Sie braucht viel Pflege. Wenn die Kaffeekirschen reif sind, müssen sie mit den Händen gepflückt werden. Nach der Entfernung des Fruchtfleisches werden die rohen Kaffeebohnen in Säcke zu 60 kg verpackt und von den Campesinos aus den entlegenen Anbaugebieten zu den Sammelplätzen für den Export getragen. Geröstet wird der Kaffee erst in den Abnahmeländern.

Über die Zusammenhänge der Preisbildung auf dem Weltmarkt wissen die Campesinos wenig. Da die Kaffeepflanze drei Jahre bis zu ersten Ernte wachsen muß, können sie auch nicht schnell auf die Preisschwankungen reagieren. Zudem sind sie von Zwischenhändlern, Kreditgebern und der Wirtschaftspolitik ihrer Regierung abhängig.

Seit der Kaffeepreis auf dem Weltmarkt stark gefallen ist, deckt der Erlös aus dem Kaffeeanbau oft nicht mehr die Lebenskosten der Campesinos und ihrer Familien. Von einem Pfund Kaffee, das 1991 bei uns 7,30 DM kostete, erhielten sie weniger als 30 Pfennig. Auch nach dem Ansteigen der Preise auf dem Weltmarkt im Jahre 1994 veränderte sich ihre Lage nicht.

Ihnen bleibt nichts anderes übrig, als den Kaffeeanbau aufzugeben. Wenn sie Glück haben, finden sie auf einer großen Plantage als Landarbeiter oder in einer Stadt Arbeit. Angesichts ihrer Not bauen viele Campesinos das verbotene Coca für die Drogenmafia an, um zu überleben (vgl. S. 112/113).

8 *Spielt die im Comic oben gezeigte Situation nach (siehe auch S. 118). Besprecht das dargestellte Problem und die gezeigte „Lösung".*

9 *Diskutiert, ob ihr dem Campesino empfehlen würdet, auf das Kreditangebot einzugehen.*

LAND DER EXTREMEN GEWALT

Land der Gewalt
Über die gesellschaftliche Situation in Kolumbien berichtete im Januar 1993 die Neue Züricher Zeitung:

M1 ... Für Kolumbien ergibt sich eine bittere Bilanz: ... Die Illegalen (Drogenmafia* und Guerilla*) können in der Regel auf eine sichere Gefolgschaft zählen, da sie ihre Leute mit Geld und Gewalt gefügig gemacht haben. Die Regierung hingegen muß sich auf eine Bevölkerung stützen, die keinen Grund sieht, sich für diesen Staat stark zu machen, da sie diesem wenig zu danken hat. ... Es gibt kein soziales Netz, die Wirtschaft zahlt Hungerlöhne ... Das Gros der Bevölkerung kämpft um das nackte Überleben ... Unübersehbar ist das Heer der illegalen Schwarzmarkthändler in den Straßen. Ein offenes Geheimnis ist ebenfalls, daß Unternehmer direkt mit Guerillaführern über die Höhe von Schutzgeldern oder Zwangsabgaben verhandeln, statt die Erpresser der Polizei zu melden ... Recht und Unrecht sind in Kolumbien privatisiert, die Autorität des Staates existiert nur auf dem Papier ...

15mal mehr Morde als in den USA
1970 zählte man in einer offiziellen Statistik 4500 Morde in Kolumbien. Davon waren 50 aus politischen Gründen geschehen. 1991 wurden 28 290 Morde, davon 1830 politisch begründete Morde gezählt. Die Mordrate Kolumbiens ist im Vergleich mit den lateinamerikanischen Staaten fünfmal höher und im Vergleich zu den USA 15mal höher. Nach Angaben des UN-Kinderhilfswerkes Unicef wurden in den neunziger Jahren etwa 6 Kinder pro Tag ermordet, weil sie Drogenhändlern, Geschäftsleuten oder Angehörigen der Guerilla im Wege waren. Im Kampf zwischen der Armee und der Guerilla kamen im ersten Halbjahr 1993 550 Guerilleros und 95 Polizisten ums Leben. Die Guerilleros sprengten immer wieder wichtige Erdölleitungen des Landes und verursachten damit große wirtschaftliche Schäden und Umweltschäden.

Die Aachener Nachrichten berichteten am 11.2.1994:
M2 ... Die US-Menschenrechtsorganisation Human Rights Watch gab im Dezember 1994 der kolumbianischen Regierung eine große Mitschuld an der Ermordung Tausender von Kindern. Jeden Tag würden in Kolumbien sechs Kinder getötet, viele von Polizisten und Militärs. „Kolumbien ist Weltmeister im Töten der eigenen Kinder" sagte die Rechtsberaterin der Organisation ...

**Die Geschichte Kolumbiens –
eine Geschichte der Gewalt**
Im heutigen Kolumbien lebten vor der Eroberung des Landes durch die Spanier um 1500 etwa 3–4 Millionen Indianer in verschiedenen Stämmen. Den höchsten Entwicklungsstand hatten die Chibchas, die das Bergland um Bogotá bewohnten. Sie verfügten über eine hochentwickelte Landwirtschaft und ein sehr entwickeltes Handwerk mit spezialisierten Goldschmieden. Im Bergbau gewannen die Indianer Salz und Smaragde. Die Europäer, vor allem die Spanier beuteten das Land brutal aus. Sie raubten das Gold der Indianer und zwangen die indianische Bevölkerung zur Zwangsarbeit in den Bergwerken und auf großen landwirtschaftlichen Gütern, den Haciendas. Die Herrschaft der Spanier führte zur Entvölkerung des Landes. Die Indianer starben an den Folgen der Zwangsarbeit, an Hunger oder im Kampf mit den Spaniern. Von 1540–1582 nahm die Zahl der indianischen Familien in den Bergwerksregionen des Westens von 331 000 auf 30 000 ab. Um das Land weiter ausbeuten zu können, holten die Spanier Sklaven aus Afrika in das Land. Auch die weitere Geschichte Kolumbiens war durch ständige politische Gewaltausübung und Bürgerkriege gekennzeichnet:
– Nach zwanzigjährigem Kampf gegen die Spanier wurde Kolumbien 1819 unabhängig. Der damalige Staat umfaßte zusätzlich das heutige Venezuela, Ecuador und Panama.
– In den Jahren 1830–1902 erlebte das Land zehn Bürgerkriege um die Macht im Staat, da die jeweils in den Wahlen unterlegene Partei das Wahlergebnis nicht anerkannte.
– Ein Bürgerkrieg (Violencia) von 1948–1958 zwischen den zwei großen Parteien des Landes forderte 200 000 Tote.
– Ab 1985 kam es zu einem neuen Bürgerkrieg zwischen der Drogenmafia, verschiedenen Guerillagruppen und dem Militär um die Macht im Staat.

Gewalt und Geld

1 Bombenattentat der Drogenmafia in Bogotá. Foto 1993.

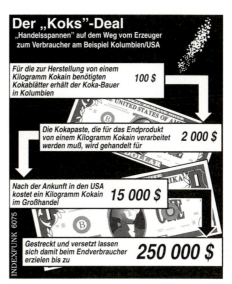

2 Verdienstmöglichkeiten im Kokainhandel 1992.

Die Tätigkeiten der Drogenkartelle

Nach der Erschießung eines besonders gewalttätigen Drogenbosses in Kolumbien im Dezember 1993 hofften die Menschen auf ein Ende der Gewalt der rivalisierenden Drogenkartelle und des Militärs. Neue Kartelle* der Drogenmafia traten aber an die Stelle der alten. Die Süddeutsche Zeitung berichtete im Juni 1994:

> **M3** ... Sie ziehen die Arbeit im verborgenen, ohne spektakuläre* Gewaltaktionen, vor – und ohne ihre luxuriösen Villen oder Karossen öffentlich zur Schau zu stellen. Sie bemühen sich, ihre Drogendollar so schnell wie möglich in legale Geschäfte zu investieren, etwa in elegante Apartmenthäuser, die in Medellin bald an jeder Straßenecke hochgezogen werden ... Und mit dem Staat, der Polizei, der Armee oder mit dem Zoll wird man mittels Bestechung viel wirkungsvoller fertig. „Die Leute aus Cali schießen nicht mit Kugeln, sondern mit Geldscheinen", heißt es in Kolumbien ...

Da der Preis für Kokain in den USA in den letzten Jahren wegen des großen Angebots fiel, weitete die Drogenmafia ihre Geschäfte auf Europa aus. Zusätzlich wurde in Kolumbien neben dem Kokain (vgl. S. 112) neuerdings Heroin in großen Mengen produziert. Die Drogenkartelle ließen den Ausgangsstoff für das Heroin, den Mohn, fast überall zwischen den Gemüsefeldern von den Indigenas* anbauen. Mit dem Anbau von Mohn verdienten die Indianer eine geringe Summe, aber mehr als mit dem Gemüseanbau.

Der Anbau von Mohn und die Herstellung von Heroin ist weniger aufwendig als die Verarbeitung der Coca zu Kokain (vgl. S. 112). Deswegen wächst die Heroinproduktion sehr schnell. Die „Süddeutsche Zeitung" schrieb im Juni 1994:

> **M4** ... Für die Herren aus Cali und Medellin hat sich die Investition in den Mohn gelohnt. 1992 exportierten sie ... 10,6 Tonnen Heroin und strichen dafür 500 Millionen Dollar ein, andere Quellen gehen sogar von 1,2 Milliarden Dollar aus. Das Kokain erbrachte im gleichen Jahr 3,1 Milliarden Dollar ...

Der berühmte kolumbianische Schriftsteller Gabriel Garcia Márquez sagte über Kolumbien: „Die gesamte kolumbianische Gesellschaft ist drogensüchtig; nicht nach Kokain ..., sondern nach dem schnellen Geld." (1)

1 *Beschreibt mit Hilfe der Materialien dieser Doppelseite die gesellschaftliche Situation in Kolumbien.*

2 *Verfolgt in den Medien aktuelle Berichte über Kolumbien und erstellt eine Wandzeitung.*

3 *Nehmt zu der Aussage des Schriftstellers Márquez Stellung (vgl. auch Bild 2). Nennt weitere Ursachen für die Situation in Kolumbien.*

Coca ist nicht Kokain

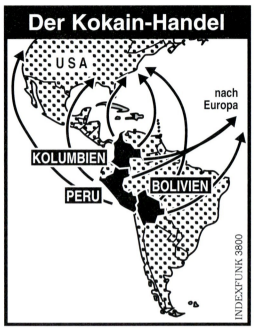

1 Der Kokain-Handel heute.

Leben von Coca
Der 14jährige Pedro ist überrascht:
Pedro: „Vater, die neuen Schuhe sind doch viel zu klein für dich!"
Señor Lopez: „Ja natürlich, ich habe sie ja auch für dich gekauft. Wir sind glücklich, daß wir dir endlich Schuhe kaufen konnten."
Pedro: „Woher habt ihr jetzt das Geld?"
Señor Lopez: „Du weißt doch, daß wir jetzt statt Kaffee Coca anbauen. Durch den Verkauf der Coca-Blätter verdienen wir endlich soviel, wie wir zum Leben brauchen."
Pedro: „Aber das ist doch verboten!"
Señor Lopez: „Sicher, aber ich hoffe, wir werden hier in den Bergen des Cauca*, weitab von den Städten, nicht erwischt."
Pedro: „Du bist aber gezwungen, die Blätter an das Drogenkartell* zu verkaufen. Was ist, wenn auch die den Preis drücken, so wie es uns mit dem Kaffee passiert ist?"
Señor Lopez: „Was sollen wir sonst tun? Das Kartell verarbeitet die Coca-Blätter zu einem weißen Pulver, das man Kokain nennt. Dann wird es für viel Geld in die USA und nach Europa verkauft."
Pedro: „Warum kaufen die Menschen dieses teure Kokain?"

Von Coca zum Kokain und zum großen Geld
Aus den Coca-Blättern (vgl. S. 103) wird mit Wasser, Schwefelsäure, Kerosin, Kalk und Natriumkarbonat die pasta basica. In einem zweiten Schritt wird dieses Zwischenprodukt mit Hilfe von Äther, Azeton und Salzsäure zum Kokainsalz veredelt. In Kolumbien werden von der Drogenmafia nicht nur die Cocablätter aus dem Land selbst, sondern auch die sehr viel größeren Mengen aus Peru und Bolivien in chemischen Labors zu Kokain verarbeitet.
Aus einer geographischen Fachzeitschrift von 1992:

> **M1** ... Deutsche Firmen liefern die Chemikalien.
> Heute liefern deutsche Firmen ungefähr die Hälfte aller Chemikalien, die weltweit zur Herstellung der „pasta" und zur Kokaingewinnung benötigt werden. Hauptlieferanten sind die Pharma-Konzerne Hoechst und Merck. Ein Viertel ihres Azeton-Umsatzes erzielt die Firma Merck am lateinamerikanischen Markt ...
> Fest steht: Ohne die Chemielieferungen der Industrienationen würde es kein Kokain geben ...

1 Beschreibt die Abbildung 1.
2 Gebt Pedro eine Antwort auf seine letzte Frage.
3 Erarbeitet ein Gespräch zwischen Pedro, seinen Eltern und deutschen Drogenabhängigen (vgl. S. 138 und 139).
4 Diskutiert die Behauptung: Die Kokainproduktion ist ausschließlich Sache der Erzeugerländer (vgl. auch M1).
5 Erkundigt euch bei euren Chemielehrerinnen/-lehrern über die Wirkung der in M1 genannten Chemikalien. Zieht Folgerungen über die Gefahren bei der Verarbeitung und die Umweltverträglichkeit.

Erst um 1970 wurde Kolumbien zu einem der größten Umschlagplätze für Drogen. Die verstärkte Bekämpfung der Drogenherstellung und des Drogenhandels in anderen Ländern, besonders in der Türkei und Mexiko, führte dazu, daß die internationale Drogenmafia sich in Kolumbien ansiedelte. Die geographische Lage (vgl. S.104) und die unzugänglichen Bergtäler boten der Drogenmafia ideale Bedingungen für ihre Geschäfte.

Coca ist nicht Kokain

2 Goldener „Poporo". Behälter und Spatel zum Beimischen von Kalk. Foto.

3 Darstellung eines cocakauenden Indios. Foto.

Coca, die heilige Pflanze

Die Coca-Pflanze ist seit 5 000 Jahren fester Bestandteil der indianischen Kultur der Anden-Bewohner.
„Mama Coca" hatte und hat soziale, religiöse und gesundheitliche Bedeutung. Zur Zeit der Inka-Herrschaft wurden der Anbau, die Ernte und der Gebrauch der „heiligen" Pflanze streng geregelt. Das Coca-Kauen war Priestern, Adligen, Soldaten und Nachrichtenläufern vorbehalten.
Der Spanier Cizea de Léon berichtete 1553:

> **Q** ... Die Indianer der meisten Stämme, die unter der Jurisdiktion (Rechtsprechung) der Städte Cali ... stehen, haben ständig die Blätter des sogenannten Coca-Strauches im Mund, und aus kleinen Kürbisflaschen, die sie immer bei sich tragen, tropfen sie sich eine Mixtur in den Mund, fügen eine Prise kalkhaltiger Erde bei und kauen das Ganze ...

Aus einem wissenschaftlichen Bericht zur Coca-Pflanze von 1989:

> **M2** ... Die Coca-Blätter versorgen die Anden-Bewohner mit zahlreichen Vitaminen und Mineralstoffen und sind so ein Ersatz für das in diesen Höhen fehlende Obst und Gemüse. Wissenschaftler stellten fest, daß 100 g gekaute Coca-Blätter den Tagesbedarf an Kalzium, Eisen, Phosphor und Vitaminen decken.

> Das Kauen von Coca-Blättern nimmt Unbehagen, Angst und Hungergefühle. Durch die Beimischung von kleinsten Mengen Kalkmilch oder Aschenpulver aus den sog. „Poporos" (vgl. Bild 2) werden in geringen Spuren Alkaloide* freigesetzt, welche diese Wirkung erzeugen.
> Eine Körpertemperaturerhöhung um 3 °Celsius stärkt die Widerstandskraft des Körpers gegen die oft extreme Kälte in den Hochtälern der Anden. Die negativen Auswirkungen des Sauerstoffmangels in großen Höhen werden abgeschwächt ...

6 *Schaut euch die Figuren oben genau an. Welche Details der Darstellung stehen in Zusammenhang mit dem Genuß von Coca?*

7 *Coca ist nicht Kokain. Begründet diesen Satz mit Hilfe von Q und M2.*

8 *Informiert euch weiter über die Bedeutung der Coca für die Anden-Bevölkerung. Fragt auch eure Lehrerinnen/Lehrer.*

Es geht ums Überleben

Wer mischt mit im „Spiel" der Gewalt?
Kolumbien ist das Land mit der höchsten Gewalttätigkeit in Südamerika. Wieso spielt Gewalt in Kolumbien eine so große Rolle? Darüber habt ihr auf den vorigen Seiten schon eine Menge erfahren. Auf dieser Doppelseite laden wir euch ein, mit einer anderen Methode, dem Rollenspiel, noch mehr darüber zu lernen. Dabei sollt ihr in die „Haut" der Beteiligten schlüpfen. Über diese Methode könnt ihr noch weitere Hinweise auf Seite 118 nachlesen.

Hinweise zum Einsatz der Rollenspielkarten
– Ihr könnt gemeinsam die Informationen der Rollenkarten in „Ich-Sätze" umformulieren.
– Bestimmt könnt ihr die Rollenkarten durch Informationen dieses Kapitels ergänzen.
– Eine andere Möglichkeit: Laßt die Rollen sprechen. Achtung, Beobachterinnen und Beobachter: Achtet auch auf die Interessengegensätze und -verflechtungen.
Oder: Ihr setzt für das Rollenspiel ein bestimmtes Ereignis voraus, z. B.:
– drastischer Preisverfall von Coca,
– Alfredo Lopez erhält zur „Säuberung" der Stadt den Auftrag, Gamines „verschwinden" zu lassen.
– Überlegt euch weitere Ereignisse. Begrenzt das Rollenspiel auf die zwei Rollenkarten: Senora Bayona und ein(e) Drogenabhängige(r).
– Wo ist eure Rolle im „Spiel" der Gewalt?

Hinweise zum Rollenspiel
1. Bei Drogengeschäften gibt es keine gerichtlich einklagbaren Verträge. Bei Absprachen hilft nur Gewalt als Druckmittel.
2. Kolumbien hat aufgrund seiner geographischen Lage (s. S. 104) eine lange Tradition illegaler Geschäfte: z. B. Schmuggel von Smaragden, Marihuana und Kokain.
3. Der krasse Gegensatz zwischen arm und reich wird durch die hohen Gewinne aus den Drogengeschäften verschärft.

Campesino: Señor López
- Alter: 38 Jahre, verheiratet, 5 Kinder
- war bis 1990 Kaffeebauer in Caldas (Zentralkordilleren)
- lebt jetzt am Rio Caquetá (tropischer Regenwald) vom Coca-Anbau im Auftrag von Caesar Rosario
- fürchtet die Luftangriffe der US-amerikanischen Hubschrauber ebenso wie Übergriffe der Guerilla.

Drogen-Boß: Don Caesar Rosario
- Alter: 43 Jahre
- Drogen-Boß des Cali-Kartells
- setzt als Druckmittel gegen „Abtrünnige" oder „Unzuverlässige" ohne Bedenken Minderjährige als Killer (Sicarios) ein
- ihm ist gleichgültig, womit er Geld verdient
- besticht Politiker für seine Zwecke
- „Arbeitgeber" für viele Bewohner Calis finanziert z. B. Sportplätze, Kinos und Krankenhäuser

Gamin: Pablo
- Alter: 12 Jahre
- vor 4 Jahren wegen Prügel und Hunger zu Hause weggelaufen
- lebt seitdem als Gamin (Straßenkind) in Cali
- als Sicario* im Dienst von Caesar Rosario
- tötet auf Bestellung
- 50 000 Pesos pro Mord (ca. 100,– DM)

Es geht ums Überleben

Guerillero: Camillo

- Alter: 25 Jahre
- lebt als Freiheitskämpfer mit seinen Kameraden (Guerilla) seit 7 Jahren in den unwegsamen Bergen westlich von Cali
- mit der Parole „Liberacion o Muerte" (Freiheit oder Tod) kämpft er gegen die Militärs
- auch die Amerikaner und alle Kleinbauern, die nicht auf seiner Seite stehen, bekämpft er
- die Waffen werden auch mit Drogengeldern bezahlt

Geschäftsmann: Paolo Sanchez

- Alter: 51 Jahre
- ist Abgeordneter im kolumbianischen Parlament (Repräsentantenhaus)
- Juwelier, der sich auf kolumbianische Smaragde spezialisiert hat
- verdient gut, wenn Don Rosario seine Dollars anlegen will
- ist eng befreundet mit dem Bürgermeister
- er fordert zusammen mit anderen Geschäftsleuten ein „sauberes" Cali, ohne Gamines und Elendsviertel

Menschenrechtskämpferin: Elena Bayona

- Alter: 35 Jahre
- sie überlebt mit ihren 5 Kindern durch das Sammeln von wertvollen Materialien im Müll (Aluminium, Glas …)
- Analphabetin
- sie forscht gemeinsam mit ihren Mitstreiterinnen nach Verschwundenen
- sie ist stolz darauf, ihr Leben selbstverantwortlich zu meistern und politisch tätig zu sein

US-Militärberater: Arnold Black

- Alter: 28 Jahre
- seit 2 Jahren im Drogenkrieg der USA in Kolumbien eingesetzt
- bildet kolumbianische Soldaten an amerikanischen Waffen aus
- fühlt sich als gerechter Kämpfer im Krieg gegen die Suchtgefahren

Paramilitär: Alfredo Rodrigez

- Alter: 19 Jahre
- führt gemeinsam mit seinen Kumpanen Befehle von Auftraggebern aus dem Militär oder der Polizei aus
- seine Bezahlung ist niedrig
- er kämpft sowohl gegen die Mafia als auch gegen die Guerilla
- es ist vorstellbar, daß er bei einer „Säuberungsaktion" auch auf seinen alten Nachbarn Pablo schießen muß

Dein Name:

Schreibe eine Rollenkarte!
Überlege, in welcher Weise du mit in die Situation Kolumbiens eingebunden bist.

WEGE ZUR HILFE

Fairer Handel kann helfen

Auf dieser Doppelseite könnt ihr untersuchen, wie die Kaffeetrinker in Deutschland mithelfen können, die Lebensbedingungen der armen Bauern in Kolumbien und in anderen Ländern Lateinamerikas zu verbessern. Ungefähr 40 Prozent unseres Kaffees kommen aus Kolumbien.

Eine Idee setzt sich langsam durch

Verschiedene Organisationen, wie „Misereor", „Brot für die Welt", und viele andere, wollen nicht nur Spenden für die Länder der Dritten Welt sammeln. Sie setzen sich dafür ein, daß diese Länder für ihre Produkte höhere Preise als die Weltmarktpreise erhalten. Dadurch sollen sie unabhängiger von den Schwankungen der Weltmarktpreise werden. Die von ihnen nach holländischem Vorbild 1991 in Deutschland gegründete Organisation „TransFair" stellte Regeln für den fairen Handel auf, handelt aber nicht selbst mit Kaffee. Wer Kaffee kauft, der auf der Packung das „TransFair-Siegel" trägt (vgl. Abb. 1 und 4), kann sicher sein, daß er damit die Kleinbauern in den Erzeugerländern direkt unterstützt. Das „TransFair-Siegel" erhalten nur Produzenten und Importeure, die sich verpflichten, die TransFair-Regeln einzuhalten.

In einer Erklärung des Vereins „TransFair" vom Sommer 1995 hieß es:

> **M1** ... Fair gehandelter Kaffee muß unter Ausschaltung der lokalen Zwischenhändler direkt bei den Kleinbauerngenossenschaften eingekauft werden.
>
> Bei niedrigen Weltmarktpreisen erhalten die Genossenschaften einen Mindestpreis von 126 US-Cents/lib [ungefähr 4 DM pro Kilo Rohkaffee].
>
> Steigen die Börsennotierungen über diesen Wert, wird ein fester Entwicklungsaufschlag in Höhe von 5 Cents/lib [ungefähr 15,5 Pfennige pro Kilo Rohkaffee] fällig.
>
> Zwischen den Produzenten und Importeuren werden möglichst langfristige Lieferbedingungen vereinbart.
>
> Die Importeure sind angehalten, den Genossenschaften auf deren Wunsch Vorfinanzierungen zu gewähren ...

1 Erläutert die Regeln des Vereins „TransFair" (M1).
2 Stellt die Vorteile des fairen Handels für die Genosenschaften der Kleinbauern in einer Übersicht zusammen. Nehmt dabei auch die Grafik auf Seite 117 hinzu.

Stetiger Erfolg

Nach dem Start des Verkaufs von Kaffee mit dem TransFair-Siegel (vgl. Abb. 1 und 4), der teurer ist als normaler Kaffee, haben die Geschäfte, die diesen Kaffee führen, 1995 einen Marktanteil von ungefähr einem Prozent am gesamten Kaffeeverkauf in Deutschland erreicht. Zahlreiche öffentliche Einrichtungen und private Unternehmen kaufen bewußt den „TransFair-Kaffee", um damit die Kleinbauern in den Erzeugerländern zu unterstützen.

1 *TransFair-Kaffee.* Foto 1995.

In einer veröffentlichten Presseerklärung des „TransFair-Vereins" vom November 1995 hieß es:

> **M2** ... Das Umsatzvolumen beträgt damit allein beim Kaffee annähernd 200 Millionen DM, wovon 70 Millionen direkt an die Partnerinnen und Partner aus über 20 Ländern Afrikas und Lateinamerikas geflossen sind. ...
>
> Nach Umfrageergebnissen konsumieren bereits 1,3 Millionen Privathaushalte Kaffee mit dem TransFair-Siegel ...

3 *Fragt in Warenhäusern und großen Lebensmittelgeschäften nach TransFair-Kaffee und ermittelt den Preisunterschied zwischen herkömmlich gehandeltem und TransFair-Kaffee.*

4 *Fragt in einem „Dritte-Welt-Laden" nach, welcher Anteil des Verkaufspreises von „TransFair-Kaffee" den Erzeugern zugute kommt. Auskünfte erteilen auch: Verein „TransFair e.V.", Sülzburgstr. 144, 50937 Köln; Gesellschaft zur Förderung der Partnerschaft mit der Dritten Welt (GEPA), Talstr. 20, 58332 Schwelm.*

TRANSFAIR – fairer Handel hilft

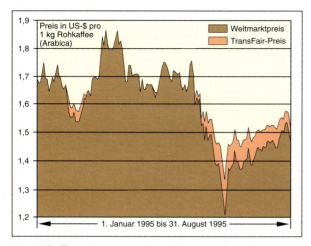

2 Rohkaffeepreise vom 1. Januar bis 31. August 1995.

Auf der Mitgliederversammlung von TransFair 1994 in Köln sagte ein Vertreter der lateinamerikanischen Kaffeebauern zur bisherigen Arbeit:

M3 ... Die höheren Erlöse aus dem Handel zu gerechten Preisen verbessern die Lage der kleinbäuerlichen Kaffeepflanzer und ihrer Familien. Die Mehreinnahmen haben bereits spürbare Verbesserungen im sozialen, wirtschaftlichen und kulturellen Bereich ermöglicht. Wichtig ist dabei, daß die Produktionsgenossenschaften und ihre Verwaltung gestärkt werden, denn dadurch erhalten die einzelnen Produzenten (Kleinbauern) erhöhten Schutz und Unterstützung, was sich positiv auf die Dörfer und Gemeinden auswirkt. Der größte Anteil des Mehrerlöses geht direkt an die Produzenten und verbessert ihre Lebensbedingungen. Sie können bessere Ernährung, Kleidung, Wohnung und Schulbildung bezahlen ...

Die CRIDEC, eine Genossenschaft in Kolumbien, konnte 1993 durch die Einnahmen aus dem fairen Handel 14 Projekte finanzieren. Darunter waren:
– Ausbildung von 22 Gruppen in der Viehzucht,
– Bau eines Gemeinschafts-Silos,
– Reparatur von schweren Gebäudeschäden,
– Projekt zur Erforschung organischen Düngers.

5 *Deutet die Aussage des TransFair-Siegels in der Abbildung 4.*

6 *Betrachtet die Karikatur oben und schreibt ein Gespräch, in dem die Kundin für die Bauern in Kolumbien und für den Kauf von TransFair-Kaffee eintritt.*

3 Im Kaffeeladen. Karikatur 1994.

4 TransFair-Siegel.

Werkstatt

Versetz' dich mal in ihre Lage!
Im Rollenspiel könnt ihr erkennen, wie andere Menschen denken, fühlen und handeln. Ihr könnt auch erfahren, was in euch selber drinsteckt.
So könnt ihr lernen, andere und euch selbst besser zu verstehen.

Darüber hinaus könnt ihr erleben und erfahren, in welchen Interessen- und Gefühlsbeziehungen Menschen zueinander stehen.
Es ist spannend, sich auf ein Rollenspiel einzulassen.

1. Vorbereiten und Einfühlen

■ „Señor López muß doch verzweifelt sein."
- *Spielsituation klären.*
- *Rollenzuteilung durch Spielleiterin (nicht unbedingt die Lehrperson).*
- *Beobachterrolle klären: Was und wer soll beobachtet werden und beobachten?*
- *Einlesen und Einfühlen in die Rolle.*

2. Spielen und Beobachten

■ „Arnold Black tritt auf wie ein Macho."
- *Gestalten des Szenenraumes.*
- *Rollenzuweisung deutlich machen, z. B. den Spielern Aufkleber anheften.*
- *Notizen machen oder Beobachtungsbögen ausfüllen.*

3. Besprechen und Auswerten

■ A: „Senora Bayona war noch viel zu freundlich Senor Sanchez gegenüber."
■ B: „Karstens Angst als Pablo wirkte sehr echt."

zu A (Sachebene):
- *Beschreibung des Spielablaufes und der Situation der Handelnden, z. B. Interessen, Konflikte, Machtverhältnisse.*
- *Beurteilung der Beziehungen zwischen den Handelnden, z. B. Ohnmacht, Angst, Solidarität ...*
- *Diskussion verschiedener Sichtweisen der Probleme.*
- *Diskussion möglicher Lösungen.*

zu B (Spielebene):
- *Angemessenheit der Darstellung, z. B. wirklichkeitsgetreu, übertrieben, albern ...*
- *Ausmaß der gezeigten Einfühlungsbereitschaft.*
- *Aussagen der Körpersprache (vgl. S. 130).*

Zusammenfassung

1 Button der Gesamtschule Aachen-Brand. 1994.

2 Schulpartnerschaft mit Lerida. Beispiel für ein „sprechendes Bild". Zeichnung von Astrid Thönnißen, 1994.

In diesem Kapitel habt ihr viel über Kolumbien, das Land der großen Kontraste, erfahren. Statt einer Zusammenfassung möchten wir euch einen Weg zeigen, wie man das Gelernte umsetzen und erweitern kann.

**Schulpartnerschaften mit der „Dritten Welt"
Entwicklungshilfe für die „Erste Welt"**
Lisa aus der 7b der Gesamtschule Aachen-Brand berichtet:
„Somos el grupo de Sexto Grado del centro Educativo Fe y Alegria de Lerida …"
So stellte sich die Klasse 6 unserer Partnerschule in Lerida, Kolumbien vor. Stephan, ein Aachener, der zur Zeit in Kolumbien arbeitet, brachte uns die Mappe, in der sich die Schülerinnen und Schüler des Colegio durch Briefe, Fotos und Zeichnungen präsentierten. So wurde der Kontakt hergestellt. Wir haben uns dann auch in einer Mappe vorgestellt. Seitdem schicken wir uns Briefe, Fotos und Bilder. Es ist richtig spannend, auf den nächsten Brief zu warten. Durch das Projekt „Schulpartnerschaft mit Lerida" haben wir schon eine ganze Menge über Kolumbien gelernt und außerdem macht es Spaß.
Das alte Schema „wir, die reichen Geber – ihr, die armen Nehmer" haben wir schnell über Bord geworfen. Wer von uns hätte schon soviel Mut, wie Elena Bayona (s. Rollenkarte, Seite 115), die trotz Lebensgefahr in einer Menschenrechtsgruppe mitarbeitet? Ist das nicht Entwicklungshilfe für die „Erste Welt"?

Tips und Hilfen für Partnerschaften
1. Wie kommt ihr an eine Partnerschule in der „Dritten Welt"?
– Erkundigt euch, ob es in eurer Stadt, Kirchengemeinde, Sportverein usw. bereits Kontakte mit Ländern der „Dritten Welt" gibt.
– Kann die Partnerschaft über eine Kontaktperson, die vor Ort in der „Dritten Welt" lebt, aufgebaut werden?
– Fragt bei Organisationen, die mit Ländern der „Dritten Welt" zusammenarbeiten, nach. Beispielsweise: Initiativen Partnerschaft Dritte Welt, Keßlerstraße 52, 31134 Hildesheim.
2. Wie könnt ihr die Partnerschaft gestalten?
– Das Hauptproblem der Sprachbarrieren könnt ihr überwinden, indem ihr englisch schreibt bzw. durch Verständigung mittels „sprechender Bilder" (siehe Abbildung 2).
– Informiert eure Schulgemeinde durch eine Ausstellung über euer Projekt.
– Sprecht die SV und die Mitwirkungsgremien an und werbt dort für eure Idee.
– Bildet eine Arbeitsgemeinschaft, die das Projekt begleitet.
– Informiert die Presse, das Lokalradio, Fernsehsender, Stadtteilzeitung usw.
– Richtet eine ständig aktualisierte Wandzeitung „Partnerschaft Dritte Welt" ein.
– Gestaltet Projekttage zu diesem Thema.

3.1 TYPISCH ... ROLLEN IM WANDEL

Frauen sind ...
passiv
abhängig
emotional
unlogisch
natürlich
arglos
schön
sensibel
fürsorglich
gepflegt
geduldig
gute Mütter
sanft, warm
launisch
romantisch
verführerisch
künstlerisch
psychisch nicht belastbar
physisch schwach
Sex ist Liebe

„Ganz einfach: Rosa bedeutet Mädchen, und Blau gilt für Jungen!"
Habt ihr euch schon einmal Fotos aus eurer Kindheit angeschaut, ob ihr damals in diesem Sinne typisch erzogen worden seid? Und heute? Gebt ihr euch an eurer Kleidung, an eurem Benehmen und Verhalten gleich als „typisch Mädchen" oder „typisch Jungen" zu erkennen?
Das Kapitel will euch hellhörig machen für Erwartungen, die an euch als Mädchen oder als Junge gestellt werden. Ihr könnt dann prüfen, ob ihr diese Erwartungen der anderen auch wirklich annehmen könnt und wollt.
Untersucht, wie in Familie, Schule, Beruf und jeden Tag in vielen Situationen diese Vorstellungen von der Rolle als Mädchen/Frau und Junge/Mann wichtig oder gar entscheidend sind.
Deshalb prüft schließlich aufmerksam, welche Wünsche ihr selbst an die andere oder den anderen stellt.

ROLLENBILDER IM WANDEL

„Die braucht nur zu heulen, dann bekommt sie recht."

„Hausarbeit ist Frauensache!"

„Du bist wie ein Junge!"

„Zieh Dich anständig an!"

„Du brauchst keine Ausbildung, Du heiratest ja sowieso."

„Du wirst nie eine richtige Frau!"

„Laß das die Jungen machen! Die verstehen mehr von Technik."

„Früher warst Du viel hilfsbereiter."

„Dazu bist Du viel zu schwach."

„Werde bloß keine Emanze!"

„Zuviel Selbstbewußtsein schreckt die Jungen eher ab!"

„Frauen müssen auf ihre Figur achten."

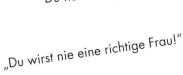

1 Typisch weiblich?

Rollen

Im Leben nehmen wir häufig ganz unterschiedliche Rollen an, z.B. in der Schule, bei den Eltern, im Jugendzentrum, im Freundeskreis, bei Verwandten. Die Vorstellungen über „typisch weibliches" und „typisch männliches" Verhalten sind heute nicht mehr so festgeschrieben und eindeutig wie früher. Dennoch wird uns immer wieder vorgeschrieben, wie wir uns als Junge/Mann und Mädchen/Frau verhalten sollen.
Bestimmte Rollenerwartungen, Ratschläge und Ansprüche wollen wir vielleicht erfüllen, andere empfinden wir aber als Vorurteile, nervig, einschränkend und ungerecht.

1 *Bearbeitet folgende Aufgaben schriftlich für Mädchen und Jungen getrennt:*
Lest euch die Aussagen zu den beiden Bildern durch. Schreibt in Gruppen zu 4–6 Personen auf ein großes Blatt Papier die Aussagen, die euch schon einmal als Mädchen bzw. Junge gesagt wurden. Ihr könnt sie verändern und ergänzen.

2 *Nennt Beispiele, die ihr als berechtigte und hilfreiche Aussagen einordnen würdet.*
3 *Begründet, welche Aussagen eher unnötige Vorschriften sind, die ihr ungerecht, einschränkend, bevormundend oder abwertend empfindet.*
4 *Beschreibt die Körperhaltungen der beiden Personen. Welchen Eindruck machen sie? Wie würdet ihr reagieren, wenn euch so etwas gesagt würde?*
5 *Untersucht, welche Ratschläge, Ansprüche, Verbote und Erwartungshaltungen an euch gestellt werden, weil ihr ein Mädchen bzw. Junge seid. Welche gelten für Jungen und Mädchen gleichermaßen?*
6 *Kennzeichnet die Aussagen auf eurem Blatt mit den Symbolen ♀ (Mädchen) und/oder ♂ (Jungen).*

Rollenbilder im Wandel

2 Typisch männlich?

7 Vergleicht in der Gesamtgruppe eure Ergebnisse. Stellt euch vor, euch würden als Mädchen die „Ratschläge" der Jungen gesagt werden, und als Jungen die der Mädchen. Wie würdet ihr dann reagieren?

8 Überlegt, welche Gründe Erwachsene gegenüber Mädchen und Jungen bzw. Jugendlichen für ihre „gutgemeinten Ratschläge" angeben, und bezieht Stellung dazu.

Ich bin ich!
Bildet Kleingruppen zu 4–6 Personen. Jede Person schreibt auf ein Blatt ihren Namen in Großbuchstaben. Ergänzt kreuzworträtselartig die Buchstaben mit euren Interessen, Eigenschaften, Fähigkeiten, Wünschen usw. (s. Beispiel). Bildet in der Kleingruppe einen Sitzkreis. Eine Person beginnt und liest ihren Namen mit den Ergänzungen vor, die sie der Gruppe mitteilen möchte. Sie kann zu den einzelnen Stichworten weiteres erzählen, und die anderen können genauer nachfragen.

Beispiel

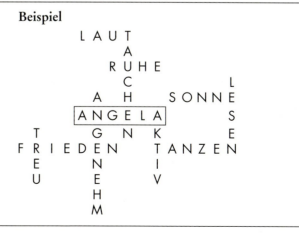

Ideale – Idealbilder

FsF122 Wenn Du nachdenklich, romantisch, künstlerisch interessiert u. solo bist, kann es sein, daß wir uns prima verstehen und vielleicht verlieben. Mann, 45/179, schlank, mit Bart (Typ 68er), sucht Frau, die zu Gefühlen und zu einer ehrlichen, schönen Beziehung fähig ist, und auch Abstand zulassen kann. Ich freue mich auf Deinen Brief mit Telf. Chiffre 1193166

FsF227 Frau (33/160/55 kg), zickig, anlehnungsbedürfig + interessant, sucht gutaussehenden - richtigen - Mann... Chiffre 1193272

FsF127 Die Frau zum Leben, Streiten und Lieben, deren Intelligenz mich beeindruckt, deren Wärme mir wohltut, deren Selbstbewußtsein mich herausfordert, deren erotische Ausstrahlung mich reizt, diese Frau suche ich, 31, groß, noch immer. Chiffre 1193171

Bin traurig, so allein... Suche: Starke Schulter, Vertrauen, Liebe! Brauche: Verständnis; jemanden, der fähig ist, unvoreingenommen, treu, HÖREN kann! 32jährige „Hexe" mit grünen Augen wartet auf Brief mit Bild + Porto = Antwortgarantie. Chiffre 1093337

FsF335 WIR FRAUEN WISSEN SCHON, WAS WIR WOLLEN!!! Gesucht werden zwei knuffige Typen ab Mitte der Sixties, die Treue, Zärtlichkeit, Spontanität und einen starken Arm bieten, aufgeschlossen und immer gut drauf sind. Wir bieten: zwei sportliche Traumfrauen, beide 22, 1.70 m und 1.83 m, braun und rot-gelockt und unternehmungslustig. Wo sind UNSERE TRAUMMÄNNER??? Foto = Antwortgarantie. Chiffre 993389

Den Frosch überspringen wir mal! Du Prinz bist mindestens humorvoll, ehrgeizig und erfolgreich, sowohl psychisch als auch physisch attraktiv, sportlich, spontan, hast Niveau und Manieren (ohne steif zu wirken). Vor allem hast Du Sinn für (Selbst-)Ironie und gute Fotos, die Du an mich, 27 J., 175/58 (humorvoll, ehrgeizig und erfolgreich, sowohl psychisch als auch physisch attraktiv, sportlich, spontan, mit Niveau und Manieren) schickst. Chiffre 1093338

FsF234 Zur Zeit im Angebot! Ich, temperamentvoll, geradeaus u. sensibel, aus zweiter Hand (mit Anh., 10 u. 12 J.). Ich mag das Leben in Bewegung - möchte tanzen lernen. Langhaarig u. schlank. Unsportlich! Suche einen Mann mit starken Schultern u. großem Herz. Offen soll er sein und sinnlich. Und zeigen, daß er mich mag. Ich habe noch Träume! Du auch? Dann melde Dich! Chiffre 993273

FsF292 Idealfrau gesucht! Möchte Herzklopfen spüren und mich in Deine kl. und gr. Fehler verlieben. Ich suche Dich, eine gutaussehende, weibliche, sehr attraktive Frau, in Jeans sowie im kl. Schwarzen. Du solltest kein nettes, sympathische, braves Mädel sein, sondern eine spontan, frech, leidenschaftlich, lebenslustige Pendantin. Ich bin 31/178/NR, gutaussehend, sportliche Erscheinung, treu, verschmust und manchmal dickköpfig. Ich wünsche mir Vertrauen, Partnerschaft, Streit, Versöhnung, Zweisamkeit, Trubel und Liebe. Zuviel verlangt? Dann mal los, es wäre schade... Chiffre 1293335

FsF068 Welche aufgeweckte, sportliche, unbedingt treue, attraktive, junge Frau will mit charmentem-coolen, jobgebundenem, jungem Mann (33/188, schlank, Dickkopf) über eine lockere Beziehung alles — nur nichts Eingefahrenes beginnen? Bild wäre nett. Chiffre 1193112

Frau sucht Mann – Mann sucht Frau. Auswahl von Kontaktanzeigen in Zeitungen, 1993.

Klassefrau und Traummann

In vielen Zeitungen versuchen Männer und Frauen, über private Kleinanzeigen ihre Traumfrau bzw. ihren Klassemann zu finden.

1 *Bildet möglichst Kleingruppen (4–6 Personen) mit Mädchen und Jungen zusammen. Lest euch die Kontaktanzeigen durch. Erstellt Tabellen für Frauen und Männer getrennt.*
a) *Schreibt alle genannten Eigenschaften der Frauen über sich selbst und die Erwartungshaltungen und Wünsche der Männer an die Frauen in eine Tabelle.*
b) *Erstellt ebenso eine zweite Liste über die Männer.*

2 *Vergleicht beide Listen in der Gesamtgruppe.*
a) *Kennzeichnet die Beschreibungen, die häufiger in den Kontaktanzeigen vorkommen.*
b) *Findet die Unterschiede und Gemeinsamkeiten in den Beschreibungen von Frauen und Männern heraus.*

3 *Erörtert an Beispielen, welche Aussagen für die Person aufwertend bzw. abwertend sind.*

4 *Beschreibt euren „ersten Eindruck", den ihr von den Personen aus den Anzeigen habt. Welche „Form" der Beziehung suchen sie?*

5 *Vergleicht die Ergebnisse mit der Auflistung angeblich „typischer Eigenschaften für Männer und Frauen" der Auftaktseite. Nennt Beispiele aus den Kontaktanzeigen, die den herkömmlichen Erwartungen widersprechen.*

6 *Gebt Beispiele, welche Vorstellungen und Illusionen von „Weiblichkeit" und „Männlichkeit" mit dem Wunsch nach der Idealpartnerin und dem Idealpartner verbunden werden.*

7 *Prüft, ob sich in Kontaktanzeigen, die eine gleichgeschlechtliche Beziehung suchen, ähnliche Erwartungen wiederfinden.*

Werkstatt

Stummes Schreibgespräch
Für ein stummes Schreibgespräch benötigt ihr folgende Materialien: Schere, Kreppband, Filz- oder Wachsmalstifte, Wandtapeten (von großen Papierrollen, Resttapeten oder Kartonpapier).
Je nach Gruppengröße werden auf mindestens zwei zusammengestellten Tischen zwei Wandtapeten in der Breite eines Tisches aneinandergelegt und mit Kreppband befestigt. Die Stühle werden beiseite gestellt (vgl. die Abbildung 2). Nun wird in großer Schrift auf jede Tapete eine Aufgabe oder eine Frage geschrieben.
Auf ein vereinbartes Zeichen wird für etwa 10 Minuten nicht mehr gesprochen. Ihr könnt euch während dieser Zeit nur noch schriftlich mitteilen.
Bis zu 15 Personen verteilen sich gleichmäßig um die Tischgruppe. Während der ganzen Zeit geht ihr langsam um die Tische und entscheidet selbst, wann, wieviel und wo ihr etwas hinschreiben wollt. Wie in einem normalen Gespräch wird es möglich sein, viel zu schreiben oder erst einmal zu sehen, was die anderen schreiben. Ihr könnt Meinungen und Argumente hinschreiben, Beiträge von anderen kommentieren, sie bestärken oder ihnen widersprechen. Die Meinungsäußerungen der anderen dürfen aber nicht durchgestrichen oder verändert werden.

Ein Beispiel für ein stummes Schreibgespräch
1 *Bereitet jeweils für die Mädchen und die Jungen ein „stummes Schreibgespräch" vor. Jede Gruppe benötigt jeweils zwei Tischgruppen.*

Klassenraum bei einem stummen Schreibgespräch.

2 *Die Jungen schreiben auf jede der vier Wandtapeten einen der vier Satzanfänge:*
Ich bin gerne ein Junge, weil ...
Manchmal bin ich nicht gerne ein Junge, weil ...
Wenn ich ein Mädchen wäre, dürfte ich ...
Wenn ich ein Mädchen wäre, müßte ich ...
Das gleiche entsprechend für die Mädchen:
Ich bin gerne ein Mädchen, weil ...
3 *Führt ein stummes Schreibgespräch durch.*
4 *Befestigt eure Wandtapeten an den Wänden und lest abwechselnd die Anmerkungen zu den einzelnen Punkten der Mädchen und Jungen in der Gesamtgruppe vor.*
5 *Wertet die Aussagen aus:*
– *Warum ist es schön, ein Mädchen, ein Junge zu sein?*
– *Beschreibt die Vorteile und Nachteile, die mit dem „Frausein und Mannsein" verbunden werden.*
– *Nennt Beispiele, die geschlechtstypisches Verhalten als Einschränkung oder als Bereicherung darstellen.*
– *Welche Fähigkeiten, Möglichkeiten, Eigenschaften werden an die Geschlechterrolle gebunden? Welche könnten und sollten für Jungen/Männer und Mädchen/Frauen gleichermaßten gelten?*

Eine Anzeige für mich selbst
Denkt euch einen Grund aus, warum und wozu ihr jemanden sucht (Urlaub, Fahrgemeinschaft, Sport und andere Hobbies, Partnerschaft, Freundschaft ...). Jede und jeder schreibt eine Anzeige für sich selbst. Die Aufgabe besteht darin, für die eigene Person zu werben, positive Eigenschaften herauszustellen.
Die Anzeigen werden eingesammelt, gemischt und dann von einer Person nacheinander vorgelesen. Die Gruppe versucht herauszufinden, wer die Anzeige geschrieben hat.

WAHRNEHMUNGEN UND ERFAHRUNGEN

1 Rosa bedeutet Mädchen – blau bedeutet Junge? Foto 1990.

Als Mädchen und Jungen erzogen

In einem Heft von 1992/93 zur Frage der Gleichberechtigung hieß es:

M1 … Niemand weiß genau, wo es herkommt. Und doch ist es für die meisten gar keine Frage: Rosa bedeutet Mädchen, und blau bedeutet Junge. Bereits im Krankenhaus wird vielen Babies unmittelbar nach der Geburt ein Bändchen mit der entsprechenden Farbe angehängt.
Und dann kann es losgehen: „Ein kräftiger Junge, und so unternehmungslustig. Und wie laut er schon brüllen kann! Ganz der Papa!" Oder anders herum: „Eine richtige kleine Schönheit! Und diese zierliche Nase! Der Mama wie aus dem Gesicht geschnitten."
Alles klar? Mit der Farbe wird der kleine Unterschied dokumentiert, die Geschlechterrolle wird festgelegt …

Heidrun Hoppe, die über Frauenleben 1993 ein Buch geschrieben hat, meinte dazu:

M2 … Die heutigen Mütter behandeln Mädchen und Jungen nicht mehr so ausgeprägt geschlechtsspezifisch, sondern immer mehr ihren individuellen Neigungen, Fähigkeiten, Wünschen und Problemen entsprechend …
Und dennoch: Obwohl Jungen am Puppen- und Mädchen am Fußballspiel teilnehmen könnten, tun das die meisten von ihnen nur selten oder gar nicht …
Diejenigen, die sich untypisch verhalten, erregen das besondere Interesse ihrer Umgebung. Dabei gibt es auffallende Unterschiede: Ein Mädchen darf – oder soll – sich eher „jungenhaft" verhalten als umgekehrt. Viele Mädchen handhaben heute z. B. gern und geschickt Werkzeug und Eisenbahn, sind sportlich und wagemutig. Eher anerkennend als tadelnd bemerken Eltern und Bekannte, an ihr sei „ja ein richtiger Junge verlorengegangen".
Spielt ein Junge dagegen bis ins Schulalter am liebsten mit Puppen, … so gilt er als auffällig. Wer sieht schon gerne, daß ein fünfjähriger Junge einen Puppenwagen schiebt? Allenfalls ein Schmusetier ist erlaubt. …
Beispiele zeigen, daß die Fähigkeiten und Eigenschaften von Mädchen sich zunehmend um die der Jungen erweitern. Sie orientieren sich auf Familie *und* Beruf. Die meisten Jungen dagegen … werden nicht darauf vorbereitet, als Vater neben der Berufstätigkeit die Hausarbeit und Kinderbetreuung als ihr Arbeitsgebiet wahrzunehmen …

1 Schaut euch Bild 1 an. Nennt typische Kleidung und Spielsachen für kleine Mädchen und Jungen.
2 Lest M1 und M2 durch und klärt schwierige Begriffe und Fragen zum Verständnis.
3 Beschreibt mit Hilfe von M1 und M2, wie Kinder zu Mädchen und Jungen erzogen werden.
4 Erläutert, worauf in der Erziehung geachtet werden sollte, damit Mädchen und Jungen selbstbestimmter und ohne Rollenzwänge aufwachsen können?
5 Befragt Eltern und Alleinerziehende von Söhnen oder/und Töchtern. Was ist ihnen wichtig bei der Erziehung ihrer Töchter und Söhne? Wie wurden sie von ihren eigenen Eltern erzogen? Stellt diese Fragen auch älteren Personen.

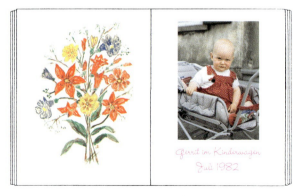

– Bringt Fotos aus eurer Kindheit mit.
– Erzählt euch Geschichten aus dieser Zeit.

Ein Mädchen erlebt ihre Schule

2 In einer 9. Schulklasse. Foto 1994.

Im Unterricht
Sirah, eine Schülerin in der 9. Klasse, erlebte 1990 ihren Unterricht so:

M3 Mathematik
Sie muß heute endlich ihre Kurswahl treffen. Die Mathematiklehrerin hat sie gefragt, ob sie nicht Mathematik als Wahlpflichtfach machen will, sie ist doch so gut in diesem Fach. Aber eigentlich will sie nicht. Schließlich wird sie dieses Fach später auch in der Oberstufe nicht als Leistungskurs wählen, weil die Anforderungen da viel zu hoch sind.
Außerdem sind auch immer so viele Jungen in solchen Kursen und nur wenige Mädchen …
Nein, sie wählt lieber Biologie, in dem Kurs ist auch Julia, ihre beste Freundin.

M4 Deutsch
Sie sprechen über den letzten Test. Jan hat ihn total verhauen, „glänzend verhauen", wie er sagt. „Für Dich müßte man die Notenskala nach unten erweitern", hat die Lehrerin zu ihm gesagt, als sie ihm die Arbeit zurückgab. „Das wäre mir eine Ehre und eine Freude", hat Jan geantwortet. Die ganze Klasse hat gebrüllt vor Lachen, und die Lehrerin konnte sich das Lächeln auch nicht verkneifen …

Jan ist überhaupt ein irrer Typ. Stinkfaul und ziemlich frech, aber alle mögen ihn, auch die Lehrer und Lehrerinnen. „Wenn Du Dich ein bißchen anstrengen würdest, könntest Du es wirklich zu was bringen", sagen sie immer zu ihm, „intelligent genug wärst Du, bloß leider zu faul."

M5 Kunst
Der Kunstlehrer ist ein älterer Typ, ziemlich steif und redet immer so altmodisch daher. „Meine Herren, ich muß doch bitten", sagt er zu den Jungen, weil die reichlich laut sind.
„Und nun zeigt mal, was Ihr könnt", sagt er und gibt eine ziemlich schwierige Zeichenaufgabe. Sie sollen ein Gebäude räumlich darstellen. Sirah liegt das, es ist so ähnlich wie Geometrie, so was macht ihr Spaß. Sie vertieft sich darin, zeichnet schön sauber und sorgfältig, wie sie es gerne hat.
„Laß doch mal sehen", flüstert Jan neben ihr. Sie schiebt das Blatt in seine Richtung, so daß er rüberschielen kann.

M6 Physik
Sirah döst vor sich hin … Den letzten Test hat sie ganz gut erreicht, also was soll sie sich groß anstrengen. Auch die anderen Mädchen sagen nicht viel, dafür sind die Jungen um so aktiver. Der Physiklehrer redet auch nicht viel mit ihnen und fragt die Mädchen sowieso nicht so oft. Vielleicht ist es eben mehr ein Fach für Jungen. Die ganzen Experimente, diese ganze Aktion, um irgendwas Theoretisches zu erklären, was praktisch sowieso kein Mensch braucht …

6 *Lest euch M3–M6 durch und beschreibt die Erfahrungen, die Sirah in den einzelnen Unterrichtsstunden macht.*
7 *Wie verhält sich Sirah im Unterricht?*
8 *Beschreibt ihre fachlichen Stärken und Interessen.*
9 *Wie verhalten sich die Lehrer und Lehrerinnen? Stellt euch vor, Sirah wäre ein Junge und Jan ein Mädchen? Was wäre dann vermutlich anders?*
10 *Listet die Lieblingsfächer der Mädchen und Jungen in eurer Lerngruppe auf.*
11 *Nennt Gründe, warum ihr einige Fächer besonders gerne habt bzw. ablehnt.*
12 *Erkundigt euch nach besonderen Angeboten nur für Jungen bzw. Mädchen an eurer Schule.*

Die alltägliche Gewalt in der Schule

1 Prügelei auf dem Schulhof. Foto 1991.

Oft fängt es ganz harmlos an ...
Ab und zu gibt es mal ein paar Prügeleien auf dem Schulhof, wird gerauft, gehänselt und geärgert. „Das war doch bloß Spaß." „Es war doch gar nicht so gemeint." Viele haben sich schon daran gewöhnt, an die Zerstörungen im Schulgebäude, die beschmierten Wände, den Müll, das Gerangel und Geschubse während der Pausen, auf den Fluren, die Anmache und Beschimpfungen. Gewalt in der Schule wird oft verschwiegen, verharmlost. Die meisten sind froh, wenn sie nichts damit zu tun haben und schauen und hören hilflos weg.
Gewalt in der Schule hat viele Gesichter.

1 *Wähle dir eine Person aus Abb. 1 und 2 aus. Schreibe einen Aufsatz aus der Sicht dieser Person in „Ich"-Form. Beschreibe die dargestellte Situation.*
2 *In welcher Weise sind auf den Abbildungen die Mädchen und Jungen beteiligt?*
3 *Wie könnte die dargestellte Situation weitergehen? Wie würden/könnten die dabeistehenden Personen reagieren?*
4 *Wo würdest du die Grenze zwischen Spaß/ Herumalbern und Ernst/Gewalt ziehen?*
5 *Welche Möglichkeiten gibt es, den Konflikt zu beenden? Beschreibe, wie sich die betroffenen Personen dabei anschließend fühlen würden.*
6 *Hast du schon ähnliche Situationen erlebt oder beobachtet? Berichte darüber.*

Die alltägliche Gewalt in der Schule

2 Rangelei in der Umkleidekabine. Foto 1993.

Gewalt hat viele Formen
Viele Schülerinnen und Schüler haben selbst Situationen erlebt, in denen sie schlecht behandelt wurden und Gewalt erfahren haben. Gewalt ist nicht immer „Brachialgewalt".
Die Schülerinnen und Schüler einer 8. Klasse haben sich dazu so geäußert:
Geboxt werden, treten, schlagen, Drohungen, in einen Raum gesperrt werden, beschimpfen, Anmache, Küsse aufzwingen, geärgert werden, beschmierte Wände, unter Druck setzen, auf den Hintern klopfen, Sachen wegnehmen, begrabschen, schubsen, provozieren, Gerüchte in die Welt setzen, abwertende Blicke, ...

7 *Schreibe auf ein Blatt Papier alle im Text genannten Verhaltensweisen, die du persönlich erlebt oder an anderen beobachtet hast.*
Nenne weitere Beispiele.
8 *Unterstreiche mit einem roten Farbstift alle Begriffe, die für dich Formen der Gewalt darstellen. Überlege dir die Gründe für deine Wahl.*
9 *Welche Beschreibungen würdest du eher als gegenseitiges Ärgern und nicht eindeutig als Gewalt bezeichnen? Kennzeichne sie mit einem grünen Stift.*
In welchen Zusammenhängen würdest du auch bei diesen Beispielen von Gewalt sprechen?
10 *Welche Handlungen gehen häufiger von Jungen aus, welche erlebst du häufiger von den Mädchen? Kennzeichne sie mit ♀ oder ♂.*
11 *Vergleiche deine Ergebnisse mit denen der anderen Mitschülerinnen bzw. Mitschüler deines Geschlechts.*
12 *Ergänze deine Liste mit Beispielen der anderen, wenn du meinst, daß sie für dich wichtig sind.*
Höre dir die Argumente der anderen an und entscheide, ob du noch weitere Begriffe als Gewalt kennzeichnen willst.
13 *Definiere, was für dich Gewalt bedeutet. Beginne mit folgendem Satzanfang:*
Gewalt (in der Schule) ist für mich ...
14 *Tragt eure Ergebnisse der Gesamtgruppe vor.*
15 *Erkundigt euch, ob es in Jugendzentren, bei Beratungsstellen (z. B. Kinderschutzbund) und an Schulen Angebote und Gruppen gibt, die sich mit dem Thema „Gewalt" auseinandersetzen. Auf Seite 135 könnt ihr an diesem Thema weiterarbeiten.*

Wenn der Körper spricht

1 Das große und das kleine Nein.

Konflikte ansprechen und lösen

Im folgenden lernt ihr eine Methode kennen, wie ihr Konflikte zwischen Jungen und Mädchen ansprechen könnt. Auf diese Weise könnt ihr auch eure Beschwerden loswerden, wenn ihr als Mädchen und Jungen untereinander Konflikte oder Probleme mit einer anderen Gruppe habt.

„Jetzt reicht's!"
Nehmt euch ein Blatt Papier.
1. Schreibt einen anonymen Brief über alle Verhaltensweisen, welche ihr bei Gruppenmitgliedern des anderen Geschlechts nicht gut findet.
2. Faltet eure Briefe. Die Lehrerin oder der Lehrer sammelt sie – nach Geschlecht getrennt – ein, mischt beide Stapel gut und liest dann vor.
3. Während die Briefe der Mädchen vorgelesen werden, können die Jungen gegen die Vorwürfe protestieren. Dann wird das Vorlesen unterbrochen, die Kritik und der Einwand diskutiert, bis der Zeitpunkt für das Weiterlesen gekommen ist.
4. Jetzt werden die Briefe der Jungen vorgelesen und die Mädchen können protestieren.

---

1 Wertet euer Vorgehen aus:
– *Wie war die Kritik an euch: sachlich, unberechtigt, abwertend, verständnisvoll …?*
– *Wie habt ihr auf die Kritik der anderen reagiert: beleidigt, verständnisvoll, aggressiv, einsichtig …?*
2 *Wurde eine Verhaltensweise besonders häufig und stark kritisiert? Gegen welche Kritik wurde nicht protestiert?*
3 *Welche Kritik ist berechtigt?*
4 *Welche Alternativen sind denkbar? Wie lassen sie sich umsetzen?*

Mehr als Worte …

> „Nein heißt Nein!"
> „Aber *wie* du das gesagt hast, …"
> „Das meinst du doch gar nicht wirklich …"

Die Körpersprache spielt bei der Verständigung unter Menschen eine bedeutende Rolle. An den Körperhaltungen, Bewegungen, Gesten, Berührungen, dem Gesichtsausdruck, Augenkontakt, Verhalten im Raum können wir die wahren Absichten einer Person erkennen. Durch unsere Körpersprache drücken wir unsere Gefühle aus. Sie sagt oft viel mehr als das gesprochene Wort aus und ist entscheidend, ob wir z.B. die gezeigten Grenzen oder das Gesagte einer Person ernst nehmen oder nicht.
Die durch die Körpersprache ausgedrückten Gefühle stimmen oftmals nicht mit unseren Worten überein.

5 *Spielt ohne Worte, allein durch Körpersprache und mit Tönen verschiedene Ausdrucksformen in übertriebener Weise:*
– *Schreibt dazu auf kleine Zettel viele unterschiedliche Ausdrucksformen und Gefühle von Menschen auf, z. B. traurig, gutgelaunt, selbstsicher, ängstlich, schüchtern, wütend, arrogant, bedrohlich, verletzbar, beleidigt, cool, aggressiv …*
– *Teilt euch in zwei Gruppen auf. Während die eine Gruppe beobachtet, spielt die andere und umgekehrt.*
– *Der Leiter oder die Leiterin mischt die Zettel und liest nacheinander jeweils eine Ausdrucksform vor.*
– *Jede Person entscheidet sich für eine bestimmte Körperhaltung, einen bestimmten Gesichtsausdruck, eine bestimmte Gestik und stellt diese mit einer sich wiederholenden Bewegung dar. Führt jede Übung mindestens 20 Sekunden durch.*
– *Auf ein vereinbartes Zeichen „versteinern" sich alle und verharren in ihrer Position fünf Sekunden.*
– *Die beobachtende Gruppe nennt auffallende Merkmale, mit denen die vorgegebene Ausdrucksform dargestellt wurde. Benutzt zur Auswertung die Begriffe von Aufgabe 6 auf der nächsten Seite.*
– *Ihr könnt diese Übungen auch als Ratespiel durchführen.*

Wenn der Körper spricht

2 **Körpersprache von Jugendlichen.** Fotos 1989.

6 Führt folgende Aufgaben zu zweit durch:
– Vergleicht die Merkmale der Körperhaltungen beider Personen auf dem Foto oben.
– Beschreibt genau die Haltung der einzelnen Körperteile wie Beine, Hüfte, Füße, Arme, Schulter, Hände und Kopf.
– Benutzt zur Erläuterung passende Wörter wie z. B. weit, eng, geneigt, hängende Schulter, auseinandergestellt, nach unten, oben, aufrecht, gebeugt, verschränkt, abgewandt usw..
– Beschreibt den Blick, den Gesichtsausdruck und die Ausstrahlung der Person.

7 Gebt euren Eindruck von den Jugendlichen wieder. Was meint ihr, wie sie sich fühlen?

8 Denkt euch eine Situation aus, die zu den Bildern paßt. Schreibt eine kurze Geschichte dazu.

9 Geht bei dem entsprechenden Foto der beiden Jugendlichen auf den Auftaktseiten genauso vor.

10 Vergleicht die Abbildungen miteinander. Faßt zusammen, welche Auswirkungen die unterschiedlichen Körperhaltungen der Personen auf eure Beschreibungen und die erdachten Geschichten von Aufgabe 8 gehabt haben.

11 Stellt die Körpersprache von Frauen und Männern bildlich dar:
– Erstellt eine Collage (DIN A3) mit Körperhaltungen und Ausdrucksformen von Männern und Frauen auf Werbefotos, Plakaten, in Illustrierten, Modejournalen und Katalogen.
– Listet in einer Tabelle geschlechtstypische Körperhaltungen und Ausdrucksformen auf.
– Kopiert diese Collage und verändert sie so, daß die Köpfe von Frauen und Männern vertauscht werden.

12 Beschreibt die Körpersprache der Mitschüler und Mitschülerinnen auf Gruppen- und Einzelfotos (z. B. von Klassenfahrten).

GLEICHBERECHTIGUNG GEHT UNS ALLE AN

1 Bei der Hausarbeit. Fotos 1991.

Hausarbeit – (k)ein Thema für mich!
Hausarbeit umfaßt praktische Arbeiten wie einkaufen, kochen, abwaschen, aufräumen, putzen allgemein, Wäsche waschen, bügeln, nähen, usw., aber auch Arbeiten wie tapezieren, die Einrichtung und Gestaltung der Wohnräume, Blumenpflege, kleinere Reparaturen durchführen, Verwaltung der Haushaltskasse, Rechnungen bezahlen usw.
Darüber hinaus zählen zur Hausarbeit auch Tätigkeiten, die zum Zusammenleben und Wohlbefinden aller Personen im Haushalt gehören, wie z.B. Kindererziehung, Krankenpflege, Vorbereitung und Durchführung von Geburtstagen und Festen, Urlaubsplanungen und vieles mehr.

1 *Nennt reihum unterschiedliche Tätigkeiten, die zur Hausarbeit gehören.*
2 *Beschreibt an Beispielen den genauen Arbeitsablauf der im Text genannten Tätigkeiten, indem ihr ihnen einzelne, konkrete Arbeitsvorgänge zuordnet, z.B.: Putzen allgemein: saugen, fegen, reinigen, Staub wischen, Fenster putzen, Betten machen, Müll raustragen ...*
Kindererziehung: zum Kindergarten begleiten, Freizeitgestaltung, Hausaufgabenhilfe, Elternabende, Arztbesuche ...

3 *Erstellt jeweils eine Strichliste für Mädchen und Jungen getrennt.*
– Schreibt in die linke Spalte auf zwei große Wandtapeten die unterschiedlichen Tätigkeiten der Haus- und Erziehungsarbeit aus dem Text untereinander.
– Zeichnet rechts daneben sechs weitere Spalten für folgenden Personenkreis:
Mutter/weibl. Bezugsperson, Schwester, Ich, Vater/männl. Bezugsperson, Bruder, andere.
– Markiert in diesen Spalten jeweils mit einem Strich, wer bei euch zu Hause die verschiedenen Arbeiten überwiegend erledigt.
– Klärt vor der Befragung das genaue Verfahren. Beteiligt euch auch an der Befragung, wenn bei euch zu Hause nicht alle genannten Personen leben. Ordnet andere im Haushalt lebende Personen nach Möglichkeit einer der Spalten zu.
4 *Markiert die Tätigkeiten mit unterschiedlichen Farben danach, wie oft sie im Haushalt durchschnittlich anfallen: (z.B.: rot: sehr oft, täglich, mindestens einmal in der Woche; grün: etwa einmal im Monat; blau: selten bzw. unregelmäßig, in größeren Zeitabständen ...).*

Gleichberechtigung geht uns alle an

Übersicht 1:

Erwerbstätige Personen im Alter zwischen 25–30 Jahren in der Bundesrepublik Deutschland (Stand 1990*):

Männer	87,4 %
Frauen	71,6 %

Erwerbstätigkeit von:

Frauen ohne Kinder	90,4 %
Frauen mit Kindern	65,3 %

Übersicht 2:

Erwerbstätige Personen mit einem Teilzeitarbeitsplatz in der Bundesrepublik Deutschland (Stand 1990*):

Frauen	31,0 %
Männer	2,0 %

* alte Bundesländer

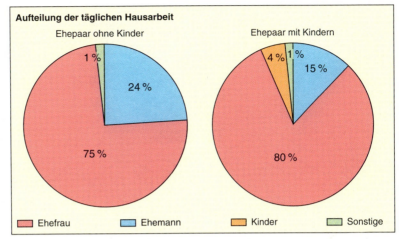

2 Die Aufteilung der täglichen Hausarbeit (Stand 1988).

5 Vergleicht die Ergebnisse der Mädchen und Jungen miteinander und wertet sie aus.
– Zählt Beispiele auf, in welchen Bereichen eine festgelegte Arbeitsteilung in der Hausarbeit vorliegt und nennt mögliche Gründe dafür.

6 Beschreibt die Kreisdiagramme oben.

7 Vergleicht und bewertet die Zahlen von Übersicht 1.

8 Erläutert, wie eine gleichberechtigte Arbeitsteilung zwischen Frauen und Männern aussehen könnte.
– Nennt die Hausarbeiten, für die sich alle Personen im Haushalt zu gleichen Teilen verantwortlich fühlen sollten.
– Welche Absprachen könnten für Tätigkeiten im Haushalt getroffen werden, die alle als besonders belastend, unangenehm, langweilig oder anstrengend aber als notwendig empfinden?

9 Beschreibt die Übersicht 2.
– Überlegt euch mögliche Gründe für die großen Unterschiede in der Teilzeitbeschäftigung zwischen Frauen und Männern.
– Informiert euch über die Beweggründe, Vor- und Nachteile für eine Teilzeitbeschäftigung.

Teilzeitarbeit – aber nicht nur für Frauen

Eine große Zahl besonders jüngerer Frauen und Männer finden eine gleichberechtigte Beziehung wichtig. Das traditionelle Rollenbild für Männer und Frauen in der Berufswelt hat sich in den letzten Jahren entscheidend gewandelt. Über 70 % aller Männer und Frauen in der Bundesrepublik Deutschland sind jedenfalls der Meinung, daß beide, Ehemann und Ehefrau, zum Haushaltseinkommen beitragen sollten.

Vor allem viele junge Menschen wünschen sich eine bessere Vereinbarkeit ihrer beruflichen und privaten Interessen. In der Bundesrepublik sind ca. 14 % der Erwerbstätigen teilzeitbeschäftigt. Die Nachfrage nach Teilzeit-Arbeitsmöglichkeiten übertrifft bei weitem das Angebot: Von der berufstätigen Bevölkerung interessierten sich 1992 50 % im alten Bundesgebiet und 28 % in den neuen Bundesländern für Teilzeitarbeit.

10 Gebt die im Text beschriebenen Einstellungen und Meinungen besonders junger Leute mit eigenen Worten wieder.
Findet mögliche Widersprüche und Übereinstimmungen zwischen den im Text genannten Aussagen und dem Zahlenmaterial der Kreisdiagramme und der Übersichten heraus.

11 Welche Absprachen sollten eurer Meinung nach Paare treffen, wenn sie gleichberechtigt Verantwortung für alle gemeinsamen Lebensbereiche übernehmen wollen?

Frauenarbeit – Männerarbeit

1 Baumeisterin und Bauarbeiterinnen. Zeichnung aus dem 10. Jahrhundert.

2 Frau in einem gewerblich-technischen Beruf. Foto 1991.

Das war schon immer so!?
Einseitige und festgefügte Rollenvorstellungen beeinflussen auch die Berufswelt von Männern und Frauen. Auch heute sprechen wir noch von typischen „Frauen- und Männerberufen".

Zunehmend mehr erfahren wir aber aus historischen Quellen über die Vielfalt der Arbeits- und Lebensformen insbesondere von Frauen in früheren Jahrhunderten, die uns bisher in vielen Büchern vorenthalten oder falsch und einseitig gedeutet wurden. So gab es zu jeder Zeit Frauen, die trotz weniger Rechte und offensichtlicher allgemeiner Unterdrückung in wichtigen Bereichen mit- und selbstverantwortlich gearbeitet haben, z. B. im Handwerk (vgl. Bild 1). Es gab auch immer wieder berühmte Frauen, die Außergewöhnliches geleistet haben.

Wenn Frauen sich heute also für sogenannte „Männerberufe" interessieren oder Führungspositionen übernehmen wollen, so ist dies nicht als ein bloßer Rollentausch zu werten, sondern unter Umständen die berechtigte Einforderung ihrer „alten" Rechte. Berufstätigkeit gehört heute jedenfalls zum normalen Leben von Frauen und Männern.

1 *Gebt die im Text beschriebenen Positionen und Argumente zum Thema „Frauen- und Männerberufe" mit eigenen Worten wieder. Diskutiert diese Positionen und nehmt Stellung dazu.*

2 *Sucht in diesem Buch nach Abbildungen und Hinweisen über die Arbeit, Lebensformen und Leistungen von Frauen in der Geschichte. Erstellt eine Liste, in die ihr jeweils das Jahrhundert, die Tätigkeiten, Berufe, Namen und Bedeutung der Frauen eintragt.*

3 *Bildet Kleingruppen. Wählt aus der Liste jeweils eine berühmte Frau aus, über die ihr euch genauer informiert.*

4 *Versucht Kontakte zu Personen herzustellen, die sich nach herkömmlichen Vorstellungen in einer „rollenuntypischen" Arbeitssituation befinden.*
Beispiele für Interviews mit Frauen:
Polizistin, Tischlerin, Richterin, Busfahrerin, Direktorin einer großen Firma, Elektromechanikerin ...
Beispiele für Interviews mit Männern:
Kindergärtner, Arzthelfer, (Chef-)sekretär, Steward, Ballettänzer, Florist ...
Das Arbeitsamt, Berufsschulen und größere Betriebe, Berufsverbände u. ä. können euch dabei weiterhelfen.

– Befragt die Erwerbstätigen nach ihren Erfahrungen am Arbeitsplatz und Beweggründen für ihre Berufswahlentscheidung bzw. Arbeitstätigkeit. Welche Vor- und Nachteile nennen sie für ihren Beruf?

– Tauscht eure Erfahrungen und neuen Informationen untereinander aus.

Weitermachen

3 Mädchen sind stark! Foto 1991.

4 Gewalt gegen Mädchen. Wandbild von Schülerinnen einer 9. Klasse. Foto 1991.

Zur Weiterarbeit für die Mädchen

Gewalt von Männern gegen Frauen und Mädchen ist keine Privatsache, sondern Ausdruck der bestehenden Unterdrückung und Geringschätzung der Frau in unserer Gesellschaft.

Frauen und Mädchen sind Betroffene sexueller, körperlicher und seelischer Gewalt, von Vergewaltigung, Belästigungen, Anmache bis hin zu verdeckten Formen der Herabsetzung und Benachteiligung. Immer mehr Frauen und Mädchen schließen sich in Gruppen zusammen, um zu lernen, sich offensiv gegen jede Form der Gewalt zur Wehr zu setzen.

- *Erkundigt euch bei der kommunalen Gleichstellungsbeauftragten der Stadt oder der Gemeinde nach Angeboten für Mädchen und Frauen, wie z. B. Wen Do (Selbstbehauptung und Selbstverteidigung von Frauen für Frauen und Mädchen).*
- *Erstellt eine Adressenliste mit Telefonnummern und Sprechzeiten von Beratungsstellen für Frauen und Mädchen, z. B. Frauenzentren, dem Frauenhaus, der Frauenbeauftragten, pro familia. Fragt nach möglichen Ansprechpartnerinnen für Mädchen beim Jugendamt in eurer Umgebung.*
- *Richtet an eurer Schule ein Informationsbrett für Mädchen ein.*
- *Klärt ab, ob einige interessierte Mädchen an einem Wen Do-Kurs teilnehmen wollen.*

Zur Weiterarbeit für die Jungen

Eine Befragung an Hamburger Schulen im Jahre 1992 hat ergeben, daß Gewalt überwiegend von Jungen – meist der eigenen Schule – ausgeübt wird.

Aber auch Jungen und Männer sind Betroffene körperlicher und auch sexueller Gewalt. Die Täter sind meistens männlich.

Viele Täter haben Gewalterfahrungen gemacht. Auch Männer wehren sich gegen Männergewalt.

Erst in einigen Städten gibt es Männerbüros und -gruppen, wo von Gewalt betroffene Männer, aber auch z. B. Männer, die Gewalt gegen Frauen ausgeübt haben, Hilfe finden.

- *Erkundigt euch vor Ort, z. B. in Freizeitheimen, Kirchengemeinden, Jugendzentren, bei Beratungsstellen und der Gleichstellungsbeauftragten der Stadt oder des Landkreises, ob es spezielle Angebote oder Gruppen zur Jungenarbeit bzw. Männergruppen zu diesem oder vergleichbaren Themen gibt.*
- *Fragt beim Kinderschutzbund, Jugendamt und anderen Beratungsstellen nach Ansprechpartnern.*
- *Besucht mit eurem Lehrer oder eurer Lehrerin eine Gerichtsverhandlung zum Thema „Gewalt gegen Frauen".*

Menschen brauchen einen Platz in ihrer Gesellschaft

junk macht schlank

Rascher Griff zur Zigarette
Schulprobleme fördern den Konsum legaler Rauschmittel

Alkohol „Droge Nummer eins"
Wirtschaftlicher Schaden auf 30 Milliarden Mark geschätzt

„Immer mehr betäuben ihre Zukunftsangst mit Suchtmitteln"
Drogenberater in der Bundesrepublik stellen massive Zunahme des Mißbrauchs fest

no hope

„Verelendung der Süchtigen aufhalten"
Mit dem Strafrecht ist das Drogenproblem nicht zu lösen / Heroin auf Krankenschein?

„Saufen ist normal, doch zur Su...
Bilanz der Hauptstelle gegen Suchtgefahren / Besetzung des Nat...

turn on, tune in, drop out

Kaum ein Tag vergeht, an dem nicht über die Folgen von Drogenkonsum und Suchtgefahren berichtet wird. Wenn euch jemand aus eurer Clique Drogen anbietet, wie antwortet ihr? Vielleicht so: „Nein, ich will keine Drogen! Ohne mich!" oder wenn euch ein Dealer anspricht, wie würdet ihr darauf reagieren?
Kennt ihr Drogenabhängige? Meint ihr, daß ihnen geholfen werden könnte? Und wie? Könnt ihr euch vorstellen, selbst süchtig oder drogenabhängig zu werden?

3.2 SÜCHTIGE GESELLSCHAFT – KRANKE GESELLSCHAFT?

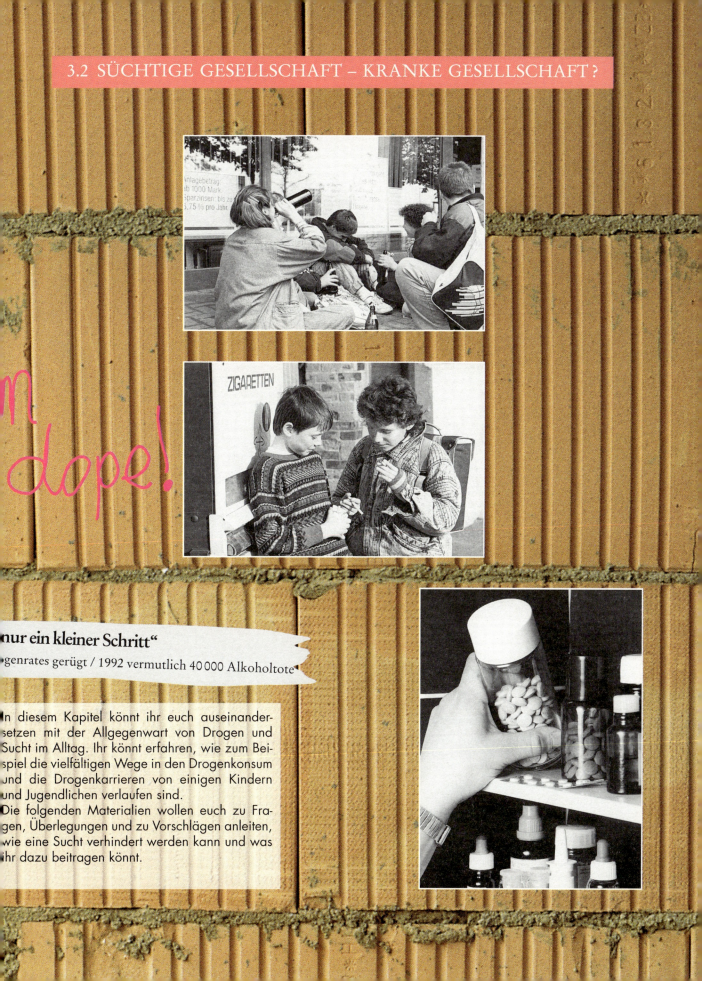

dope!

„nur ein kleiner Schritt"
genrates gerügt / 1992 vermutlich 40 000 Alkoholtote

In diesem Kapitel könnt ihr euch auseinandersetzen mit der Allgegenwart von Drogen und Sucht im Alltag. Ihr könnt erfahren, wie zum Beispiel die vielfältigen Wege in den Drogenkonsum und die Drogenkarrieren von einigen Kindern und Jugendlichen verlaufen sind.
Die folgenden Materialien wollen euch zu Fragen, Überlegungen und zu Vorschlägen anleiten, wie eine Sucht verhindert werden kann und was ihr dazu beitragen könnt.

DROGEN IM ALLTAG

„Meinungsknäuel"	ja	nein	weiß nicht
1. Jugendliche nehmen Drogen aus Neugier und Langeweile.	☐	☐	☐
2. Genießer werden nicht süchtig.	☐	☐	☐
3. Alkohol ist gefährlicher als Haschisch.	☐	☐	☐
4. Jeder Mensch kann lernen, mit Suchtmitteln kontrolliert umzugehen.	☐	☐	☐
5. Süchtige kann man an ihrem Verhalten erkennen.	☐	☐	☐
6. Eltern und Lehrer sind Vorbilder, die möglichst „drogenfrei" leben sollten.	☐	☐	☐
7. Lebensfreude ist die beste Suchtvorbeugung.	☐	☐	☐
8. Jugendlichen mit Suchtproblemen gehe ich aus dem Weg.	☐	☐	☐

Drogen und Sucht – (k)ein Thema für uns?
1 *Lest euch die einzelnen Aussagen (1-8) genau durch und überlegt, ob ihr der jeweiligen Aussage zustimmen könnt, ob ihr sie ablehnt oder ob es euch nach einigem Nachdenken gelingt, eine klare Meinung zu entwickeln.*
2 *Legt ein durchscheinendes Blatt über das „Meinungsknäuel" und kreuzt eure Entscheidungen an.*
3 *Übertragt alle Ergebnisse auf ein Plakat oder auf die Tafel. Wertet eure Ergebnisse gemeinsam aus:*
– Haben bei einer Aussage alle zugestimmt? Was bedeutet eine einhellige Meinung?
– Bei welcher Aussage konntet ihr euch nicht entscheiden?
– Bei welcher Aufgabe wurde sehr unterschiedlich geantwortet?

Drogen begegnen uns – überall!
Wenn ihr über die beiden Auftaktseiten gesprochen habt, werdet ihr unschwer erkennen, daß sich hinter den Begriffen Drogen und Sucht mehr verbirgt als „nur" Haschisch, Heroin und Bilder von toten Fixern auf dem Bahnhofsklo. Wir alle kommen – direkt und indirekt – mit den unterschiedlichsten Suchtmitteln und Suchtformen in Berührung. In fast allen Gesellschaften und Kulturen werden Drogen verbraucht. So wird der Konsum von Alkohol in allen Kulturen Europas im gesellschaftlichen Leben toleriert, aber den Muslimen ist er verboten. Beim Alkohol und auch beim Tabak wird der Gebrauch und Erwerb zumindest für junge Menschen durch Gesetze beschränkt.

Während Heroinabhängige mit Abscheu wahrgenommen werden, werden alkoholisierte Festteilnehmer ohne weiteres akzeptiert oder sogar mit Verständnis und Sympathie wahrgenommen.
4 *Diskutiert über die Aussagen des Textes und die der Karikatur.*

Drogen – kein Problem? Karikatur.

Drogen im Alltag

Alter	Gelegentlicher bzw. regelmäßiger Konsum von ... (in %)				
	... Wein/ Sekt/Bier	... Schnaps/ Likör/ Weinbrand	... Zigaretten	... Haschisch/ Marihuana	... Schnüffelstoffen
12/13 Jahre	26 %	9 %	15 %	2 %	3 %
14/15 Jahre	61 %	31 %	36 %	2 %	4 %
16/17 Jahre	81 %	46 %	67 %	9 %	9 %
Durchschnitt	50 %	24 %	31 %	3 %	4 %

Leben wir in einer Drogengesellschaft?
Nach wie vor ist der Alkohol die „Droge Nr. 1" in unserer Gesellschaft mit den weitaus meisten Folgeschäden für Betroffene selbst und das gesellschaftliche Zusammenleben. Durch die Medien wird unsere Wahrnehmung von Sucht allerdings vorwiegend auf den Bereich der *illegalen Drogen* gelenkt.
5 *Betrachtet die Tabelle oben genau. Welche Auffälligkeiten sind erkennbar?*

Folgen des Drogenkonsums
Wußtet ihr schon, daß die Bundesrepublik Deutschland 1993 erstmals Spitzenreiter in der Weltrangliste des Alkohol-Pro-Kopf-Verbrauchs geworden ist? Im „Jahrbuch Sucht 1995" wird für Deutschland von folgenden Zahlen ausgegangen (z. T. geschätzt):
– 2 500 000 Alkoholkranke.
– 1 400 000 Medikamentenabhängige.
– 150 000 Drogenabhängige (Heroin, Kokain).
– 90 000 Tote durch tabakbedingte Krankheiten.
– 40 000 Menschen etwa sterben jährlich an den Folgen übermäßigen Alkoholkonsums.
– 2 048 Verkehrstote durch Alkoholeinfluß.
– 122 240 registrierte Straftaten bei Rauschgiftdelikten.
– 13 009 Erstkonsumenten harter Drogen.
– 1 738 Rauschgifttodesfälle.
Von einer Trendwende kann derzeit keine Rede sein.
6 *Vergleicht die Zahlen miteinander. Stellt Vermutungen an, wie es zu diesen hohen Zahlen gekommen sein könnte.*
7 *Besorgt euch aktuelle Zahlen und beobachtet den neuesten Trend. Informationsmaterial könnt ihr über folgende Adressen anfordern:*
– *Bundesministerium für Gesundheit, Postfach 17 02 08, 53108 Bonn;*
– *Deutsche Hauptstelle gegen die Suchtgefahren (DHS) e.V., Postfach 13 69, 59003 Hamm.*

Drogen:
Alle Substanzen, die auf das zentrale Nervensystem einwirken und Befindlichkeit, Stimmungen, Bewußtsein und Wahrnehmung beeinflussen. In diesem Sinne sind Drogen also nicht nur die *illegalen* Rauschmittel wie z.B. Haschisch, Heroin, Kokain (bereits der Besitz ist strafbar), sondern auch alle *legalen* Drogen (gesellschaftlich zugelassen und anerkannt) wie Medikamente, Alkohol, Nikotin und die sogenannten „Genußmittel" wie Kaffee und Tee. Ihr Gebrauch wird nicht unter Strafe gestellt.
Ob eine Droge als legal oder illegal gilt, wird nicht von Gesundheitsbehörden, sondern von Politikern entschieden (Betäubungsmittelrecht).

Drogenmißbrauch:
Die Weltgesundheitsorganisation (WHO) bezeichnet Mißbrauch als eine einmalige, mehrmalige oder ständige Verwendung jeder Art von Drogen ohne medizinisch angezeigte Anwendung oder in übermäßiger Dosierung. Bei schwerem Mißbrauch muß noch keine Abhängigkeit vorliegen. Die Übergänge von reinem Konsum zum Mißbrauch bis hin zur Abhängigkeit sind schwer abzugrenzen.

Drogenabhängigkeit:
Drogenabhängig ist, wer ein unbezwingbares, gieriges Verlangen hat, mit der Einnahme von Drogen fortzufahren und die Drogen unter allen Umständen und um jeden Preis beschaffen will.

8 *Diskutiert an Hand der Informationen im Kasten rechts, ob es berechtigt ist, von legalen und illegalen Drogen zu sprechen.*
9 *Formuliert mögliche Ursachen legalen und illegalen Drogenverbrauchs.*

Wege in den Drogenkonsum

Süchtig sind immer nur die anderen – oder?
Ein Gedicht des Theaters im Pott aus Oberhausen aus dem Jahre 1981:

M1 Prost
Bei einer Geburt – sagt die Verwandtschaft **Prost**
Dann die Taufe – **Prost**
Papas Geburtstag – **Prost**
Hochzeitstag – **Prost**
Und du säufst schon lange mit.
Weil man als Mann ja kein Schlappschwanz ist.
Als Frau „seinen Mann stehen" muß. – **Prost**
Verlobung – **Prost**
Entlobung – doppelt **Prost**
Heirat – **Prost**
erstes Kind – **Prost**
beim Kegeln „alle Neune" – **Prost**
die Wette um den Kasten Bier – **Prost**
Ehekrach – **Prost**
Lohnzulage – **Prost**
Betriebsausflug – **Prost**
sechzigster Geburtstag – **Prost** (wenn's noch geht)
Wenn du stirbst, sagen die anderen nach der Beerdigung – **Prost**

1 *Findet heraus, worauf der Text aufmerksam machen will.*
2 *Stellt Vermutungen an, welche Folgen das in dem Gedicht beschriebene Verhalten der Erwachsenen für Kinder und Jugendliche haben könnte.*
3 *Nennt weitere Situationen, in denen Alkohol angeboten wird.*
4 *Untersucht, wie es sich beim Rauchen verhält. Sammelt Beispiele.*
5 *Nehmt zur Karikatur und zum Foto Stellung.*

1 „Krieg dem Rauschgift!" Karikatur 1995.

2 In einer Gaststätte. Foto 1995.

Aus der Geschichte „Der kleine Prinz" von Antoine de Saint-Exupery:

M2 Der kleine Prinz und der Säufer
… Den nächsten Planeten bewohnte ein Säufer. Dieser Besuch war sehr kurz, aber er tauchte den kleinen Prinzen in eine tiefe Schwermut.
„Was machst du da?" fragte er den Säufer, den er stumm vor einer Reihe leerer und einer Reihe voller Flaschen sitzend antraf.
„Ich trinke", antwortete der Säufer mit düsterer Miene.
„Warum trinkst du?" fragte ihn der kleine Prinz.
„Um zu vergessen", antwortete der Säufer.
„Um was zu vergessen?" erkundigte sich der kleine Prinz, der ihn schon bedauerte.
„Um zu vergessen, daß ich mich schäme", gestand der Säufer und senkte den Kopf.
„Weshalb schämst du dich?" fragte der kleine Prinz, der den Wunsch hatte, ihm zu helfen.
„Weil ich saufe!" endete der Säufer und verschloß sich endgültig in sein Schweigen.
Und der kleine Prinz verschwand bestürzt. Die großen Leute sind entschieden sehr, sehr verwunderlich …

6 *Beschreibt, was an dem Verhalten des Säufers auffällig ist.*

Wege in den Drogenkonsum

3 „Freiheit". Karikatur 1986.

4 „Ein Herz für Kinder." Karikatur.

Konsumgesellschaft = Erziehung zur Sucht?
In einer Broschüre des Bundesverbandes der Ortskrankenkassen von 1981 hieß es:

> **M3** …
> Wir leben in einer Welt,
> in der scheinbar alles zu kaufen ist.
> Man kauft sich ein Zuhause in Möbelgeschäften,
> kauft Unterhaltung mit Eintrittskarten,
> kauft Freundschaft durch Anpassen.
> Warum soll man nicht auch Gefühle kaufen,
> statt selber zu fühlen –
> und Erkenntnisse, statt zu erkennen?
> Wer Drogen nimmt, steigt nicht aus der Kaufwelt aus, sondern erst richtig ein …

Auf dem Weg in die Drogengesellschaft?
Die Drogengefährdung beginnt nicht allein durch die rauchenden und trinkenden Erwachsenen. Sie fängt oft schon im Babyalter an, wenn zum Beispiel das Schreien des Babys nicht als Verlangen nach Zuwendung und gemeinsamem Spiel, sondern als Signal zum Füttern verstanden wird. Etwas ältere Kinder werden dann häufig mit Bonbons getröstet oder stillgehalten. Später können Comics oder Fernsehen diese Funktion übernehmen, im Jugendalter teure Konsumartikel. Wer als Kind gelernt hat, Bedürfnisse (Liebe, Lob, Trost u.a.) immer nur durch *unpersönliche Mittel* zu befriedigen, der neigt auch später dazu, sich mit solchen Mitteln über Probleme und unangenehme Gefühle hinwegzutrösten.

7 Faßt die Aussagen und Behauptungen von M3 und des Textes zusammen.

8 Findet Beispiele aus dem Alltag, die für und gegen die Behauptungen beider Texte sprechen.

9 Beschreibt die Aussagen der Karikaturen oben. Auf was wollen sie aufmerksam machen?

> **Projekt:**
> **Wir erkunden unseren Schulweg**
> – Erkundet euren täglichen Schulweg auf Werbeangebote für legale Drogen (Alkohol, Zigarettenautomaten, Medikamente usw.). Beziet die Werbung auf öffentlichen Verkehrsmitteln ein. Wo befinden sich die „Drogentankstellen" (Kioske, Kneipen, Spielhallen usw.)?
> – Dokumentiert eure Ergebnisse auf Fotos und auf einem (Stadtteil-)Plan. Erstellt eine Wand- bzw. eine Schülerzeitung.
> – Konfrontiert Kommunalpolitiker mit euren Ergebnissen und befragt sie (z.B. ob sie eine solche Umwelt für Heranwachsende für sinnvoll halten).
> – Ihr könnt das Projekt mit einer Podiumsdiskussion von Kommunalpolitikern, Gastwirten, Spielhallenbetreibern, Vertretern von Selbsthilfegruppen und Beratungsstellen beenden.

DROGENKARRIEREN

1 **Problemlösung.** Karikatur 1995.

2 **Zusammensein.** Foto 1994.

Starke Typen?

Anatol Feid schrieb in seinem Buch „Die Spur des Fixers" 1991 über das Leben von Drogenabhängigen:

M1 ... Zum Beispiel Daniel:
Daniel war ein sehr ängstliches Kind gewesen. Sein Vater hatte ihm sehr oft vorgehalten, daß aus ihm nie ein richtiger Mann werden würde, und die Angst seines Sohnes dadurch nur verstärkt. Die Mutter tröstete das verstörte Kind mit Beruhigungstabletten, besonders vor Klassenarbeiten oder anderen Anforderungen, die sie ihm nach Möglichkeit aber abnahm. Auf diese Weise lernte der kleine Daniel zwei Dinge. Erstens: Es gibt Menschen, die dir deine Verantwortung abnehmen, die alles für dich tun, was du eigentlich selbst tun solltest. Zweitens: Wenn du keinen hast, der dir deine Verantwortung abnimmt, und du selber traust dich nicht, dann nimm eine Tablette. Dann hast du keine Angst mehr, und alles ist gleichgültig. Such dir also Drogen oder Menschen, die dir die Verantwortung abnehmen. Dann kommst du schon irgendwie durchs Leben. – Übrigens, habe ich in den letzten Jahren zahllose Kinder kennengelernt, die mit ihren elf oder zwölf Jahren hoffnungslos medikamentenabhängig sind. Sie konnten nicht schlafen, nicht essen, waren aggressiv, hatten Angst. Aber man forschte nicht nach den Ursachen dieser Verhaltensweisen, sondern gab ihnen Medikamente. So kann eine Sucht entstehen. So fing es jedenfalls bei Daniel an. Heute nimmt er alles, was er in die Hände bekommt, und das gleichzeitig ...

Im Buch „Ich lebe viel" von Eva Bilstein aus dem Jahre 1991 wird über die Drogenabhängige Marion berichtet:

M2 Marion erinnert sich:
... So richtig angefangen mit der Sucht habe ich mit fünfzehn. Bis zu der Zeit hatte ich eigentlich keine Freunde; ich war so ziemlich alleine nach dem Schulwechsel aufs Gymnasium; und da war halt die Möglichkeit, in eine Clique hineinzukommen, und das lief über Alkohol und Tabletten. Damit kannte ich mich aus.
Trinken konnte ich immer schon, bei meinen Eltern durfte ich immer schon mittrinken. Das Trinken war für mich 'ne gute Möglichkeit, mit anderen was zusammenzumachen. Ich gehörte dann richtig dazu und hab' mich auch zum ersten Mal richtig gut gefühlt, wenn ich mit anderen zusammen war. Mit meinen Eltern hatte ich nur Streit; ich war in der Schule immer schlecht, mit denen konnte und wollte ich nicht reden.
In der Zeit hatte ich zum ersten Mal eine Freundin und mit der hab' ich dann immer zusammen Tabletten und Alkohol besorgt:
Eigentlich hatte ich immer Angst – Angst davor, was die anderen von mir denken. Ich hab mich unattraktiv und häßlich, ätzend, ekelhaft gefühlt. Mir ging's nur noch schlecht. Ich hatte ständig Selbstmordgedanken. Aus lauter Wut, Haß und Verzweiflung hab' ich zu der Zeit auch angefangen, mich häufiger absichtlich zu verbrennen ...

Drogenkarrieren

In einem Buch der Bundeszentrale für gesundheitliche Aufklärung von 1980 hieß es:

M3 Dieter berichtet:

… Eine gewisse Schuld trage ich auch selber. Schon früh habe ich angefangen, Bier zu trinken, weil bei mir zu Hause immer Streit war. Gut ging's mir nur, wenn ich mit meinen Kumpels unterwegs war, dann haben wir Alkohol getrunken. Nach und nach konnte ich so richtig stolz sein, eine ganze Menge zu vertragen.

Mit 14 Jahren habe ich meine ersten Erfahrungen mit Haschisch gemacht. In einem Jugendheim hat's mir einer angeboten, ich probierte. Vorher fühlte ich mich nicht anerkannt in der Schule, jetzt aber wurden meine Erfahrungen bestaunt. Für viele wurde ich zu einem unheimlich „starken Typ". Das war anders als mit Alkohol. Der Stoff brachte mir Bewunderung. Die Typen, die Alkohol tranken, habe ich verachtet.

Komischerweise, als ich noch Alkohol trank, habe ich mir gesagt, ich werde niemals Rauschgift nehmen. Als ich Haschisch geraucht habe, habe ich gesagt, ich werde niemals LSD nehmen. Und dann habe ich es doch getan.

Der ganze Ärger mit meinem Vater bedrückte mich ständig. Immer war ich in falscher Gesellschaft, immer war meine Musik zu laut; ich machte nach seiner Meinung alles falsch. Einmal hat mein Klassenlehrer ihn wegen meiner schlechten Leistungen in die Schule gebeten. Er ist nicht gegangen. Er dachte sich lieber seinen Teil, und das war viel schlimmer für mich. Na, dann bin ich eben gegangen und habe meinen ersten „Trip" geschmissen. Ich fühlte mich stark und alle Probleme waren weg. Überhaupt: Die Clique wurde mein zweites Zuhause. Da gab es, was ich suchte; ich empfand Freundschaft, fühlte mich verstanden und geborgen. Der Ärger zu Hause und in der Schule kümmerte mich nicht mehr. Als ich dann den Stoff bezahlen mußte, klaute ich Geld von zu Hause. Ich habe da auf keinen Rücksicht genommen. Als meine Eltern etwas merkten, bin ich von dort ausgerissen. Reden konnte man ja doch nicht mit ihnen. Borgen klappte aber auch nicht, und ich brauchte den Stoff. Also habe ich andere bestohlen und später selbst gedealt*. Mir waren alle egal, ich habe ständig versucht, mir Heroin zu beschaffen. Zeit für meine Kumpels hatte ich nicht mehr. Ich

3 In der Clique. Foto.

hatte nur noch ein Ziel: Heroin. Und dann war ich irgendwann am Ende, hatte keinen Stoff und die Probleme wurden immer mehr. Als ich darüber nachdachte, war mir klar, daß ich eigentlich zu gar keinem Menschen mehr Kontakt hatte …

1 Faßt zusammen, welche Probleme Daniel, Marion und Dieter vor dem Drogenkonsum hatten.
2 Beschreibt, wie Daniel, Marion und Dieter auf ihre Probleme reagiert haben.
3 Findet heraus, wann und warum Daniel, Marion und Dieter drogenabhängig geworden sind.
4 Prüft, welche Situationen und Erlebnisse den Griff zu Suchtmitteln gefördert haben.
5 Gebt wieder, wie Daniel, Marion und Dieter ihren Drogeneinstieg erklären.
6 Erläutert, welche Bedeutung und welchen Einfluß Freunde und Clique für die Betroffenen haben.
7 Beschreibt, wo sie „Hilfe" für ihre Probleme gefunden haben.
8 Beurteilt die Auswirkungen des Drogenkonsums auf ihr Leben.
9 Stellt in Gruppen- oder Partnerarbeit die Ursachen, den Verlauf und die Folgen des Drogenkonsums (vom Einstieg an) von Daniel, Marion und Dieter tabellarisch dar. Eure Lehrerin / euer Lehrer wird euch dabei helfen.
10 Diskutiert, ob die Bilder und die Karikatur auch Szenen aus eurem Leben darstellen?

Probleme im Alltag

1 Angebote. Karikatur 1995.

Aushalten, ausweichen – oder was?
Fangen wir bei uns selbst an! Auf dieser Seite könnt ihr euch mit der Frage auseinandersetzen, was ihr selbst tun könnt, um einer möglichen Sucht vorzubeugen, denn ihr seid für euer Handeln selbst verantwortlich. Könnten die Situationen A–D aus eurem Alltag stammen?

Situation A:
In einer Clique werden Zigaretten gereicht. Hans-Jürgen stellt sich erst einmal ein Stück abseits, wird dann aber direkt angesprochen: „Hier, nimm auch eine …!"

Situation B:
Heike ist total aufgekratzt. Im Kreis ihrer engsten Freundinnen erzählt sie, gestern zum ersten Mal „Hasch" probiert zu haben. „Ein affengeiles Gefühl", sagt sie. Und: „Morgen bringe ich etwas mit, damit auch ihr probieren könnt …"

Situation C:
Johanna ist vor Klassenarbeiten wahnsinnig nervös, Barbara hingegen total cool. „Wie machst du das nur …?", seufzt Johanna, als wieder einmal eine Arbeit ansteht. „Ganz einfach", sagt Barbara und zieht eine Schachtel Tabletten aus der Tasche, „hier, nimm auch eine …"

Situation D:
Während einer Fete taucht plötzlich eine Flasche Whisky auf. Die Flasche kreist und kommt auch zu Peter. Er …

1 *Spielt diese Situationen in kleinen Rollenspielen zu Ende. Stellt eure Ergebnisse der Klasse vor und diskutiert darüber.*
2 *Wiederholt die Rollenspiele mit unterschiedlichen Lösungsmöglichkeiten.*
3 *Ergänzt die Situationen mit Szenen aus eurem Alltag.*

Probleme im Alltag

2 „Mein Alltag?" Karikatur 1995.

Umgang mit schwierigen Situationen

Sucht und Abhängigkeit geht immer ausweichendes Verhalten voraus. Ein Beispiel: Wenn ein Mensch von klein auf in jeder kritischen oder belastenden Situation das Fläschchen, den Schnuller oder etwas zu Essen bekommt, lernt er bereits sehr früh, daß diese Mittel helfen können, Konflikten auszuweichen, ohne die Ursachen zu ergründen bzw. zu verändern. Das kann als angenehm empfunden werden oder als unangenehm, wenn z. B. das ursprüngliche Bedürfnis nach Zuwendung nicht befriedigt wird (vgl. dazu *Daniels* Drogengeschichte, S. 142).
Es gibt viele Mittel oder Verhaltensweisen, in die wir hineingewachsen sind bzw. an die wir uns im Laufe unseres Lebens gewöhnen und auf die wir nur schwer verzichten wollen oder können.
Weil jeder von uns mehr oder weniger ungelöste Probleme mit sich herumschleppt, kann ausweichendes Verhalten zunächst durchaus sinnvoll sein, wenn wir uns mit Ersatzmitteln oder Ersatzverhalten erstmal Luft verschaffen, um danach die Konflikte oder Probleme anzugehen. Wenn das nicht erfolgt, sondern in Belastungs- und Konfliktsituationen immer wieder der Fernseher angestellt, zur Zigarette oder Schokolade gegriffen oder Alkohol getrunken wird, sprechen wir von Gewöhnung. Das ausweichende Verhalten ist jetzt durch ständige Wiederholung zum festen Bestandteil unseres Alltags geworden. In dieser Phase der Suchtentwicklung kann es zu einer psychischen Bindung an die Verhaltensweise oder Droge kommen, so daß in kniffligen Situationen immer ein bestimmtes Suchtmittel benötigt wird. Dieses Verhalten ist meistens nicht bewußt. In der Entwicklung vom ausweichenden Verhalten zur Abhängigkeit können die Suchtmittel austauschbar sein.

4 *Beschreibt den Zusammenhang von ausweichendem Verhalten und Suchtentwicklung.*
5 *In welchen Alltagssituationen habt ihr ausweichendes Verhalten schon beobachtet? Sammelt Beispiele.*
6 *Faßt zusammen, welche Voraussetzungen eine Suchtgefährdung begünstigen.*

Süchtiges Verhalten hat viele Gesichter

Süchtiges Verhalten ist immer an ein *Suchtmittel* gebunden. Suchtmittel können sowohl Drogen als auch andere Formen bzw. Gegenstände süchtigen Verhaltens sein. Wichtiges Merkmal für süchtiges Verhalten ist der *Wiederholungszwang* (nicht mehr anders zu können) und der *Kontrollverlust* (nicht mehr aufhören zu können). Nahezu jede menschliche Tätigkeit kann süchtige Formen annehmen.

Abhängigkeit von Drogen (stoffgebundene Abhängigkeiten):
- Droge: Alkohol
- Drogen: Nikotin und Kaffee
- Droge: Medikamente mit Suchtpotential
- Harte Drogen: Opiate (Opium, Heroin, Morphium, Kodein u. a.) und Kokain

Abhängigkeit ohne Drogen (stoffungebundene Abhängigkeiten):
- Spielsucht, Glücksspiel, Mißbrauch von Medien
- Eßstörungen
- Arbeitssucht
- Kleptomanie, Kaufsucht, ständige Suche nach Extremsituationen

---

7 *Findet heraus, in welcher Situation zu den angegebenen (Sucht-)Mitteln gegriffen wird.*
8 *Überlegt, wann eine dieser Verhaltensweisen gewählt wird. Sucht weitere Beispiele dazu.*
9 *Versucht zu erklären, wovor das (Sucht-)Mittel bzw. die Verhaltensweise schützen soll.*

WEGE AUS DER SUCHT

Vertrauen

Es gibt viele Gründe für den Griff zu Drogen. Fehlendes Vertrauen kann ein Grund sein. Schlimm genug, daß es Drogen gibt, aber das allein macht nicht süchtig. Kinder, denen es an Zuversicht und Selbstvertrauen fehlt, suchen oft Zuflucht in Alkohol, Tabletten oder Drogen. Wer seine Stärken und Schwächen kennt, weiß, daß auch schwierige Situationen überwunden werden können. Miteinander reden kann Schwierigkeiten beseitigen, bevor ein Problem daraus wird.

1 Vertrauen. Plakat 1995.

Aufhören – aber wie?
Im Buch „Ich lebe viel" von Eva Bilstein berichtet Marion in einem Gespräch:

M1 ...

■ *Wie kam es, daß du dich entschieden hast, eine Therapie zu machen?*
Marion: Damit ich was verändern kann, habe ich beschlossen, mit dem Alkohol und den Tabletten aufzuhören. Drei Monate hab' ich gar nichts genommen, aber da konnte ich dann auch nichts mehr essen und nicht mehr schlafen. Ich wußte, daß ich mich bisher nur betrogen hatte. Danach konnte ich es auch mit Drogen nicht mehr aushalten, aber darauf verzichten konnte ich auch nicht. Ich war mir bewußt, daß das Abhängigkeit ist, daß alles absolut sinnlos ist, und ich auch nicht weiterkomme. Da habe ich mich von allem zurückgezogen und mich um eine Therapie gekümmert. Das hat dann zwar noch eine Weile gedauert, aber mein Entschluß stand fest.
Nach einiger Zeit hatte ich das Gefühl, die mögen mich, und ich mag die auch; das war toll. Das war für mich das Wichtigste.

■ *Meinst du, deine Lehrer hätten dir während deiner Schulzeit irgendwie helfen können?*
Marion: Ich glaube, daß es offensichtlich war, was in der Zeit in der ganzen Klasse lief. Die Lehrer hätten mit uns sprechen und ganz speziell die einzelnen Leute ansprechen können. Vielleicht hätte ich ja dann irgendwann reden können und hätte auch keine Angst mehr gehabt.
Die Lehrer haben nie was gesagt, und ich glaube, sie waren ganz schön feige, sie wollten das einfach nicht wissen. Haben Angst vor den Eltern gehabt, Angst, daß es ihnen über den Kopf wächst, wenn sie wirklich was wissen. Und so konnten sie sich immer nur auf den Unterrichtsstoff beziehen.

■ *Du hast erzählt, daß du dich sehr allein gefühlt hast, Angst und Komplexe hattest. Viele Jugendliche kennen diese Gefühle.*
Marion: Also, ich weiß, mir hätte es gut getan, wenn ich einfach mit jemand hätte reden können, über meine Komplexe, mein erstes Verliebtsein und meine Ängste.
Bloß wenn man Angst hat und allein ist und Komplexe hat, dann ist es natürlich sehr schwer, auf andere zuzugehen, das ist wie ein Teufelskreis*. Da müssen die anderen dann was machen. Man muß die sogenannten Außenseiter ja nicht unbedingt lieben, aber man kann sich in der Klasse dennoch um sie kümmern.
Ich finde es besser, über die konkreten Probleme, die in der Klasse da sind, zu reden, als über die Junkies (Heroinabhängige) am Bahnhof ...

1 *Erklärt, wie Marions Entschluß entstanden ist, eine Therapie zu machen, um mit dem Drogenkonsum aufzuhören. Was hat ihr den Ausstieg erleichtert?*
2 *Der Einstieg ist leichter als der Ausstieg! Diskutiert über diese Aussage.*
3 *Formuliert in euren Worten die Aussagen des Plakates. Ihr könnt weiteres Material anfordern bei: Bundeszentrale für gesundheitliche Aufklärung, Postfach 91 01 52, 51101 Köln.*

Wege aus der Sucht

Nach einer Therapie – Was nun?
Im Buch „Die Spur des Fixers" von Antol Feid aus dem Jahre 1991 wird berichtet:

M2 Aus Daniels Leben:
… Da Daniel von der Sozialhilfe lebte, hatte er seine Wohnung nur in einem sogenannten sozialen Brennpunkt gefunden. Neben Alkohol wurden dort auch alle anderen Arten von Drogen konsumiert. Man konnte problemlos die Drogen bekommen, die man wollte. Vor der erfolgreich abgeschlossenen Therapie war Daniel extrem abhängig. Wenn er heute wieder damit anfängt Drogen zu nehmen, stürzt er wahrscheinlich völlig ab. Daniel sah dieses Problem auch: „Wir kommen uns manchmal vor wie Alkoholiker, die man in einen Schnapsladen gesperrt hat. Hier säuft jeder, und weil wir nicht mitmachen, sind wir voll die Außenseiter. Manche Nachbarn schneiden uns schon, weil sie meinen, daß wir was Besseres sein wollen als die. Ich glaube wir verdanken der Therapie, daß uns so manches über Sucht klar geworden ist. Das wichtigste ist die Erkenntnis, daß ich meine Sucht erkannt habe. Das heißt, ich kann mit Drogen nicht umgehen, gleichgültig, ob die nun legal oder illegal sind. Sobald ich oder andere Suchtkranke Drogen nehmen, und wenn es nur scheinbar harmlose Schmerztabletten sind, bricht für uns der Damm. Wir können nicht mehr aufhören, und bald sind wir wieder voll auf Heroin, mit allem was dazugehört. Ich denk´ jetzt besonders an die Beschaffungskriminalität. Wenn ich rückfällig werde, muß ich wahrscheinlich für zwei Jahre in den Knast. Wie lange ich die Kraft werden hab' zu widerstehen, weiß ich auch nicht. Ich habe Angst …

Hilfe aus der Abhängigkeit
Daniel berichtet weiter:

M3 … Wie Ihr mir helfen könnt? Ich weiß genug von Sucht, um mir darüber klar zu sein, daß ich noch einen weiten Weg vor mir habe. In der Wohngemeinschaft, wo ich jetzt untergeschlüpft bin, drückt* niemand. Das ist schon mal wichtig für mich. Aber die Leute nehmen jede Menge leichter Drogen. Da halte ich es auf die Dauer nicht mehr aus, clean* zu leben. Ich muß so schnell wie möglich da raus. Und ich brauche einen Ansprechpartner, zu dem ich Vertrauen

2 Kehraus. Karikatur 1989.

haben kann und der kein Suchtproblem hat, der zu mir hält …

4 *Beschreibt die Schwierigkeiten, die Daniel nach der Therapie besonders zu schaffen machen.*
5 *Wie könnten Alkoholkranke es erreichen, den Alkohol zurückzuweisen, der ihnen ständig angeboten, ja aufgedrängt wird?*
6 *Beschreibt die besonderen Schwierigkeiten der Abhängigkeit von Suchtmitteln (siehe Kasten).*
7 *Stellt Vermutungen an, wie Daniel aus seiner Abhängigkeit herausgebracht werden könnte. Welche Hilfen müßten erfolgen? Bezieht Eltern, Clique und Schule ein.*

Körperliche (physische) Abhängigkeit:
Durch mehrfachen Konsum einer Droge gewöhnt sich der Organismus an das Mittel (Stoffwechselanpassung). Die Gewöhnung führt zu einer Dosissteigerung und ruft beim Absetzen der Droge körperliche Entzugserscheinungen hervor.

Seelische (psychische) Abhängigkeit:
Sie ist ein schwer bezwingbares, maßloses Verlangen, durch eine Droge Entlastung von Unlustgefühlen herzustellen, unerträgliche Spanungszustände zu beseitigen oder Gefühle von Glück und Geborgenheit hervorzurufen. Es kommt beim Betroffenen zum Nicht-mehr-aufhören-können. Sie ist besonders schwer zu überwinden.

Drogenhandel

Begegnung mit einem Dealer – eine typische Situation? Foto 1988.

Mitmachen oder verweigern?
Du gerätst in eine der nachfolgenden Situationen, in der dir ein Dealer ein „günstiges" Angebot illegaler Drogen unterbreitet.

Situation A:
Auf dem Hauptbahnhof wird Oliver von einem fremden, etwas heruntergekommen aussehenden jungen Mann angesprochen: „Willst du Koks?" Oliver ...

Situation B:
Tobias erzählt: „Gestern abend hat mich so'n Typ in der Disco angequatscht; er wollte mir Hasch andrehen. Ich hab nee gesagt, und der is' dann zum Tisch von Anuschka und Carola weiter. Ich glaub', die haben was genommen." „Und du hast nichts gemacht?" fragt Arne ...

Situation C:
Wibke sitzt schon seit einer Stunde allein am Tisch vor ihrer Cola-Rum; ihre Freundinnen tanzen, sie wurde noch von keinem angesprochen. Endlich kommt ein – wie sie später sagt – „wirklich starker Typ", holt sie zum Tanzen und bietet ihr einen Joint (Zigarette mit Haschisch oder Marihuana) an. Wibke hat Angst, wieder allein herumzuhängen, wenn sie jetzt spröde ablehnt und ...

An vielen Orten treten Kleindealer auf, um ihren „Stoff" zu verkaufen. Oft sind sie selbst drogenabhängig und finanzieren durch den Handel mit Drogen ihre Sucht. Abhängige Kleindealer haben großes Interesse am Verkauf von Drogen, denn sie brauchen das Geld dringend für den eigenen Drogenkonsum. Ihnen ist dabei nur wichtig, an Geld zu kommen, um die eigene Drogensucht zu finanzieren (vergleiche dazu die „Drogenkarrieren" auf den Seiten 142/143).
Im Kapitel „*Kaffee – Coca – Kokain – Gewalt*" könnt ihr mehr über den brutal organisierten internationalen Drogenhandel der Großdealer im Zusammenhang mit den Problemen der Anbauländer in der Dritten Welt* herausbekommen.

1 *Berichtet über eigene Erfahrungen („Anmache") mit Dealern.*
2 *Wie könnte auf diese Verführungssituationen reagiert werden? Teilt euch in kleinen Gruppen auf und spielt die Situationen A, B und C durch als:*
a) *Jugendliche ohne Drogenerfahrung,*
b) *Jugendliche mit Bereitschaft zum Konsum.*
3 *Überlegt, was beim Nein-Sagen passieren könnte.*
4 *Findet Möglichkeiten, wie Kinder und Jugendliche diesen Situationen entgegentreten könnten.*
5 *Spielt verschiedene Verhaltensmöglichkeiten durch. Haltet die Ergebnisse schriftlich in einer Übersicht fest.*
6 *Führt gelungene Rollenspiele anderen Schulklassen vor und diskutiert mit ihnen darüber.*

Methode: Streitgespräch

Streitgespräch.

Ein Streitgespräch: Staatlich kontrollierte Abgabe von Heroin – ein Ausweg?
In unserer Gesellschaft wird um eine wirksame Drogenpolitik gestritten. Es gibt Leute, die sich für die kontrollierte Abgabe von Heroin an Drogenkranke einsetzen, andere sind entschieden dagegen. Auch ihr könnt euch um die beste oder geeignetste Antwort auf dieses Problem streiten. Führt dazu ein Streitgespräch („Pro und Kontra") durch. Erkundigt euch in den Drogenberatungsstellen nach Informationsmaterial. Besorgt euch auch das Betäubungsmittelgesetz.

Pro und Kontra!

■ Was ist ein Streitgespräch?
In einem Streitgespräch geht es darum, in verteilten Rollen *gegensätzliche Standpunkte* mit möglichst guten und stichhaltigen Argumenten zu vertreten. Für ein Streitgespräch sind mindestens vier verschiedene Rollen zu besetzen:
1. Gesprächsleiterin oder Gesprächsleiter.
Wer die Gesprächsleitung übernimmt, erteilt oder entzieht das Wort, achtet darauf, daß beide Seiten die gleiche Redezeit bekommen. Sie/er muß auch einschreiten, wenn die eine Seite die andere „an die Wand" redet.
2. Befürworterin oder Befürworter.
3. Gegnerin oder Gegner.
4. Beobachterin oder Beobachter.
Die Beobachter sind Schiedsrichter und Auswerter. Sie sollen nach dem Pro-und-Kontra Streitgespräch aufgerufen werden und sagen, welche Argumente der Gegenpartei (!) sie überzeugend fanden und welche nicht!
■ Wie sollte ein solches Streitgespräch durchgeführt werden?
1. Schritt: Zunächst muß das Thema und der Streitfall benannt werden; zum Beispiel: „Ist die staatlich kontrollierte Vergabe von Heroin an Drogenkranke ein Ausweg aus der derzeitigen Situation?"
2. Schritt: Gruppenbildung und Erarbeiten der Argumente für das Streitgespräch. Ihr müßt zwei Gruppen bilden, die getrennt Informationen, Argumente und Gegenargumente aus dem bereitgestellten Material suchen (die Materialien dieser Unterrichtseinheit helfen euch dabei). Jede Gruppe wählt drei Sprecherinnen bzw. Sprecher für das Streitgespräch. Alle Argumente/Gegenargumente werden schriftlich festgehalten.
3. Schritt: Durchführen des Streitgesprächs. Ihr müßt vorher die Regeln für die Durchführung des Streitgesprächs festlegen. Wie lange darf jede Seite sprechen? Sind Zwischenfragen erlaubt?
4. Schritt: Auswertung. Die Beobachterinnen und Beobachter kommen nun zu Wort. Sie werden nach den jeweiligen Argumenten befragt und müssen diese beurteilen. Am Ende findet eine Abstimmung statt.
Tips: Ihr könnt vereinbaren, jeweils mit einem „*Einflüsterer*" oder „*Ghost-Speaker*" zu spielen, um dann, wenn Befürworter oder Gegner in Argumentationsschwierigkeiten gekommen sind, einspringen und helfen zu können. Es ist wichtig, daß der „Einflüsterer" wirklich hinter der Person steht, der er helfen will, und nicht von irgendwoher dazwischenruft.
Sammelt Argumente für das Pro-und-Kontra Streitgespräch und bereitet euch sorgfältig vor.
Faßt zusammen und diskutiert, was beim Pro-und-Kontra Gespräch gut geklappt hat und was ihr beim nächsten Mal anders machen würdet.
Das Pro-und-Kontra Streitgespräch verleitet zu einer Entweder-oder-Entscheidung. Diskutiert darüber, ob diese eine Lösung des diskutierten Problems sein kann.

Werkstatt

Ihr braucht dazu: *Feten Fetzer*
- 6–8 Pfirsiche,
- 1 l Johannisbeersaft,
- 1/2 l Apfelsaft,
- 1/8 l Grapefruitsaft,
- 1 Flasche Mineralwasser (ein ziemlich riesiges Gefäß).

Zubereitung: Die Pfirsiche in kleine Stücke schneiden, in ein Bowlegefäß oder einen Krug geben. Zwei Gläser Traubensaft hinzugießen. Das Gefäß zudecken, kühl stellen. Erst nach einer Stunde den restlichen Traubensaft und den Apfelsaft dazu gießen. Kurz vor dem Ausschenken die Saftbowle mit dem Grapefruitsaft und dem Mineralwasser auffüllen. Gut gekühlt servieren!

Ihr braucht dazu: *Limonade*
- Saft von 6 Zitronen,
- 1 l Mineralwasser,
- 225 g Zuckersirup oder Zucker,
- 8–12 Eiswürfel,
- 4–6 Zitronenscheiben,
- frische Minze.

Zubereitung: Durchgesiebten Zitronensaft, Mineralwasser und Zuckersirup oder Zucker in ein großes Glasgefäß geben, verrühren und gut kühlen. Limonade in Gläser füllen und je zwei Eiswürfel dazugeben. Mit Zitronenscheiben und Minze garnieren.

Wer sich noch weiter mit dem Thema Drogen und Sucht beschäftigen möchte, findet auf dieser Seite einige Anregungen dazu.

- *Gestaltet selbst einmal nach eigenen Entwürfen Anti-Drogen-Plakate (die Ergebnisse könnt ihr zum Beispiel in Jugenddiscos, in der Schulcafeteria oder an einem anderen geeigneten Ort aushängen).*
- *Probiert die nebenstehenden Rezepte auf euren Feten und Festen einmal aus.*

Buchtips:

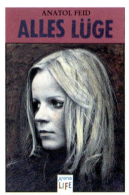
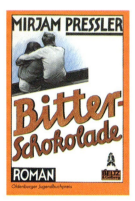

Martina bewundert ihre schöne, fast schon erwachsene Schwester. Sie ist entsetzt, als sie erfährt, daß ihre Schwester drogenabhängig ist. Ab diesem Zeitpunkt scheinen alle um sie herum zu lügen, allen voran die Eltern, die Inges Krankheit als Nierenkrankheit abtun. Wegen der vielen Ängste, Lügen und Gerüchte, beginnt Martina Schlaf- und Schmerztabletten zu schlucken. Erst als sie mit einem Drogenberater spricht, begreift sie, daß auch sie kurz davor ist, abhängig zu werden.

Eva, die 15jährige Hauptperson, leidet unter erheblichen Eßstörungen. Die Autorin zeigt durch diese Geschichte auf, wie sich durch eine Freundschafts- und Liebesbeziehung allmählich das Selbstwertgefühl dieser Schülerin entwickelt. Die Erzählweise macht es leicht, sich schnell in die Problematik einzuführen.
Ein spannender Mädchenroman mit einer Aussicht auf Problembewältigung.

Der achtjährige Stephan hat Probleme. Den Freunden muß er beweisen, daß er kein Feigling ist und über seine dreizehnjährige Schwester Karen ärgert er sich, weil sie ihn nicht für voll nimmt. Ihr Freund heißt Uwe, eigentlich ein netter Junge. Uwe nimmt Drogen, zieht auch Karen in den Bann der Rauschmittel. Die Situation spitzt sich zu. Uwe rastet aus. Karen erkennt die Macht der Drogen über den Menschen.

Zusammenfassung

Gesund mit Grips
Bei uns halten halten sich die meisten Menschen für gesund, solange sie bei sich keine körperlichen Anzeichen für Krankheit entdecken. Mit diesem Katalog von Aussagen zu vielen Lebensbereichen, könnt ihr euer eigenes Umfeld und Gesundheitsverhalten erforschen.

1 *Notiert auf einem Blatt Papier, welche Aussagen auf euch zutreffen.*

1 Meine Gefühle
(a) Ich kann anderen sagen, wie ich mich fühle.
(b) Wenn ich sauer bin, fresse ich es nicht in mich hinein, sondern drücke meine Gefühle aus.

2 Leben – Lust
(a) Musik, Theater, tanzen, malen machen mir Spaß.
(b) Ein bißchen faulenzen am Tag tut gut.
(c) Ich habe oft Ideen und Einfälle, die aus mir selbst kommen.

3 Bewegung
(a) Ich laufe gern mehrmals in der Woche.
(b) Einmal pro Woche strenge ich mich körperlich richtig an (z. B. beim Sport).

4 Entspannung
(a) Ich schlafe abends leicht ein.
(b) Ich fühle mich selten ausgelaugt und antriebsschwach.
(c) Probleme muß ich nicht sofort lösen, ich kann sie auch ruhen lassen.

5 Mein Körper
(a) Ich lege großen Wert auf Hygiene.
(b) Ich nehme selten Medikamente.
(c) Ich habe ausreichend Schlaf.
(d) Abgase, Dämpfe und schlechte Luft, Lärm meide ich so gut es geht.
(e) Ich mag andere Menschen berühren und freue mich, wenn mich andere berühren.

6 Ernährung
(a) Mein Appetit ist gut.
(b) Ich esse abwechslungsreich und mäßig.
(c) Ich esse ziemlich selten Zucker oder zuckerhaltige Produkte.
(d) Mein Körpergewicht ist normal. Ich nehme mir Zeit und Ruhe zum Essen.

7 Schule
(a) Meine Schule macht mir meistens Spaß.
(b) Ich fühle mich selten unterfordert bzw. überfordert.
(c) Spannungen in der Schule löse ich häufig gemeinsam mit anderen.

8 Wohnen
(a) Ich fühle mich in der Wohnung wohl.
(b) Meine Wohngegend gefällt mir.
(c) Ich habe in meiner Umgebung/Straße viele nette Leute.

9 Umwelt
(a) Ich vermeide (Energie-)Verschwendung.
(b) Ich benutze umweltfreundliche Materialien.
(c) Ich vermeide Abfall (Getränkedosen u. a.).

10 Soziales
(a) Ich nehme Rücksicht auf andere.
(b) Ich interessiere mich für Politik.
(c) Für mehr Gerechtigkeit in der Gesellschaft würde ich auch auf einiges verzichten.

11 Einstellung zum Leben
(a) Ich freue mich, daß es mich gibt.
(b) Auch wenn mir manche Dinge auf der Welt angst machen, freue ich mich auf die Zukunft.
(c) Auch in schweren Zeiten verliere ich nicht meinen Mut.

2 *Vergleicht eure Antworten. Wo gibt es größere Übereinstimmungen und Abweichungen?*
3 *Prüft an Hand eurer Kenntnisse, was die Aussagen mit Sucht und Drogen zu tun haben.*
4 *Diskutiert, ob diese Fragen Hinweise für eine Suchtvorbeugung geben können.*
5 *Vergleicht eure Antworten und Einstellungen mit dem „Meinungsknäuel" auf S. 138. Würdet ihr heute auf die Aussagen genauso antworten? Diskutiert darüber.*
6 *Entwickelt mit Hilfe dieser Seite und dieser Unterrichtseinheit einen „Wegweiser für eine Suchtprävention*". Faßt eure Ergebnisse auf einem Plakat zusammen und veröffentlicht sie in der Schule. Ihr könnt auch eine Ausstellung durchführen.*

3.3 VON DEN WEIBERN, DIE MAN(N) NENNET DIE HEXEN

1 Zeichnet „eure" Hexe. Notiert eure Einfälle zum Thema Hexe.
2 Stellt eure Hexenbilder und Notizen zu einem Klassenposter zusammen und vergleicht.
3 Erkundet, ob es in eurer Umgebung in der Nacht zum 1. Mai Ereignisse gibt, die an Hexen erinnern. Ihr könnt z.B. beim örtlichen Geschichtsverein bzw. beim Ortsheimatpfleger nachfragen.
4 Stellt ein Hexenliederbuch zusammen. Untersucht das Hexenbild in Kinderliedern, Jugendbüchern, Schulbüchern und Märchen. Organisiert z.B. mit Hilfe der Bücherei eures Ortes eine Austellung.
5 Nehmt Kontakt zum nächsten Frauenzentrum auf. Interviewt eine Vertreterin der Frauenbewegung zum Thema „Hexe".

VERFOLGTE FRAUEN, MÄNNER UND KINDER

Suche nach dem Teufelsmal. Stich, 1878.

Glauben an Zauber und Hexen
Die Menschen in Europa glaubten, wie überall in der Welt, seit altersher an Hexen und Zauberer. Ihre übernatürlichen Kräfte wurden von ihnen ebenso gesucht wie gefürchtet. Aber zu großen Hexenverfolgungen kam es nicht. Das änderte sich im 15. und 16. Jahrhundert. In der Chronik von Osnabrück heißt es zum Jahr 1589:

> Q ... Anno 1589 da hat man in Westfalen zu Osnabrück 133 Zaubersche verbrannt, und ist also ausgekommen: Auf dem Blockensberg sind aus vielen Landen, an Arm und Reich, Jung und Alt an 8000 Zaubersche zusamengekommen. Da sie nun von Blockensberge abgezogen, da haben sie sich alle in 14 Keller zu Nordheim, Osterode, Hannover und Osnabrück gemachet und ungefähr an die fünf Fuder Weins ausgesoffen und zunichte gemachet. Zwei sind zu Osnabrück, die sich voll gesoffen und darüber schlafend in den Kellern liegen geblieben, von dem Knecht im Hause des morgens noch schlafend gefunden worden. Solches hat der Knecht seinem Herrn angezeigt, der eilig zu dem Bürgermeister gegangen, der dann selbige gefänglich hat verstricken und peinlich verhören lassen. Sie haben also bald 92 in der Stadt und 73 auf dem Lande angegeben, welche allesammt bekannt, daß sie durch ihre Gift- und Zauberkunst an die Viertelhalbhundert umgebracht, 64 lahm gemacht und viele durch Liebe von Sinnen gebracht haben. In der Stadt hat man darnach auf einmal 133 verbrannt, aber 4, so die Schönsten, hat der Teufel lebendig davon weggeführt in die Lust, ehe sie ins Feuer gekomen sind ...

1 Erzählt mit euren Worten die Vorgänge in Osnabrück.
2 Betrachtet das Bild. Versucht, euch in die Frau einzufühlen. Laßt die Personen sprechen.

Verfolgte Kölner Frauen und Männer
(Auszug aus einer Aufstellung)
1456 wurden zwei Frauen verbrannt, weil sie Unwetter gemacht hätten.
1528 stand die Frau des Maissen von Bracht unter dem Vorwurf, sie habe ihren Nachbarn durch Zauberei unfruchtbar gemacht, vor Gericht.
1589 mußte sich Eva Beckersche, wahrscheinlich Bäckerin, eine ältere Frau, ... gegen den Vorwurf der Zauberei verteidigen: Sie habe Menschen krank gemacht, einem Mädchen „den Bösen in den Leib gezaubert", und sie könne nicht weinen ...
1589 richteten die Henker in Bedburg den Bauern Peter Strube aus Erprath bei Köln hin; er hatte u.a. gestanden, 25 Jahre mit einer Teufelin ein Liebesverhältnis gehabt zu haben ...
1628 Am 23.2. lieferte der Rat die Hebamme Giertgen (Gertrud) Sesenschmidt dem Hohen Gericht aus. Ihre bösen Hexenkünste sollten schuld sein, wenn eine Frau
– bei der Geburt starb,
– sehr krank wurde,
– ihr Kind nicht stillen konnte.
Am 29.4.1628 wurde sie – nach Folterungen mit glühenden Zangen – hingerichtet.
1629 war das Todesjahr für die 74jährige Hebamme Aeltge Dünnwald ... Der Henker brachte sie am 7.11. um. Diese Frau hatte einmal auf die Tatsache angespielt, daß fast alle Hebammen der Hexerei verdächtigt wurden. Bei der Verab-

Unter der Folter

schiedung einer betreuten Frau hatte sie gesagt: „Gute Nacht bis über ein Jahr, wenn ich bis dahin noch nicht versäuft oder verbrannt bin." Man sah in dieser Äußerung später ein Schuldbekenntnis.
1647 wurde bekannt, Barbara von Hoven habe u. a. einen Holunderstrauch gemolken und Kühe behext. Sie wurde verbrannt.
1653 wurde Enn Lennartz, ein zehnjähriges Mädchen, bezichtigt, ein Teufelsliebchen zu sein. Sie „gestand", sie habe ein Bündnis mit dem Teufel geschlossen und gehe zum Hexentanz. Das Mädchen wurde lange gefangen gehalten und dann hingerichtet.

3 *Stellt fest, welchem Geschlecht die Mehrzahl der Opfer in der Aufstellung angehörte.*
4 *Tragt mit Hilfe der Quelle und der Aufstellung die Vorwürfe zusammen.*
5 *Lest die Quelle nochmals. Ermittelt, wieviele Menschen von den Verhafteten der Hexerei beschuldigt wurden.*
6 *Vermutet, warum die Beschuldigten gestanden, Hexen zu sein. Betrachtet dazu noch einmal die Abbildung.*
7 *Von den zwei angeblichen Hexen wurden 165 Personen beschuldigt. Versucht, 165 Personen aufzulisten, die ihr mit vollem Namen kennt.*

Katharina Henoth

1626 geriet eine hochangesehene Patrizierin*, Katharina Henot aus Köln, in den Verdacht der Hexerei. Eine andere Frau namens Magdalena Raußrath hatte während einer Teufelsaustreibung angegeben, Katharina Henot habe ihr und anderen Frauen den Teufel angezaubert. Diese Beschuldigung genügte für ihre Anklage. Katharina Henot wurde am 9.1.1627 verhaftet. Bei ihrem Prozeß waren, wie bei allen Hexenprozessen, nur Belastungszeugen zugelassen.
Katharinas Vater war kaiserlicher Postmeister gewesen. Sie selbst hatte nach dem Tod ihres Vaters den Versuch des Grafen von Taxis abgewehrt, der Familie die Rechte an der Postmeisterei zu nehmen.
Ein Schriftsteller hat auf Grund des historischen Materials 1985 folgende Situation geschildert:

M Folterprotokoll
Peinliches Verhör der Katharina Henot, gewesene Postmeisterin allhier, durch den Foltermeister Christoffel Silberacker ...
Delinquentin entblößt. Vom Doktor Romeßwinkel mit Nadeln gestochen. ... Darauf ... gefragt, ob sie die Mordtaten begangen. Nein, habe sie nicht. ... Ob sie an Hexentänzen ... teilgenommen. ... Sie habe nicht teilgenommen. ... Delinquentin sodann die Daumenschrauben angelegt. Zugeschraubt ... sie gefragt, ob sie dem Schulmeister Pankraz seiner Frau ein Kindlein totgemacht. Nein, habe sie nicht. Fester geschraubt. Seufzt. Ob sie Raupen gezeugt; will's nicht gewesen sein. Der Silberacker ihr mit dem Hammer auf die Schrauben klopft. Schreit. ... Ihr die Beinschrauben angelegt. Ruft: „Soll ich lügen? Ich kann's nicht, und wenn ihr mir die Beine zerquetscht!" ...
Der Silberacker darauf die Schrauben heftig angezogen, daß sich Blut zeigt. Schreit: „Gott ist mein Zeuge, ich war's nicht!" So fortgesetzt eine Viertelstunde. ... Sodann unterbrochen. ... Delinquentin, dieweil sie nicht mehr allein gehen gekonnt, in den Gerichtskeller zurückgeführt.
Köln, den 10. Mai 1627

Auch nach mehrfachen Folterungen legte Katharina Henot kein Geständnis ab. Aber sie kam nicht frei. Nach Überzeugung des Hexengerichts war es ein Zeichen für ein Teufelsbündnis, wenn die Angeklagten trotz schwerer Folter nicht gestanden. Das Gericht verurteilte Katharina Henot zum Tode. Am 16.5.1627 wurde sie verbrannt.

8 *Erklärt, wie Katharina Henot in den Verdacht der Hexerei geriet.*
9 *Ergänzt die Vorwürfe aus Arbeitsauftrag 4. Befragt eine Gärtnerin oder Landwirtin, was das Auftreten vieler Raupen für die Ernte bedeutet.*
10 *Prüft, welche Chancen Angeklagte vor den Hexengerichten hatten. Lest dazu noch einmal die Aufstellung der vorherigen Seite.*
11 *Vermutet, ob ein Geständnis sich für die Angeklagten günstig auswirkte.*
12 *In Köln gibt es eine Gesamtschule, die nach Katharina Henot benannt wurde. Bittet diese Schule um weiteres Material (Kontaktadresse: Katharina Henoth Gesamtschule, Adalbertstraße 17, 51103 Köln).*

Weise Frauen oder böse Weiber

1 **Krankenpflege.** Holzschnitt um 1500.

2 **Entbindung.** Holzschnitt, 1513.

Weise Frauen, Hebammen, oder böse Weiber
1 *Stellt die auf den Bildern 1–3 gezeigten Arbeiten der Frauen zusammen.*
2 *Vermutet, über welches Wissen eine Frau verfügen mußte, um die auf Abbildung 3 gezeigte Tätigkeit ausführen zu können.*
3 *Fragt bei einer selbständig arbeitenden Hebamme oder in der Geburtshilfe-Abteilung eines Krankenhauses nach, wer heute einen Kaiserschnitt durchführen darf.*

1000 Jahre hindurch verließ sich das „gemeine Volk" auf die Heilkünste der „Hexen". Hebammen, weise Frauen, Kräuterweiblein waren Ärztin, Krankenschwester und Apothekerin in einer Person. Sie reinigten und heilten Wunden, stellten Diagnosen bei inneren Krankheiten, sammelten Heilkräuter und Wurzeln. Sie stellten Kräutergetränke und Salben her und pflegten die Kranken.
Der Beruf der Hebamme wurde nur von Frauen ausgeübt. Männer hatten keine Kenntnisse über Frauenheilkunde. Auch die wenigen studierten Ärzte hatten kein praktisches Wissen über die Geburtshilfe, Verhütung und über Abtreibung.
Auf dem Dorf halfen oft die Nachbarinnen bei einer Geburt. In größeren Städten wurde die Tätigkeit einer Hebamme zu einem anerkannten Beruf. Die Hebammen waren städtische Angestellte, die von der Stadt Lohn erhielten.

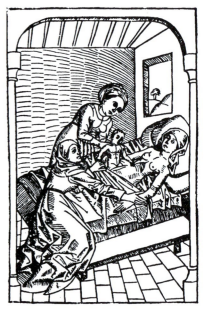

3 **Kaiserschnitt.** Holzschnitt, 1483.

Weise Frauen oder böse Weiber

> **Hausmittel**
>
> Fiebersenkend wirken eingekochte Preißelbeeren, da sie Kalzium enthalten.
>
> Holunder- und Lindenblütentee zum Ausschwitzen.
>
> Kalte Wadenwickel alle 15 Minuten wirken fiebersenkend.
>
> Inhallieren von Kamilledampf zum Abhusten des Schleimes.
>
> Gegen Husten hilft ein Tee aus frischen Brennesseln.
>
> Bei trockenem Husten nehme man teelöffelweise den Saft von schwarzen Johannesbeeren.
>
> Warmes Zuckerwasser mit Eidotter vermischt mildert den Hustenreiz.

Jahrhundertelange Erfahrung

Das Wissen der Hebammen und der anderen klugen Frauen beruhte auf jahrhundertelanger Erfahrung, der Erprobung und dem Gebrauch von Heilmitteln. Mündlich wurde dieses Wissen von Frau zu Frau weitergegeben. Zaubersprüche gehörten auch dazu. In einem Katalog zu einer Hexenausstellung im Jahre 1979 hießt es:

> **M** ... Die Hilfe während der Geburt bestand in der Gabe beruhigender wehenfördernder oder wehendämpfender und blutstillender Mittel, wie z. B. dem Mutterkorn ... Es ist auch anzunehmen, daß es als Abtreibungsmittel gebraucht wurde ...

4 *Erkundigt euch in der Geburtshilfeabteilung eines Krankenhauses oder in der Praxis einer Frauenärztin oder eines Frauenarztes, ob Mutterkorn auch heute noch verwendet wird.*

5 *Fragt in einer Apotheke oder in einem Reformhaus, ob es Präparate gibt, die Mutterkorn enthalten. Notiert, welche Wirkung dem Mutterkorn zugeschrieben wird.*

Hirten und Frauen kannten viele Heilpflanzen, die sie zu Tee oder Salben verarbeiteten. So z.B. das Bilsenkraut, den Eibenreis und den Schierlingswurz. Viele unserer alten Hausmittel gegen Krankheiten haben hier ihren Ursprung.

6 *Besprecht, welche Hausmittel aus der Aufstellung oben ihr bereits kennt. Befragt eure Mütter und Großmütter, ob sie die drei im Text genannten Pflanzen und andere alte Hausmittel kennen.*

7 *Sammelt Rezepte alter Hausmittel und stellt sie zu einem kleinen Buch zusammen.*

Die heilkundigen Frauen waren geachtet und gefürchtet zugleich. Sie standen im Ruf, in Verbindung mit dämonischen Kräften zu stehen und deshalb heilen zu können. Krankheiten, die nicht auf Unfälle oder andere äußere Verletzungen zurückgeführt werden konnten, galten als das Werk von unsichtbaren Mächten. Trat eine Heilung nicht ein oder nahm bei einer Geburt ein Kind Schaden oder starb sogar, wurde der Frau oft Zauberei oder Hexerei vorgeworfen.

8 *Lest auf den Seiten 154 und 155 nach, wie es vielen Hebammen und anderen klugen Frauen bei diesem Vorwurf erging.*

Männer verdrängen die Frauen

Bis in das 16. Jahrhundert hinein konnten die weisen Frauen relativ unbehelligt arbeiten. Ein Ehepaar bekam z.B. gemeinsam die Erlaubnis, Kranke zu heilen. Nun bekam diese Konzession aber nur noch der Mann. Die selbständige Ärztin konnte ihren Beruf nicht mehr ausüben.

Die 1348 gegründete erste deutsche Universität in Prag ließ von Anfang an keine Frauen zum Studium zu. Zum Stand des Stadtarztes wurden zwar anfangs auch Laien, darunter Frauen, zugelassen, jedoch verboten noch im selben Jahrhundert städtische Verordnungen Frauen den Heilberuf. Im Hexenhammer (vgl. S. 162) erklärte der Dominikanermönch Heinrich Cramer 1487, daß eine Frau, die sich anmaße zu heilen, ohne studiert zu haben, eine Hexe sei.

Den Hebammen wurde im 18. Jahrhundert ihre selbständige Arbeit durch studierte Mediziner streitig gemacht. Die Zahl der jetzt auch in der Frauenheilkunde und Geburtshilfe ausgebildeten männlichen Ärzte war ständig gestiegen.

9 *Diskutiert die Verbote der Universität Prag und die Aussage im Hexenhammer in ihrer Bedeutung für die im Heilberuf arbeitenden Frauen.*

10 *Vermutet, warum den Frauen die Ausübung ihres Berufes verboten wurde.*

DIE EIGENE HEXE IN DER NACHBARSCHAFT

Besagungen

Eine Historikerin schrieb 1991 aufgrund ihrer Forschungen in Hexenprozeßakten aus dem Raum Saarland, Kurtrier und Pfalz-Zweibrücken:

M1 ... Lauers Barbell ... war 1540 geboren und zusammen mit ihrer Schwester Sunna aufgewachsen. Barbell hatte das elterliche Haus früh verlassen, um als Magd bei einem Bauern in der Nähe von Trier zu arbeiten. Dort freundete sie sich mit dem Knecht des Bauern an und wurde schwanger. Eine Heirat war ausgeschlossen, da ihr Freund als Knecht keinen eigenen Hof besaß. Barbell wurde von ihrem Dienstherrn entlassen. Sie verlor auch das Kind und kehrte nach Haus zurück. So gut sie konnte, verschwieg sie ihr Schicksal. Schließlich heiratete sie den Bauern Lauers Claß aus ihrem Heimatort. Immer wieder traten Gerüchte über ihre nicht ganz so unbescholtene Vergangenheit auf. Barbell hatte eine Tochter namens Entgen. Barbell hatte mit ihrer Schwester Sunna regelmäßigen Kontakt. Aufgrund von Streitigkeiten der Kinder verfeindeten sich die beiden Familien und stritten sich immer heftiger. Familienmitglieder von Sunna setzten das Gerücht in die Welt, Barbell habe den Tod eines ihrer Pferde verursacht. Barbell beschuldigte Sunnas ältesten Sohn des Diebstahls. Das Gerücht der Zauberei zog immer weitere Kreise. Plötzlich wurde Barbell von einer Nachbarin ihrer Schwester vorgeworfen, für den Tod ihres jüngst ganz plötzlich verstorbenen Sohnes verantwortlich zu sein. Die Verdächtigungen rissen nicht mehr ab. Zwei Jahre später erkrankte Barbells Schwager. Kurz vor seinem Tod machte er seine Schwägerin Barbell dafür verantwortlich. Sieben Jahre lang verbreitete Sunna Gerüchte über ihre Schwester.
Als ein Tagelöhner von Barbells Mann nach dem gemeinsamen Essen plötzlich schwer erkrankte und vor seinem Tod Barbell daran die Schuld gab, wurde sie unter dem Vorwurf der Hexerei verhaftet ...

1 *Stellt euch vor, Barbell hätte schreiben und ein Tagebuch führen können:*
– *Was hätte sie wohl bei der Rückkehr in ihr Dorf geschrieben?*
– *Welche Sätze hätte sie über ihre Schwester vermerkt?*
– *Was hätte sie auf den Vorwurf der Hexerei ihrem Tagebuch anvertrauen können?*

Die Historikerin schrieb weiter:

M2 ... Schneider Augustin, um 1545 in einem anderen saarländischen Dorf geboren, führte auf den ersten Blick dort das ganz normale Leben eines Ehemannes und Familienvaters. Augustin galt bei den Dorfbewohnern als streitsüchtig und zänkisch. Er hatte ständig Streit mit einem begüterten Bauern aus einem Nachbardorf. Dieser Bauer beschimpfte Augustin als Zauberer. Es gab aber noch etwas, was vor allem die Männer aus dem Dorf erboste und verunsicherte: Augustin hatte bei den Frauen des Dorfes großen Erfolg. Er hatte zahlreiche Geliebte. Sollte etwa dieser Erfolg bei den Frauen mit seinen angeblichen Zauberkünsten zusammenhängen? Als 1603 zwei wegen Hexerei verurteilte Frauen Schneider Augustin als Komplizen angaben, wurde Augustin verhaftet ...

2 *Spielt die Dorfgemeinschaft, indem ihr euch in einem Kreis aufstellt. Stellt den Schneider Augustin an den Platz, an den er nach Meinung der meisten Dorfbewohner gehört.*

3 *Tragt die Vorwürfe der Dorfbewohner an Augustin zusammen.*

Folgendes genügte nach Angaben der Historikerin, um in einer Dorfgemeinschaft aufzufallen:

M3 ...
– Eine Frau namens Eugene Anthes trieb ihr Vieh nicht auf dem „gemeinen Weg" zur Weide, sondern sie nahm einen besonderen Weg. Außerdem erzielte sie mehr Butter beim Buttermachen als gewöhnlich.
– Ein ansonsten angesehener reicher Mann namens Augstgen Matheis hegte Sympathien für Bettler, beköstigte sie in seinem Haus, schenkte ihnen Geld.
– Eine unbemerkt abseits des Dorfes lebende Frau namens Weber Maria lief eines Tages nackt und mit offenem Haar über das Feld.
Es war nur eine Frage der Zeit, bis man ihnen schließlich auch Hexerei und Schadenszauber unterstellte ...

4 *Entwickelt aus den Informationen aus M3 kleine Szenen, spielt die Dorfgemeinschaft und die drei genannten Personen.*

Hexen in der Nachbarschaft

In einem allgemeinen Klima der Hexengläubigkeit war die eigene Hexe schnell gefunden. Es konnte:
a) eine Person sein, mit der man persönliche Auseinandersetzungen und Streit hatte;
b) eine Person sein, die von bestehenden Regeln des Zusammenlebens abwich;
c) eine Person sein, die die allgemein anerkannten Norm- und Wertvorstellungen nicht beachtete.

5 *Ordnet die in den Materialien M1-3 genannten Personen den Erklärungen a) bis c) zu.*

Interview mit einer „Hexe"
Im Mai 1983 machte die Frauenzeitschrift „Emma" ein Interview mit Alwine Wulf:

M4 ... Das letzte Haus im Dorf „ist das Hexenhus", sagen die Dörfler. Alwine Wulf wohnt darin ... Warum sagen die Leute im Dorf, Alwine Wulf sei eine Hexe? „Sagen ja nicht alle. Aber manche sagen das wohl. Die Männer sagen das. Denen bin ich wohl unheimlich. Stört mich nicht. So'n klein wenig weiß ich ja auch von meiner Mutter und von ihrer Mutter. Wird immer so weitergegeben. Hab aber schon viel vergessen. Die Kräuter sind wichtig. Die können helfen ...

6 *Beschreibt, warum und von wem Alwine Wulf als Hexe bezeichnet wird.*
7 *Erläutert die Ergebnisse der Umfrage.*

Hexenglauben heute?
Glaubt ihr an Hexen? Im August 1986 befragte das Dortmunder Meinungsforschungsinstitut Forsa im Auftrag des „Stern" 1000 Männer und Frauen (siehe Übersichten).

Der Glaube an die Macht der Magie (Angaben in %):				
	Ja, bestimmt	Möglich	Unwahrscheinlich	Ausgeschlossen
Glauben Sie, daß es Menschen gibt, die Krankheiten heilen können, selbst dann, wenn Ärzte nicht mehr weiter wissen?	38	32	12	18
Glauben Sie, daß es Menschen gibt, die Ereignisse im Leben anderer Leute vorhersehen können?	39	27	17	17
Glauben Sie, daß es Menschen gibt, die andere dazu bringen können, sich in eine ganz bestimmte Person zu verlieben?	14	26	28	32
Glauben Sie, daß es Menschen gibt, die ihren Mitmenschen etwas „anhexen" können?	13	21	24	42

Glauben Sie, daß eher Frauen oder Männer magische Kräfte besitzen? (Angaben in %):			
	Insgesamt	Frauen	Männer
Eher Frauen	27	31	20
Eher Männer	7	7	8
Kein Unterschied	58	55	63
Weiß nicht	8	7	9

8 *Entwickelt einen einfachen Fragebogen zum Glauben an die Macht der Magie. Führt an eurer Schule und an eurem Heimatort eine Umfrage durch. Ihr könnt für die Befragung auch einen Cassettenrecorder einsetzen oder Interviews mit einer Videocamera filmen, falls die Befragten zustimmen.*
9 *Stellt eure Umfrageergebnisse in einer Tabelle zusammen und erarbeitet eine Dokumentation für eine Veröffentlichung in eurer Schule.*

Veränderung der Geschlechterbeziehungen

1 Männer und Frauen bei der Getreideernte. Holzschnitt, 16. Jahrhundert.

2 Frau und Mann bei der Schafsschur. Holzschnitt, 1583.

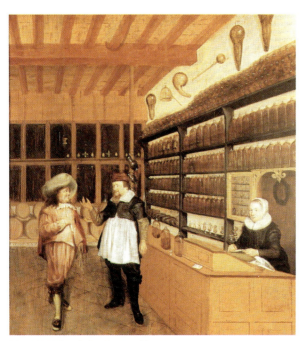

3 „Der Likörladen". Gemälde, 1660.

Mann und Frau sind aufeinander angewiesen

1 *Stellt die in den Bildern 1 bis 3 dargestellten Arbeiten von Frauen und Männern zusammen. Findet Gemeinsamkeiten und Unterschiede.*

In der frühneuzeitlichen Gesellschaft hatten Männer und Frauen zwar nicht die gleichen Rechte. Trotzdem gab es aber keine generelle Unterordnung aller Frauen unter die Autorität der Männer. Mann und Frau, insbesondere als Eheleute, waren aufeinander angewiesen, um ihr Leben sozial abzusichern. Dieses Ziel konnte weder der Mann noch die Frau allein erreichen. Die gemeinsame Arbeit der Eheleute und ihrer Kinder auf der mittelalterlichen Bauernwirtschaft zu Hause oder als Lohnarbeiter sicherten das gemeinsame Auskommen. Handwerkerfrauen organisierten die Geschäfte mit. Besaß die Familie ein Unternehmen, führte die Frau nach dem Tode des Mannes oft das Geschäft erfolgreich weiter. Die heute typischen Hausfrauenarbeiten wie Kochen, Putzen, Waschen und Kindererziehung spielten damals eine untergeordnete Rolle.

Veränderung der Geschlechterbeziehungen

Ein neues Frauenbild
1688 hieß es im Buch „Der Lehrjunge":

Q1 ... In Bezug auf das Geschlecht schließen wir die Frauen aus, daß sie von keinem Meister in die Lehre genommen werden dürfen. Der Grund dafür ist, daß ihnen die Leitung der Familie unter der Oberleitung des Gatten anvertraut ist, ... Sicherer und dem Geschlecht angemessener ist es aber, sich um die Familie und die Küche zu kümmern, den Durchschlag zu handhaben, zu waschen ...

2 Benennt das in Q1 ausgesprochene Verbot. Vergleicht die Quelle mit den Bildern und erläutert die Unterschiede.

Im 15. Jahrhundert setzte langsam eine Veränderung der Rolle der Frau ein. Diese begann in der bürgerlichen Familie. Diese Familien konnten es sich finanziell leisten, auf die Mitarbeit der Frau zu verzichten. Eine Frau hatte gehorsam, demütig, ordentlich, fleißig und sparsam zu sein und sollte viele Kinder gebären.
Marie Elisabeth Stampferin schrieb 1688 in ihr Gedenkbüchlein:

Q2 ... Den 24. Mai 1684 hab ich mein sechzehntes Kind geboren, hab gar eine schwere Niederkunft gehabt, neununddreißig Stunden bin ich in größten Schmerzen gewest. Man hat mir nit das Leben mehr erteilt, ich hab beicht und kommmuniziert, auch die letzte Oelung empfangen und mich ganz zum Tod bereitet. Bin nachher, Gott lob, noch davon kommen. Gott der Allmächtige nehme nur einmal dieses große Kreuz von mir! Im 47. Jahr hab ich noch das sechzehnte Kind geboren, hab große Sorge, Müh und Arbeit auf die Auferziehung meiner Kinder angewendet, so daß ich also wohl recht schwach und müde bin worden und auch gern einmal ein ruhiges Leben führen wollte: Gott verleihe mir seine göttliche Gnade und seinen Segen dazu, Amen.

3 Marie Stampferin schreibt von einem großen Kreuz, das auf ihr liegt. Überlegt, was sie damit meint.
4 Rechnet aus, wie viele Jahre Marie Stampferin ununterbrochen schwanger war.

Abtreibungen waren verboten. Die Hebammen mußten versuchte Abtreibungen melden. Das neue Frauenbild wurde allen Frauen, den Mägden, den Handwerkerinnnen, den Bäuerinnen sonntags in der Kirche gepredigt. Allmählich setzte es sich durch. Mutterschaft und Ehe, die Bindung der Hausfrau und Mutter an Haus und Wohnung und der Verzicht auf die Entwicklung eigener Möglichkeiten wurden für eine Frau für Jahrhunderte normal. Manchmal gilt dieses Frauenbild auch noch heute.
Der Schweizer Pfarrer Kurt Marti hat 1976 eine Leichenrede für eine Frau als Gedicht verfaßt:

M
Als sie mit zwanzig
ein Kind erwartete
wurde ihr Heirat befohlen.

Als sie geheiratet hatte
wurde ihr Verzicht
auf alle Studienplätze befohlen.

Als sie mit dreißig
noch Unternehmungslust zeigte
wurde ihr Dienst im Hause befohlen.

Als sie mit vierzig
noch einmal zu leben versuchte
wurde ihr Anstand
und Tugend befohlen.

Als sie mit fünfzig
verbraucht und enttäuscht war
zog ihr Mann
zu einer jüngeren Frau.

Liebe Gemeinde
wir befehlen zuviel
wir gehorchen zuviel
wir leben zu wenig.

5 Lest die Leichenrede und gebt den wesentlichen Inhalt mit euren Worten wieder.
6 Laßt die verstorbene Frau selbst sprechen, in dem ihr schreibt: „Als ich zwanzig war ..."
7 Untersucht Q2 und die Leichenrede (M) nach Gemeinsamkeiten.
8 Lest eurer Mutter die Leichenrede vor und fragt, ob das dort gezeichnete Frauenbild auch heute noch zutrifft.

Das kirchliche Frauenbild

1 Der Teufel und die eitle Frau. Holzschnitt, 1498.

2 Die Mutter Gottes in der Rosenlaube. Gemälde, um 1410.

Das Frauenbild der christlichen Kirche
1 *Betrachtet die Bilder, notiert die Wörter, die euch spontan einfallen und vergleicht.*
2 *In welchem Bild ist nach eurer Meinung die Einstellung der Kirche zur Frau am treffendsten wiedergegeben. Begründet eure Meinung.*

Das Frauenbild der Kirche war zweigeteilt. Auf der einen Seite steht Maria als die Verkörperung der Reinheit, der Unschuld. Maria – eine Frau ohne Sexualität.
Auf der anderen Seite steht die Hexe, die Verkörperung des Bösen, der leiblichen Sünde. Die Hexe – eine Begierde und Verführung verkörpernde Frau.
Im Mai 1487 veröffentlichte der deutsche Dominikanermönch Heinrich Cramer ein Buch zum Hexenwesen. In seinem „Hexenhammer" schrieb er über die Frauen:

> **Q1** ... Bezüglich des ersten Punktes, warum in dem so gebrechlichen Geschlechte der Weiber eine größere Menge Hexen sich findet als unter den Männern, ist es nicht notwendig, Argumente für das Gegenteil herzuleiten, da außer den Zeugnissen der Schriften und glaubwürdiger (Männer) die Erfahrung selbst solches glaubwürdig macht ... und zwar sagen sie, ... daß sie (die Weiber) leichtgläubig sind; und weil der Dämon* hauptsächlich den Glauben zu verderben sucht, deshalb sucht er lieber diese auf ...
> In der Bibel heißt es, gleichsam das Weib beschreibend: „Ein schönes und zuchtloses Weib ist wie ein goldner Reif in der Nase der Sau". Der Grund ist ein von der Natur entnommener: weil es fleischlicher gesinnt ist als der Mann.
> ... Diese Mängel werden gekennzeichnet bei der Schaffung des ersten Weibes, indem sie aus einer krummen Rippe geformt wurde, d. h. aus einer Brustrippe, die gekrümmt und gleichsam dem Mann entgegen geneigt ist. Aus diesen Manne geht auch hervor, daß, da das Weib nur ein unvollkommenes Tier ist, es immer täuscht ... also schlecht ist das Weib von Natur, da es schneller am Glauben zweifelt, auch schneller den Glauben ableugnet, was die Grundlage für die Hexerei ist. Daher ist es auch kein Wunder, wenn die Welt jetzt leidet unter der Boshaftigkeit der Weiber.
> ... Hören wir noch von einer anderen Eigenschaft, der Stimme: wie nämlich die Frau von Natur lügnerisch ist, so auch beim Sprechen ...
> Hören wir weiter von ihrem Einherschreiten, ihrer Haltung und ihrem Wesen: da ist Eitelkeit der Eitelkeiten: Es ist kein Mann auf Erden, welcher

Das kirchliche Frauenbild

3 Holzschnitt aus Martin Luthers Schrift „Eine nützliche Erklärung der zehn Gebote". Links sieht man den Teufel, der von Frauen angebetet wird, rechts wird Jesus Christus von Männern verehrt. Um 1530.

so sich abmüht, dem gütigen Gotte zu gefallen, als wie ein auch nur mäßig hübsches Weib sich abarbeitet, mit ihren Eitelkeiten den Männern zu gefallen.
Schließen wir: Alles geschieht aus fleischlicher Begierde, die bei ihnen unersättlich ist. Darum haben sie auch mit den Dämonen zu schaffen, um ihre Begierden zu stillen …

3 *Stellt die den Frauen in Q1 gemachten Vorwürfe auf Karteikarten zusammen. Schreibt die angeblichen Vorzüge der Männer auf andersfarbige Karten.*
4 *Zeichnet einen großen Umriß eines Frauen- und eines Männerkörpers und beginnt mit Hilfe der Karteikarten aus Arbeitsauftrag 3 mit dem Erstellen von zwei Collagen.*
5 *Kennzeichnet die euch besonders auffallenden angeblichen Defizite der Frauen.*

Der Reformator Martin Luther (vgl. S. 63) äußerte sich in seinen Schriften über die Frauen:

Q2 … Gott hat Mann und Weib geschaffen, das Weib zum Mehren mit Kinder tragen; den Mann zum Nähren und Wehren. …
Männer haben eine breite Brust und kleine Hüften, darum haben sie auch mehr Verstand denn die Weiber, welche enge Brüste haben und breite Hüften und Gesäß, daß sie sollen daheim bleiben, im Haus still sitzen, haushalten. Kinder tragen und ziehen. …
Q3 … Es ist ein arm Ding um ein Weib. Die größte Ehre, die es hat, ist, daß wir allzumal durch die Weiber geboren werden und auf die Welt kommen…

6 *Schreibt auch hier die in Q2 und Q3 von Luther der Frau zugeschriebenen Eigenschaften und Aufgaben heraus und ergänzt damit eure Collage.*
7 *Prüft, ob Parallelen zur erfundenen Leichenrede (M) auf S. 161 bestehen.*
9 *Fragt eure Mutter, was sie von den Ansichten Luthers und Cramers hält.*
10 *Schreibt beiden einen Brief, in dem ihr eure Meinung zum kirchlichen Frauenbild mitteilt.*

Ein Buch gegen Frauen
Der „Hexenhammer" des Dominikanermönches Heinrich Cramer wurde durch die Buchdruckerkunst weit verbreitet und viel gelesen. Das Buch richtet sich fast ausschließlich gegen Frauen. Die Hexenlehre wurde auf Frauen zugespitzt, die aufgrund ihrer angeblichen Minderwertigkeit leicht vom Teufel zu verführen seien. Martin Luther und andere kirchliche Gelehrte unterstützten den „Hexenhammer". Andere lehnten ihn ab.
Ungefähr 100 Jahre nach seiner ersten Veröffentlichung wurde der „Hexenhammer" sehr aktuell und diente als Grundlage und praktische Anweisung für Tausende von Hexenprozessen.

Hexenverfolgungen in Mitteleuropa

Angst vor dem Ende der Welt

Viele Menschen hatten im 15. und 16. Jahrhundert den Eindruck, als ob sich die Welt völlig verändern würde. Politische Unruhen (Reformation, Bauernkriege, vgl. S. 62/63) erzeugten eine allgemeine Existenzangst. Viele Menschen glaubten, daß bald das Ende der Welt käme. Dann würden sie vor dem Jüngsten Gericht für ihre Sünden bestraft werden. Eine allgemeine Verschlechterung des Klimas und starke Unwetter versetzten die Menschen in große Angst.

In einer Quelle von 1562 heißt es:

> **Q** Erschreckliche Nuewe Zytung. Warhafftiger und gruendlicher bericht/ wie das Wetter im Wirttenberger land so grossen schaden getahn hat ...
>
> ... Auff den dritten tag Augusti zwischen 11. und 12. uhr zumittag/ Ist ein solch grausam erschrecklich wetter/ verfinstert als wann es nacht wer gewest/ mit Wolcken/ Sausen/ Wind/ und anfencklich mit wenig regen/ ...
>
> Gleich darauff ein solches grausambs haglen/ mit vilen stralen augenblicklich/ ... und sich der Hagel dermasen erzeigt ... und der schad geschehen/ Habern/ Korn/ Wein/ Vihe und Leut/ ... und was es auff dem feld ergriffen von gefluegel/ Hasen/ Hiener Tauben Raiger/ Rappen als wir gemeld zu Tod geschlagen/ desgleichen die Fenster/ Decher/ abgedeckt .../ das meniglich gemeint der Juengstag sei vorhanden ...

1 *Übersetzt diesen Bericht und schreibt auf der Grundlage dieser Quelle einen kurzen Zeitungsbericht über das Unwetter in Württemberg von 1562.*

2 *Überlegt, was es für die Menschen damals bedeutete, wenn die Ernte vernichtet wurde.*

Ein Wissenschaftler schrieb 1993:

> **M** ... Nach vier billigen Jahren begann 1585 wieder eine Teuerung, die alles bis dahin Erlebte in den Schatten stellte ... Diese Teuerung dauerte fast 10 Jahre lang. Selbst Handwerkerlöhne lagen jetzt dauernd unter dem Existenzminimum. ... mit den Mißernten der Jahre 1624 und 1626 begann dann eine bis 1629 anhaltende Dauerkrise, die ... schließlich in die Katastrophe der Jahre 1632 bis 1636 mündete ... Die Getreidepreise lagen um 1000 Prozent höher als in den „Normaljahren" zwischen 1560 und 1590.

1 **Zwei Hexen beim Wettermachen.** Holzschnitt, 1489.

> Die Pest hielt in diesem Krisenjahrzehnt eine Ernte wie nie zuvor, die Bevölkerungszahl sank in manchen Regionen auf die Hälfte ab. Das Zeichen dieser Jahre waren extreme Hungersnot und Pestepidemien*.
>
> Genau in diesen extremen Krisenjahren erreichten die Hexenverfolgungen in Deutschland ihren Höhepunkt ...

3 *Ergänzt euren Zeitungsbericht aus der Aufgabe 1 mit Hilfe der Ausführungen des Wissenschaftlers.*

4 *Vermutet, warum gerade in Krisenjahren die Hexenverfolgen zunahmen. Betrachtet dazu die Abbildung. Lest dazu auch noch einmal auf der S. 154 in der Aufstellung zum Jahre 1456 und im Folterprotokoll von Katharina Henot (S. 155) nach.*

Hexenverfolgungen in Mitteleuropa

Hexenverfolgungen im 16./17. Jh. (Zahl der Hexenverbrennungen):	
Baden-Württemberg	über 3000
Bayern (Franken)	über 4000
Bayern (Altbayern, Schwaben)	über 1000
Hessen	über 3000
Saarland	über 500
Rheinland-Pfalz Nordrhein-Westfalen	über 3000
davon:	
Kurkölnisches Erzstift	über 1000
Herzogtum Westfalen	über 1000
Grafschaft Lippe	über 300
Stift Minden	über 100
Hochstift Paderborn	ca. 220
Niedersachsen	
davon:	
Grafschaft Schaumburg	200
Herzogtum Braunschweig-Wolfenbüttel	über 176
Calenberg	über 60
Braunschweig-Lüneburg	über 75
Hochstift Osnabrück	über 350
Schleswig-Holstein	über 100
Brandenburg	?
Mecklenburg-Vorpommern	über 1000 ?
Sachsen/Sachsen-Anhalt*	?
Thüringen**	?

* Viele Hexenprozessse in den anhaltischen Fürstentümern und im Harzgebiet. In Quedlinburg, 1589: Verbrennung von 133 Hexen an einem Tag.
** Viele Hexenprozesse in den kleineren sächsischen Fürstentümern, in der Grafschaft Henneberg allein 197 Hexen.

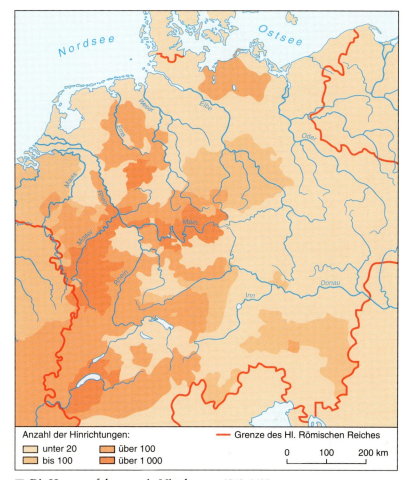

2 Die Hexenverfolgungen in Mitteleuropa 1560–1630.

Das Ausmaß der Hexenverfolgungen

5 Beschreibt, was die Karte über die Hexenverfolgungen in Mitteleuropa aussagt.
6 Versucht, euren Wohnort oder die nächstgrößere Stadt auf der Karte zu lokalisieren und macht eine Aussage zu der möglichen Zahl von Getöteten in eurem Bereich.
7 Addiert die in der Zusammenstellung genannten Zahlen und vergleicht mit den Einwohnerzahlen eurer Stadt oder Gemeinde im Mittelalter.

80 Prozent der Getöteten waren Frauen

Die Zahl der als Hexen hingerichten Frauen und Männer kann nur geschätzt werden. Die Schätzungen schwanken zwischen 20 000 und 100 000 Menschen für Deutschland. Sicher ist aber, daß 80 Prozent der Getöteten Frauen waren.
Die als Hexen verbrannten Frauen waren häufig von anderen Frauen der Hexerei beschuldigt worden.

Weibliche Körper und männliche Phantasien

1 Die vier Hexen. Gemälde von Albrecht Dürer, 1497.

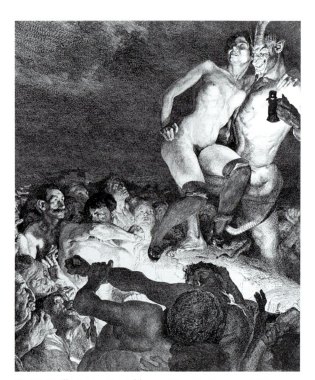

2 Die Feilbietung. Gemälde von Otto Greiner, um 1900.

3 Versuche. Radierung von F. de Goya, 1793/98.

Phantasien

Bei den Verhören und Folterungen mußten sich die der Hexerei verdächtigten Frauen nackt ausziehen. In den Vorstellungen der Menschen kam der Teufel häufig in Gestalt eines Ziegenbocks.

1 *Diskutiert darüber, ob es beim Erschließen der Bilder sinnvoll ist, eure Klasse in eine Mädchen- und eine Jungengruppe zu teilen. Einiges könnte für eine Trennung sprechen.*

2 *Laßt die Bilder auf euch wirken, sprecht zunächst nicht, achtet auf die Gefühle und inneren Bilder, die in euch aufsteigen.*

3 *Sprecht über eure Eindrücke und Empfindungen. Benennt Ähnliches in der Darstellung des weiblichen Körpers.*

4 *Stellt Vermutungen über Männerphantasien und Frauenphantasien beim Betrachten der Bilder an. Vielleicht helfen euch zum Erschließen möglicher Phantasien die Worte Erotik, Sexualität, Angst, unterdrückte Wünsche.*

5 *Sammelt aus Zeitschriften (Titelbilder, Werbeanzeigen) Darstellungen weiblicher Körper und vergleicht sie mit den abgedruckten Bildern. Welche Phantasien regen die Bilder aus den Zeitschriften an?*

Zum Weiterlesen

Hexen in der Stadt

Der Soldat Franz Herzeller kehrt nach einer Zeit der Abwesenheit zurück in seine Stadt.

„Was habt ihr nur mit den Hexen?" fragte der Franz neugierig. Beim Eintritt ins Stadttor war ihnen ein häßlicher Zug begegnet, ein Karren beladen mit Jammergestalten, im Gefolge von Amtspersonen, Henker und Stadtknechten. „Gibt's denn hier so viel mehr als anderswo?" Die Mutter winkte mutlos mit der Hand. Da sei kein Ende abzusehen. Das sei das Schlimmste trotz Hungersnot und Kriegsgefahr. Fürstliche Gnaden würden trotz größter Strenge des Unwesens nicht Herr. „Dabei scheinen ihrer immer nur mehr statt weniger zu werden. Es geht in die Hundert, die schon gerichtet sind, und es heißt, daß neuerdings auch geistliche Herren und der Adel nicht verschont bleiben. Man weiß kaum, mit was Leuten man umgehen und noch reden soll. Auch deine Babelin von damals soll besagt worden sein ...
Franz setzte sich und fing ganz bescheiden an: „Verzeih Er, wenn ich's hörte. Mir scheint, Er glaubt, daß die Jungfer in irgendeiner Gefahr ist, und will sie überreden fortzugehen. Was ist der Grund?" „Es ist zwar Unsinn", erwiderte die Babelin böse, „aber sag's ihm, Hans." Der Schwelger wollte nicht, es sei schon gefährlich, dergleichen offen auszusprechen. Schließlich redete das Mädchen selbst: „Ich soll als eine Hexe besagt worden sein, und er will, daß ich mit ihm aus der Stadt fliehen soll." Sie sagte es leichthin, die Achsel zuckend.
Der Schwelger verlor seine Scheu und setzte hinzu: „Sie ist in höchster Gefahr und will's nicht wahrhaben."
„Wer unschuldig ist, hat nichts zu fürchten, sagt mein Vater immer."
„Ist das nicht die Wahrheit?", fragte der Herzeller den Studenten. „Wenn sie doch unschuldig ist ..."
„Sie ist es!" unterbrach ihn Schwelger heftig. „Aber viele waren es, und es hat ihnen nichts geholfen. Wen sie kriegen, der kommt auf die Folter, und da gesteht er alles, was sie wollen. Freigesprochen ist noch keiner geworden."
„Was kann man da tun?" fragte der Herzeller den Studenten, so als sei die Babelin nur als stummer Gegenstand ihrer schützenden Vorsorge vorhanden. „Sie muß fort aus der Stadt, so heimlich und so schnell wie möglich. Jedes Elend ist besser als der Tod. Aber mir glaubt sie's ja nicht."
Ihm glaubt sie's nicht, dachte der Herzeller, ob aber mir? Und ehe er sich besann, hatte er die Frage gestellt.
Sie fuhr hoch, zornige Tränen in den Augen. „Was denkt ihr Mannsleute denn von mir? Nur weil ich in Verdacht sein soll. Ich renne nicht auf die Landstraße, nicht mit einem Studenten und mit einem Soldaten schon gar nicht. Lieber ..." Aber das konnte sie doch nicht aussprechen und schlug schaudernd die Arme um die Schultern.
Der Herzeller trat zu ihr und sagte ernst: „Ich würde dich - nun ja, heiraten. Unser Feldkaplan hat schon manches Paar getraut." Dabei dachte er: Das hab' ich gar nicht vorgehabt. Was ist nun heut in mich gefahren? Aber anders geht's doch nicht, und ich kann sie doch nicht diesen Kreaturen überlassen, den Priestern, Juristen und Folterknechten.
Sie antwortete nicht. Vielleicht begriff sie in diesem Augenblick, als der Herzeller so viel zu ihrer Rettung aufbot, erst ganz, wie groß die Gefahr wirklich war. Sie zitterte und war ganz bleich geworden.
Der Herzeller faßte ihre Hand und sagte lachend, um der Sache ein lustig tollkühnes Ansehen zu geben: „Nicht wahr, Herr Rechtsgelehrter, es gibt doch so einen Brauch aus alten Zeiten: daß jeder arme Sünder, ob Mann oder Weib, straflos ausgeht, wenn er unter dem Galgen weggefreit wird?"
Der Schwelger konnte sich an so etwas erinnern, wünschte aber, der Herzeller hätte das lieber nicht gesagt. Die Babelin fand das wohl auch, denn sie zog ihre Hand fort und sagte mit gefrorenen Lippen: „Es gibt auch einen anderen alten Brauch, mein Vater redet oft davon: Wer dreimal die peinliche Frage übersteht ohne Geständnis, muß freigesprochen werden."
„Darauf verlaß dich lieber nicht!" warnte der Herzeller, und der Student rief: „Ja so steht's in der Carolina, aber das gilt heut nicht mehr, im Gegenteil. Wer nicht gesteht, wird lebendig verbrannt, als unbußfertiger Sünder."
Diese Worte fand nun wieder der Herzeller unnötig grausam. Aber die Babelin hatte ihre schöne Ruhe wiedergewonnen, wenigstens äußerlich. Sie erbat sich Bedenkzeit. „Bis morgen um die gleiche Stunde"...

Wie es mit Babelin weiterergeht, erfahrt ihr in dem Buch von Ingeborg Engelhardt „Hexen in der Stadt", München 1986.

Methode: Auswerten von Bildern

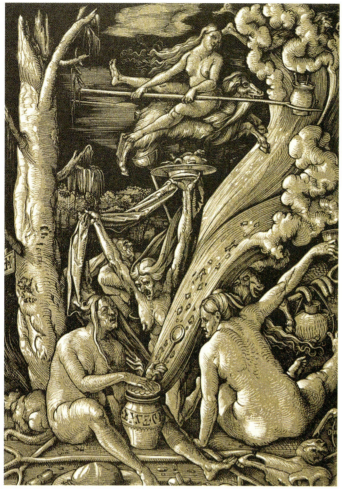

Hexensabbat. Holzschnitt von Hans Baldung Grien, 1510.

Aus Bildern Informationen entnehmen
Bilder sind wichtige Quellen in diesem Buch für Gesellschaftslehre. Aus ihnen kann man wie aus schriftlichen Quellen und Materialien viele Informationen entnehmen. Um Bilder verstehen und interpretieren zu können, muß man sie zunächst richtig lesen.
Folgende Fragen können euch beim Auswerten der Bilder helfen:

Zum Maler:
■ Malt er zur Zeit des dargestellten Motivs, oder später?
Informationen darüber findet ihr meist in der Bildunterschrift.
Hier stammt das Bild von 1510, also einer Zeit, in der die Hexenverfolgungen noch nicht ihren Höhepunkt erreicht hatten, aber bereits ein wichtiges Thema waren.
Weitere Informationen zum Maler könnt ihr in einem Lexikon nachschlagen.

Zum Bild:
■ Welchen Eindruck macht das Bild auf euch? Was will es beim Betrachter hervorrufen? Paßt der Titel zum Gesamteindruck?
■ Welche Bildelemente kennen wir aus anderen Darstellungen? Welche Bedeutungen haben sie für das Gesamtbild?
Auf diesem Bild finden sich ganz viele Elemente, die zum Thema „Hexen" passen: Drei Frauen sind als Hexen nackt und sinnlich, zwei als häßliche alte Frauen dargestellt; zwei Frauen brauen einen Sturm, der aus einem Topf zieht. Der Topf steht aber nicht auf einer Feuerstelle. Eine Frau reitet auf einem Ziegenbock (Zeichen des Teufels) durch die Lüfte, mit einem Stab hält sie einen Wettertopf. Sie sitzt verkehrt herum auf dem Ziegenbock (ein Zeichen für die verkehrte Welt). Ein Totenkopf, Kröten, Besenstiele, Gabeln und Katzen weisen ebenfalls darauf hin, daß sich hier Hexen treffen.

Der Vergleich mit anderen Bildern zum selben Thema bringt oft weitere Informationen über die Qualität und Aussage des Bildes.
– *Vergleicht dieses Bild mit anderen Bildern dieses Kapitels und versucht, eine zusammenfassende Aussage zum Bild zu formulieren.*

Am Ende einer Bildbetrachtung kann man sich fragen, welche Absicht die Malerin/der Maler hatte und wie sie/er ihre bzw. seine Absicht durchgeführt hat.
■ Welche Einstellung hatte der Maler zu Hexen?

Zusammenfassung

Erklärungen! Erklärungen?
Über die Ursachen der Hexenverfolgungen wird heute noch gestritten:

A
Die Hexenverfolgung war vor allem ein Geschäft. Das Vermögen der Opfer wurde beschlagnahmt und verteilt. Oft verdiente der Landesherr, öfter ein Denunziant*. Richter und Schreiber, Folterer und Henker bekamen ihren Teil aus dem Besitz der Opfer. Ein Beobachter sagte um 1590: Sie hofften aus der Asche ihrer Opfer Reichtum zu gewinnen.

B
Die Hexenprozesse erfüllten vor allem die Aufgabe, Sündenböcke für alle Leiden des Alltags zu finden und zu bestrafen. Die zahlreichen unwetterbedingten Mißernten von 1562 bis ca. 1630 und der starke Preisanstieg für Nahrungsmittel wurden mit dem Wirken der Hexen erklärt. Die Hexen waren nach Meinung der Menschen auch Schuld an der Armut, an Todesfällen und an Kriegszügen.

C
Der Vorwurf der Hexerei wurde auch benutzt, um schwerwiegende persönliche Konflikte auszutragen und um Menschen auszuschalten, die als persönliche Feinde angesehen wurden.
Menschen, die als Außenseiter galten oder die sich anders als die Mehrheit verhielten, wurden häufig der Hexerei verdächtigt.

D
Der Hexenwahn stellte nur die höchste Zuspitzung einer jahrhundertelangen Frauenverachtung der Kirche dar. Vor allem die mittelalterlichen Mönche, die in Keuschheit und Ehelosigkeit gelebt hatten, verachteten die Frauen als minderwertig. Die eigene unterdrückte Sexualität ließ immer wieder Wünsche entstehen. Diese Versuchungen wurden den Frauen angelastet und die Frauen dafür gehaßt.

E
Der hohe Prozentsatz von Frauen an den Getöteten liegt auch darin begründet, daß Zaubereivorwürfe häufig typische Arbeitsbereiche von Frauen betrafen.
So versorgten die Frauen Menschen und Tiere, pflegten Kranke, brauten Bier, stellten Butter her. Mißerfolge wurden den Frauen angelastet, die aus Haß, Neid und Bosheit Schadenszauber verübt hätten.

F
Die Hexenverfolgungen sind nur als ein Schneeballsystem zu begreifen. Wer an Hexerei zweifelte oder eine Hexe verteidigte, wurde selbst beschuldigt. Verdächtigte wurden so lange gefoltert, bis sie selbst alles gestanden und andere Mitschuldige besagten. „Die Folter macht die Hexen" (ein Mönch 1631).

G
Die Hexenverfolgungen galten den „weisen Frauen", die mit Kräutern Leiden heilten, Krankheiten besprachen, Liebestränke und heilende Säfte brauten. Besonders wurden die Hebammen verfolgt. Sie besaßen damals typisch weibliches Wissen über Verhütung und Abtreibung.
Auch der neue Berufsstand der Ärzte, zu denen Männer an Universitäten jetzt ausgebildet wurden, war Gegner der weisen Frauen und der Hebammen. Die Ärzte sahen in ihnen eine Konkurrenz.

1 Schreibt die Erklärungsversuche A–G für die Verfolgung der Frauen in Stichworten heraus.
2 Versucht, eine oder mehrere Erklärungen auf den Fall Katharina Henot zu beziehen.
3 Diskutiert darüber, welche Erklärung euch am meisten überzeugt.
4 Erkundigt euch nach Bürgerinitiativen und Kichengemeinden, die sich um Minderheiten, Asylsuchende und Randgruppen kümmern. Ladet ein Mitglied dieser Initiativen in die Klasse ein. Besprecht, ob es für diese Gruppen ähnliche Probleme wie zur Zeit der Hexenverfolgungen gibt.

3.4 WOHIN MIT OMA UND OPA?

„Wenn ich erst einmal alt bin, dann ..." Keiner von euch denkt bei diesem Satz wirklich an sein Alter als Großmutter oder Großvater.
Eure Lehrerinnen und Lehrer sind auch schon ziemlich alt – wenn auch noch nicht so richtig. Alter ist eben nicht Alter. Und türkische Mitbürgerinnen und Mitbürger erleben zum Beispiel ihr Alter oft ganz anders als alte Deutsche.
Auf den folgenden Seiten könnt ihr euch über die Situation der Alten in unserer Gesellschaft informieren und das Gelernte mit euren eigenen Erfahrungen vergleichen.

DIE ÄLTEREN MENSCHEN IN UNSERER GESELLSCHAFT

1 Jans Opa im Rollstuhl. Foto 1993.

... und plötzlich ist das Leben anders!
Jan erzählte 1994 vor seiner Klasse:

M1 Vor drei Wochen war mein Opa noch ganz gesund. Niemand hat gedacht, daß er einmal im Rollstuhl sitzen muß und von anderen abhängig sein wird, die ihn waschen und anziehen. Die ganze Familie ist geschockt. Opa ist nach Max mein bester Kumpel. Zu ihm kann ich immer kommen, aber jetzt? Als ich ihn gleich nach der Schule das erste Mal im Krankenhaus besuchte, sah er ganz anders aus! Meine Mutter sagt, man nennt das Schlaganfall*. Egal, was es ist, mein Opa ist nicht mehr der alte.
Wenn man fit ist wie ein Turnschuh, denkt man nicht über das Alt- und Kranksein nach. Zum ersten Mal merke ich, daß es nicht selbstverständlich ist, gesund zu sein. Jetzt, wo es Opa erwischt hat, denkt die ganze Familie anders darüber. Man schätzt die Gesundheit viel mehr und fängt an, darüber nachzudenken, wie es nun weitergehen soll. Opa wohnt bei uns im Haus und da soll er auch bleiben! Allerdings wird sich bei uns ganz schön was ändern!

1 *Überlegt, was sich für Jans Familie durch die Pflegebedürftigkeit des Großvaters ändern wird? Welche Probleme können auftreten?*

Alex und die alten Damen
Die Frankfurter Rundschau vom 23.4.1988 berichtete:

M2 ... Alexander ist 17 Jahre und Gesamtschüler. Er hatte die Idee, einen Sonntagstreff für alte Damen in Bonn aufzubauen. Alex backt Kuchen, macht Kaffee und Tee, während die Damenrunde Karten spielt oder diskutiert. Den Raum stellt das DRK (Deutsches Rotes Kreuz) zur Verfügung. Alex' Einsatz beschränkt sich aber nicht auf Bedienen und Verwöhnen. „Ich will wissen, wie die alten Menschen leben, was sie denken, empfinden und was sie früher gemacht haben." ...
Die Damen, alle zwischen 60 und 75, sind sehr zufrieden. Durch Alex haben sie erfahren, daß man sich auf die Jugend verlassen kann und daß er sich ernsthaft für sie interessiert und zuhört.
Die Idee für Alex' Engagement kam im Gesellschaftslehreunterricht. Man sprach über alte Menschen und deren Probleme. Darüber sollte eine Zeitung gestaltet werden. Alex interviewte dazu die Leiterin der Begegnungsstätte. Dabei erfuhr er, daß für einen geplanten Seniorenkreis ein Mitarbeiter gesucht wurde. Er griff zu. Erst war dem jungen Mann etwas seltsam zumute bei so vielen Damen. Aber schnell merkte er, wie wichtig gerade sonntags ein Treff für die alleinstehenden Frauen ist. Denn am Wochenende sind die meisten Einrichtungen geschlossen ...
Und was sagen die Mitschülerinnen und Mitschüler zu Alex' Einsatz? Sie finden es prima, können aber nicht verstehen, daß er in seiner Freizeit nicht lieber in die Disco geht ...

2 *Bewertet Alex' Einsatz für die alten Leute. Nennt die Vorteile, die sich für die alten Damen und für Alex ergeben.*

3 *Schaut euch die Bilder auf den Auftaktseiten an. Welche Bilder überraschen euch, welche haltet ihr für „typisch"?*

4 *Bringt selbst Bilder/Fotos mit, die alte Menschen zeigen und stellt daraus eine Collage zusammen. Besprecht, wie die alten Menschen dargestellt werden.*

5 *Tragt in der Klasse zusammen, warum es für Jugendliche wichtig und interessant ist, etwas über die alten Menschen in unserer Gesellschaft zu erfahren.*

Erfahrungen mit alten Menschen

2 „Kannst du nicht hören?" Karikatur 1994.

Immer Ärger mit den Alten
Sina berichtete 1994 im Gesellschaftslehreunterricht:

M3 ... Fast jedesmal, wenn ich nach der Schule kaputt in den Bus steige und mich nach einem Sitzplatz sehne, muß ich Platz machen für irgendeine alte Frau oder einen alten Mann. Die haben doch genug Zeit, auch einen späteren Bus zu nehmen, wenn weniger Schülerinnen und Schüler mitfahren. Aber auf die Idee kommen sie nicht. Kaum rufen wir im Bus 'rum: „Eh, was haben wir in Mathe auf?" oder „Wann kommst Du heute vorbei?" sind uns genervte Blicke der Alten sicher. Viele meckern gleich los, ob wir uns nicht benehmen können ...
Walkmanhören ist für die überhaupt das Letzte. „Dieses Gekreische ist ja nicht zum Aushalten," sagte mir neulich ein Opa. Ich dachte immer, die hören sowieso nicht mehr so gut, aber denkste! Auch wenn mal gedrängelt wird, weil alle mit wollen, sind es immer zuerst die Alten, denen das nicht paßt. Die meckern immer gleich los und meinen, sie hätten sich früher besser benommen als wir Jugendlichen heutzutage. Für uns haben die anscheinend echt kein Verständnis ...

6 *Überlegt an Hand des Berichtes von Sina und der Karikatur oben, warum Konflikte zwischen jungen und alten Menschen entstehen können. Nennt Möglichkeiten, wie man sie abbauen und das Verständnis füreinander verbessern könnte.*

Meine Oma ist nicht alt!
Lisa (14 Jahre) erzählte 1994:

M4 ... Ich kenne meine Oma schon lange. Logisch! Sie ist 67 Jahre alt, glaube ich. Wie alt sie ist, ist mir aber egal, sie macht alles mit und meckert nicht so wie meine Mutter. Sie hört mir zu, wenn ich down bin, Liebeskummer oder eine 5 in Englisch habe. Neulich hat sie mich ins Kino eingeladen. Da Oma mehr Zeit hat als meine Mutter, gehen wir auch oft in der Stadt bummeln. Da springt dann schon mal eine Jeans für mich raus. Oma ist viel gereist und hat tolle Dinge erlebt. Sie kann Interessantes aus anderen Ländern und von früher erzählen. Manchmal glaub' ich, lerne ich bei ihr mehr als in der Schule.

7 *Berichtet über eure Erfahrungen mit alten Menschen.*

Auf „alt getrimmt" in USA
An der Universität in Boston lief 1993 ein interessantes Projekt. Eine Woche lang stopften sich Studierende Wattekugeln in die Ohren, setzten unscharfe Brillen auf, beschwerten ihre Schultern mit Gewichtsmanschetten und versteiften ihre Gelenke mit Bandagen. So ausgestattet, probten sie das tägliche Leben.

8 *Diskutiert in der Klasse darüber, was die Studentinnen und Studenten durch dieses Projekt erfahren wollten.*

> **Vorschläge für einen Projekttag**
> – Versetzt euch wie die Studierenden in die Lage alter Menschen. Erlebt selbst, wie es ist, nicht mehr voll leistungsfähig zu sein und beschreibt eure Gefühle und Erfahrungen.
> – An Fachschulen für Altenpflege steht das Projekt „Rollstuhltraining" im Stundenplan. Die Schülerinnen und Schüler setzen sich in Rollstühle und begeben sich paarweise auf Tour durch die Stadt. Probiert selbst aus, was es heißt, von denen abhängig zu sein, die euch schieben und bemitleidend oder ablehnend angeschaut zu werden. Rollstühle verleihen die Sozialstationen.
> – Ladet in den Unterricht Seniorengruppen ein, bereitet Fragen vor, über die ihr gern mit ihnen reden würdet. Sammelt Vermutungen, was sie gern von euch wissen möchten.
> – Plant und führt Erkundungen zu den Lebensverhältnissen alter Menschen in eurer Nachbarschaft, in Altenclubs und Sozialstationen durch.

Das Alter in der Zeit um 1500

1 Der Weise und das Kind. Holzschnitt von Hans Glaser, Mitte 15. Jahrhundert.

2 Bildnis eines Greises. Meister WB, 16. Jahrhundert.

3 Bildnis der Mutter. Zeichnung von Albrecht Dürer, 1514.

Das Alter in der Zeit um 1500

Schon zu allen Zeiten war das Altwerden für die Menschen ein Problem. Jede Gesellschaft in der Geschichte ist mit ihren alten Menschen anders umgegangen. Vieles wissen wir darüber nicht, da die Geschichtsforschung sich erst in letzter Zeit mit dem Alter beschäftigt. Die Behandlung der Alten war auch immer von ihrer Zugehörigkeit zu einer bestimmten Schicht abhängig. Altwerden war für Reiche anders als für Arme, anders für Frauen als für Männer.

Auf dieser Doppelseite könnt ihr einen kleinen Einblick in die Geschichte des Alters um 1500 gewinnen und untersuchen, was damals altwerden bedeutete.

4 Der Jungbrunnen. Hans Sebald Seham, um 1530.

Zeitalter der Jugend – Achtung vor dem Alter?

1 *Betrachtet die Bilder und beschreibt, wie die Alten jeweils dargestellt werden. Wie bewerten die Künstler das Altwerden?*

2 *Sammelt aus Katalogen und Zeitschriften Darstellungen alter Leute aus verschiedenen Zeiten und gestaltet damit eine Wandzeitung.*

Über das Bild (Abb. 3) seiner Mutter schrieb der Maler Albrecht Dürer 1514:

> **Q1** ... Dy was alt 63 Jahr und ist verschieden 1514 ... Diese meine fromme Mutter hat 18 Kinder getragen und erzogen, hat oft Pestilenz* gehabt, viel anderer schwerer und merklicher Krankheit, hat große Armut gelitten, Verspottung Verachtung, höhnische Wort, Schrecken und große Widerwärtigkeit, noch ist sie nie rachselig gewesen ... und in ihrem Tod sah sie viel lieblicher, dann do sie noch das Leben hätt ...

Der Dichter Hans Sachs läßt zur selben Zeit in einem Stück einen alten Greis sagen, was für die Auffassung gegenüber den Alten damals insgesamt galt:

> **Q2** ... Du aber hast mich gemachet alt,
> gerunzelt, kalt und ungestalt,
> eisgrau gemachet Bart und Haar,
> das mich verachtet die Jugend gar ...

3 *Gebt mit euren Worten den Inhalt von Q1 und Q2 wieder und setzt die Quellen in Beziehung zu den Bildern auf S. 174.*

Angesichts einer sehr geringen Lebenserwartung von im Durchschnitt etwa 35 Jahren hatten die Menschen, die im 15. und 16. Jahrhundert lebten, eine völlig andere Einstellung zum Alter als wir heute, die mit einem durchschnittlichen Alter von über 70 Jahren rechnen können. „Laß uns essen und trinken, denn morgen sind wir tot", war für viele Menschen das Motto, denn der Tod war tägliche Realität. Die Pest, Seuchen, Kriege, Unglücksfälle und viele damals unheilbare Krankheiten, auch verursacht durch mangelnde Hygiene, beendeten das Leben früher als in der Antike* und bei uns. Menschen, die älter als fünfzig Jahre wurden, waren die Ausnahme. In einer Zeit, in der sich bisherige Ordnungen auflösten und revolutionäre Veränderungen in Wissenschaft und Technik, in Religion und Staat sich ereigneten (vgl. S. 62/63), galt das Alter wenig. Jung zu sein und aus vollen Zügen zu leben war das Ideal der Zeit. Man wünschte sich ewige Jugend aus einem Jungbrunnen schöpfen zu können (vgl. Bild 4).

Ein heutiger Wissenschaftler schrieb 1989 über die Einstellung zum Alter damals:

... Man verherrlicht Leib und Jugendlichkeit und verachtet das Alter, das den Menschen seiner „freud und wollust beraubt" ... Man verdrängt Alter und Tod ... (1)

Das Alter wurde als Vorstufe des Todes gesehen und die Alten wurden gemieden: sie wirkten abstoßend und störend während der kurzen Phase des eigenen, möglichst fröhlichen Lebens.

4 *Schreibt einen Bericht über das Alter um 1500.*

Unsere Gesellschaft ändert sich

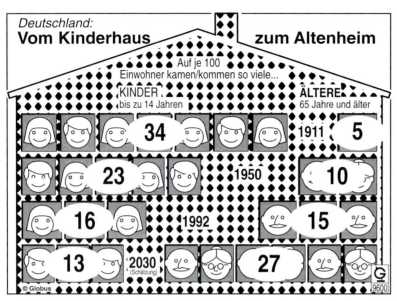

1 Die Zukunft gehört den Alten (Stand 1994).

positiv	negativ
weise	verkalkt
...	...

Der Altersaufbau der Bevölkerung in Deutschland
1 *Beschreibt die Grafik oben. Nennt Folgen der Entwicklung für das Leben in unserer Gesellschaft.*
2 *Bildet Gruppen und überlegt euch als Planspiel, was in eurem Wohnort alles verändert werden müßte, um die Interessen und Wünsche der alten Menschen angemessen zu berücksichtigen (z. B. bei Freizeiteinrichtungen, im Verkehrs- und Gesundheitswesen ...).*

Deutschland hat rund 80 Millionen Einwohner (1995). Die Menschen über 60 Jahre machen heute mehr als 20 % unserer Bevölkerung aus. Nach Berechnungen wird der Anteil dieser Gruppe im Jahr 2030 schon bei 40 % liegen. Je mehr ältere Menschen es gibt, um so mehr steigt auch ihre Bedeutung in der Gesellschaft. Sie können nicht länger als eine „ausgegrenzte Randgruppe" unserer Gesellschaft angesehen werden. Ihr politischer, wirtschaftlicher und gesellschaftlicher Einfluß wird in Zukunft wachsen.

Das Bild vom Alter stimmt nicht mehr
Die „Alten" kommen zur Zeit immer mehr in die Schlagzeilen und sind Thema vieler Fernsehsendungen. Jede(r) hat über das Alter und alte Menschen bestimmte Vorstellungen.
3 *Teilt die Klasse in zwei Gruppen. Eine Gruppe sammelt nur positive, die andere nur negative Aspekte des Alter(n)s. Fertigt eine Tabelle nach dem folgenden Beispiel an:*

4 *Diskutiert darüber, welche eurer Aussagen den alten Menschen gerecht werden und welche nicht.*

Die Alten als Gruppe
5 *Versucht, die alten Menschen, die ihr kennt, in Gruppen einzuteilen. Überlegt euch selbst Unterscheidungsmerkmale und schreibt sie auf.*

Alter kann man eher als eine Frage der Lebenseinstellung als eine Frage des biologischen Alters* betrachten. Ihr kennt sicher den Spruch: „Man ist so alt, wie man sich fühlt." Dennoch lassen sich drei Altersgruppen unterscheiden:
– die „jungen Alten"
  (ca. 55–69 Jahre),
– die Älteren (ca. 70–80 Jahre),
– die Hochbetagten (ab ca. 80 Jahre).
Sie gehören verschiedenen Generationen an, sind unter jeweils anderen gesellschaftlichen und geschichtlichen Bedingungen aufgewachsen und von diesen unterschiedlich geprägt worden. Sie verfügen über andersartige Bildungs- und Berufserfahrungen. Innerhalb unserer Bevölkerung werden die alten Leute jedoch oft als eine Gruppe angesehen und es besteht ein eher negatives Bild vom Alter. Das Ausscheiden aus dem Berufsleben setzen viele mit dem Ausscheiden aus der Gesellschaft gleich. Wer „nichts mehr leistet", wird ausgegrenzt.
6 *Prüft an Hand der Fotos der Auftaktseiten, ob sich diese Behauptungen belegen lassen.*

Unsere Gesellschaft ändert sich

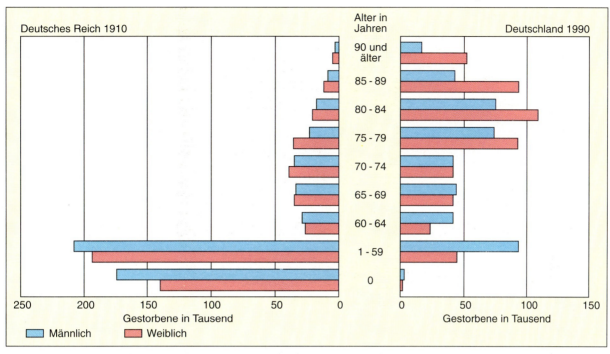

2 Gestorbene in Deutschland nach Altersgruppen (Statistisches Bundesamt, Stand 1992).

Die Lebenserwartung steigt
7 *Analysiert die Grafik. Um sie richtig „lesen" zu können, hilft euch die entsprechende Methodenseite (S. 184).*
8 *Überlegt euch, welche Probleme in Zukunft durch die Alterszusammensetzung auf uns zukommen können.*

Am Anfang unseres Jahrhunderts haben schwere körperliche Arbeit ohne ausreichende Pausen und Schutzvorkehrungen, beengte Wohnverhältnisse und mangelnde hygienische und medizinische Einrichtungen noch stark lebensverkürzend gewirkt (vgl. S. 212). Es gab eine hohe Säuglings- und Kindersterblichkeit. Um 1900 starb jedes 3. Kind schon im 1. Lebensjahr. Heute sterben immer weniger Menschen in jungen und mittleren Jahren. Durch die moderne Medizin ist es heute möglich, daß Krankheiten früh erkannt und geheilt werden. Selbst unheilbare Krankheitsverläufe können verlangsamt und die Lebensdauer verlängert werden. Somit erklärt sich auch die wachsende Zahl der sehr alten, meist pflegebedürftigen Menschen.

Die „Alten" werden immer jünger
Heute wächst eine „neue" alte Generation heran, die anders altert, als man es bislang gewohnt war. Längst stimmt das sogenannte 3-Phasenmodell nicht mehr, d. h.:
– 20 Jahre Berufsvorbereitung,
– 45 Jahre Berufsleben,
– 10 Jahre Ruhestand.
Es gibt eine neue, eine vierte Lebensphase, den Vorruhestand, in den man bereits mit 58 Jahren eintreten kann. Die Alten werden also immer jünger. Zum Beispiel sind Piloten, Offiziere der Bundeswehr, Fluglotsen und Beschäftigte der Automobilindustrie davon betroffen.
Der Streß und die Konkurrenz im heutigen Arbeitsleben sind groß. Deshalb müssen häufig die Ältesten aus dem Beruf als erste ausscheiden, wenn ein Betrieb Entlassungen vornimmt.
9 *Versucht herauszufinden, welche Gefühle, Zukunftspläne oder auch Ängste Menschen kurz vor ihrem Ruhestand / ihrer Pensionierung haben. Ihr könnt sie auch zu euch in die Klasse einladen und danach befragen.*

IST ALTERN EIN PROBLEM?

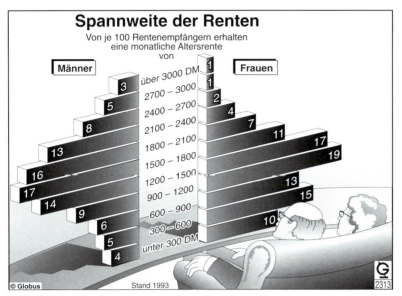

1 Die Höhe der Renten in der Bundesrepublik Deutschland 1993.

2 Im Altenheim. Foto 1994.

Armut im Alter

1 *Beschreibt die Grafik. Wertet sie, wie auf der Methodenseite 184 angegeben, aus.*

Für eine große Zahl alter Menschen bleibt die Hoffnung auf einen sorglosen Lebensabend ein Traum. 80 % der alten Menschen, deren monatliche Rente* unter dem Sozialhilfesatz liegt, sind Frauen. Viele von ihnen hatten in der Jugend keine Chance, einen Beruf zu erlernen. Sie arbeiteten für wenig Lohn als Putzfrauen, Dienstmädchen und ungelernte Arbeiterinnen. In den folgenden Jahren erzogen sie ihre Kinder, versorgten den Haushalt und zahlten kaum etwas in die gesetzliche Rentenversicherung ein. So erhalten nur die wenigsten alten Frauen eine eigene Rente. Viele bekommen nach dem Tode ihres Mannes eine oft nur kleine Witwenrente und müssen vom Staat zusätzlich mit Sozialhilfe unterstützt werden. Die meisten schämen sich, so arm zu sein, obwohl sie ein Leben lang gearbeitet haben.

Ein Leben wie in Einzelhaft

Die Zeitschrift „Wochenschau" berichtete im Heft Nr. 6/1990:

M1 Irene D. wohnt in einer Mietwohnung und kann nicht mehr nach draußen. Ihre Beine spielen nicht mehr mit. Ihr Sohn kommt zweimal die Woche kurz vorbei. Viel Zeit bringt er nicht mit, er hat selbst Familie und Irene D. ist ja nicht ernsthaft krank. Also ist er nach ein paar freundlichen Worten wieder weg. Außer ihrem Sohn gibt es nur die Menschen, die sie aus ihrem Fenster unten auf der Straße sieht.

Der Tag ist lang. Irene D. hat ihn sich in Abschnitte eingeteilt: Aufstehen, waschen, frühstücken, abwaschen, Blumen gießen, Staub wischen, kochen, abwaschen, Mittagsschlaf, Kaffeetrinken. Das gibt ihr das Gefühl, beschäftigt zu sein. Abends zieht sich ihr Herz zusammen. Nein, sie will ja nicht klagen, sie hat eine warme Wohnung, genug zu essen und den Fernseher. Aber Irene D. ist sehr einsam.

So einsam und eintönig verbringen viele alte Leute ihren Lebensabend, für den sie oft ein halbes Jahrhundert gearbeitet haben. Jeder dritte Haushalt ist inzwischen ein Altenhaushalt. Frau D. möchte, wie die meisten alten Menschen, solange wie möglich ein Leben in den eigenen vier Wänden führen und nicht in ein Heim.

2 *Welchen Eindruck vermitteln euch die Bilder 2 und 3 vom Leben in einem Altenheim?*

Die Lebenssituation alter Menschen

3 Im Altenpflegeheim. Foto 1994.

Tatort Altenpflegeheim

Eine Schülergruppe besuchte 1993 ein Altenpflegeheim, um sich vor Ort über die Situation alter Menschen im Heim zu informieren. Sie trafen Frau P., die ihnen folgendes berichtete:

M2 Eines sag' ich euch gleich. Ich bin nicht gern hier, und schon gar nicht freiwillig! Ihr sollt auch wissen warum: Ich wohne in einem 3-Bettzimmer ohne eigene Möbel und mit Leuten, die ich mir nicht aussuchen konnte. Außer ein paar Fotos an der Wand erinnert nichts an zu Hause. Das Personal ist nett, aber mit Arbeit völlig überlastet. Es fehlt die Zeit für ein paar liebe Worte und Zeit zum Zuhören. Schlimm ist auch der Zeitrhythmus im Heim: 6.00 Uhr Wecken, 11.30 Uhr Mittagessen, 17.00 Uhr Abendbrot und 19.00 Uhr Nachtruhe. Wer will schon so verplant leben? Von wegen „schöner Lebensabend". Ich fühle mich wie auf dem Abstellgleis. Stirbt jemand von uns, wird ihr/sein Bett am nächsten Tag gleich wieder belegt, denn die Warteliste ist lang. Der Platz im Heim ist sehr teuer, da sollte man eigentlich erwarten können, daß man sich wohl fühlen kann, oder? ...
Warum ich trotzdem hier bin? Nun, ich hatte keine andere Wahl. Ich wohnte allein in meiner Wohnung, bis ich eines morgens stürzte. Im Krankenhaus dachte ich immer noch, ich komme schnell wieder auf die Beine und ab nach Hause. Aber das war ein Irrtum. Ich kam vom Krankenhaus direkt hierher. Meine Wohnung habe ich nie mehr gesehen, sie wurde aufgelöst und neu vermietet. Das nimmt einem die Lebensfreude, das könnt ihr mir glauben!

Eine andere Schülergruppe sprach mit Herrn K.. Er erzählte 1993:

M3 Ich bin hier rundum versorgt, wie ein Dauergast im Hotel. Zum Glück kann ich noch laufen, so gehe ich viel im Park spazieren, füttere die Enten in unserem Teich. Dann nehme ich so viele Aktivitäten mit, wie ich kann. Bei der Beschäftigungs- und Arbeitstherapie mache ich viel aus Holz, das war schon immer mein Hobby. Auch Bilder male ich gern, manche finden sie schön und so hängen sie auf der Station und in den Zimmern vieler Mitbewohner. Mein Bettnachbar ist in Ordnung, er kann nicht mehr aufstehen, da erledige ich viel für ihn mit. So gibt es immer was zu tun. Im Sommer gibt es ab und zu einen Kaffeeausflug ins Grüne. Ich habe hier viele Kontakte, zu Hause war ich immer allein.

3 *Faßt die Berichte M2 und M3 zusammen. Arbeitet die Vor- und Nachteile eines Lebens im Altenpflegeheim heraus.*

4 *Spielt in verteilten Rollen:*
- *eine pflegebedürftige Oma, die ins Heim soll, aber nicht will;*
- *ihren Sohn und ihre Schwiegertochter, die beide berufstätig sind und ihre Mutter von den Vorteilen eines Umzugs ins Altenheim überzeugen wollen;*
- *Omas Freundin, die zu ihr hält;*
- *den Heimleiter, der sein Heim anpreist.*

Stellt den Entscheidungsprozeß – Heimeinweisung oder Pflege zu Hause – nach. Zu welcher Entscheidung kommt ihr? Begründet sie.

Kontakte und Konflikte zwischen den Generationen

Alles dreht sich nur um Mutter!

1 *Wertet die nebenstehende Grafik aus und beantwortet die Frage in der Grafik. Begründet eure Antwort.*

Lydia G. berichtete 1994:

> **M** ... Mutter ist 90 und lebt schon seit 13 Jahren mit uns im selben Haus, ein Stockwerk tiefer. Als sie zu uns kam, war ich 42. Seitdem habe ich meine Mutter im Hinterkopf. Sie schafft mich und meine Nerven. Ich muß oft weinen. Seit Jahren fragt mich Mutter, was sie tun und was sie lassen soll. Schritt für Schritt hat sie unsere Rollen vertauscht und mir die ganze Verantwortung für ihr Leben zugeschoben. Nach außen hin ist sie eine Bilderbuch Oma. Alle staunen, was sie noch kann. Was sie nicht mehr kann und wie eigensinnig sie geworden ist, sehe nur ich.
> Ich bin Mutters einzige Tochter. Weitere Verwandte hat sie nicht. Über eine Pflegerin, die sich ein paar Stunden zu ihr setzt und sie unterhält, läßt Mutter nicht mit sich reden. „Fremde kommen mir nicht ins Haus!" sagt sie. Gern würde ich wieder in meinem Beruf arbeiten, aber daran ist nicht zu denken. Was soll ich tun? Ich liebe meine Mutter.
> Jahrelang war sie für mich da, jetzt bin ich dran. Manchmal habe ich allerdings Angst vor der Zukunft, wie wird es mit ihr weitergehen? ...

2 *Diskutiert über diesen Bericht:*
a) *aus der Sicht der alten Mutter,*
b) *aus der Sicht der Tochter.*
Vergleicht die unterschiedlichen Standpunkte.

Wer pflegt Oma und Opa?

Insgesamt gibt es heute in Deutschland mehr als 1,65 Millionen Pflegefälle. Rund 450 000 leben in Pflegeheimen. 1,2 Millionen werden zu Hause oder in der Familie betreut. Die Pflege ist dabei meist Frauensache. Die Hilfsbereitschaft in der Familie geht jedoch zurück. Zwischen 1985 und 1989 ist die Zahl der Personen, die von Angehörigen zu Hause betreut werden, um mehr als 200 000 zurückgegangen. Die Pflege wird immer mehr als Aufgabe des Staates sowie sozialer und kirchlicher Einrichtungen angesehen. Wenn nicht mehr so viele bereit sind, ihre Angehörigen zu Hause zu pflegen, wird der Bedarf an teuren Pflegeheimplätzen steigen. Um das zu vermeiden, ist 1995 die Pflegeversicherung* eingeführt worden.

Wenn jemand zu Hause gepflegt werden muß, sind oft familiäre Spannungen vorprogrammiert. Wenn eure Mutter eure Oma oder euren Opa bei euch zu Hause pflegen würde, hätte sie weniger Zeit für euch, ihr müßtet viel allein erledigen, eurem Vater fiele es schwer, auf Ausflüge am Wochende zu verzichten und eure Mutter hätte das Gefühl, es keinem in der Familie recht machen zu können. All diese Probleme spüren auch die alten Menschen, die in der Familie gepflegt werden. Sie kommen sich oft lästig und überflüssig vor.

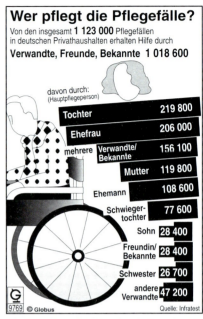

1 Wer pflegt die Pflegefälle? (Stand 1992)

Ist die Familie am Ende?

Tatsache ist, daß der Anteil an Großfamilien in den letzten Jahrzehnten stark abgenommen und der der Kleinfamilien und Singlehaushalte* dagegen kräftig zugenommen hat. Diese Entwicklung wurde durch den Ausbau unseres Sozialstaates begünstigt, der den einzelnen weitgehend unabhängig vom Verband einer Großfamilie macht. Es gibt immer mehr Einpersonenhaushalte, weil die Jugendlichen heute früher das Elternhaus verlassen, um auf eigenen Füßen zu stehen und auch viele ältere Menschen häufiger auf sich alleingestellt leben, weil:

– sie anderen nicht zur Last fallen wollen,
– sie keine Angehörigen haben,
– für sie kein Platz in der Wohnung ihrer Kinder ist.

Kontakte und Konflikte zwischen den Generationen

Die alten Menschen aus der Türkei

3 *Befragt türkische Mitschülerinnen und -schüler über die Rolle ihrer Großeltern. Welche Probleme zwischen den Generationen können sie schildern?*

In den 60er Jahren wurden viele türkische Menschen als Gastarbeiter nach Deutschland angeworben. Diese Zuwanderer haben ihre Kultur und ihren Glauben mitgebracht, vorwiegend für sich gelebt und deshalb nur wenig Kontakte zu ihren deutschen Mitbürgern aufgebaut. Murat kam z. B. 1965 mit Frau und drei Kindern nach Duisburg, er war damals 39 Jahre alt. Heute ist er 69 Jahre alt und in Rente. Er denkt immer häufiger an seine Heimat und würde gern zurückgehen, um in der Türkei den Rest seines Lebens zu verbringen. Das geht aber nicht, denn seine ganze Familie, seine Verwandten und türkischen Freunde leben hier in Deutschland. Zuhause ist er ein fremder, alter Mann.

Der Mann ist Familienoberhaupt

Ihre alten Menschen behandeln die Türken mit Respekt, der Mann genießt jedoch immer mehr Ansehen als die Frau. Wie in jeder türkischen Familie ist Murat als Mann das Familienoberhaupt. Die türkischen Frauen haben nur wenig Einflußmöglichkeiten.

Sind die alten türkischen Menschen noch fit, treffen sich die Männer mit Freunden in Clubs oder Cafés zum Karten- oder Tavlaspiel (Tavla = türkisches Brettspiel). Die Frauen bleiben zu Hause und treffen sich dort, denn als türkische Frau ist es nicht üblich, sich zusammen mit Männern in ein öffentliches Café zu setzen.

2 Ältere türkische Männer in einem Lokal. Foto 1992.

Betreuung durch die Großfamilie

Wenn die Eltern alt werden und zunehmend Hilfe brauchen, ist es in türkischen Familien üblich, daß Eltern zum ältesten Sohn ziehen und von dessen Familie versorgt werden. Haben die Eltern „nur" Töchter, so hängt es vom Wohlwollen des Schwiegersohnes ab, ob er die Eltern seiner Frau bei sich aufnimmt. Falls nicht, wird in der Verwandtschaft eine Lösung zur Betreuung gefunden. In der Fremde hält man als Großfamilie zusammen und deshalb sind auch pflegebedürftige türkische Menschen im Gegensatz zu vielen deutschen nicht in Altenheimen zu finden.

In Regionen mit vielen türkischen Mitbürgerinnen und Mitbürgern sind türkische Sozialarbeiter bemüht, Vereine speziell für alte türkische Menschen zu gründen, wo Frauen und Männer gemeinsam etwas unternehmen können. So z. B. der Verein Arkadas in Hannover. Dort wird geklönt, gespielt, es gibt gemeinsame Fahrten, wozu auch deutsche Ältere eingeladen werden, um das Verständnis füreinander zu verbessern.

4 *Besucht in eurer Nähe eine Einrichtung, wo sich ältere ausländische Menschen treffen. Befragt sie über das Verhältnis von Frauen und Männern in ihren Ländern und wie sie über ein Leben in deutschen Altenheimen denken. Haltet deren Aussagen schriftlich fest und vergleicht sie mit dem Text oben.*

Mit Schwung ins Alter

1 Seniorenwünsche (Stand 1990).

Wenn ich einmal alt bin, dann …

1 *Versetzt euch in Gedanken mit der Zeitmaschine 50 Jahre in die Zukunft. Stellt euch vor, wie ihr dann sein wollt. Benutzt dabei u. a. Begriffe wie gesund, dynamisch, sorglos, reisefreudig, streßarm, reich, fit …*

2 *Fragt eure Lehrerinnen und Lehrer, wie sie sich ihr Leben im Alter vorstellen. Vergleicht eure mit ihren Plänen und denen in der Grafik.*

3 *Besorgt euch Gegenstände und Sachen zum Anziehen von euren Großeltern und spielt damit euer Altsein in kleinen Theaterszenen durch.*

Liebe im Alter

Nur weil man alt ist, hört der Wunsch nach Zuneigung, Zärtlichkeit und Liebe nicht auf. Liebe kennt keine Altersgrenzen und jeder Mensch sehnt sich nach „Streicheleinheiten". Da im Alter viele Menschen allein leben, suchen und brauchen sie neue Kontakte.

Es kommt oft vor, daß neue Partnerschaften entstehen. In unserer Gesellschaft ist es aber nicht üblich, daß alte Menschen ihre zärtlichen Gefühle offen zeigen. Untersuchungen belegen, daß alte Menschen, die in einer glücklichen Partnerschaft leben, viel seltener einen Arzt und damit auch weniger Medikamente brauchen. Sie altern nicht so schnell, weil es ihrer Seele gut geht. Sie fühlen sich zufrieden und wohler als einsame, alte Menschen.

4 *Beobachtet eine Woche lang alte Menschen auf der Straße, im Park …, ob und auf welche Weise sie miteinander zärtlich umgehen.*

Haltet eure Beobachtungen schriftlich fest, beschreibt eure Gefühle dabei und berichtet darüber im Unterricht.

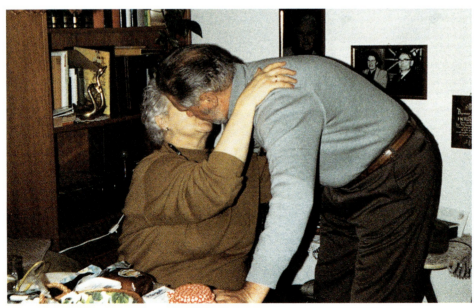

2 Liebe im Alter. Foto 1993.

Mit Schwung ins Alter

Die „graue Flotte" auf Mallorca

Da man auf jeden Fall alt wird, möchten viele alte Menschen diesen Lebensabschnitt unter blauem Himmel und Mittelmeersonne erleben. Besonders im Winter, wenn bei uns das Wetter ungemütlich wird, zieht es viele deutsche Rentner nach Mallorca. Sie machen dort ein bis drei Monate Urlaub und werden von den Einheimischen „graue Flotte" genannt. Mallorca ist ein billigeres Winterquartier als Deutschland. Da es nicht so kalt wird wie bei uns, sparen die alten Menschen Heizkosten und das Geld für Winterkleidung ein.

Alte Menschen sind genauso gern in der Sonne wie ihr und haben auch Lust auf Abwechslung. Ihr Freiheitsdrang ist der gleiche wie bei euch jungen Urlaubern: Nur das tun, was Spaß macht, fern von Pflichten und frei von Vorurteilen gegen die eigene Altersgruppe.

„Ältere Semester"

Viele „junge" Alte haben sich rechtzeitig auf den Tag X (Ruhestand) vorbereitet. Nun ist endlich Zeit für das, was man immer schon gern tun wollte, wofür aber die Zeit fehlte. Beispiel: Erna K. (68 J.). Seit vier Jahren studiert sie an der Universität Bochum Biologie. Naturkunde war immer schon ihr Hobby. Damit gehört sie zu den rund 400 „älteren Semestern" zwischen 50 und 70 Jahren, die als Gasthörer gemeinsam mit jungen Studenten die Vorlesungen besuchen. Die Frauen sind hier leicht in der Überzahl. „Wer rastet, der rostet!" ist ihr Motto. „Viele trauen sich im Alter nicht mehr viel zu und dann schlaffen sie schneller ab, als sie denken. Man kann aber bis ins hohe Alter leistungsfähig bleiben, wenn man sich fordert", meint Erna K., die außerdem noch einen Computerkurs bei der Volkshochschule belegt.

Senior-Experten-Börse

Der Presse- und Informationsdienst KDA schrieb 1988:

> **M** ... Der 15jährige Tim und der 62jährige Hermann S. bauen zusammen ein 12 m langes Motorsegelboot mit Kajüte. Sie stehen nicht als Lehrling und Chef in einem geregelten Arbeitsverhältnis, ihre Arbeit ist freiwillig und stellt ein Beispiel für einen gut funktionierenden Kontakt zwischen Alten und Jungen dar. Beide haben sich über die Berliner „Wissensbörse" kennengelernt. Diese staatlich geförderte Einrichtung will Senioren aktivieren, ihr Können und ihre Erfahrungen an Jüngere weiterzugeben. Hermann S. ist Bauingenieur im Ruhestand. Mit 60 hat er das eigene Geschäft aufgegeben, um sich seinen Jugendtraum von der eigenen Jacht zu erfüllen. „Tim lernt eine Menge dabei, und ich bin sicher, daß ich manche Bauphase ohne ihn nicht bewältigt hätte. Tim ist ein netter Junge und wird zu den ersten zählen, die mit mir auf dem Mittelmeer in See stechen, wenn das Schiff fertig ist." Das man bei der Wissensbörse nichts verlieren, sondern nur gewinnen kann, zeigt Tims Kommentar dazu: „Ich finde es toll, wenn Ältere ihr Wissen nicht brach liegen lassen, sondern an uns Jüngere weitergeben" ...

5 *Überlegt, wann sich das negative Bild von alten Menschen zum Positiven verändert und welche Eigenschaften dann als besonders günstig hervorgehoben werden? Bezieht die Karikatur mit ein.*

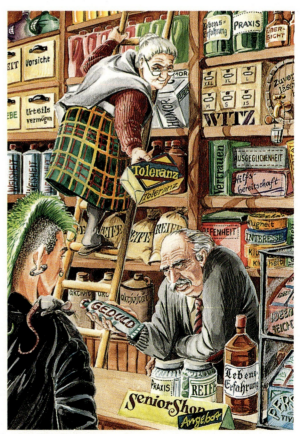

3 **Seniorshop.** Karikatur 1995.

Methode: Arbeiten mit Grafiken

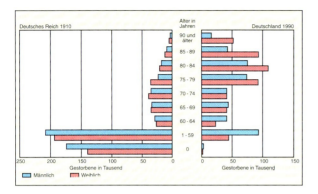

Die Arbeit mit Grafiken
Auf mehreren Seiten dieses Buches findet ihr zeichnerische Darstellungen von Zahlenwerten, sogenannte Grafiken. Auf S. 177 liegt euch ein Balkendiagramm, als eine Form der Grafik, vor. Andere Diagrammformen werden euch auf S. 41 erklärt.
Bei Grafiken solltet ihr in drei Arbeitsschritten vorgehen:
1. Bei der **Beschreibung** fragt ihr:
■ Was ist das Thema (die Überschrift) der Grafik?
■ Was soll durch die zeichnerische Darstellung deutlich werden?
■ Aus welcher Quelle kommen die Zahlenangaben?
■ Aus welchem Jahr stammt die Grafik, ist sie noch aktuell genug?
2. Bei der **Erklärung** müßt ihr überlegen, welche gesellschaftlichen, geschichtlichen, wirtschaftlichen und politischen Gründe zur Klärung der Aussagen der Grafik beitragen können.
3. Bei der **Bewertung** der Grafik prüft man:
■ Ist die Grafik übersichtlich und gut lesbar?
■ Wird durch die Farbwahl oder die Größe der Symbole die Aussage beeinflußt oder verfälscht?

Wir wenden diese Arbeitsschritte auf die Grafik von S. 177 an:
Zur Beschreibung:
Dieses Diagramm vom Statistischen Bundesamt aus dem Jahre 1992 zeigt auf der linken Seite, wie viele Menschen in welchem Alter 1910 gestorben sind, die rechte Seite verdeutlicht die Situation 1990 im Vergleich dazu. Auf der waagerechten Achse ist die Anzahl der Gestorbenen in 1000 aufgetragen; das bedeutet, 100 = 100 000, 150 = 150 000 Gestorbene. Auf der senkrechten Achse sind die Altersgruppen von 0–90 Jahren eingetragen. Der Unterschied zwischen weiblichen und männlichen Gestorbenen wird durch verschiedenfarbige Balken markiert.
Viel deutlicher als in einer Zahlentabelle erkennt man den großen Unterschied zwischen 1910 und 1990 bei der Altersgruppe von 0–59 Jahren. Während 1910 ca. 140 000 Mädchen und 170 000 Jungen im Babyalter (0–1 Jahre) starben, waren es 1990 nur 5 500 Jungen und 5 000 Mädchen. Die meisten Menschen starben 1910 zwischen dem 1. und 59. Lebensjahr. Nicht viele Erwachsene wurden älter als 60 Jahre, 1990 ist die Entwicklung genau umgekehrt. Die meisten Menschen sterben erst in höherem Alter, d. h., wenn sie 75 Jahre und älter sind.
Zur Erklärung:
Um 1910 mußten viele Kinder zur Unterstützung der Familie z.T. hart arbeiten, sie hatten eine Kindheit unter schwierigen Lebensbedingungen (siehe Seite 212). Die seit 1910 stark zurückgegangene Säuglings- und Kindersterblichkeit läßt sich durch die heute bessere Ernährung und die gute medizinische und hygienische Versorgung erklären. Das begründet auch, warum die Menschen heute viel älter werden als 1910.
Zur Bewertung:
Die Grafik ist übersichtlich. Sie hat jedoch einen Nachteil: Die Altersspanne vom 1.–59. Lebensjahr ist viel zu groß gewählt. Sie unterteilt nicht die Phasen der Kindheit, Jugend, des frühen und mittleren Erwachsenenalters. Kleinere Einteilungen wie z. B. 1–10 Jahre, 11–20 Jahre, 21–40 Jahre, 41–59 Jahre wären aussagekräftiger.

Dem Balkendiagramm eng verwandt ist das Säulendiagramm. Die Angaben werden dabei nicht in liegenden Balken, sondern in senkrecht stehenden Säulen dargestellt. Ein Säulendiagramm hat immer zwei Achsen, auf denen unterschiedliche Angaben eingetragen werden.
– *Sucht euch in diesem Buch Beispiele für Säulendiagramme heraus und bearbeitet sie nach dem gleichen Schema: Beschreibung, Erklärung, Bewertung.*

Zusammenfassung

Angst vorm Alter? Karikatur 1995.

Im Laufe dieser Unterrichtseinheit ist euer Blick für alte Menschen sicher geschärft worden.
1 *Diskutiert in der Klasse darüber, welche Vorstellungen über Alter und Altsein sich für euch seit Beginn dieser Unterrichtseinheit verändert haben. Haltet eure Gedanken schriftlich fest.*
2 *Überlegt, ob ihr nach all dem Gelernten Angst vor dem Altwerden habt?*
3 *Erstellt eine Liste wie ihr diese Zeit für euch planen würdet. Um zu erfahren, welche Gedanken sich die Erwachsenen dazu schon gemacht haben, könnt ihr z. B. eure Lehrerinnen und Lehrer befragen und danach deren mit euren Vorstellungen vergleichen.*

Die Alten in unserer Gesellschaft: Meinungen und Tatsachen

a) *„Alte sind auf fremde Hilfe angewiesen."*
1993 waren von rund 80 Millionen Bundesbürgern 12 Millionen älter als 60 Jahre. Von diesen lebten 96 % in einem Privathaushalt mit der Hilfe von Angehörigen, nur 4 % in Alten- und Pflegeheimen.
b) *„Alt ist alt."*
Der unternehmungslustige Frührentner und die reisefreudigen (finanzkräftigen) Senioren stehen neben altersarmen Witwen und pflegebedürftigen Hochbetagten. Durch die unterschiedliche Lebenserwartung von Männern und Frauen gibt es bei den Alten einen Frauenüberschuß.
c) *„Alt sein heißt kranksein."*
70 % der 85jährigen sind noch gesund. Ein gut trainierter 70jähriger läuft einem untrainierten 30jährigen davon. Wenn es nach dem Herzen ginge, könnten wir alle über 100 Jahre alt werden. „Auf die innere Einstellung kommt es an," sagt Altersforscher Dr. Olbrich (Uni Erlangen): „Wer für sich keine Zukunft mehr sieht, wer passiv ist, der altert schneller."
d) *„Alte können mit sich nichts anfangen."*
Natürlich gibt es viele einsame und kranke alte Menschen. Aber im Durchschnitt werden sie immer aktiver: Sie belegen Computerkurse, spielen in Rentnerbands, beraten Jungunternehmer bei Firmengründungen, büffeln in Sprachlabors für die nächste Fernreise. Der „Unruhestand" macht vielen den Weg frei für neue Interessen und Kontakte.

Ausblick

Aufbau und Zusammensetzung unserer Gesellschaft haben sich in den letzten Jahren nachhaltig verändert. Nicht nur die Altersstruktur, sondern auch die Familien- und Sozialstruktur* unserer Gesellschaft hat sich gewandelt. Das fordert dazu auf, die gesellschaftliche Bedeutung der älteren Menschen unter neuen Vorzeichen zu sehen. Die Älteren sind keine einheitliche Gruppe mehr.
Die „neuen Alten" verändern das Bild:
– ihr Bildungsstand verbessert sich,
– die Zahl der ehemals berufstätigen Frauen erhöht sich,
– bessere finanzielle Möglichkeiten erwecken veränderte Ansprüche und den Wunsch nach Unabhängigkeit,
– die Lebensphase des Altseins verändert sich,
– die Alten werden selbstbewußter, selbständiger und mobiler sein.

Menschen gestalten ihre Lebensbedingungen

4.1 KONFLIKTE IN DER STADT

Heute leben etwa 70 Prozent unserer Bevölkerung in Städten. Etwa 30 Prozent leben noch auf dem Land, in Dörfern und Gemeinden, die oft wie kleine Städte aussehen. Im Mittelalter lebten dagegen fast alle Menschen auf dem Land, in Dörfern, die sich erheblich von den wenigen Städten unterschieden.

In den Städten des späteren Mittelalters begann etwas, was bis heute andauert: die Auseinandersetzung um die Frage, wer das Recht hat, über Dinge zu entscheiden, die alle angehen. Am Beispiel der Stadt Köln könnt ihr untersuchen, wie sich der Kampf um die Mitbestimmung in der Stadt entwickelte und wie eine Gruppe von Einwohnern ihre Interessen gegenüber den bisher herrschenden Gruppen durchsetzte. Schließlich könnt ihr am Beispiel der Stadt Oberhausen und ihren Planungen herausfinden, wie es heute in der modernen Stadt um die Beteiligung der Bürgerinnen und Bürger an wichtigen Entscheidungen bestellt ist.

KONFLIKTE IM MITTELALTERLICHEN KÖLN

Die Herrschaft des Erzbischofs
Im mittelalterlichen Köln war der Erzbischof Stadtherr. Er war oberster Richter und oberster Kriegsherr; er machte Gesetze und ihm unterstand die Verwaltung. Er vergab z. B. das Markt- und das Münzrecht, erhob Zölle oder verlieh sie gleichsam als Bezahlung an seine Beamten. Für Köln und die anderen Bischofsstädte galt, was das Straßburger Stadtrecht (um 1200) so formulierte:

> **Q1** ... Alle Beamten dieser Stadt unterstehen der Gewalt des Bischofs. Die vier Beamten aber, auf denen die Regierung der Stadt beruht, wird der Bischof eigenhändig einsetzen ...

So erhielt der Kölner Vogt* den Marktzoll von irdenen* Geschirren, Käse, Erbsen, Bohnen, Eiern, Obst, Waldbeeren an den Wochentagen Montag, Donnerstag, Freitag und Samstag. Diese und andere Herrschaftsrechte machen deutlich, warum die Erzbischöfe die Stadt „ihre Stadt" und die Einwohner „ihre Bürger" nannten. Der Stadtherr verfügte über eine große Machtfülle.

Die „reichen Bürger" empören sich
Nicht immer waren die Bürger mit der Herrschaft des Erzbischofs einverstanden. Für das Jahr 1074 berichtete eine Chronik:

> **Q2** ... Der Erzbischof feierte das Osterfest zu Köln und bei ihm war der Bischof von Münster ... Als nun ... dieser sich anschickte abzureisen (gab der Erzbischof) den Befehl, ein geeignetes Schiff für seine Reise zu besorgen. ... Sie beschlagnahmten eines, das einem sehr reichen Kaufmann gehörte ... (und) ließen die Waren ... herausschaffen. ... (Der Sohn des Eigentümers) ... verjagte die Diener des Erzbischofs ... mit Gewalt. Auch den Stadtvogt wehrte er mit gleicher Unerschrockenheit ab und jagte ihn davon. ... Nur mit Mühe konnte man der Rauferei einigermaßen Einhalt tun. Aber ... der junge Mann hörte nicht auf, überall zum Aufruhr zu hetzen. ... Und schon entsteht Einverständnis, den Erzbischof ... unter allen Martern abzuschlachten. ... Am Nachmittag stürmen sie ... zum erzbischöflichen Palast. (In der Nacht gelingt dem Erzbischof die Flucht). Am vierten Tag nach seiner Flucht rückte der Erzbischof, von einem stattlichen Haufen umgeben, vor die Stadt. ... Da schickten sie ihm Boten entgegen und baten um Frieden, in dem sie sich schuldig erklärten. ... Der Kaufmannssohn, der das Volk zuerst zum Aufstand entflammt hatte, und einige andere wurden geblendet,
> mehrere wurden gestäupt* und geschoren, alle wurden mit schweren Vermögensbußen belegt und mußten einen Eid leisten, daß sie in Zukunft die Stadt ... für den Erzbischof verteidigen ...

1 Überlegt, warum der Bischof von Straßburg die vier leitenden Beamten „eigenhändig" einsetzen wollte (Q1).
2 Fertigt mit Hilfe von Q2 einen Bericht für eine Zeitung an. Sucht eine passende Überschrift und überlegt, ob ihr das Geschehen nur beschreiben oder ob ihr auch Stellung beziehen wollt.

Die Geschlechter
Unter den Kölner Kaufleuten gab es eine Gruppe, die man die „Reichen und Mächtigen" nannte. Im 12. und 13. Jahrhundert gewannen diese Kaufleute in Auseinandersetzungen mit dem Erzbischof ein Recht nach dem anderen für sich. Sie organisierten die Gewerbe, hatten die Aufsicht über Maße und Gewicht sowie über den Markt; sie setzten den Preis des Brotes fest, verliehen das Bürgerrecht und vieles mehr. Häufig bezeichneten sie sich selbst sogar als „Herren" oder „Ritter", um sich dadurch vom „Bürger" zu unterscheiden.

Der Weberaufstand von 1370
Das Bild auf S. 186 zeigt, wie innerhalb der Stadt Köln gekämpft wird: Der Rat zu Pferd, gut gerüstet, mit vielen Bannern*, auf der anderen Seite die Weber. Was war geschehen?
Zur Vorgeschichte: Der Rat der Stadt Köln hatte am Bayenturm einen neuen Zoll festgesetzt. Davon waren vor allem die Wollweber und auch Kaufleute betroffen, deren Rohwolle von dort angeliefert wurde. Als sie mit Gewalt drohten, nahm der Rat den Zoll wieder zurück. Einige Jahre später wurde ein Mitglied des Rates der Unterschlagung von Steuergeldern überführt. So wuchs die Unzufriedenheit jener Bürger, die nicht am Rat beteiligt waren. Im Juli 1370 setzten die Weber eine neue Verfassung durch. Die Koelhoffsche Chronik von 1499 berichtet:

> **Q3** ... Aus den Geschlechtern wurden 15 Männer in den Rat gewählt, ... das war der enge Rat. Dazu wurden aus den Zünften weitere 50 Männer gewählt, das war der weite Rat. Hier saßen: Pelzer, Schmiede, Gürtelmacher, Sarwörter

Der Kampf um das Stadtregiment

(Harnischschmiede), Maler, zwei Krämer, ein Kannengießer, ein Riemenschneider, ein Lohgerber und ein Goldschmied. Es war verwunderlich, daß die Stadt Köln mit solchen Ratsleuten besetzt wurde, da sie doch von Anbeginn an von den 15 Geschlechtern regiert worden ist. Diese stammen von den Römern ab und waren edle Ritter aus altem Adel ... – So trieben es die Weber, ... die die Mehrheit im Rat hatten, wo alles nach ihrem Willen gehen mußte ..., daß es die Besten in der Stadt sehr verdroß ...

Schon im November 1370 konnte der ursprüngliche Rat aber seine Macht wiederherstellen. In der Chronik „Dat nuwe boich" von 1397 heißt es:

Q4 ... Und da kam der Rat mit seinen Freunden ... und sie erschlugen einen Teil (der Weber) und die anderen flohen. ... Und dann schickten sie Herolde durch alle Gassen, die ... ausriefen: ... wer an der Gewalt nicht teilgenommen habe und wer weder Rat und Tat dazu gegeben habe ... die sollten ihres Lebens und Vermögens versichert sein und sollten kommen und dem Rat huldigen ... Und einige ... köpften sie ...

Dagegen berichtet die „Koelhoffsche Chronik":

Q5 ... vierzehn Tage lang kamen die Keulen und Schwerter der wütenden Haufen nicht zur Ruhe; nicht eher ward der Mordstahl bei Seite gelegt, als bis Haß und Rache bis zum Übermaß im Blute wehrloser Bürger sich gesättigt. Mit roher Blutgier wurden Weib und Kind, groß und klein, jung und alt, hingeschlachtet. ... Mordlustige Rotten* durchsuchten alle Häuser und durchstöberten alle Winkel, ob nicht ein Weber sich daselbst verborgen halte. ... Ungeheuer waren die Schätze, die den Webern ... weggenommen und in die städtische Kasse abgeführt wurden ...

Das Ende der Geschlechterherrschaft, 1396

Nur wenige Jahre nach dem Sieg über die Weber verloren die Geschlechter endgültig die Herrschaft über die Stadt Köln. In einem Handstreich hatten Handwerker und nicht am Rat beteiligte Kaufleute den Rat abgesetzt. Sie verabschiedeten eine neue Verfassung, die über 400 Jahre lang bestand. In ihr waren die Zünfte jetzt endgültig vertreten. Die Macht der Geschlechter war abgeschafft. Zum Zeichen seiner Macht beschloß der neue Rat 1406 den Bau eines Rathausturms.

Rathausturm in Köln. Holzschnitt von Anton Woensam, 1531 (Ausschnitt).

Der Kampf um die Herrschaft in Köln war, wie in anderen Städten auch, in zwei Phasen verlaufen: Zwischen dem 11. und dem 13. Jahrhundert mußte der ursprüngliche Stadtherr, in Köln der Erzbischof, dem Druck der reichen und vornehmen Geschlechter weichen. Im 14. Jahrhundert errangen die Kaufleute und die Zünfte ihren Anteil an der Macht.

3 Erarbeitet aus Q3 die Zusammensetzung des neuen Rates von 1370.

4 Entscheidet, ob die jeweiligen Verfasser von Q3-5 auf Seiten der Weber oder des Rates standen. Begründet eure Entscheidung.

5 Faßt anhand der Materialien dieser Doppelseite zusammen, was 1370 passierte. Versucht zwischen Ursache und Anlaß zu trennen.

6 Erkundigt euch, worüber der Rat eurer Stadt heute zu bestimmen hat. Vergleicht dazu auch Abb. 3 auf S. 199. Besucht eine Ratsversammlung oder sucht einen Ratsherrn persönlich auf.

Die Stadtbevölkerung – unterschiedliche Interessen

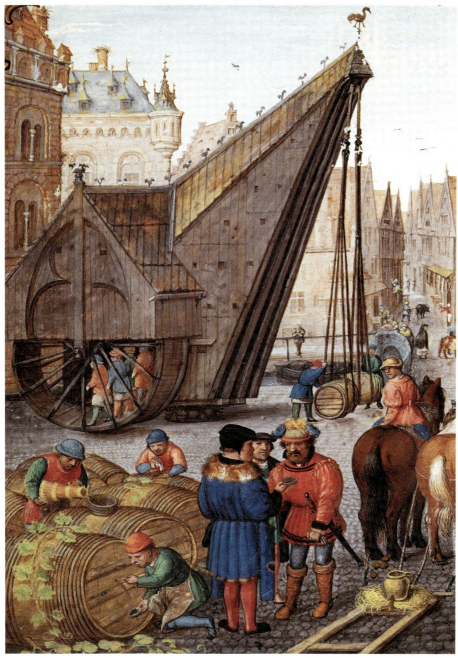

Weinmarkt in Brügge. Gemälde.

1 Beschreibt in der Abbildung die im Vordergrund dargestellte Situation. Achtet besonders auf die Tätigkeiten der dargestellten Personen.
2 Ordnet die Menschen verschiedenen Gruppen zu und begründet eure Entscheidung.
3 Stellt die hier erkennbaren Möglichkeiten für den Gütertransport dar.
4 Beschreibt und unterscheidet die auf der Abbildung dargestellten Häuser.
5 Denkt euch ein Gespräch zwischen den drei stehenden Männern aus und spielt es.

Die Stadtbevölkerung – Kaufleute

Die Stadt Köln im Mittelalter
Im Mittelalter war Köln mit 30–40 000 Einwohnern die größte deutsche Stadt. Hier residierte ein Erzbischof, hier kreuzten sich große Handelsstraßen. Der Handelsweg von London über Brügge nach Frankfurt am Main führte über Köln und von hier zweigte eine bedeutende Handelsstraße über Dortmund nach Lübeck ab. Über Köln und Brügge wurde Nordeuropa mit Wein versorgt.

Der Kölner Weinhandel
Wein war das wichtigste Kölner Handelsgut überhaupt. Das gilt einmal, wenn man an die Zahl der Personen denkt, die im Weinhandel arbeiteten; es gilt aber auch, wenn man an den Geldwert des Weines denkt, mit dem Kölner Kaufleute handelten. Mit Weinhandel konnte man reich werden, besonders wenn man Ratswein lieferte, denn der Rat trank nur gute und teure Weine. Aus dem Jahre 1393 ist uns eine Liste der größten Kölner Weinhändler erhalten:

Führende Kölner Weinhändler, 1393:		
Name	Ratsmitglied	Lieferant von Ratswein
1. Heinrich Kriechmart	x	x
2. Johann Hirzelin	x	x
3. Hermann Zeuwelgin	x	x
4. Johann Wolframi	x	
5. Konrad van Keyerswerde	x	
6. Johann vanme Kirtze	x	
7. Friedrich Walrave	x	x
8. Heinrich vam Stave	x	x
9. Gobel Busschof	x	
10. Heinrich Jude	x	

Die Weinbruderschaft
Die Aufnahme in die Kölner Weinbruderschaft war eine Auszeichnung. Nur wer hier Mitglied war, hatte das Recht, Weinhandel zu betreiben. Bis 1396 waren vor allem Mitglieder der Geschlechter und des Rates in der Weinbruderschaft. Dann mußte der Rat auf Druck der Handwerker jedem Bürger oder Bürgerin erlauben, Mitglied in der Weinbruderschaft werden zu können.

Frauen im Weingeschäft
Im Weingeschäft betätigten sich auch Frauen. In manchen Jahren waren bis zu 10 % der Mitglieder der Weinbruderschaft Frauen. Darunter befanden sich sowohl Frauen aus den Geschlechtern wie Handwerkerinnen. Manche Frauen arbeiteten in mehreren Handelsbereichen gleichzeitig. So wissen wir von Yrmigin Wachendorp, daß sie Wein einführte, aber auch im Gewürzhandel tätig war. Besonders häufig berichteten die Quellen von Frauen, die das Weingeschäft ihrer Männer führten, wenn diese nicht in Köln waren. Sie mußten also über entsprechende Kenntnisse verfügen.

Die Kölner Weinsteuer
Waren die Schulden der Stadt hoch, brauchte der Rat Geld, um sie zu bezahlen. Folglich erhöhte er die Steuern. Besonders beliebt war die Erhöhung der Weinsteuer. Wenn ein Bürger Wein kaufte, mußte er eine Steuer bezahlen. Der Steuersatz schwankte zwischen 2,5 % und 16,5 %. Nur die Kölner Geistlichkeit genoß Steuerfreiheit.

Bestrafung von Weinpanscherei
Der Kölner Rat achtete auf die Qualität der in der Stadt gehandelten Waren. So setzte er 1343 fest:

> **Q** … Es sei bekannt gemacht, daß durch faulen Wein großer Schaden erfolgt. … Wenn man daher faulen Wein findet, der mit neuem Wein vermengt ist, es sei auf dem Rhein oder auf dem Land, er sei Bürger oder Gast, so soll er nach dem Gesetz verurteilt werden …

6 *Klärt, wer im mittelalterlichen Köln die Weinsteuer festlegte und überlegt in wessen Interesse er handelte.*

7 *Erkundigt euch, wie hoch heute die Steuern für verschiedene Alkoholsorten heute sind und wer sie festsetzt.*

8 *Erarbeitet aus den Informationen der S. 189, warum ab 1396 alle Bürger die Weinbruderschaft erlangen konnten.*

9 *Stellt fest, in wessen Interesse diese Bestimmung (Q) festgelegt wurde.*

10 *Seht euch noch einmal das Bild auf S. 190 an und faßt zusammen, was ihr insgesamt über das Weingeschäft erfahren habt. Denkt dabei auch an die Rolle der Frauen.*

Die Stadtbevölkerung – Handwerker

Die Handwerker

Viele Kölner arbeiteten als Handwerker. Um ihre Interessen vertreten zu können, organisierten sich die Mitglieder jedes Handwerks in einer „Zunft" und gaben sich eine Satzung. Die Satzung mußte vom Rat genehmigt werden. Im Jahre 1342 gab es in Köln 42 Zünfte.

Ein Lehrvertrag

Die Zunft regelte alle Fragen des Berufes, aber auch Fragen des privaten Lebens wie Hochzeit und Begräbnis, aber auch des öffentlichen Betragens von Zunftgenossen. In einem Lehrvertrag von 1413 wurde z. B. festgelegt:

> **Q1** … Ich, Johan Toynburch …, Bürger zu Coeln, tue kund allen Leuten, daß ich vermietet habe … Ailf Bruwer, dem Goldschmiede, meinen Sohn Toenis, der seinen eigenen Willen dazu gegeben hat, das Goldschmiedeamt … zu lernen und ihm zu dienen 8 Jahre lang, die (unmittelbar) einander folgen und die angehen sollen auf St. Mathias Tag (= 25.2.). Auch soll Meister Ailf meinen Sohn in seiner Kost behalten. Und ich, Johan, soll den Toenis … die ganzen 8 Jahre lang … kleiden. Und wäre es die Sache, daß Toenis stürbe binnen dem ersten Jahr, so soll mir Meister Ailf 8 Gulden von den 16 wiedergeben, die ich ihm zuvor gegeben habe. … Weiter, wäre es Sache, daß ich, Toenis, meinem Meister Ailf in diesen 8 Jahren … entliefe … so soll ich mit Strafe von 42 Gulden … verfallen sein …

Frauen als Handwerksmeisterinnen

Im Rat mittelalterlicher Städte saßen keine Frauen. Auch gab es in den meisten Handwerksberufen keine Meisterinnen. Die Frauen leiteten meist den großen Haushalt, zu dem auch Lehrlinge und Gesellen gehörten, und sie halfen dem Mann im Beruf. In einigen Fällen sind allerdings Frauen als selbständige Kaufmannsfrauen und Handwerkerinnen nachgewiesen. Besonders finden sie sich in Sozialberufen, wie Hebammen (vgl. S. 156), oder in Berufen, die nicht organisiert waren. Eine Ausnahme bildete Köln. Hier gab es Frauen als Meister der Garnmacherinnen sowie der Gold- und Seidenspinnerinnen.

In der Satzung der Kölner Goldspinnerinnen* von 1397 ist festgelegt:

> **Q2** … Wenn eine Goldspinnerin die vier Jahre ausgedient hat, sich als Selbständige niederlassen und ihr Handwerk ausüben will, so soll sie die Bruderschaft mit zwei Gulden* … gewinnen. Die Goldschläger* und die Goldspinnerinnen sollen jedes Jahr unter sich zwei Meister und zwei Frauenmeisterinnen wählen. … Und die zwei Meister sollen das Handwerk regieren und mit der Stadt Zeichen und Siegel zeichnen …

1 *Erarbeitet aus Q1 die Bedingungen des Lehrvertrages (Vertragspartner, Leistungen der Vertragspartner, Dauer, Strafgeld).*

2 *Überlegt, warum ein solcher Vertrag schriftlich aufgesetzt wurde.*

3 *Erschließt aus dem Vertrag, welche Interessen die Vertragspartner hatten.*

4 *Vergleicht mit heutigen Lehrverträgen.*

5 *Erarbeitet aus Q2, welche Berufe in der Zunft der Goldspinnerinnen zusammengeschlossen waren und wer zu bestimmen hatte.*

6 *Beschreibt die Tätigkeit der einzelnen Personen in der Schuhmacherwerkstatt an Hand der Abbildung.*

Schuhmacherwerkstatt. Holzschnitt, um 1560.

Die Stadtbevölkerung – Menschen im Abseits

Einteilung der Bevölkerung nach Vermögen
Die Vermögensunterschiede in den mittelalterlichen Städten waren sehr hoch. Die Geschlechter und die Kaufleute ordnet man den Oberschichten, die Handwerker den Mittelschichten und die sonstige Bevölkerung den Unterschichten zu. Man nimmt an, daß letztere unter dem Existenzminimum leben mußten. Teilt man die Bevölkerung in Ober-, Mittel- und Unterschichten ein, so ergeben sich für einige Städte die in der Tabelle enthaltenen Hinweise:

Jahr	Frankfurt 1405	Augsburg 1475	Lübeck 1460
Oberschicht	8,0 %	8,5 %	22,0 %
Mittelschicht	20,0 %	5,0 %	38,0 %
Unterschicht	72,0 %	86,5 %	40,0 %

Die Unterschichten
Zu den Unterschichten zählt man all jene, die kein Bürgerrecht haben, über kein Vermögen verfügen, keiner Zunft angehören und auch keine geregelte Arbeit haben. So ist anzunehmen, daß jene Arbeiter auf dem Bild S. 190, die im Drehrad des Kranes auf und ab gehen und den Kran bedienen, zur Unterschicht zählen. Menschen der Unterschicht hatten häufig keine eigene Wohnung, sondern schliefen in Kellern oder Hausdurchgängen. Sie lebten von Gelegenheitsarbeit oder von der Mildtätigkeit der anderen. Aber auch jene, die einen sogenannten „unehrlichen Beruf" ausübten, zählten dazu. Unehrliche Berufe waren: Henker, Totengräber, Turmhüter, Spielleute, Bader, Leineweber, unehelich Geborene, Pfaffenkinder, Prostituierte, Schauspieler, manchmal auch Müller und Schäfer.

Sorge für das Alter
Schnell konnte man in Not oder Abhängigkeit geraten. Wenn man selbst nicht vorgesorgt hatte, war man auf Betteln oder auf die Hilfe der Kirche angewiesen. In einer erfundenen Geschichte von Eva-Maria Linert aus dem Jahre 1994 steht Meister Laubenhard vor dem Problem der „Altersvorsorge":

M … Martinitag 1288 – Der alte Böttchermeister* Veit Laubenhard kehrt vom Begräbnis seiner jüngsten Tochter Elisabeth heim. Sie ist bei der Geburt ihres achten Kindes gestorben … Erst im März hat Veit Laubenhard seine Frau verloren, zum Husten kam das Fieber, vier Tage später war sie tot.
Er steigt die Treppe von seiner Werkstatt zu seiner Schlafkammer hinauf. Wer wird demnächst in der Küche am Herd stehen? Sicher, sein Schwiegersohn, der mit im Hause wohnt, wird wieder heiraten. Er braucht eine Frau, die sich um die fünf Kinder kümmert. Aber wird der alte Meister für die neue Frau nicht immer ein Fremder bleiben? Zu seiner ältesten Tochter Anna kann er nicht ziehen, sie hat einen Meister in der nächsten Stadt geheiratet – doch dort darf Veit nicht als Böttchermeister arbeiten. …
Müde setzt er sich aufs Bett und denkt an seine Kinder: elf hat ihm seine Frau geboren. Vier sind in einer Woche am Fieber gestorben, das älteste war damals gerade sieben. Auch drei andere haben das 20. Lebensjahr nicht erlebt. Sein ältester, der seine Werkstatt übernehmen wollte, wurde von einer Fuhre Holz erschlagen und der andere Sohn ist mit dem Burgherrn gezogen, um das Heilige Grab* von den Ungläubigen zu befreien … Nikolaus, sein Schwiegersohn, ist gleichzeitig sein Geselle und könnte die Werkstatt übernehmen. So war es auch ausgemacht, als Elisabeth noch lebte. Doch jetzt? Wer soll den alten Veit versorgen, wenn er einmal nicht mehr aufstehen kann? Wer wird ihn füttern, wenn seine Hände so zittern, daß sie die Suppe nur noch verschütten? Wer wird ihm den Rosenkranz* in die Hand legen, wenn er ihn selbst nicht mehr findet?
(Der Pfarrer hat ihn schon gefragt), ob er sich nicht … in das Spital* einkaufen will. Dazu müßte aber Veit Laubenhard sein Haus mit der Werkstatt dem Spital vererben. Gleichzeitig verspricht sein Schwiegersohn ihm, ihn immer gut zu versorgen …, er könne Haus und Werkstatt unbesorgt ihm übergeben … Was soll er tun?

7 *Versucht dem alten Meister einen Rat zu geben.*
8 *Erkundigt euch, wer heute die Kosten für einen Platz im Altenheim trägt. Fragt auch, was mit dem Vermögen eines alten Menschen geschieht, wenn er in ein Altenheim geht.*
9 *Lest auch nach im Kapitel „Wohin mit Oma und Opa?"*

LEBENSQUALITÄT IN DER MITTELALTERLICHEN STADT

„Stadtluft macht frei"
Im Mittelalter wanderten viele Menschen vom Land in die Stadt. Der Satz „Stadtluft macht frei" hatte sich herumgesprochen. Durch die Flucht in die Stadt versuchten sie der persönlichen Abhängigkeit von ihrem Grundherrn* zu entkommen. „Stadtluft macht frei" meint also die Freiheit von einem Herrn, nicht frei von Verpflichtungen. Denn jeder Bürger hatte Pflichten zu erfüllen: er mußte Steuern bezahlen, Ämter übernehmen, sich eine Rüstung kaufen, im Brandfall zum Löschen kommen und vieles mehr. Das Leben in der Stadt klappte nur, wenn alle zusammenarbeiteten.

Brandkatastrophen in der Stadt
Das Feuer war für die Menschen der Stadt Segen und Fluch zugleich. Mit dem Feuer wurde die Nahrung zubereitet, hier wärmte man sich und mit offenem Feuer sorgte man für Licht. Aber da viele Häuser aus Holz gebaut und mit Stroh gedeckt waren, konnte ein Brand schnell entstehen, um sich greifen und ganze Stadtteile vernichten. Es brannte oft in den mittelalterlichen Städten.

1 Brand der Stadt Bern. Buchmalerei, 1405.

Brände in einzelnen Städten:	
Dortmund:	1113/14 (Eroberung), 1232, 1297, 1637 (Beschießung)
Düsseldorf:	1689 (Belagerung, 25 Häuser), 1702 (ganze Stadt bis auf 6 Häuser)
Köln:	1150, 1192, 1244, 1313, 1349, 1376, 1378
Münster:	1121, 1197, 1383, 1655–61 (Beschießungen), 1759 (Beschießung)
Wuppertal:	1537, 1678, 1687
Xanten:	863, 1081, 1109, 1362, 1372

Zu Oldenburg schrieb ein Wissenschaftler 1952:

M … Durch Blitzschlag entstand der große Brand von 1676, der die ganze Neustadt und die Altstadt nördlich des Marktes mit 700 Wohnhäusern und 230 Nebengebäuden in Asche legte …

1 Nennt die oben angeführten Brandursachen.
2 Informiert euch über Zeitpunkt und Ursachen der letzten Brände in eurem Ort. Auskunft können euch geben: Stadtmuseum, Stadtarchiv, Feuerwehr, Stadtverwaltung, Bücher zur Stadtgeschichte.

Brandvorsorge
Zur Vorsorge erließen die Räte Vorschriften:

Q1 (Hannover, 16. Jahrhundert) … In welchem Haus … Stroh oder Futter liegt, und zwar auf dem Balken oder auf dem Boden, wo die Feuerstelle direkt darunter gelegen ist, der soll dafür eine Strafe zahlen …

Q2 (Hameln, 1385) … Es ist untersagt, die Dächer mit Stroh zu decken …

In Köln war angeordnet, welches Werkzeug jeder Handwerksmeister zum Löschen bereit halten mußte. Für die Zunft der Zimmerleute und Steinmetze schrieb der Rat 1360 vor:

Q3 … Meister Peter, der Stadtzimmermann, hat eynen kesselhoit* … Henkin van Rurmunde muß einen haich* haben. Alf van Deerendorp eyne leyder*. Henkin van Ayghe eyne leyder … Johan van Bunne eynen ember*, Hannus Stegermann eynen ember …

3 Sucht die in Q3 vorgeschriebenen Hilfsmittel auf der Abbildung 1.
4 Beschreibt die Schwierigkeiten und die Erfolgsaussichten der in der Abbildung dargestellten Löschmethode.
5 Sucht euch eine Person der Abbildung aus und schreibt zu ihr eine Geschichte.

Lebensqualität in der mittelalterlichen Stadt

2 Ausleeren eines Nachttopfs. Holzschnitt aus dem 15. Jahrhundert.

In Hannover wurde im 16. Jahrhundert festgesetzt:
> **Q4** … Auch finden sich viele Schweineställe auf den Straßen. Wo sie sind, soll man sie innerhalb von 8 Tagen abreißen. Von nun an soll man weder auf den Straßen noch unter den Fenstern der Häuser noch irgendwo außerhalb der Häuser Ställe haben …

Das Straßburger Stadtrecht (um 1200) legte fest:
> **Q5** … Niemand soll Mist oder Kot vor sein Haus legen, wenn er ihn nicht gleich wegfahren will, außer auf den hierzu bestimmten Plätzen, nämlich neben den Fleischmarkt, ferner neben dem Brunnen auf dem Pferdemarkt …

Sterben als Alltag

Der Augsburger Kaufmann Burkard Zink schrieb 1466 über sein Leben:
> **Q6** … 1418 starb mein Vater an dem Gebrechen der Pestilentz*. 1419 starb meine Schwester an der Pestilentz. 1420 nahm ich meine erste Frau Elisabeth … 1421 wurde eine Tochter Ändlin geboren; sie lebte 9 Jahre und starb (an der Pestilentz) … 1423 wurde Johannes geboren, der lebte noch 1466 … Im Jahre 1438 war ein großes Sterben hier in Augsburg und es starben 6 000 Menschen. Auch starb mein Sohn Conrad an der Pestilentz. 1440 starb meine liebe Hausfrau Elisabeth und sie liegt zu St. Ulrich unter meinem Stein begraben …

Burkart Zink hat drei Ehefrauen überlebt und von seinen 16 Kindern starben neun vor ihm.

6 *Nehmt Stellung zu der Überschrift von Q6 „Sterben als Alltag". Zieht die Geschichte über Meister Laubenhard auf S. 193 mit heran.*

Seuchen in Köln:	
Pest:	1349, 1350, 1356–58, 1365, 1383, 1396, 1400, 1401, 1402, 1409, 1428, 1438–42, 1450 (30 000? Tote), 1453, 1464, 1472, 1481, 1494, 1502, 1506, 1518 („viele Tausende"), 1530, 1540, 1554, 1555, 1564–65 (24 000), 1577 (einzelne), 1597–98, 1604–06, 1607 (täglich bis 150 Tote), 1609, 1615, 1617, 1618, 1620, 1622, 1628, 1630, 1635, 1643, 1649, 1665–67 (über 10 000 Tote);
Flecktyphus:	1673;
Ruhr:	1846, 1872;
Cholera:	1849 (1 274 Tote), 1866 (257), 1867 (601);
Pocken:	1850 (140 Erkrankungen), 1856 (599), 1857 (200), 1859 (425) 1866 (223), 1867 (127), 1870–71 (2 450)

7 *Beschreibt mit Hilfe von Abb. 2, Q4 und Q5 die hygienischen Zustände in den mittelalterlichen Städten.*

8 *Überlegt euch zu Q5 inwiefern die Anordnung zeigt, daß man das Problem erkannt hatte.
Zieht eine Verbindung zwischen den Informationen dieser Seite und erklärt, ob die hygienischen Zustände verbessert wurden.*

9 *Informiert euch beim Stadtarchiv oder aus einer Stadtgeschichte über Seuchen in eurer Stadt.*

10 *Erarbeitet mit Hilfe von Lexika, um welche Krankheiten es sich handelte und ab wann man sie bekämpfen konnte.*

Methode: Mit alten Texten arbeiten

Viele Kenntnisse über die Vergangenheit erarbeiten wir aus alten Texten. Sie sind unsere Quellen. Die Menschen haben vieles aufgeschrieben: Einige Mönche haben die Geschichte ihre Klosters aufgeschrieben, andere die Geschichte der Könige im Mittelalter; Briefe wurden geschrieben und Verträge geschlossen; die Räte der Städte legten schriftlich fest, was in ihrer Stadt erlaubt war und was nicht; Kaufleute stellten Rechnungen aus und vieles mehr. Die Quellen auf S. 189 haben gezeigt, wie unterschiedlich ein Ereignis gesehen werden kann. Immer müssen wir diese Quellen daher untersuchen, damit wir erkennen können, was sie aussagen. An jede Quelle müssen wir Fragen stellen:

Frage 1:
- Welche Wörter oder Namen sind unbekannt?
- Wo kann ich nachschlagen?

Frage 2:
- Läßt sich die Quelle beschreiben?
- Ist es z.B. ein Bericht, ein Vertrag, eine Urkunde, ein Brief?

Frage 3:
- Wer ist der Autor?
- Wann hat er gelebt?
- Kannte er sein Thema aus eigener Anschauung?

Frage 4:
- An wen richtet sich sein Schreiben?
- An einen Geschäftspartner, einen Verwandten, an die Nachwelt?

Frage 5:
- Wovon handelt die Quelle?
- Was wird ausgesagt?
- Läßt sie sich gliedern?
- Kann man den Inhalt zusammenfassen?

Frage 6:
- Wie schreibt der Autor?
- Hat er eine besondere Art zu schreiben?

Frage 7:
- Verfolgt der Autor eine Absicht?
- Welche Wertungen sind zu erkennen?
- Ergreift der Autor Partei?

Frage 8:
- Was sagt der Autor nicht?

Wir stellen einige dieser Fragen an den Bericht des Burkart Zink (Q6, S. 195):

Der Augsburger Kaufmann Burkard Zink schrieb 1466 über sein Leben:

> **Q** … 1418 starb mein Vater an dem Gebrechen der Pestilentz*, 1419 starb meine Schwester an der Pestilentz. 1420 nahm ich meine erste Frau Elisabeth … 1421 wurde eine Tochter Ändlin geboren; sie lebte 9 Jahre und starb (an der Pestilentz) … 1423 wurde Johannes geboren, der lebt noch 1466 … Im Jahre 1438 war ein großes Sterben hier in Augsburg und es starben 6 000 Menschen. Auch starb mein Sohn Conrad an der Pestilentz. 1440 starb meine liebe Hausfrau Elisabeth und sie liegt zu St. Ulrich unter meinem Stein begraben …

Zu Frage 1:
„Gebrechen der Pestilentz*"
Das Sternchen bedeutet, daß wir im Anhang des Buches eine Worterklärung finden.

Zu Frage 2:
Der Einleitungssatz teilt uns mit, daß Zink über sein Leben schreibt. Sportler schreiben heute oft solche Lebensberichte*.

Zu Frage 5:
Zink berichtet, daß fast alle aus seiner Familie an der Pestilentz gestorben sind.

Zu Frage 6:
„1418, 1419, 1421"
Zink zählt auf: nüchtern, sachlich, unbeteiligt. Es liest sich wie der Jahresabschlußbericht eines Kaufmanns über Einnahmen und Ausgaben.

Zu Frage 8:
Wir erfahren nicht, ob ihn der Tod seiner Frauen und Kinder wirklich so unbeteiligt ließ.
Wir erfahren von ihm nicht, ob die Sterblichkeit in anderen Familien auch so hoch war.
Er schreibt nichts über die Ursachen der Pestilentz. Wir erfahren auch nicht, ob er sie nicht kannte oder ob er sie nur verschwieg.
Er schreibt von 6 000 Toten in Augsburg, weil ihn diese Zahl offensichtlich beeindruckte. Er schreibt aber nicht, ob es sich dabei um 25 oder 50 oder noch mehr Prozent der Bevölkerung handelte.

1 *Kennt ihr Autobiographien? Bringt Beispiele mit und klärt, wie sich der Autor darstellt.*
2 *Wendet diese Methode auf die Erarbeitung weiterer Quellen in diesem Buch an.*

LEBENSQUALITÄT HEUTE

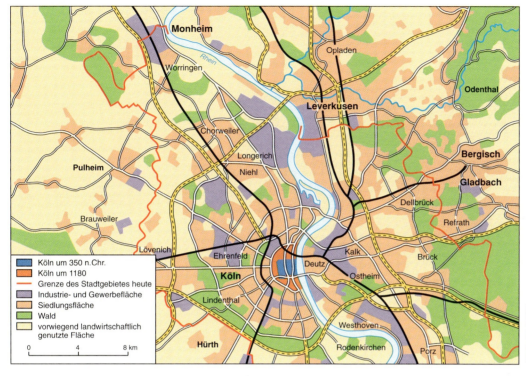

1 Die räumliche Entwicklung der Stadt Köln von der römischen Siedlung bis heute.

Bedrohte Lebensqualität heute
Auf den Seiten 197–204 könnt ihr die Entwicklung von Städten an Beispielen verfolgen und einige ihrer Probleme kennenlernen.

Eine Stadt wächst: Beispiel Köln
Köln ist aus einer Ansiedlung der Römer entstanden. Erst mit der Industrialisierung und dem Bau der Eisenbahnen im 19. Jh. dehnte sich die Stadt über ihre mittelalterliche Befestigung aus. Vor der Stadt entstanden Fabriken und Mietskasernen für die Arbeiter. Entlang der vom Stadtkern ausgehenden Radialstraßen* entwickelten sich neue Stadtviertel. Nach dem Zweiten Weltkrieg wurden viele der dazwischenliegenden Freiflächen bebaut.

1 Beschreibt die räumliche Entwicklung der Stadt Köln (Abb.1). Beachtet auch den Verlauf der Autobahnen, der Eisenbahnlinien, der großen Straßen und die Lage der Wald- und Industrieflächen.
2 Meßt die Ost-West-Ausdehnung der römischen, mittelalterlichen und heutigen Stadt Köln und vergleicht sie miteinander.
3 Erläutert die Bevölkerungsentwicklung von Köln (Abb. 2).

In den heutigen Großstädten gibt es zahlreiche Probleme, wie z. B. Wohnungsnot, Verlust von Arbeitsplätzen, Armut, Smog, Verkehrsinfarkte und leere städtische Kassen. Ein Grund für die Probleme ist auch das räumliche Wachstum der Städte.

Zeit	Einwohnerzahl
300 n. Chr.	25 000
um 1150	30 000
1888	261 000
1939	772 000
1946	220 000
1961	810 000
1985	919 000
1994	1 005 000

2 Entwicklung der Einwohnerzahl der Stadt Köln.

4 Beschreibt mit Beispielen, wie das Wachstum einer Stadt das Leben dort verändert.
5 Sammelt Informationen und Stadtpläne über die Entwicklung eurer Stadt, z. B. in der Stadtbücherei, im Amt für Stadtplanung, im Stadtmuseum. Stellt damit eine Wandzeitung zusammen.
6 Findet heraus, welche aktuellen Probleme es in eurer Gemeinde gibt. Sammelt dazu Zeitungsartikel und erstellt eine aktuelle Presseübersicht.

Eine Stadt plant Verbesserungen

1 Industriegelände in der Mitte von Oberhausen. Foto 1965.

In den Städten des Ruhrgebietes sind durch den Niedergang des Kohlebergbaus und die Stahlkrise in den 1980er Jahren zahlreiche Probleme entstanden. Betriebe wurden geschlossen, und sehr viele Arbeitsplätze gingen verloren. Auch das beeinträchtigt die Lebensqualität in einer Stadt. Wie die Stadt Oberhausen diese Probleme zu lösen versucht, welche Interessen und Konflikte dabei auftreten, könnt ihr auf den folgenden Seiten erarbeiten.

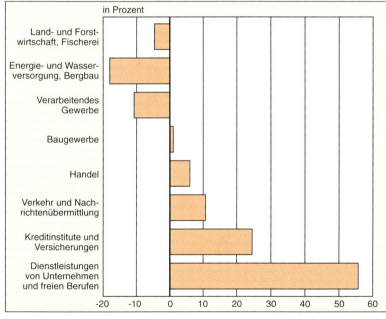

2 Veränderungen der Zahl der Erwerbstätigen im Ruhrgebiet 1981–1991 (in %).

Das Beispiel Oberhausen

Oberhausen entstand 1848 durch Zechen und Hüttenwerke an der Cöln-Mindener-Eisenbahn. Bahnlinien und Industrieflächen zerschnitten die Stadt. In der Mitte der Stadt konnte sich daher kein Zentrum herausbilden. Die Interessen der Industrie und der Eisenbahn waren stärker als die der Stadtplanung. 1992 zählte die Stadt 225 000 Einwohner. Sie hatte in den zurückliegenden Jahren etwa 40 000 Arbeitsplätze im Bergbau und in der Stahlindustrie verloren. Durch die Schließung eines Stahlwerks 1985, einer Kohlenzeche und einer Kokerei im Jahre 1990 bot sich nun aber auf einem Gelände mitten in der Stadt die Chance, ein neues Stadtzentrum zu bauen. Zugleich eröffnete sich die Möglichkeit, neue Arbeitsplätze im Dienstleistungsbereich zu schaffen.

1 *Sucht die Stadt Oberhausen auf einer Atlaskarte und beschreibt ihre Lage im Bahn- und Straßennetz Nordrhein-Westfalens.*

2 *Beschreibt die Industrieanlagen auf dem Foto (Abb. 1) und überlegt, was nach einer Stilllegung der Betriebe damit gemacht werden könnte.*

3 *Erläutert die Entwicklung der Erwerbstätigkeit im Ruhrgebiet (Abb. 2) und nennt damit verbundene Probleme.*

Eine Stadt plant Verbesserungen

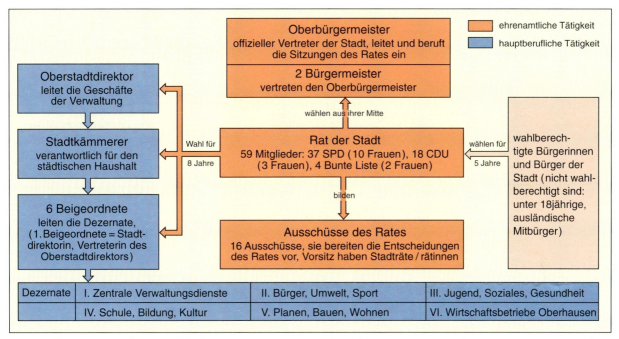

3 Die Selbstverwaltung der Stadt Oberhausen (Stand 1995). Nach der neuen Gemeindeordnung des Landes NRW wird es ab der Kommunalwahl 1999 keinen Oberstadtdirektor mehr geben, sondern nur noch einen hauptamtlichen Oberbürgermeister.

Städtische Selbstverwaltung

4 Beschreibt den Aufbau der Selbstverwaltung der Stadt Oberhausen (Abb. 3).
5 Nennt die Bevölkerungsgruppen, die nicht über die Zukunft ihrer Stadt mitbestimmen können. Informiert euch, wieviele Menschen in eurer Stadt zu diesen Bevölkerungsgruppen gehören.
6 Erörtert Vorschläge über ein kommunales Wahlrecht für diese Gruppen.
7 Erkundigt euch, wie stark die Parteien im Rat eures Heimatortes vertreten sind, wieviele Frauen und Männer ihm angehören und welche Ausschüsse, Dezernate und Ämter bestehen.
8 Erstellt ein Schaubild von der Selbstverwaltung eures Heimatortes.

Bauleitplanung

Mit Hilfe der Bauleitplanung ordnen die Städte ihre Entwicklung. Dabei geht es z. B. um die Verbesserung der Wohn-, Arbeits- und Freizeitverhältnisse, den Umweltschutz, die Förderung der Wirtschaft und um die Berücksichtigung der Bedürfnisse von Familien und Behinderten. Die Baugesetze sehen eine starke Beteiligung der Bürgerinnen und Bürger an der Bauleitplanung vor.

Ablauf einer Planung:
1. Ratsbeschluß zur Aufstellung eines Bebauungsplanes* und Erstellung eines Zeitplanes für die Baumaßnahmen.
2. Bürgerversammlung zur Information der Öffentlichkeit; Anhörung der Bürgerinnen und Bürger, der Verbände und Kirchen.
3. Erarbeitung des Bebauungsplanentwurfes durch die Stadtverwaltung (Planungsamt, Bauamt).
4. Öffentliche Auslegung des Entwurfes und Anhörung der Bürgerinnen und Bürger mit der Möglichkeit, Bedenken und Anregungen gegen den Planentwurf vorzutragen.
5. Entscheidung über die vorgebrachten Bedenken und Beschluß des Rates.
6. Genehmigung des vom Rat beschlossenen Bebauungsplanes durch den Regierungspräsidenten.

---

9 Erläutert den Ablauf einer Bauleitplanung mit Hilfe der Übersicht.
10 Überlegt, welchen Einfluß die Parteien im Rat und die Bürgerschaft auf eine Planung haben.
11 Informiert euch im Bauamt über die Bauleitplanung eures Heimatortes.

Interessenkonflikte bei der Stadtplanung

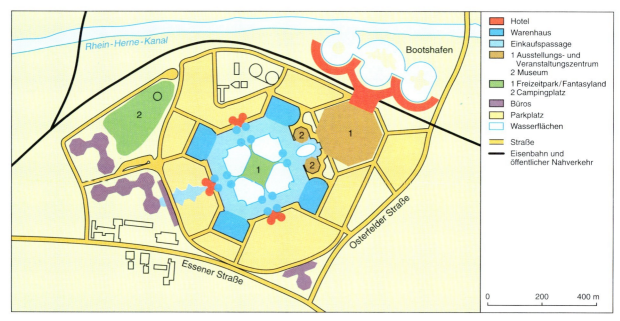

1 Das 1989 geplante „World Tourist Center" in Oberhausen.

Das „World Tourist Center" (WTC)

1989 legte eine kanadische Investorengruppe* einen Plan für ein großes Freizeit- und Einkaufszentrum in der Stadtmitte Oberhausens vor. Es sollte das größte der Welt werden. Befürworter sagten 68 000 neue Arbeitsplätze für die Zeit des Baus und 14 000 danach voraus. Kritiker befürchteten hingegen eine Verödung* der Innenstädte in den Nachbarorten.
Auf große Zustimmung stieß die Planung:
– bei der Verwaltungsspitze,
– der SPD, CDU, FDP im Stadtrat,
– dem örtlichen Einzelhandelsverband und
– beim Wirtschaftsminister der Landesregierung.
Ablehnung erfuhr das Vorhaben durch
– die Bunte Liste/Grüne im Stadtrat,
– den Städtebauminister,
– die Nachbarstädte und deren Einzelhandelsverbände
– und durch Gutachten.
Die Landesregierung lehnte 1989 unter Berücksichtigung der Gutachten den Plan ab. Oberhausen mußte daraufhin einen anderen Plan entwickeln.

1 *Beschreibt die Nutzungen im WTC mit Hilfe des Planes (Abb.1).*
2 *Klärt in einem Gespräch die Interessen der Befürworter und Gegner.*

Kritik am WTC

In den Gutachten zur Planung des WTC wurden folgende Punkte besonders kritisiert:
– Das WTC steht im Widerspruch zu den Zielen der Planungen des Landes. Oberhausen soll nicht das Hauptzentrum des Ruhrgebietes werden.
– Das neue Stadtzentrum ist kein „öffentlicher Ort" mehr, denn es gehört der Investorengruppe. Sie kann unerwünschte Besucher und politische Aktionen (Stände, Demonstrationen) verbieten.
– Negative Auswirkungen auf die Region und die Nachbarstädte sind wahrscheinlich.
– Im neuen Stadtzentrum gibt es nur ein Ziel: Geld verdienen. Die Stadtmitte hat in Europa dagegen immer mehrere Funktionen gehabt, z.B. als Wohn- und Geschäftsort, als kultureller, kirchlicher, politischer und öffentlicher Mittelpunkt.
– Das WTC schafft eine vollklimatisierte und mit künstlicher Geräuschkulisse ausgestattete Umwelt.
– Das WTC hat negative Auswirkungen für die Umwelt: starker Autoverkehr, riesige Parkflächen, hoher Energieverbrauch.

3 *Führt mit Hilfe der Abb. 1 und der Texte ein Streitgespräch über das Für und Wider des WTC. Teilt dazu eure Klasse in Gruppen von Befürwortern und Gegnern des Projektes auf.*

Interessenkonflikte bei der Stadtplanung

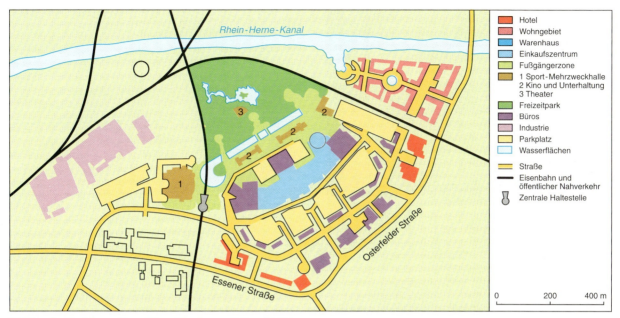

2 Plan des Projektes „Neue Mitte Oberhausen". Stand 1994.

3 Einkaufszentrum und Parkhäuser. Modell 1994.

4 ÖPNV-Trasse. Modell 1994.

Das Projekt „Neue Mitte Oberhausen"

1991 legten die Stadt Oberhausen und das Land Nordrhein-Westfalen den Plan für eine „Neue Mitte Oberhausen" vor und stellten finanzielle Mittel zur Verfügung. 1992 wurde die Planung genehmigt. 1993 beschloß der Rat der Stadt unter Berücksichtigung von Anregungen und Gutachten den Bebauungsplan* und erteilte erste Baugenehmigungen. 1994 konnte nach dem Abriß vorhandener Gebäude mit den Baumaßnahmen begonnen werden.

1996 soll das Projekt „Neue Mitte Oberhausen" fertiggestellt sein.

4 *Beschreibt das Projekt „Neue Mitte Oberhausen" mit Hilfe der Abb. 2–4.*

5 *Vergleicht die beiden Pläne (Abb. 1 und 2) für eine neue Stadtmitte Oberhausens. Achtet auch auf die Anzahl der Parkplätze, Größe der Verkaufsflächen, Freizeiteinrichtungen, Gewerbeflächen und Hotelanlagen.*

Interessengegensätze bei der Stadtplanung

1 Blick in die „Meadowhall Center" in Sheffield. Foto 1993.

Ziele der Stadt Oberhausen
1 *Beschreibt Abbildung 1. Erstellt eine Fotocollage mit Bildern von Einkaufszentren in der Nähe eures Heimatortes.*

Ein so großes Vorhaben wie das Projekt „Neue Mitte" kann nicht allein von der Stadt und dem Land bezahlt werden. Daher wird es von der Firmengruppe „Stadium und P&O" gebaut, die in dieses Projekt Gelder investiert und nach Fertigstellung daraus Einnahmen erzielen möchte. Gebäude und Flächen der „Neuen Mitte" sollen an Kaufhauskonzerne, Einzelhandelsgeschäfte und Dienstleistungsunternehmen vermietet oder verkauft werden.
Die Projektziele der Stadt Oberhausen lauten:
– Verbesserung der Infrastruktur*,
– Schaffung neuer Arbeitsplätze,
– mehr Steuereinnahmen,
– Nutzung ehemaliger Industrieflächen,
– Ansiedlung von Unternehmen mit Zukunft,
– Schaffung eines attraktiven Stadtzentrums,
– Steigerung des Ansehens der Stadt Oberhausen.

Pro und contra „Neue Mitte Oberhausen"
In einem Informationsblatt der Firmengruppe „Stadium und P&O" vom 24.9.1994 wird die Planung der „Neuen Mitte Oberhausen" so vorgestellt:

M1 ... Stadium und P&O haben mit der „Neuen Mitte" ein einmaliges Konzept ... entwickelt, das Einkaufen, Kultur, Sport und Freizeit in idealer Weise miteinander kombiniert und den Wünschen und Bedürfnissen der Menschen in der modernen Industriegesellschaft gerecht wird. ... Shopping-Erlebnis für die ganze Familie, ... Entertainment*, Kultur und Show - diese bunte Mischung erwartet den Besucher ...
Die Planung ... orientiert sich an einem ähnlichen Großprojekt in England, dem „Meadowhall Einkaufs- und Freizeitzentrum", das auf dem Gelände eines Stahlwerkes in Sheffield von derselben Investorengruppe* erbaut wurde. Es wird seit 1989 betrieben und gehörte schon nach wenigen Jahren zu den bedeutendsten Einkaufsorten des Landes ...

Kritik gegen das Projekt haben die Parteien Bunte Liste und die Grünen in Oberhausen vorgetragen. In einer Mitteilung der Bunten Liste aus dem Jahre 1994 hieß es:

M2 ... Die „Neue Mitte" wird Oberhausen und der Region nicht helfen, da hier wieder nur ein Zentrum für Einkaufen und Freizeit entsteht, aber keine qualifizierten Arbeitsplätze. Der Verkaufsbereich bietet zu 80% nur minderqualifizierte Arbeitsplätze.
– Die Ansiedlung von Betrieben mit qualifizierten Arbeitsplätzen wäre sinnvoller.
– Geldausgeben und -verdienen stehen im Vordergrund, nach dem Motto: Kaufe, bis du umfällst!
– Die bisherigen Stadtteilzentren werden veröden, so wie auch das alte Zentrum von Sheffield verödet ist.
– Viele Wege und Plätze sind nicht mehr in öffentlicher, sondern in privater Hand.
– Der Energieverbrauch in den großen und überdachten Anlagen ist sehr groß.
– Trotz des Abtrags der von Bergbau und Industrie vergifteten Böden können weiterhin Gefahren von den Altlasten* im Untergrund ausgehen.
– Mit einer starken Zunahme des privaten Pkw-Verkehrs muß gerechnet werden.
– Die Oberhausener werden kaum über die jetzt schon immer verstopften Autobahnen fahren ...

Interessengegensätze bei der Stadtplanung

Neue Arbeitsplätze durch das Projekt „Neue Mitte"

Prognose der Stadt Oberhausen von 1992:

Gewerbe	4 500
Einkauf	5 000
Sportstadt	200
Hotel	200
Marina	500
Technologiezentrum	100
Bauphase	2 500

Anfahrtszeit zur „Neuen Mitte Oberhausen"

Es benötigen aus dem Einzugsbereich zur Anfahrt:

30 Minuten	5 Mio. Menschen
60 Minuten	15 Mio. Menschen
120 Minuten	30 Mio. Menschen

Verkehrsplanung für die „Neue Mitte"

Die „Neue Mitte Oberhausen" wird voraussichtlich für weite Teile Norddeutschlands und der Europäischen Union* (EU) ein Anziehungspunkt sein. Über 60 Millionen Menschen leben in einem Einzugsbereich* von 250 km um Oberhausen. Gutachter rechnen täglich mit 75 000 bis 100 000 Besuchern, die in das neue Stadtzentrum fahren werden. Die Hälfte dieser Personen wird vermutlich aus Oberhausen kommen.
Um ein Verkehrschaos durch die „Neue Mitte" zu vermeiden, soll der Öffentliche Personennahverkehr (ÖPNV) mit Bus und Straßenbahn verbessert werden. Kurze Fahrzeiten, häufige Fahrten und Verbindungen in alle Stadtteile sollen den Besuchern der „Neuen Mitte" eine Alternative zum eigenen Auto bieten. Im gesamten Stadtgebiet Oberhausens wird daher die Straßenbahn wieder eingeführt. Eine wichtige ÖPNV-Trasse (Bus und Straßenbahn) wird durch die Neue Mitte geführt werden.

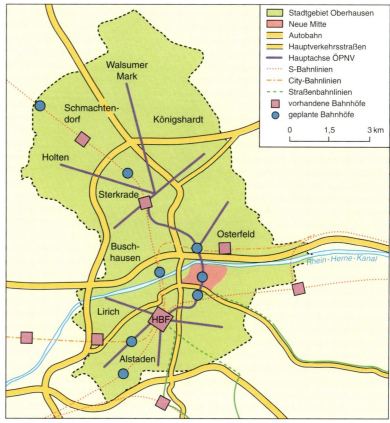

2 Konzept für den öffentlichen Nahverkehr in Oberhausen nach der Fertigstellung der „Neuen Mitte" (Stand 1994).

Da aber vermutlich viele Besucher dennoch mit dem eigenen Pkw anreisen werden, soll der Straßenverkehr zur „Neuen Mitte" über die bestehenden Autobahnen gelenkt werden. Mehrere Ausfallstraßen werden vierspurig ausgebaut. 10 000 Parkplätze sollen geschaffen werden.

2 *Stellt mit Hilfe der Materialien dieser Doppelseite die unterschiedlichen Interessen der Stadt Oberhausen, der Investorengruppe und der Kritiker des Projektes in einer Tabelle zusammen. Überlegt, wo sie übereinstimmen und wo sie voneinander abweichen.*

3 *Sucht auf einer Atlaskarte Oberhausen und notiert, welche größeren Städte im Umkreis von 250 km um Oberhausen liegen.*

4 *Beschreibt mit Hilfe der Karte (Abb. 2), wie die „Neue Mitte" mit dem ÖPNV oder mit dem Auto erreicht werden kann.*

5 *Wägt die Vor- und Nachteile einer Anfahrt mit den verschiedenen Verkehrsmitteln zur „Neuen Mitte" ab. Denkt dabei an die unterschiedlichen Absichten der Besucher.*

6 *Überlegt, warum für die „Neue Mitte" ein so großer Einzugsbereich angenommen wird.*

7 *Führt eine Pro-und-Kontra-Diskussion zum Projekt „Neue Mitte" in Oberhausen.*

Ständige Aufgabe: Verbesserung der Lebensqualität

Karikatur. Deutsches Allgemeines Sonntagsblatt 22.7.1994.

Was soll aus unseren Städten werden?
Außer den bereits in diesem Kapitel bearbeiteten Problemen stehen die heutigen Städte noch vor zahlreichen anderen Problemen und Konflikten. Im „Deutschen Allgemeinen Sonntagsblatt" vom 22. Juli 1994 hieß es dazu:

> **M** ... Deutschlands Oberbürgermeister schlagen Alarm. Die Probleme wachsen – in den Kassen herrscht Ebbe.
> **Problem Kriminalität:** In den Metropolen lebt es sich gefährlicher als anderswo ... In Städten über 500 000 Einwohnern ist das Risiko Opfer eines Raubüberfalls zu werden ... fast viermal so hoch wie in Orten zwischen 20 000 und 100 000 Einwohnern und fast zwölfmal so hoch wie in kleinen Dörfern.
> **Problem Wohnungsnot:** Die Zahl der Haushalte steigt trotz sinkender Bevölkerungszahlen. Mitt..lerweile besteht fast jeder dritte Haushalt aus nur einer Person; in mancher Großstadt sind mehr als die Hälfte Singlehaushalte*. Und die brauchen viel Platz. Drei Millionen Wohnungen fehlen derzeit ... Vor allem billige Bleiben fehlen.
> Problem Bevölkerungszuwachs: Die Städte wachsen wieder. Sorgte der Umzug ins Grüne bis Mitte der achtziger Jahre dafür, daß die Großstädte schrumpften, hat sich seitdem der Trend umgekehrt ... Die Gründe für diese Entwicklung liegen vor allem in der Zuwanderung von Aussiedlern aus Osteuropa. ... 1,3 Millionen Ostdeutsche zogen zwischen 1989 und 1992 in den Westen – vornehmlich qualifizierte Menschen, die dort wohnen wollen, wo es die meisten Arbeitsmöglichkeiten gibt, nämlich in den Städten.
> **Problem Finanzen:** Das Geld wird knapp, die Schere zwischen Einnahmen und Ausgaben öffnet sich immer weiter. 1992 gaben die deutschen Kommunen 271,6 Milliarden Mark aus, nahmen aber nur 258,3 Milliarden ein ... Mit der [deutschen] Vereinigung ist der Schuldenstand der Kommunen kräftig gestiegen ...

1 *Entnehmt dem Zeitungsartikel die wichtigsten Aussagen über die Bedrohung der Lebensqualität in heutigen Städten.*
2 *Überlegt Maßnahmen zur Lösung der Probleme der Städte.*
3 *Erläutert die Karikatur oben.*
4 *Fragt bei Politikern und in der Stadtverwaltung nach, ob es in die M genannten Probleme auch in eurer Gemeinde gibt und was dagegen getan wird. Sammelt dazu auch Zeitungsausschnitte.*

ZUSAMMENFASSUNG

1 Geht in den einzelnen Bildteilen auf Entdeckungsreise.

2 Ordnet die Abbildungsteile zeitlich oder sachlich zu. Orientiert euch dabei an den Themen, die in diesem Kapitel angesprochen wurden.

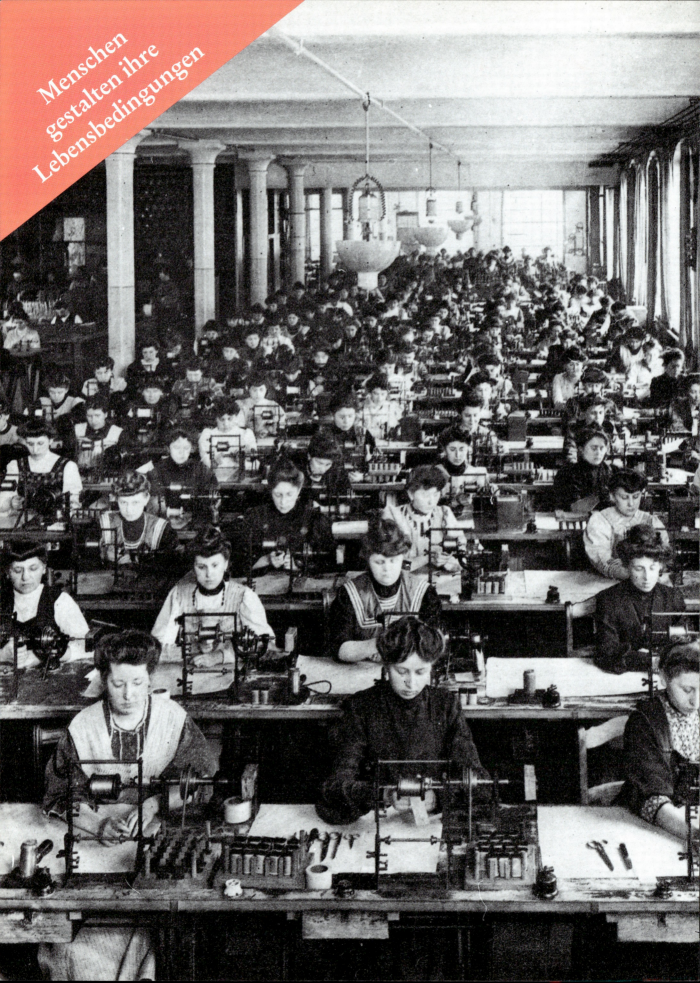

Menschen gestalten ihre Lebensbedingungen

4.2 GESICHTER DER INDUSTRIEGESELLSCHAFT

Fernseher, Computer, Auto, Fahrrad, Eisenbahn, Fabriken und mehr – alle sind Produkte unserer Industrie. Wir leben in einer Industriegesellschaft. Wie ist sie entstanden? Wie hat sich das Leben der Menschen im Laufe der Industrialisierung verändert? Welche Antworten haben Menschen auf den Wandel ihrer Arbeits- und Lebensformen gefunden?

Im folgenden Kapitel könnt ihr „Gesichter" der Industriegesellschaft kennenlernen und erarbeiten was zu tun ist, um die Lebensgrundlagen der Menschen zu erhalten.

DIE INDUSTRIALISIERUNG BEGINNT IN ENGLAND

Technische Neuerungen in der Textilherstellung

- 1733 John Kay verbessert den Webstuhl durch eine Vorrichtung, die die Bewegung des Weberschiffchens beschleunigt.
- 1767 James Hargreaves erfindet eine Spinnmaschine, die „Spinning Jenny". Mit ihr konnten 16 Spindeln gleichzeitig angetrieben werden.
- 1769 Richard Arkwright entwickelt eine Spinnmaschine, die mit Wasser- und Dampfkraft angetrieben werden kann.
- 1779 Samuel Crompton gelingt das Spinnen größerer und feinerer Mengen Garn.

1 Heimspinnerin an einer Radspindel, um 1810. Zeitgenössische Darstellung.

2 Spinnerei in England. Stahlstich, etwa 1830.

In England nahm die Industrialisierung* ihren Anfang. Das lag vor allem an wichtigen technischen Erfindungen und an der neuen Art, die Arbeit anders zu organisieren und gewinnorientiert zu wirtschaften. Am Beispiel der Arbeit in der Textilindustrie könnt ihr erarbeiten, welche Auswirkungen die neue Wirtschaftsweise auf die Frauen, Männer und Kinder hatte.

Technik und Arbeit in der Textilindustrie

3 Computergesteuerte Anlage in der Textil-Industrie. Foto um 1994.

Folgen und Bedeutung der neuen Technik
Der Schweizer Christian Bernoulli schrieb 1827 über die englische Baumwollspinnerei:

> Q ... Eine der ersten, unmittelbarsten und bedeutendsten Folgen, welche die Erfindung der Spinnmaschinen hatte, war ohne Zweifel der fabrikmäßige Betrieb des Baumwollspinnens. Die Einführung großer Maschinen veränderte notwendig die Verhältnisse ganz. Sie erforderten große und dazu besonders eingerichtete Gebäude, große Kapitalien*, Tiere oder Elementarkräfte zum Betrieb, Arbeiter, die ausschließlich diesem Gewerbe ... sich ergaben, eine gehörige Verteilung und Anordnung aller Operationen usw. Mit dem Aufkommen des Maschinenspinnens ergab sich daher auch der fabrikförmige Betrieb dieser Industrie ... Die Arbeit der Spinner wurde ungleich produktiver. Keine Wirkung ist wohl auffallender als diese, und bei keiner Erfindung war dieses Ergebnis so erstaunenswürdig; sehen wir, was jetzt 100 oder 200 Menschen in einer mechanischen Spinnerei zu produzieren vermögen, und wie viel dieselbe Anzahl ehemals liefern konnte. Viele geben diese Steigerung der Produktivität wenigstens auf das 100 oder 120 fache, manche sogar auf das 150 fache an ...

1 Beschreibt die Textilherstellung auf den Bildern dieser Doppelseite und notiert, wie sich Arbeit und Technik verändert haben.

2 Überlegt mit Hilfe der Daten „Technische Neuerungen in der Textilherstellung", was die Verbesserung der Webtechnik für das Spinnen mit der Radspindel bedeutete.
3 Haltet fest, wer die Arbeit jeweils verrichtet und versucht Erklärungen dafür zu finden.
4 Erarbeitet aus der Quelle, welche Folgen die Erfindung der Spinnmaschine hatte.
5 Überlegt, wie sich die neue Technik auf die Arbeit und das Leben der Menschen ausgewirkt haben könnte.
6 Notiert, wie der Computer in der Textil-Industrie die Arbeit verändern könnte.

Das Kapital* für den Bau von Fabriken kam insbesondere von wohlhabenden Händlern. Die Nachfrage nach Maschinen beschleunigte die Entwicklung von Bergbau und Metallgewerbe zu wichtigen Industrien.
In der Textilindustrie wurden vor allem Frauen und Kinder beschäftigt, weil sie bereit waren, zu niedrigeren Löhnen als die Männer zu arbeiten. Der Bedarf an Arbeitskräften wurde vor allem durch zuwandernde Menschen aus den ländlichen Gebieten gedeckt. In der englischen Gesellschaft entstanden zwei neue Schichten: die Fabrikanten und die Industriearbeiterinnen und -arbeiter.

7 Überprüft eure Vermutungen zu Aufgabe 3.
8 Fertigt eine Wandzeitung zur Industrialisierung an.

Frauenarbeit – mehr als Fabrikarbeit

1 Näherinnen in einer Hutfabrik. Foto 1909.

Fabrikarbeit – und mehr

Ottilie Baader (1847–1925), Fabriknäherin und Heimarbeiterin, später dann in der sozialdemokratischen Frauenbewegung aktiv, berichtete in ihren Lebenserinnerungen über die Zeit um 1860:

Q1 … Lange bin ich nicht in die Schule gegangen. Als ich dreizehn Jahre alt wurde, zog der Vater mit uns nach Berlin, und hier war es mit meinem Schulbesuch vorbei. Ich mußte arbeiten und mitverdienen. … Die Frau eines Sattlergesellen hatte in der Neanderstraße eine Nähstube für Oberhemden. Es wurde noch alles mit der Hand genäht. Nähmaschinen waren noch recht wenig im Gebrauch. Einen Monat lernte ich unentgeltlich, dann gab es monatlich drei Taler (1 Taler: 3 Mark). Zwei Jahre später verdiente ich schon fünf Taler jeden Monat. Dabei blieb es dann auch einige Jahre. Um noch etwas nebenbei zu verdienen, nahm ich abends Manschetten zum Durchsteppen mit nach Hause. Durchsteppen – das hieß: mit der Hand immer über zwei Fäden. Einen Groschen gab es für das Paar. Wie oft mögen mir jungem Ding da wohl die Augen zugefallen sein, wie mag mir der Rücken geschmerzt haben! Zwölf Stunden Arbeitszeit hatte man immer schon hinter sich, von morgens acht bis abends acht, mit kurzer Mittagspause …

Aus dem Bericht einer Arbeiterin (1928):

Q2 … Im Betrieb arbeiteten wir fast alle im Akkord*. Das ist ein Rennen, ein Jagen und ein Schuften den ganzen Tag, von morgens 7 Uhr bis nachmittags 4 Uhr ununterbrochen mit nur einer halbstündigen Mittagspause … Abends, wenn meine Lieben wieder bei mir sind, was wartet da noch für eine Arbeit auf mich. Kochen, waschen, flicken – kurzum, den ganzen Haushalt in Ordnung halten … Aber wenn Samstag ist, da schlägt mein Herz doch höher … Anderthalb Tage befreit aus der Sklavenkette! Ich darf mich als Mensch fühlen.
Wenn es Sonntag schön Wetter ist, dann gehen wir zu dreien hinaus aus der engen Proletarierhütte*. Am Montag geht das Sechstagerennen wieder an …

Frauenarbeit – mehr als Fabrikarbeit

2 **Textilarbeiterin an einer Webmaschine.** Foto 1991.

Aus dem Bericht einer Textilarbeiterin (1992):

M ... Ich bin Weberin und arbeite ständig in Spätschicht bis abends 22.00 Uhr. Mein Mann holt mich von der Arbeit ab mit dem Auto, die Kinder schlafen dann schon. In den drei Stunden zwischen 13.00 Uhr und 16.00 Uhr, in denen ich aus dem Haus bin und mein Mann noch nicht zu Hause ist, paßt meine Älteste auf ihre zwei Geschwister auf. In unserer Schicht sind sehr viele Frauen, obwohl diese Arbeit früher eine Männerdomäne war. Jetzt haben wir auch keinen Akkord mehr, denn wir treiben uns selber zum Äußersten an. Alle Maschinen haben ein Computerprotokoll, da wird jede Minute total erfaßt, und die Daten laufen im Meisterbüro zusammen. Dazu Termindruck und ständige Hetze. So wird der Mensch zur Maschine. Ich weiß nicht, was besser war: früher der Akkord, die vielen verschiedenen, zum Teil aber auch sehr unangenehmen Arbeiten, wie Ketten anlegen, andrehen, Spulen holen und putzen, oder heute die blitzschnelle Überwachung und die Hast bei Fadenbrüchen, die so fix wie nur irgend möglich behoben sein müssen ...

1 *Beschreibt anhand der Abbildungen auf dieser Doppelseite die Arbeitsplätze und die Tätigkeiten und vergleicht.*
2 *Listet die Aussagen der Frauen über ihre Berufsarbeit und die weiteren Tätigkeiten auf (Q1, Q2, M). Vergleicht eure Ergebnisse.*
3 *Überprüft eure Vermutungen aus den Aufgaben 5 und 6, S. 209.*
4 *Schreibt aus der Sicht einer Reporterin (eines Reporters) einen Artikel für eine Illustrierte über „Frauenarbeit in der Textilindustrie früher und heute".*
5 *Vergleicht mit „Frauenrollen" in anderen Kapiteln (z. B. Kap. 3.1 oder 3.3).*
6 *Erkundet, in welchen Bereichen der Arbeitswelt heute Frauenarbeit besonders vorkommt (Kontaktadressen s. Aufgabe 7).*
7 *Versucht, Informationen über die gegenwärtige Lage der Textilindustrie im Rheinland zu bekommen. Ihr könnt bei den Industrie- und Handelskammern (in größeren Städten) und bei der Gewerkschaft Textil und Bekleidung, Bezirk Nordrhein, Brucknerallee 11, 41236 Mönchengladbach, nachfragen.*

Kinderarbeit

1 Kinderarbeit in einer Baumwollspinnerei.
Stahlstich von Th. Onwyn, 1840.

Kinderarbeit im 19. Jahrhundert
Aus einem Bericht über das Leben eines Fabrikkindes von 1853:

> **Q** … Jetzt (im Winter) kommt wieder die Zeit, wo jener arme Junge früh um 4, um 5 Uhr von dem Lager sich erheben und eine Stunde weit durch naßkaltes Gestöber in seine Fabrik eilen muß. Dort mit kurzer Rast für ein karges Mahl ist er beschäftigt den ganzen, ganzen langen Tag. Er arbeitet an einer Maschine, welche Wellen von Staub aufjagend mit rasenden Schlägen die Baumwolle zerklopft, auflockert … Die Arbeit ist nicht gerade schwer, weit eher fürchterlich einförmig, geisttötend und körperlich ungesund.
> Den ganzen langen, lieben Tag muß unser Junge in dieser mit dichtem Staub erfüllten Atmosphäre ausharren, sie einatmen, dieses bis in die Nacht hinein, bis 9–10 Uhr abends. Dann endlich heißt es „Stopp", und er eilt seine Stunde Weges nach Hause …

1 *Beschreibt die Abbildung. Achtet auf die Menschen und die Einrichtung des Raumes.*

2 *Lest Q und stellt fest, wie lange der Junge täglich von zu Hause weg ist.*

3 *Schreibt an Hand der Abbildung und von Q aus der Sicht eines Reporters einen Bericht über Kinderarbeit im 19. Jahrhundert.*

4 *Vermutet, warum neben Frauen vorwiegend Kinder in den Fabriken beschäftigt wurden. Lest noch einmal auf S. 209 nach.*

Schutz für Kinder
Kritiker der Kinderarbeit forderten ein Eingreifen des Staates. Erst als sich herausstellte, daß viele Kinder dauerhaft in ihrer Gesundheit geschädigt wurden und männliche Jugendliche nicht mehr für den Militärdienst tauglich waren, schränkte der preußische Staat die Kinderarbeit durch Gesetze ein. Seit 1839 durften Kinder unter zehn Jahren in Preußen nicht mehr in einer Fabrik arbeiten. 1853 wurde die Altersgrenze auf 12 Jahre festgesetzt. Ab 1891 war die Fabrikarbeit erst ab 14 Jahren erlaubt. In der Heimarbeit und in der Landwirtschaft war Kinderarbeit aber weiterhin unbegrenzt gestattet.
Die gesetzliche Einschränkung der Kinderarbeit war ein Kompromiß* zwischen den Interessen des Staates und den Fabrikbesitzern.

5 *Erläutert den Begriff Kompromiß und nennt die Interessen des preußischen Staates und der Fabrikbesitzer.*

6 *Diskutiert, welche Meinung die Eltern von Fabrikkindern zur Einschränkung der Kinderarbeit wohl vertraten. Lest dazu auch in M, S. 217, nach.*

Kinderarbeit

2 Teppichknüpfen in Indien. Foto 1993.

Kinderarbeit in der Dritten Welt
7 Schildert eure Eindrücke zur Abbildung 2. Vergleicht mit der Abbildung 1.

Aus einer Informationsschrift zur Kinderarbeit in Indien von 1986:

> **M** ... Indische Teppiche sind bei uns besonders deswegen so beliebt, weil sie äußerst billig sind. Sie können es vor allem darum sein, weil Kinder beim Knüpfen eingesetzt werden.
> ... Sie hocken vor dem Webrahmen und knoten mit gesenkten Köpfen an schweren Teppichen. Sie arbeiten zwölf Stunden am Tag. Manchmal ohne Pause. Tagein, tagaus. Ferien sind diesen Kindern unbekannt. Eine Untersuchung ... ergab, daß 92 Prozent der arbeitenden Kinder nicht einmal an Feiertagen ihre Eltern besuchen dürfen. Viele der Kinder haben durch ihre Arbeit Hautkrankheiten bekommen. Oft müssen zehn bis fünfzehn Kinder in einer engen Webhütte arbeiten. Nachts schlafen sie zwischen den Knüpfrahmen oder in einer Ecke auf dem nackten Lehmboden. ... Warum lassen Eltern ihre Kinder unter diesen Bedingungen arbeiten? Armut und Arbeitslosigkeit sind die Ursachen ...

8 Vergleicht M mit euren Eindrücken von der Abbildung oben.
9 Diskutiert, ob die Käuferinnen und Käufer solcher Teppiche eine Mitverantwortung für die Lage der Kinder tragen.
10 Erörtert, ob ein Verbot der Kinderarbeit die Probleme lösen könnte.
11 Überprüft an Hand der „Menschenrechte für Kinder" (S. 100), welche Rechte verletzt werden.
12 Informiert euch über Kinderarbeit. Kontaktadresse: terre des hommes. Hilfe für Kinder in Not, Ruppenkampstraße 11a, 49084 Osnabrück.
13 Tragt zusammen, wo in unserer Gesellschaft Kinder arbeiten. Macht eine Umfrage in eurer Klasse und sammelt die Gründe für die Arbeit (siehe auch in der Übersicht unten). Vergleicht Tätigkeiten und Arbeitsbedingungen mit denen in der Dritten Welt.
14 Erkundet die Kinderarbeitsschutz-Bestimmungen bei uns. Fragt beim Arbeitsamt oder beim Gewerbeaufsichtsamt nach.
15 Fertigt eine Wandzeitung zum Thema „Kinderarbeit" an.

Gründe für Kinderarbeit in der Bundesrepublik Deutschland:	
bei Unternehmern:	bei Kindern und Eltern:
– Interesse an Aushilfskräften – Interesse an hohem Gewinn	– geringes Familieneinkommen – zu wenig oder kein Taschengeld – „Probezeit" für einen Ausbildungsplatz

DIE INDUSTRIALISIERUNG IM RUHRGEBIET

1 In der Gußstahlfabrik Krupp in Essen. Foto, um 1900.

Ruhrstahl

Um Eisen und Stahl zu erzeugen, muß aus dem Eisenerz das Eisen herausgeschmolzen werden. Lange Zeit wurde dafür Holzkohle verwendet. Die englische Konkurrenz, die bereits seit dem Anfang des 18. Jahrhunderts mit Hilfe von Koks* die Metallerzeugung kostengünstiger betrieb, spornte die Unternehmer aus dem Ruhrgebiet an, die heimische Kohle zur Eisen- und Stahlproduktion zu verwenden. Im Jahre 1811 baute Friedrich Krupp (1787–1826) in Essen seinen ersten Eisenschmelzofen. Die Kokshochöfen beschleunigten die Nachfrage nach Steinkohle. Die Hüttenindustrie wurde zum Großabnehmer der Steinkohle.

1 *Sucht im Erdkunde-Atlas nach Karten, die die Entwicklung des Ruhrgebietes zur Industrieregion vom Anfang des 19. Jahrhunderts bis zur Gegenwart darstellen. Beschreibt die Veränderungen, z. B. der Orte, des Bergbaus und der Industrie.*
2 *Informiert euch an Hand von Lexika über die Geschichte des Unternehmens Krupp bis in die Gegenwart. Berichtet darüber. Ergänzt eure Wandzeitung.*

Arbeit im Hüttenwerk

In einem Artikel der Zeitschrift „Arbeiter-Jugend" hieß es 1910:

Q1 ... Hast Du schon einmal ein großes Hüttenwerk gesehen? Ein unentwirrbares Durcheinander von hohen eisernen und gemauerten Schornsteinen ... In den Hallen stehen mächtige Maschinen, Walzen und Öfen, in den niederen Bretterbuden sind auch die vielen fremden Arbeiter untergebracht. Diese arbeiten, essen und schlafen innerhalb des „Werks". ... Die Menschen meistern das harte Eisen. Zwar wird dieses erst glühend und flüssig gemacht, es wird gewissermaßen überlistet. Dann aber hilft kein Sperren. Hochofen, Martinofen*, Dampfhämmer, Walzen und Pressen greifen das Metall an und jagen und kneten es in beliebige Formen. ... Durch die Öffnung im Zaun siehst du den ... (Arbeiter) schweißgebadet mit schweren Zangen den feurigen Eisenball aus dem Ofen ziehen. Ein kräftiger Ruck, und die schlackentriefende Masse liegt auf einem eisernen Karren. Bald darauf klatscht in rhythmischen Schlägen ein Dampfhammer die Eisenmasse wie Schnee zusammen ...

3 *Beschreibt die Arbeitsbedingungen im Hüttenwerk. Listet die wichtigsten Punkte auf.*
4 *Versucht, über einen Arbeitsplatz in eurer Umgebung einen Artikel zu schreiben. Fragt auch zu Hause nach.*

Kohle, Stahl und Menschen

Ruhrbergbau

Steinkohle war im Tal der Ruhr lange Zeit von Bauern im Nebenerwerb abgebaut und vor allem für den Hausbrand verwendet worden. Durch den Einsatz der Dampfmaschine* zur Entwässerung und Belüftung der Gruben gelang der Übergang vom Stollen- zum Tiefbau*. 1835 hatten einige Schächte bereits 200 m Tiefe.

Arbeitsbedingungen

Der Bergarbeiter Peter Molter berichtet über seine Arbeit in einer saarländischen Zeche (um 1880):

> **Q2** ... Auf Grube Dudweiler kam ich dann ans Schleppen in eine Arbeit, wo 30 Grad Hitze war, da machte ich zwei Schichten und mußte 5 feiern (wegen Krankheit aussetzen). Nun kam ich sofort auf die schwarze Liste. Da tat mich der Steiger (Vorgesetzte) ein halbes Jahr ans Bergeversetzen* ... (zur) Strafe ... Nachher hatten sie eine Arbeit, in der (sich) keiner halten wollte, und so steckte man mich dann als 30. Schlepper hinein. Ich war aber froh, daß ich wenigstens wieder mehr verdienen konnte. In 7–8 Monaten war die Arbeit fertig ... Nachher dachte ich etwas Besseres zu bekommen, aber die Arbeit war noch schlechter, bei 35–38 Grad Hitze mußten wir 12 Stunden (täglich) arbeiten ...

Die Arbeitsbedingungen waren mit denen im Ruhrbergbau vergleichbar.

5 Beschreibt die Arbeitsbedingungen im Bergbau und nehmt zum Verhältnis zwischen Schlepper und Steiger Stellung.

6 Erkundet, ob bei eurem Wohnort eine Zeche oder eine Hütte war

2 Steinkohlenabbau 1894. Foto.

3 Ein Schlepper transportiert Kohle. Foto, Ende des 19. Jahrhunderts.

oder noch in Betrieb ist. Tragt eure Informationen zusammen und ergänzt eure Wandzeitung.

7 Informiert euch, ob in einem Museum eures Wohnortes etwas zu der Geschichte des Ruhrbergbaus dargestellt ist. Größere Museen, die über die Bergbaugeschichte informieren, sind das Deutsche Bergbau-Museum in Bochum und das Westfälische Industriemuseum in Dortmund.

Die Industrialisierung schafft soziale Probleme

1 Mietskasernen um 1900. Foto.

2 Grundriß einer Berliner Mietskaserne.

Wohnverhältnisse und Familienleben

Auf der Suche nach Arbeit wanderten die Menschen aus den Agrargebieten in die Industriestädte oder Industrieregionen, zum Beispiel in das Ruhrgebiet, ab. Im Laufe des 19. Jahrhunderts entstand dadurch eine große Wanderungsbewegung von den ländlichen Gebieten im Osten Deutschlands in die Industriegebiete im Westen. Es gibt Schätzungen, nach denen in Deutschland bis 1914 mehr als 20 Millionen Menschen ihre Heimat verließen und in die Industrieorte abwanderten.

Die schnell wachsenden Industriestädte waren oft nicht in der Lage, die zuziehenden Menschen ausreichend mit Wohnraum zu versorgen. So zeigten sich soziale Probleme am deutlichsten in den Wohnverhältnissen und im Familienleben.

Über Auswirkungen der Fabrikindustrie auf das Familienleben berichtete R. Mohl 1835:

> **Q1** ... Vor allem fällt nämlich die Zerstörung des Familienlebens auf. Nicht nur der Familienvater ist den ganzen Tag vom Hause entfernt, ohne sich der Erziehung und Beaufsichtigung seiner Kinder ... irgend widmen zu können, sondern häufig ist auch die Mutter ihrerseits ebensolange täglich in derselben oder einer anderen Manufaktur* beschäftigt. Sobald die Kinder irgend verwendbar sind ..., so werden auch sie aus dem Hause gestoßen; bis zu diesem Zeitpunkt aber sind sie ohne alle Aufsicht oder unter einer um eine Kleinigkeit gemieteten, welche schlimmer ist als gar keine. Nicht einmal zu dem gemeinsamen Mahl versammelt sich die Familie immer. Die Entfernung des Fabrikgebäudes ... hält davon ab ... Häufig dient die armselige und unwohnliche Hütte nur zum gemeinschaftlichen Ausschlafen ...

Noch im Jahr 1908 hieß es in einem Bericht von N. Joniak über das „Arbeiterwohnungselend im rheinischen-westfälischen Industriebezirk":

> **Q2** ... Wir betreten eine der berüchtigten Mietskasernen, welche im hiesigen Industriegebiet in so großer Anzahl vorhanden sind und noch täglich allerorts wie Pilze aus der Erde hervorschießen, eine natürliche Folge

Die Industrialisierung schafft soziale Probleme

3 Arbeiterfamilie. Der Mann und das älteste Mädchen (14 Jahre) fehlen in dieser Aufnahme; die Großmutter ist anwesend. Foto, 1907.

tatsächlichen Wohnungsmangels und das Produkt wahnsinniger Bodenspekulation. ... Fast 40–50 Prozent aller Arbeiterwohnungen bestehen aus 2 Zimmern, werden bewohnt von Familien, die 6–10 Köpfe stark sind, und ... noch 2–3 Kostgänger beherbergen. In gesundheitlicher Beziehung jeder Beschreibung spottend, wie den elenden, krankhaft aussehenden Insassen unschwer anzusehen ist. Und erst die innere Wohnungseinrichtung. ... In einem Schlafraum, mit zwei Bettstellen ausgestattet, der nie gelüftet, noch seltener gereinigt wird und dessen Bettzeug daher einem Haufen stinkender Lumpen ähnlich ist, kampieren oft bis 10 Personen, vier Kinder in einem Bette, zwei am Kopf und zwei am Fußende, ohne Rücksicht auf Alter und Geschlecht ...

Über die Auswirkungen der Fabrikarbeit in der Textilindustrie auf das Familienleben in einem ländlichen Bereich kam der Historiker Max Lemmenmeier 1992 auf einer Tagung zu folgendem Ergebnis:

M ...

1. Von großer Bedeutung für das Überleben der Familie war die Arbeit der Kinder und Jugendlichen; es herrschten enge Beziehungen zwischen Eltern und Kindern, weil beide Teile für das Überleben der Familie beitragen mußten. Von einer Auflösung der Familie kann deshalb nicht gesprochen werden. Die Mechanisierung schweißte die Familie vielmehr zusammen. ...

2. Das Grundproblem der Mechanisierung war, daß die Arbeit aus dem Familienverband herausgelöst wurde. Hier setzte die zeitgenössische Kritik an ...

1 *Beschreibt die Abbildungen und haltet fest, was sich über die Wohn- und Lebensverhältnisse erkennen läßt.*

2 *Stellt fest, wie das Familienleben in Q1 und Q2 jeweils beschrieben wird.*

3 *Überlegt, was die Abbildungen besser als Q1 und Q2 darstellen können. Worin liegen die Vorteile der Quellen?*

4 *Stellt M in den Bezug zu Q1 und Q2. Nehmt Stellung.*

5 *Zeichnet einen Grundriß eurer Wohnung. Vergleicht mit Abbildung 2.*

6 *Sammelt Informationen zur Wohnungsnot heute und vergleicht mit Q2.*

Versuche zur Lösung der sozialen Probleme

1 Kapital und Arbeit. Karikatur 1967.

Karl Marx und Friedrich Engels – Kritiker des Industriekapitalismus*
1 *„Entschlüsselt" die Karikatur und überlegt, ob ihre Aussage heute noch zutrifft.*

Am entstehenden Industriekapitalismus übten Karl Marx (1818–1883) und Friedrich Engels (1820–1895) scharfe Kritik. Im „Kommunistischen Manifest" schrieben sie 1848:

> **Q1** ... Unsere Epoche*, die Epoche der Bourgeoisie*, zeichnet sich ... dadurch aus, daß sie die Klassengegensätze vereinfacht hat. Die ganze Gesellschaft spaltet sich mehr und mehr in zwei große feindliche Lager, in zwei große, einander direkt gegenüberstehende Klassen: Bourgeoisie und Proletariat* ... Am Anfang kämpfen die einzelnen Arbeiter, dann die Arbeiter einer Fabrik, dann die Arbeiter eines Arbeitszweiges an einem Ort gegen den einzelnen Bourgeois, der sie direkt ausbeutet ... Aber mit der Entwicklung der Industrie vermehrt sich nicht nur das Proletariat; es wird in größeren Massen zusammengedrängt, seine Kraft wächst ... Die Arbeiter beginnen damit, Koalitionen* gegen die Bourgeoisie zu bilden ... Der Fortschritt der Industrie ... setzt an die Stelle der Isolierung der Arbeiter durch die Konkurrenz ihre revolutionäre* Vereinigung durch die Assoziation*. Mit der Entwicklung der großen Industrie wird also unter den Füßen der Bourgeoisie die Grundlage selbst weggezogen, worauf sie produziert und die Produkte sich aneignet. ... Ihr Untergang und der Sieg des Proletariats sind gleich unvermeidlich ...

Arbeiterinnen und Arbeiter organisieren sich in Gewerkschaften
2 *Beschreibt die Abbildung auf der nächsten Seite. Achtet genau auf die Menschen und auf die Umgebung.*
3 *Vermutet, wie sich ein Streik auf das Verhalten der Beteiligten auswirkte.*

Schon vor der Industrialisierung wehrten sich Gesellen und Handwerker gegen schlechte Arbeitsbedingungen und zu niedrige Löhne durch Arbeitsniederlegung (Streik) und Protestumzüge. Sie schlossen sich aber nicht dauerhaft zusammen. Mit der Industrialisierung nahm die Zahl der Arbeiter zu. Ihre Arbeit verrichteten sie zusammen mit vielen anderen in den Fabriken. Der Streik wurde ein wichtiges Mittel, um ihre Forderungen gegenüber dem Fabrikbesitzer durchzusetzen. Die Streiks stärkten den Willen, sich auch nach Arbeitsniederlegungen dauerhaft zusammenzuschließen. Nachdem das Verbot gewerkschaftlicher Zusammenschlüsse in den deutschen Staaten aufgehoben wurde, entstanden in den sechziger Jahren des 19. Jahrhunderts die ersten Gewerkschaften.

4 *Schlagt im Lexikon unter den Begriffen „Streik" und „Gewerkschaften" nach. Notiert die wichtigsten Daten zur Entstehung von Gewerkschaften und ihre Ziele. Versucht auch Informationen über Frauen-Gewerkschaften zu finden.*
5 *Erkundet, welche Gewerkschaften es heute gibt und wofür sie sich einsetzen.*
6 *Informiert euch, aus welchen Gründen heute gestreikt wird.*

Staatliche Sozialpolitik
Durch den Druck der Gewerkschaften und der Arbeiterparteien auf die kaiserliche Reichsregierung erließ diese von 1883 bis 1889 Gesetze zum sozialen Schutz der Arbeiter und Arbeiterinnen: die Sozialversicherungsgesetze (Krankenversicherung, Unfallversicherung, Rentenversicherung). Eine gesetzliche Arbeitslosenversicherung gibt es in Deutschland seit 1927.
7 *Informiert euch zu Hause, welchen sozialen Schutz es heute gibt.*

Versuche zur Lösung der sozialen Probleme

2 Ein Streik bricht aus. Gemälde von Robert Köhler, 1886.

Christliche Sozialbewegung

Der Priester Adolf Kolping gründete 1846 katholische Gesellenvereine, die „Kolping-Vereine". Über seine Ziele schrieb er 1849:

> **Q2** … Man richte nur in allen Städten … einen freundlichen, geräumigen Saal ein, sorge an Sonn- und Feiertagen, wie am Montagabend für Beleuchtung und im Winter für behagliche Wärme dazu und öffne dann dies Lokal allen jungen Arbeitern … Da die jungen Leute … Gemeinsames … wollen, bilden sie dadurch einen Verein, für dessen Bestehen und Gedeihen ein Vorstand von achtbaren Bürgern … zu sorgen hätte, und an dessen Spitze ein Geistlicher stehen soll … Da dürfte es nicht an guten Büchern, Schriften und Zeitungen fehlen, nicht bloß, die das religiöse Interesse vertreten, sondern die auch … dem bürgerlichen Leben gelten, die gewerbliche Gegenstände behandeln und … jedem Handwerker von Nutzen sein können …

Der evangelische Theologe Johann Hinrich Wichern gründete 1823 angesichts der Notlage vieler Kinder in Hamburg ein Heim, das „Rauhe Haus", in dem Jugendliche eine Berufsausbildung erhielten.

Fürsorge von Unternehmern

In „Eisen und Stahl", der Zeitschrift der Schwerindustriellen an der Ruhr, hieß es 1882:

> **Q3** … Wer die gewerbereichen Gegenden in Rheinland-Westfalen bereist, entdeckt allenthalben schmucke Gruppen von Arbeiterwohnungen, häufig auch große Gebäude …
> Die Firma Friedrich Krupp besitzt in der Nähe von Essen 3250 gute und gesunde Familienwohnungen, in welchen ungefähr 16 000 Seelen leben. Die einzelnen Kolonien* sind von breiten Straßen durchzogen, für deren Beleuchtung durch Gaslaternen hinreichend gesorgt ist. – Die Konsumanstalten* beschäftigen 270 Personen und besitzen 27 Verkaufsstellen. … Ferner besitzt die Gußstahlfabrik ein Krankenhaus, ein Epidemiehaus und eine Badeanstalt. Ganz besondere Sorgfalt ist dem Schulwesen gewidmet. Der Gemeinde Altendorf sind Schulgebäude mit 20 Schulzimmern unentgeltlich zur Verfügung gestellt worden …

8 *Legt eine Tabelle an und tragt die Mittel ein, mit denen Marx und Engels, Unternehmer, christliche Sozialbewegung und Gewerkschaften die sozialen Probleme im 19. Jahrhundert lösen wollten. Vergleicht und diskutiert die Ziele.*

Vom alten zum neuen Ruhrgebiet

1 Gesprengte Altbauten der Zeche Osterfeld in Oberhausen. Foto 1994.

Kohle und Stahl in der Krise

In den vergangenen Jahrzehnten hat sich das Gesicht des Ruhrgebietes verändert. Bergbau und Hüttenindustrie beherrschen nicht mehr allein Orte und Landschaft. Das Ruhrgebiet bekommt ein neues Gesicht. Das hatte und hat Folgen für die Menschen im „Revier".

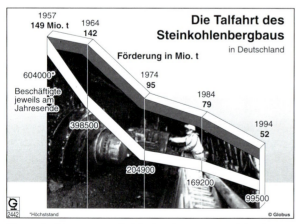

2 Beschäftigte im Steinkohlenbergbau in Deutschland 1957–1994.

Ursachen der Krise 1958–1969

Der Historiker D. Petzina schrieb 1990 in dem Buch „Das Ruhrgebiet im Industriezeitalter":

> **M1** … Im Jahre 1958 … begann die große Krise des Steinkohlenbergbaus, die erst … mit der Gründung der Ruhrkohle AG im Jahre 1969 zum vorläufigen Abschluß gebracht wurde … Die zentrale Ursache der Krise ist einfach zu benennen: … Das Vordringen von billigem Mineralöl, das die Kohle sowohl innerhalb der Industrie als auch in den privaten Haushalten innerhalb weniger Jahre auf den zweiten Platz verwies …

1 *Versucht die Gedanken eines Bergarbeiters beim Anblick der Abbildung oben zu beschreiben.*
2 *Beschreibt die Entwicklung des Steinkohlenbergbaus (Abb. 2) und klärt die Ursachen der Krise (M1).*
3 *Sammelt Informationen über die Folgen für die Menschen. Fragt zu Hause, in der Nachbarschaft, beim Einzelhändler, beim Arbeitsamt, nach.*
4 *Ergänzt eure Wandzeitung.*

Vom alten zum neuen Ruhrgebiet

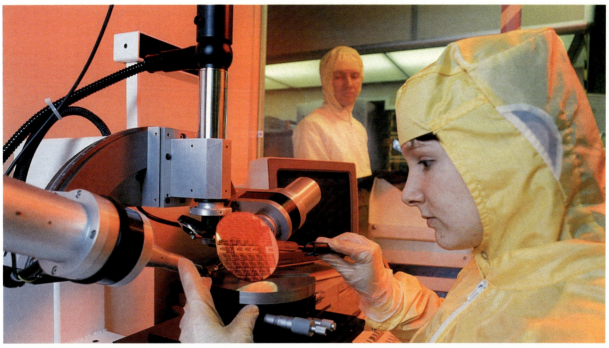

3 Zwischenkontrolle bei der Herstellung von Elektronik-Chips. Foto 1994.

Ein Weg aus der Krise?
5 *Beschreibt die Arbeit und den Arbeitsplatz (Abb. 3) und vergleicht mit den Arbeitsplätzen im Bergbau und in der Stahlindustrie (S. 214/215).*

Aus einem Artikel von Norbert Welter in der Westdeutschen Allgemeinen Zeitung vom 21. Mai 1994:

M2 ... Sie war das erste High-Tech-Unternehmen*, das sich im Technologie-Park* Dortmund niederließ. Im August kann die ELMOS das zehnjährige Bestehen feiern. Hinter dem Namen ELMOS Elektronik ... verbirgt sich eine Halbleiterfabrik, die einzige Chipfabrik im Revier. ...
Eingesetzt werden die ELMOS-Chips etwa in der Haustechnik (Lüftersteuerung, Einbruch- und Brandmelder ...), in der „weißen Ware" (Dampfbügeleisen, Kaffeemaschinen, elektronische Waagen), in Kameras ..., vor allem aber in der Automobilelektronik. ... Auslöser für die Gründung war die Erwartung, daß sich in Europa, speziell in Deutschland, ein Riesenmarkt ... auftun werde und sich dabei für kleine Hersteller lukrative Marktlücken anbieten würden. Bis 1996 ... soll die Belegschaft von derzeit 150 auf 200 Mann wachsen. ... Die fertigen Chips* werden nach Ostasien zur Endfertigung geschickt. Hier werden sie in Plastikgehäuse verpackt und mit „Beinchen", mit denen die Kontakte hergestellt werden, bestückt. ... Neben der eigenen Fertigung entwirft das 30köpfige Designer-Team* auch ... Muster für Kunden, die ihre Chips selber bauen ...

6 *Erläutert mit Hilfe der Worterklärungen die Begriffe Chips, High-Tech, Technologie-Park, Designer-Team.*
7 *Arbeitet aus dem Text heraus, warum es zur Gründung der Firma kam und wie der Autor die Zukunft des Betriebes beurteilt.*
8 *Verfolgt die Herstellung der Chips im Text. Überlegt, welche Folgen die weltweite Fertigung für die Arbeitsplätze im Inland und im Ausland hat.*
9 *Sammelt Informationen über neue Industrien an eurem Wohnort und ergänzt die Wandzeitung. Ihr könnt bei der Gemeinde- oder Stadtverwaltung und bei der Industrie- und Handelskammer (in größeren Orten) nachfragen.*
10 *Fragt in eurer Klasse nach den Arbeitsplätzen von Eltern und Geschwistern in der alten und in der neuen Industrie nach.*

INDUSTRIEGESELLSCHAFT – WOHIN?

1 Industrieroboter in der Autoproduktion. Foto um 1992.

4 Wert der Arbeit (Stand 1990).

2 Roboter sucht Arbeit. Karikatur um 1990.

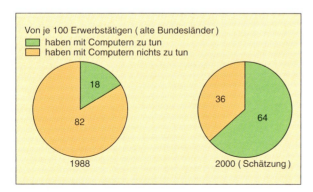

3 Computer in der Arbeitswelt (Stand 1993).

Wandel in der Arbeitswelt

1 „Entschlüsselt" die Karikatur (Abb. 2) und listet auf, was für und was gegen die Einstellung des Roboters spricht.

2 Beschreibt die Abb. 1 und stellt fest, worin Übereinstimmungen und Unterschiede zur Karikatur bestehen.

3 Erläutert, wie sich die Verwendung des Computers in der Arbeitswelt entwickelt hat (Abb. 3).

4 Beschreibt die Grafik 4. Zieht die Grafik über die Wochenarbeitszeit (S. 207) mit heran und überlegt, welcher Zusammenhang zwischen der Entwicklung des Produktionswertes der Arbeit und der Veränderung der Arbeitszeit besteht.

5 Fragt zu Hause nach Arbeitsplätzen am Computer und nach dem Einsatz von Robotern. Laßt euch auch erzählen, ob sich die Arbeitsbedingungen am Arbeitsplatz verändert haben. Notiert wichtige Aussagen und vergleicht sie in der Klasse.

Geht der Industriegesellschaft die Arbeit aus?

5 Arbeitssuche. Foto 1992.

Arbeitslos – Recht auf Arbeit?

6 *Schildert den Eindruck, den die Abbildung oben auf euch macht.*

7 *Beurteilt die Methoden, mit denen beide Jugendliche Arbeit suchen. Nennt weitere Möglichkeiten.*

Durch den technischen Wandel (Verwendung leistungsfähiger Maschinen, Einsatz von Robotern und Computern) können immer weniger Menschen immer mehr produzieren. Dazu brauchen sie immer weniger Zeit. Die Technik ersetzt die menschliche Arbeit in vielen Arbeitsbereichen. In allen technisch hoch entwickelten Ländern wird die Zahl der Arbeitsplätze in der Industrie geringer. Immer mehr Menschen verlieren dort ihren Arbeitsplatz. Weitere Arbeitsplätze gehen verloren, weil manche Unternehmer die Produktion in weniger industrialisierte Länder verlegen. Der Grund dafür ist, daß dort niedrigere Löhne gezahlt werden. Dagegen wächst in den Industrieländern im Dienstleistungsbereich (Banken, Handel, Verkehr, Kommunikation, Gastgewerbe, Gesundheitswesen) die Anzahl der Arbeitsplätze.

8 *Achtet auf Nachrichten und Reportagen in den Medien über Betriebsschließungen und Verlegung von Produktionen ins Ausland. Sammelt Material und ergänzt eure Wandzeitung.*

9 *Untersucht an der Grafik 6, welche Auswirkungen der Umweltschutz auf die Arbeitsplätze hat.*

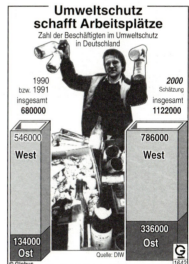

6 Arbeit durch Umweltschutz (Stand 1992).

Recht auf Arbeit

> Aus der Menschenrechtserklärung der Vereinten Nationen (1948):
> … Jeder Mensch hat das Recht auf Arbeit, auf freie Berufswahl, auf angemessene und befriedigende Arbeitsbedingungen, sowie auf Schutz gegen Arbeitslosigkeit …

10 *Überprüft, welche der Rechte bei uns durchgesetzt und welche nur schwer zu verwirklichen sind. Begründet eure Überlegungen.*

Der Lebensraum Erde ist gefährdet

1 Arbeitsplätze schaffen. Karikatur 1981.

2 Lebensstandard. Karikatur.

Energiehunger – eine Folge der Industrialisierung

1 *Beschreibt die beiden Abbildungen oben und überlegt, was sie jeweils aussagen können.*
2 *Stellt einen Zusammenhang zwischen beiden Abbildungen her.*
3 *Formuliert eine Antwort auf die Äußerung des Mannes (Abb. 1). Bezieht dabei Abb. 2 mit ein.*
4 *Tragt eure Kenntnisse über die Gefährdung der Erde als Lebensraum zusammen.*
5 *Nennt Energiearten und klärt ihre „Quellen".*

Die Industrialisierung begann vor etwa zweihundert Jahren in England (vgl. S. 208). Sie hat die Lebensbedingungen der Menschen in den industrialisierten Ländern drastisch verändert.

Die industrielle Wirtschaftsweise befreite die Menschen von unmittelbaren Hungerkatastrophen, wie sie in der vorindustriellen Zeit häufig auftraten.
Der Lebensstandard in den Industrieländern stieg stark an. Gleichzeitig wurde aber auch der Abstand zu den industriell nicht oder nur wenig entwickelten Ländern der Dritten Welt immer größer.
Sie sind für die Industrieländer oft nur billige Energie- und Rohstofflieferanten, die wegen ihrer wirtschaftlichen und finanziellen Schwäche leicht in die Abhängigkeit der Industrieländer geraten können.
Die weltweite Industrialisierung erfordert immer mehr Energiemengen und Rohstoffe, die aber – wie Kohle, Öl und Gas – nicht erneuerbar sind.

Der Lebensraum Erde ist gefährdet

3 Kohlekraftwerk. Foto, um 1992.

4 Windenergie-Anlage. Foto, 1994.

Klimaveränderung – eine Folge des Energiehungers

Die amerikanischen Klimaforscher Houghton und Woodwell schrieben 1989:

> **M** ... Die Erde wird wärmer. Klimazonen verschieben sich, Gletscher schmelzen, und der Meeresspiegel steigt. Dies sind ... reale Geschehnisse unserer Gegenwart. Sie werden – so erwarten wir jedenfalls – im Laufe der nächsten Jahre noch schneller ablaufen, wenn die Konzentrationen an Kohlendioxid*, Methan* und anderen Spurengasen, die sich in der Atmosphäre durch menschliche Aktivitäten ansammeln, weiter zunehmen. Die Erwärmung, jetzt schon ein rascher Prozeß, könnte sich durch Eigendynamik weiter beschleunigen. Sie wird sich bis in unbestimmte Zukunft fortsetzen, wenn wir sie nicht mit durchdachten Maßnahmen drosseln oder gar stoppen. ... Der weltweite Verbrauch an fossilen* Brennstoffen muß um die Hälfte reduziert*, die Abholzung der Wälder beendet und ein umfassendes Wiederaufforstungsprogramm begonnen werden.
> Es bleibt keine andere Wahl. Eine schnelle und stetige Erwärmung wäre nicht nur für die Landwirtschaft verheerend, sondern würde auch einen Großteil des Waldbestandes zerstören, die Wasserversorgung gefährden und eine Überflutung der Küstengebiete mit sich bringen ...

6 Stellt fest, welche Klimaveränderungen die Autoren nennen und worin sie die Ursachen sehen.

7 Nennt die Maßnahmen, die sie vorschlagen, und bildet euch eine eigene Meinung.

8 Beschreibt an Hand der Abbildungen oben die beiden Arten der Energiegewinnung und stellt jeweils ihre Vor- und Nachteile zusammen.

Die Industriegesellschaft umbauen?

Um die Schäden durch die Industrialisierung zu verringern und zu vermeiden, wird in der Politik seit einigen Jahren von einem „ökologischen* Umbau" der Industriegesellschaft gesprochen. Damit ist eine Wirtschaftsweise gemeint, die die Lebensgrundlagen der Menschen erhält und nicht weiter schädigt oder zerstört. Wirtschaft und Umwelt sollen dabei nicht als Gegensätze betrachtet werden. Ziel ist es auch, neue Arbeitsplätze und neue Produkte im Umweltbereich zu schaffen und den öffentlichen Nahverkehr auszubauen. Außerdem wird die Einführung einer „Ökosteuer" vorgeschlagen. Sie soll auf den Verbrauch von Rohstoffen und Energie gezahlt werden und zum Sparen anregen.

9 Beschreibt mit euren eigenen Worten, was mit dem „ökologischen Umbau" der Industriegesellschaft gemeint ist.

10 Fragt eure Eltern, was sie von der Einführung einer Ökosteuer halten.

11 Überlegt, wo und wie ihr in eurem Lebensbereich Energie einsparen könnt. Stellt eine „Energiesparliste" zusammen.

Methode: Arbeiten mit Fotos

Umzug. Foto von Heinrich Zille, um 1900.

Das Foto als „Quelle"
Neben den sprachlichen Quellen spielen Fotos in der Geschichtswissenschaft eine wichtige Rolle für die Erkenntnisgewinnung. Das Foto erfüllt einige wichtige Funktionen: Es kann die Wirklichkeit überdauern. Es vergegenwärtigt das Vergangene. Es hilft, Vergangenheit zu verstehen und zu deuten. Aus der Sicht der Geschichtswissenschaft erweisen sich bestimmte Eigenschaften des Fotos als Schwächen: Sie halten nur einen bestimmten Augenblick fest und können für sich allein keine Entwicklung darstellen. Sie bilden keine Aussagen und keine Begriffe, wie ein Text sie bieten kann. Deshalb werden Fotos oft mit Bildunterschriften versehen, um dem Betrachter beim Verständnis zu helfen. Sie reduzieren* die Wirklichkeit, denn sie zeigen nur den vom Fotografen gewählten Ausschnitt aus der Wirklichkeit und können durch einen „schönen Eindruck" Schmutz, Leid, Elend und Armut verdecken. Sie sind in ihrer Echtheit und Vollständigkeit nur schwer zu überprüfen. So können Fotos „bearbeitet" oder gestellt sein. Bekannt ist auch, daß Diktatoren Fotos zu ihrem Vorteil fälschen ließen.

Fragen an Fotos
Das Foto auf dieser Seite hat der Berliner Zeichner und Fotograf Heinrich Zille (1858–1929) aufgenommen. Er fertigte es – wie andere Fotos auch – als Erinnerungsstütze für seine zeichnerischen Arbeiten an.
An Fotos können folgende Fragen gestellt werden. Nicht alle lassen sich ohne weitere Informationen beantworten:

Zum Fotografen:
- Wer ist der Fotograf?
- Läßt sich ein Anlaß oder ein Motiv für die Aufnahme feststellen?

Zum Foto:
- Was ist dargestellt?

Das Foto zeigt auf einer Straße zwei Männer und eine Frau mit einem mit Gegenständen beladenen Handwagen. Im Hintergrund sind Hausfassaden mit Aufschriften zu sehen.

- Läßt sich ein bestimmtes „Thema" erkennen? Gibt die Bildunterschrift einen Hinweis?
- Welche Informationen enthalten das Foto und die Bildunterschrift? Welcher Ausschnitt aus der Wirklichkeit wird gezeigt?

Das Foto zeigt einen Augenblick aus dem Alltagsleben in der Zeit um 1900: Menschen ziehen um. Ihr Umzugsgut paßt auf einen Handwagen. Es ist zu vermuten, daß diese Menschen in sehr ärmlichen Verhältnissen lebten. Nicht zu erkennen ist, woher sie kommen, warum sie umziehen und wohin sie gehen.

- Welche weiteren Informationen werden zum tieferen Verständnis benötigt?

Zum Betrachter:
- Wie wirkt das Foto?
- Was spricht den Betrachter besonders an? Was wirkt dagegen abstoßend? Warum wirkt es abstoßend?

– *Bearbeitet die restlichen Fragen. Lest dazu auf den Seiten 216–217 nach.*
– *Stellt die Fragen an einige andere Fotos in diesem Buch und versucht sie zu beantworten.*

Zusammenfassung

Silbenrätsel
Legt ein durchscheinendes Papier über das Rätsel und löst es.

ak	– ali	– ar	– ar	– be	– beit –
beit	– bens	– brik	– chips	– des	
– du	– elek	– eng	– er	– fa	– fen
– ge	– gen	– gie	– halb	– hom	
– in	– in	– ka	– knüp	– kord –	
land	– le	– le	– lei	– len	– lo –
lohn	– marx	– me	– mer	– mes –	
miets	– mo	– nacht	– ne	– ne –	
ne	– neh	– no	– park	– per –	
pich	– po	– re	– rei	– rin	– run
– rung	– schlep	– ser	– sie	– spin	
– streik	– stri	– ta	– tech	– tep –	
ter	– ter	– ter	– ter	– tor	– tro –
tro	– un	– un	– we	– zil.	

1 Mülltrennung um 1930. Foto.

2 Mülltrennung 1994. Foto.

1. Fabrik zur Textilproduktion
2. Entlohnung nach einem bestimmten Pensum; Stücklohn
3. Kritiker des Industriekapitalismus im 19. Jahrhundert
4. Hauptstädte, Weltstädte
5. Ursprungsland der Industriellen Revolution
6. Darstellung des eigenen Lebens
7. Arbeitszeit
8. Wandel der Lebens- und Arbeitsweise seit dem Ende des 18. Jahrhunderts
9. Arbeitstätigkeit (Beruf) im Kohlenbergbau unter Tage
10. Kinderarbeit in Indien
11. Gründer eines Industriebetriebes
12. große Wohnanlage für Industriearbeiter und ihre Familien um 1900
13. Frauenberuf in der Textilindustrie
14. Kraftmaschine zum Antrieb von Arbeitsmaschinen
15. Entgelt für geleistete Arbeit

16. Gelände zur Ansiedlung von Unternehmen, Förderung der technischen Entwicklung
17. Protestform: Niederlegen der Arbeit
18. Halbleiterplättchen, elektronische Bauelemente
19. Fabrik zur Herstellung elektronischer Bauelemente
20. Arbeit im Bergbau
21. internationale Hilfsorganisation für Kinder in Not
22. Berliner Zeichner und Fotograf.

Die Anfangsbuchstaben der Lösungswörter ergeben – von oben nach unten gelesen – einen Satz, der sich auf die Abbildungen oben bezieht.

Jugendbücher

Hunger im Sahel
Ballarin, Lino: Fabeln aus Afrika, missio aktuell Verlag, Aachen 1988
Burger, Reinhard: Der Wind und die Sterne, Beltz & Gelberg Verlag, Weinheim 1992
Ekirensi, Cyprian: Der Wanderzauber, Nagel & Kunde, Zürich 1994
Emecheta, Buchi: Der Ringkampf, Baobab Verlag, Göttingen 1989
Gartung, Werner: Komm mit nach Timia. Unser Leben im Sahel, Peter Hammer Verlag
Mwangi, Meja: Kariuki und sein weißer Freund, Baobab Verlag, Göttingen 1991
Nijhuis, Truus: Afrikanische Kinderspiele, Peter Hammer Verlag, Wuppertal 1981
Veit, Barbara/Wiebus, Hans Otto: Dritte Welt Buch für Kinder, Otto Maier Verlag, Ravensburg 1988

Die Nordsee – Ferienparadies oder Kloake?
Alpers, Hans - Joachim: Tatort Nordsee, Franckh - Kosmos -Verlag, Stuttgart 1992
Pestum, Jo: Der Kater kommt zurück, Ravensburger Taschenbücher
Veit, Barbara: Gefährliches Strandgut, Ravensburger Taschenbücher 1761
Veit, Barbara: Tödliche Ladung, Ravensburger Taschenbücher 1891

Projekte zum Thema Verkehr
BUNDjugend (Hg.): KunterBUND. Stadtverkehr, Bonn 1992
Seifeind, Dieter: Gute Argumente Verkehr, Verlag C.H. Beck

„Nichts als die Gerechtigkeit Gottes ..."
Mai, Manfred: Der deutsche Bauernkrieg, Maier Verlag, Ravensburg 1992
Zitelmann, Arnulf: Widerrufen kann ich nicht, Beltz & Gelberg, Weinheim 1992
Zitelmann, Arnulf: Ich will donnern über sie. Lebensgeschichte des Thomas Müntzer, Beltz & Gelberg, Weinheim 1989

Freiheit – Gleichheit – Menschenrechte
amnesty international: Isabels Geschichte, rororo rotfuchs 676
Brandt, Heike: Die Menschenrechte haben kein Geschlecht, Beltz & Gelberg, Weinheim
Burton, Hester: Die Aufrechten, dtv junior 70040
Doormann, Lottemi: Ein Feuer brennt in mir, Beltz & Gelberg, Weinheim
Luxardo, Herve: Die Französische Revolution, Union Verlag
Wethekam, Cili: Tignasse. Kind der Revolution, dtv junior 7388

Kaffee – Coca – Kokain – Gewalt
Egli, Werner: Die Stunde des Skorpions, dtv junior 70279
Hafner, Georg/Taylan, Kamil: Zum Beispiel Cocain, Lamuv Verlag, Göttingen
Hasler, Ursula: Pedro und die Bettler von Cartagena, dtv junior 70248
Tully, John: Das gläserne Messer, Gulliver TB 22

Typisch ... Rollen im Wandel
Brantenberg, Gerd: Die Töchter Egalias, Frauenoffensive, Berlin 1987
Holm, Annika: Wehr dich, Mathilda! Hanser Verlag, München 1994
Kohlhagen, Norgard: Für Mädchen verboten, Rotfuchs 1991
Schneider, Sylvia/Rieger, Birgit: Das Aufklärungsbuch, Verlag Otto Maier, Ravensburg 1990
Wolf-Graaf, Anke: Die verborgene Geschichte der Frauenarbeit, Weinheim 1983

Süchtige Gesellschaft – kranke Gesellschaft?
Feid, Anatol: Hinter der Fassade, Patmos Verlag, Düsseldorf 1991
Mechtel, Angelika: Cold Turkey, Maier Verlag, Ravensburg 1992

Von den Weibern, die man(n) nennet die Hexen
Bylock, Maj: Die Hexentochter oder: Ylvas Buch, Anrich Verlag, Kevelaer 1992
Bylock, Maj: Die Hexenprobe, Anrich Verlag
Engelhardt, Ingeborg: Hexen in der Stadt, dtv junior 7196
Haß, Ulrike: Teufelstanz, rotfuchs 300
Herzen, Frank: Sohn der roten Flamme, Arena Verlag
Heyne, Isolde: Hexenfeuer, Loewe Verlag
Tarnowski, Wolfgang: Hexen und Hexenwahn, Tessloff Verlag, Nürnberg 1994

Jugendbücher

Wohin mit Oma und Opa?

Bröger, Achim: Oma und ich, rotfuchs 493
Donnelly, Elfil: Servus Opa sagte ich leise, dtv junior 70024
Donnelly, Elfil: Der rote Strumpf, dtv junior
Hilton, Nette: Das versponnene Haus, Dressler Verlag 1995
Kuijer, Guus: Erzähl mir von Oma, Ravensburger Taschenbücher 1560
Kleberger, Ilse: Unsere Oma, Ravensburger Taschenbücher 166

Konflikte in der Stadt

Bannwart, Edouard/Herrenberger, Marcus: Auf den Spuren einer Stadt. Ein Stadtschreiber erzählt, Otto Maier Verlag
Delourme, Chantal: Die Welt der Städte, Maier Verlag, Ravensburg 1993
Harnett, Cynthia: Die Lehrlingsprobe, Verlag Freies Geistesleben, Stuttgart 1989
Harnett, Cynthia: Nicolas und die Wollschmuggler, Verlag Freies Geistesleben, Stuttgart 1984
Hernandez, Xavier/Ballonga, Jordi: Hambeck. Eine Hansestadt im Norden, Tessloff Verlag, Nürnberg 1991
Lornsen, Boy: Gottes Freund und aller Welt Feind, dtv, München 1993
Pleticha, Heinrich: Ritter, Bürger, Bauersmann, Arena Verlag 1985
Reiche, Dietlof: Der Bleisiegelfälscher, Anrich Verlag
Rosholdt, Ole: Jacob und die Gaukler, Dressler Verlag, Hamburg 1992
Stephan-Kühn, Freya: Viel Spaß im Mittelalter! Arena Verlag, Würzburg 1984
Wasserfall, Kurt: Minona und der Schwarze Tod, Anrich Verlag, Kevelaer 1993
Wasserfall, Kurt: Minona, Anrich Verlag, Kevelaer 1992

Gesichter der Industriegesellschaft

Coupry, Patrice/Hoffmann, Ginette: Zur Zeit der ersten Fabriken, Union Verlag
Grütter, Karin/Ryter, Annamarie: Stärker als ihr denkt. Ein Kapitel verschwiegener Geschichte, dtv junior 70227
Große-Oetringhaus, Hans-Martin: Jogen haut ab, Elefanten Press, Berlin 1990
Lang, Othmar Franz: Hungerweg. Von Tirol zum Kindermarkt in Ravensberg, dtv junior 70283
Pelgrom, Els: Umsonst geht nur die Sonne auf. Eine Erzählung über Kinderarbeit vor 100 Jahren, dtv junior 70189
Pierre, Michel: Die Industrialisierung, Union Verlag
Wölfel, Ursula: Jacob. Leinewebersohn, geb. 1821, dtv junior 70174

Worterklärungen

Absolutismus Regierungsform mit einem starken Herrscher (Fürsten) an der Spitze. Er strebt nach uneingeschränkter Macht. Ein absoluter König versucht, die Verwaltung des Landes zu zentralisieren, den Staat zu vereinheitlichen und durch ein großes Heer seine Macht zu verstärken.

Abt Vorsteher eines Klosters, weltlicher und geistlicher Herr einer Mönchsgemeinschaft, die einen der Mönche zum Abt (abbas = Vater) wählt.

Akkord Lohn, der nach Stück oder Stückzahl der hergestellten Produkte festgelegt wird (Leistungslohn). Nachteile: Akkord verstärkt die psychische und körperliche Belastung der Arbeiterinnen und Arbeiter und kann zu mehr Ausschuß (fehlerhaften Produkten) führen.

Aktionskonferenz Nordsee Treffen deutscher und internationaler Umweltschutzorganisationen zum Schutz der Nordsee. Die erste Aktionskonferenz Nordsee fand 1984 in Bremen statt. Adresse: Aktionskonferenz Nordsee e.V., Kreuzstraße 61, 28202 Bremen.

Alkaloide stickstoffhaltige Verbindungen pflanzlicher Herkunft. Häufig als Heil- oder Rauschmittel verwendet.

Altlasten Als Altlasten werden Umweltschäden aus früherer Zeit bezeichnet. In der Vergangenheit hat beispielsweise die Industrie giftige Abfälle oft sorglos abgelagert. Und selbst wenn die Fabriken oder die Hüttenwerke schon längst verschwunden sind, die Bodenvergiftung ist geblieben. Heute müssen in vielen Fällen Altlasten mit sehr großem finanziellen Aufwand wieder beseitigt werden.

Antike Bezeichnung für die Zeit von 500 v. Chr. - 300 n. Chr.; bestimmend in der Geschichte dieser Zeit sind die Griechen und Römer.

Assoziation Vereinigung, Zusammenschluß.

Autobiographie schriftliche Beschreibung des eigenen Lebens.

Banner Fahne.

Barrios Elendsviertel in den Großstädten.

Bebauungsplan Plan, der zwingend für alle Bauherren vorschreibt, wie in einem bestimmten Gebiet gebaut werden soll. Er wird in der Regel vom Stadtrat einer Gemeinde beschlossen.

Bergeversetzen schwere körperliche Arbeit im Bergbau.

biologisches Alter gekennzeichnet durch äußere Alterszeichen wie Haltung, Gang, Körpergröße, Elastizität der Haut, Haarfarbe. Demgegenüber steht das chronologische Alter nach Jahren, Tagen und Stunden.

Börse besonderer Markt, an dem Aktien und Wertpapiere gehandelt werden.

Böttcher Handwerker; baut Gefäße aus Holz.

Bourgeoisie Bürgertum.

Bruttosozialprodukt Meßzahl zum Vergleich des Reichtums einer Gesellschaft. In ihr werden alle Waren und Dienstleistungen erfaßt, die in einer Gesellschaft in einem Jahr produziert werden.

BUND Umweltschutzorganisation. Abkürzung für: Bund für Umwelt und Naturschutz Deutschland. Adresse: BUND e.V., Im Rheingarten, 53225 Bonn.

Cash Crops landwirtschaftliche Waren einer Kolonie, die für den Weltmarkt produziert werden (z. B. Erdnüsse, Sesam, Sisal, Baumwolle, Reis).

Cauca Fluß in Westkolumbien.

Chip engl. Stückchen; Grundplatte, Schalterkreis mit Speicher einer elektronischen Schaltung.

clean sauber, hier gemeint: drogenfrei.

Chlorkohlenwasserstoffe sind künstlich hergestellte chemische Verbindungen, die als Kühlmittel in Kühlschränken und Klimaanlagen und zur Herstellung geschäumter Kunststoffe, als chemisches Reinigungsmittel und als Lösungsmittel in der Industrie verwendet werden. Ein bekanntes Beispiel sind die Fluorchlorkohlenwasserstoffe (FCKW).

Dämon Teufel.

Dampfmaschine Kraftmaschine, die durch Dampf angetrieben wird (Kolbendampfmaschine). Sie trieb die Industrialisierung durch ihren Einsatz im Bergbau (als Pumpenantrieb und Fördermaschine), in der Textilindustrie und im Maschinenbau (als Antrieb von Arbeitsmaschinen) entscheidend voran.

DEA Tankstellenkette, die Erdölprodukte verkauft.

Dealer Händler von Rauschgift.

dealen mit Rauschgift handeln.

Denunziation Verrat.

Desertifikation Verwüstung; Vordringen der Wüste in bisher noch von Menschen genutzte Räume auf Grund einer zu starken Nutzung der Wüstenrandgebiete durch den Menschen.

Designer-Team eine Gruppe von Personen, die Formen von Produkten gestaltet, hier gemeint: Ingenieure, die Schaltungen für einen Chip oder Computer entwerfen.

DLRG Abkürzung für: Deutsche Lebensrettungsgesellschaft.

Dritte Welt Sammelbezeichnung für nichtindustri-

Worterklärungen

alisierte Staaten in Afrika, Lateinamerika und Asien, meist auch als Entwicklungsländer bezeichnet. Diese Staaten waren lange Zeit als Kolonien unter europäischer oder nordamerikanischer Herrschaft. Bis 1989 bezeichnete man die westlichen Industriestaaten als Erste Welt und die sozialistischen Staaten Osteuropas als Zweite Welt.

Drogenkartell Zusammenschluß von Drogenhändlern, um hohe Drogenpreise zu erzielen und ihre Macht auszuweiten.

Drogenmafia Vereinigung von Verbrechern, die organisiert Rauschgift verbreiten.

drücken gemeint als: sich Drogen spritzen.

Dürren lang anhaltende Trockenzeiten.

Einzugsbereich Gebiet, aus dem Käufer oder Gäste ein Geschäft oder eine Stadt besuchen.

ember Eimer.

Entertainment Unterhaltung.

Epoche Bezeichnung für einen Zeitraum, der aufgrund charakteristischer Merkmale als eine Einheit gesehen wird.

Erosion Abtragung des Bodens durch Wind oder Wasser.

Erste Welt westliche Industrieländer; siehe auch Dritte Welt.

Ethnie Volksgruppe mit gemeinsamen Merkmalen, zum Beispiel gemeinsamer Sprache.

EU (Europäische Union) Zusammenschluß von 15 europäischen Staaten (Deutschland, Frankreich, Niederlande, Belgien, Italien, Großbritannien, Spanien, Portugal, Griechenland, Luxemburg, Dänemark, Österreich, Schweden, Finnland, Irland) zu einer politischen und wirtschaftlichen Gemeinschaft. Diese Länder bilden einen Binnenmarkt, in dem die Grenzen für Waren und Personen aufgehoben sind. Angestrebt wird, diese Wirtschaftsgemeinschaft immer stärker auch zu einer politischen Gemeinschaft auszubauen. Bisher gibt es für die EU ein gemeinsames Parlament mit eingeschränkten Rechten in Straßburg, aber keine gemeinsame Regierung. Die wichtigen politischen Entscheidungen der EU trifft der Rat, die Konferenz der 15 Außenminister der EU-Staaten. Ihre Beschlüsse haben zum Teil Gesetzeskraft in allen Staaten der EU.

Existenzminimum Angabe des Mindestbedarfs, den ein Mensch benötigt, um zu überleben.

Familien- und Sozialstruktur Zusammensetzung der Familie und der Gesellschaft, Zustand gesellschaftlicher Beziehungen.

Fincas spanischer Ausdruck für kleinere landwirtschaftliche Betriebe.

fossil versteinert, urweltlich.

Generalstände allgemeine Ständeversammlung in Frankreich bis 1789.

gestäupt ausgepeitscht.

Göttliches Recht Recht von ewig her, von Gott gesetzt, im Unterschied zu von Menschen erlassenen Rechtssetzungen.

Goldschläger Handwerker; hämmert Blattgold (z. B. für Altäre oder wertvolle Bücher).

Goldspinnerin Handwerkerin; verarbeitet Goldfäden.

Greenpeace internationale Umweltschutzorganisation. Anschrift: Greenpeace e. V., Vorsetzen 53, 20459 Hamburg.

Grundherr, Grundherrschaft Adlige oder kirchliche Herren, die Herrschaft über Land und Leute in ihrem Besitz ausüben. Sie gewähren den Untertanen Schutz und fordern und erhalten dafür Abgaben.

Guerilla, Guerillakämpfer, Guerillakrieg von Guerilla, span.: kleiner Krieg; der Begriff Guerilla entstand in der erfolgreichen nationalen Erhebung der Spanier gegen die Truppen Napoleons 1808. Nachdem die regulären spanischen Soldaten keinen Widerstand gegen die Besatzer mehr leisten konnten, ermöglichte es die Guerilla jedem kampfeswilligen Spanier, sich am Aufstand zu beteiligen. Die Guerillakämpfer operierten meist ohne Uniformen in kleinen Gruppen und fügten dem Gegner eine Vielzahl kleiner Niederlagen bei. Auch wo sie keinen direkten Erfolg erzielten, wirkten sie doch störend auf die Besatzer. Nach einem Angriff versteckten sie oft ihre Waffen und waren als Kämpfer nicht mehr zu erkennen. Ein Guerillakrieg kann eine reguläre Armee besiegen. Die Taktik des Guerillakrieges wurde seitdem oft erfolgreich in Kriegen angewandt, in denen ein überlegener Gegner das Land besetzt hielt, beispielsweise in Vietnam, in Befreiungskriegen in Afrika oder bei Revolutionskriegen in Lateinamerika. Die Taktik des Guerillakrieges verstößt jedoch gegen das Kriegsrecht, und ein Guerillakämpfer, der ohne Uniformkennzeichen gefangengenommen wird, steht nicht unter dem Schutz des Kriegsrechtes.

Gulden Goldmünze mit wechselndem Goldgehalt. Entwickelte sich zur wichtigsten Münze in Deutschland. Wurde im Handel je nach seinem jeweiligen Goldgehalt bewertet.

haich Haken.

Worterklärungen

Heiliges Grab Bezeichnung für die Grabstätte von Jesus in Jerusalem.
Hektar Flächenmaß. Fläche eines Quadrates mit 100 Meter Kantenlänge.
High-Tech-Unternehmen High Tech: Kurzwort für High Technology („hohe" Technologie). Unternehmen mit anspruchsvoller, „hoher" Technologie, die auf neuer wissenschaftlicher Grundlage entwickelt wurde. Beispiel: Elektronik.
Hitlerismus Bezeichnung für die Nationalsozialisten, die die Ziele und die Praxis dieser Partei (1920-1945) auf den Namen ihres Führers, Adolf Hitler, verkürzt.
illegal ungesetzlich.
Index statistische Zahl zum Vergleich zweier oder mehrerer zeitlich unterschiedlicher Angaben. Für einen bestimmten Zeitpunkt, der gleich 100 gesetzt wird, werden alle unterschiedlichen Angaben umgerechnet und damit vergleichbar gemacht.
Indigenas Eingeborene in Südamerika.
Individuen die Einzelwesen; im Unterschied zur Gesellschaft. Singular: das Individuum.
Industrialisierung Veränderung einer landwirtschaftlich geprägten Gesellschaft zu einer Gesellschaft, die durch die Produktion in Fabriken mit Maschinen geprägt wird. Weltweiter Prozeß seit dem 19. Jahrhundert, der in Großbritannien begann.
Industriekapitalismus siehe Industrialisierung.
Industriestaat ein Staat, dessen Arbeits-, Wirtschafts- und Lebensbedingungen durch die Industrialisierung geprägt sind. Dazu gehören als wichtige Merkmale: starke Arbeitsteilung, räumliche Trennung von Wohnung und Arbeitsplatz, umfangreicher Einsatz von Kapital für die Produktion, hochentwickelte Technologie, industrielle Ballungsgebiete.
Infrastruktur Bezeichnung für die nötigen Einrichtungen einer Siedlung oder eines Wohnviertels; gemeint sind z.B. Straßen, Wasser und Stromanschlüsse, Verkehrsverbindungen, Telefonleitungen.
Internationaler Frauentag Am 8. März eines jeden Jahres begangener Feiertag, an dem Frauen durch Feiern, Demonstrationen und Aktionen für die Forderung nach Gleichberechtigung der Frauen eintreten.
Investorengruppe Gruppe von Unternehmern, die sich zusammenschließen, um ein bestimmtes Unternehmen zu gründen und zu führen.
irden aus gebranntem Ton.
juristischer rechtlicher.

Kapital Das Wort hat verschiedene Bedeutungen: 1. Geldsumme, die Zinsen bringt, 2. Geldsumme, die zur Finanzierung einer Fabrik und deren Produktion benötigt wird und das vom Unternehmer als Besitzer der Fabrik aufgebracht wird, im weitesten Sinne Bezeichnung für Fabrikbesitzer.
Kapitalien Mehrzahl von Kapital.
Kartelle Zusammenschluß von verschiedenen Firmen mit dem Ziel, den Markt für bestimmte Produkte zu beherrschen.
kesselhoit Eisenhut.
Klima das Wetter eines Gebietes, gesehen über einen längeren Zeitraum.
Koalition Zusammenschluß, Bündnis (von Staaten oder Parteien).
Kohlendioxid farbloses, schwach säuerlich schmeckendes, nicht brennbares Gas.
Koks kohlenstoffreicher Brennstoff, der durch Wärmebehandlung (Verkokung, Verschwelung) vor allem aus Steinkohle gewonnen wird. Koks wird für die Erzverhüttung und in Gaswerken verwendet.
Kolonialzeit Zeitdauer, in der ein Land in Afrika, Asien oder Lateinamerika im Besitz einer europäischen Nation war und durch dieses verwaltet und ausgebeutet wurde. In Lateinamerika ca. 1500–1900, je nach Land, in Afrika ca. 1880–1960, in Asien ca. 1700–1949.
Kolonie 1. Land in Afrika, Asien und Lateinamerika, das durch ein europäisches Land oder die USA erobert, besetzt und ausgebeutet wurde. 2. Ansammlung von Häusern oder Wohnungen.
Kompromiß Übereinkunft, Zugeständnis.
Konsumanstalten Kaufhäuser.
Kornzehnt Zehnt: meist jährlich wiederkehrende Abgabe des zehnten Teils der Ernteerträge, wie Korn, Früchte, Vieh, Geld, an den Grundherrn oder an die Kirche.
korrupt bestechlich.
Lebensberichte siehe Autobiographie.
Leibeigenschaft, leibeigen persönliche Abhängigkeit von einem Herrn mit der Verpflichtung zu regelmäßigen Abgaben in Geld, Arbeitsleistungen und Naturalien und ohne das Recht, den Besitz des Herrn durch Wegzug zu verlassen.
leyder Leiter.
Macheten große Säbelmesser zum Schneiden oder Freihauen des Weges im Urwald.
Männerdomäne Bereich, in dem Männer vorherrschen.

Worterklärungen

Maniok tropische Nutzpflanze. Ein Strauch, aus dessen Knollen Stärke oder auch Mehl für Maniok - Fladen gewonnen werden. Grundnahrungsmittel in vielen tropischen Gebieten.

Manufaktur Werkstatt, in der noch Waren von Hand hergestellt werden.

Maoismus verkürzte Bezeichnung der Herrschaft der Kommunistischen Partei Chinas nach ihrem Führer Mao Zedong (1893-1976).

Martinofen Siemens-Martin-Ofen; von Friedrich Siemens (1856) und Émile und Pierre Émile Martin (1864) entwickeltes Schmelzverfahren zur Stahlherstellung.

Maya indianische Hochkultur, die in der Zeit um 100 v. Chr. bis 1500 n. Chr. in Guatemala, der Halbinsel Yucatan, Chiapas und Honduras bis zur Eroberung durch die Europäer existierte und von diesen zerstört wurde.

Memorandum Das Memorandum (lat.) ist eine Denkschrift, in der die Ergebnisse einer Konferenz einem Partner oder der Öffentlichkeit vorgestellt werden.

Menschen- und Bürgerrechte Katalog von Grundrechten von Menschen, erstmals 1776 in den USA verkündet, in Europa 1789. Heute weltweit geltender Maßstab für die würdige Behandlung von Menschen.

Mestizen Mischlinge zwischen Weißen und Indianern.

Methan farb- und geruchloses, brennbares Gas, das bei der Zersetzung von Pflanzen entsteht.

Metropole Hauptstadt, Weltstadt.

Moloch eine Macht, die alles verschlingt.

Monokulturen Anbau einer einzigen Pflanze über einen längeren Zeitraum, häufig in einem größerem Gebiet. Vorteile liegen im wirtschaftlich lohnenden Einsatz von Maschinen. Nachteile der Monokultur sind die Gefahr der Bodenerosion, vermehrter Schädlingsbefall und einseitige finanzielle Abhängigkeit vom Wetter und der Marktentwicklung.

Mulatten Mischlinge zwischen Weißen und Schwarzen.

Naivität Harmlosigkeit, Einfalt; hier im Sinne von Dummheit.

Niederschlagswert Summe der in einem bestimmten Zeitraum an einem Ort gefallenen Niederschläge. Niederschlagsformen sind: Regen, Hagel, Schnee.

Nitrate, Phosphate chemische Verbindungen, die im Kunstdünger in großer Menge vorkommen. Sie werden zur Ertragssteigerung in der Landwirtschaft benutzt. Auch in Tiergülle und in menschlichen Fäkalien sind sie enthalten. Phosphate sind giftig und wirken ähnlich wie Schwermetalle. Kläranlagen können Nitrate und Phosphate nur mit hohem technischen Aufwand herausfiltern.

Nomaden Angehörige eines Hirtenvolkes. Die Viehzüchter begleiten das Vieh mit ihren Familien und ihrem Hausrat ständig oder über einen längeren Zeitraum von Weideplatz zu Weideplatz. Sie betreiben keinen Ackerbau und haben nur selten feste, dauerhafte Siedlungen.

Nordseeschutzkonferenz In der Nordseeschutzkonferenz haben sich alle Anliegerstaaten der Nordsee das Ziel gesetzt, die Umweltbelastungen in der Nordsee und an ihren Küsten zu senken. Die Konferenzen finden seit 1984 alle zwei Jahre statt.

ökologisch umweltfreundlich.

Passatwinde Die Passate sind Ausgleichsströmungen zwischen der Zone tiefen Luftdrucks am Äquator und den Hochdruckgürteln im Bereich der Wendekreise. Die Passate sind die beständigsten Winde der Erde. Auf der Nordhalbkugel wehen sie ganzjährig als Nordostwinde (Nordost-Passat), auf der Südhalbkugel als Südostwinde (Südost-Passat) zum Äquator hin. Im Zeitalter der Segelschiffahrt waren die Passate sehr wichtig für Fahrten über das offene Meer.

Patrizierin Angehörige einer vornehmen, reichen und einflußreichen Familie.

PCB (Polychlorierte Biphenyle) sind naturfremde chemische Verbindungen, die als Kühlmittel, Hydraulikflüssigkeit, Transformatorenöl und Weichmacher von Kunststoffen (Verpackungen) verwendet werden. Durch Verbrennung kann PCB in die Luft entweichen und durch Einatmen in die Körper von Menschen und Tieren gelangen.

Pensionierung Versetzung in den Ruhestand am Ende des Arbeitslebens.

Pestepidemien Massenerkrankungen an der Pest. Am schlimmsten wütete die Seuche 1347-52; ca. 25 Mio. Menschen starben. Die Pest wird durch Flöhe auf den Menschen übertragen. Durch Prozessionen, Gelübde und Pestkreuze versuchte man sich vor der Krankheit zu schützen.

Pestilenz veraltete Bezeichnung für Pest.

Pferch eingezäuntes Stück Land, in das Haustiere, wie z. B. Pferde, nachts eingeschlossen werden.

Pflegeversicherung am 1.1.1995 eingeführte Pflicht-

Worterklärungen

versicherung für alle Deutschen, die die Kosten für die Pflege alter und gebrechlicher oder sonst pflegebedürftiger Menschen übernimmt.

Philosophen Menschen, heute Wissenschaftler, die nach Erkenntnissen durch Nachdenken streben und nach dem Sinn des Lebens fragen. Im Unterschied dazu suchen die Naturwissenschaftler Erkenntnisse durch Experimente.

Phosphate siehe Nitrate.

Präambel feierliche Einleitung, Vorrede.

PRI Partido Revolucionario Institucional, Regierungspartei Mexikos. Sie stellte seit 1929 alle Präsidenten, bis 1988 alle Gouverneure der Bundesstaaten und die meisten Bürgermeister. Die Wahl des mexikanischen Präsidenten im Jahre 1994 war die erste Wahl, die unter demokratischen Grundsätzen und nicht manipuliert stattfand.

Privileg Vorrecht.

Produktionswert Summe der Herstellungskosten in einem bestimmten Zeitraum. P. der Arbeit: wirtschaftlicher Wert in einer bestimmten Zeit.

Proletarier, Proletariat lateinisch: proles = die Nachkommenschaft; Bezeichnung der Römer für die Besitzlosen, die nichts außer ihrer Nachkommenschaft besaßen. Im 19. Jahrhundert wird der Lohnarbeiter, der nichts als seine Arbeitskraft besitzt, so genannt. Im Sinne von Karl Marx ist das Proletariat die Arbeiterklasse, die sich durch eine Revolution ihre Rechte erkämpfen muß.

Proletarierhütte hier gemeint im Sinne einer engen, ärmlichen Unterkunft (siehe auch: Proletarier, Proletariat).

Radialstraßen Straßen, die von außen sternförmig auf ein Zentrum führen.

Rassisten Menschen, die glauben, daß sie auf Grund ihrer Abstammung, Hautfarbe oder anderer Merkmale andere Menschen verachten oder schlecht behandeln können. Ihre eigene „Rasse" halten sie für höherstehend.

Recyclingware gebrauchte Konsumgüter und Kleidung aus europäischen Staaten, die auf den Märkten in den ärmeren afrikanischen Staaten zum Kauf angeboten werden. Das Angebot von billigen gebrauchten europäischen Kleidungsstücken, etwa aus Altkleidersammlungen karitativer Organisationen, zerstört die afrikanische Textilindustrie.

reduziert, reduzieren einschränken, herabsetzen, mindern.

Reeder Ein Reeder, auch Schiffseigner genannt, ist der Eigentümer eines dem Erwerb dienenden Schiffes.

Reformatoren Geistliche und Gelehrte, die mit ihren Lehren nach 1517 neue christliche Bekenntnisse begründeten. Der bedeutendste Reformator war Luther, dessen Wirken zur Gründung der Evangelischen Kirche führte. In der Schweiz wirkten Zwingli und Calvin als Erneuerer des christlichen Glaubens. Ursprünglich bedeutete das lateinische Wort „Reformation" Erneuerung.

Regenfeldbau Form des Anbaus bei ausreichenden ganzjährigen oder jahreszeitlichen Niederschlägen. Notwendig sind je nach Klimazone und Anbaufrucht zwischen 200 und 500 mm Jahresniederschlag. Darunter ist Bewässerung notwendig.

Rente Zahlungen für die Zeit nach Beendigung des Arbeitslebens, die während des Arbeitslebens jeweils zur Hälfte von Arbeitgeber und Arbeitnehmer in eine Versicherung eingezahlt wurden.

Repression Unterdrückung.

revolutionär umstürzend, gemeint ist die meist gewalttätige Veränderung einer Gesellschaftsordnung.

Römisches Recht lateinisch verfaßtes Recht des spätrömischen Reiches, das in erneuerter Form im Deutschen Reich des 14. und 15. Jahrhundert galt. In vielen Bestimmungen unterschied sich das Römische Recht vom hergebrachten Brauch.

Rosenkranz Gebetsschnur katholischer Christen.

Rotte Haufen, Bande.

Salon größerer und großzügig ausgestatteter Raum für Veranstaltungen in einem Haus reicher Leute. Als Salon wird auch ein Kreis von Personen bezeichnet, der sich regelmäßig trifft, um über Kunst oder Politik zu diskutieren.

Sansculotten sans-culottes (franz.) = ohne Hosen; Bezeichnung für Handwerker, Ladenbesitzer und Arbeiter in Paris während der Französischen Revolution. Gemeint ist mit der Bezeichnung, daß diese keine Kniebundhosen, wie die Adligen der damaligen Zeit, trugen, sondern Hosen, wie sie auch heute noch getragen werden.

Schafott Gerüst für Hinrichtungen. Im Mittelalter und in der Frühen Neuzeit zogen Hinrichtungen viele Schaulustige an. Der Vorgang mußte deshalb gut sichtbar sein.

Scheffel altes Hohlmaß.

Schlaganfall plötzlicher Ausfall von Gehirnabschnitten, durch Austritt von Blut aus einem

Worterklärungen

Gehirngefäß oder durch Verschluß eines Gehirngefäßes, besonders bei älteren Menschen. Symptome: Lähmungen, häufig halbseitig als Sprach- und Schlucklähmung, diese können sich jedoch teilweise zurückbilden. Bei Lähmungen lebenswichtiger Zentren (z. B. Atmung) tritt der Tod ein.

Schwermetalle wie Cadmium, Quecksilber, Kupfer, Blei, Zink, Chrom, Nickel und Arsen sind Metalle, die in der Natur vorkommen, vor allem aber als industrielle Abfallprodukte bei der Herstellung zum Beispiel von Farben, Lacken, Treibstoffen, Cremes und sogar Lippenstiften. Schwermetalle können als Staub, flüssig oder gasförmig in den Körper gelangen. Schwermetalle und PCB werden im Körper gesammelt und können schwere Leiden hervorrufen, wie Nervenerkrankungen, Allergien, Krebs oder Erbgutveränderungen und gelten daher als hochgiftig.

Sicario minderjähriger Angehöriger der Drogenmafia, der auf Befehl tötet.

Singlehaushalt Einpersonenhaushalt.

Smaragd kostbarer grüner Edelstein.

Sondermüll Müll, der wegen seiner Schadstoffkonzentration nicht mit dem normalen Hausmüll deponiert werden darf; zum Beispiel: Altöle, Gummiabfälle oder giftige Chemikalien.

Souveränität Selbständigkeit eines Staates in allen Angelegenheiten.

spektakulär aufsehenerregend.

Spital Krankenhaus (im Mittelalter außerdem noch meist ein Alten- und Pflegeheim).

stäupen auspeitschen.

Stalinismus verkürzte Bezeichnung für die Gewaltherrschaft der Kommunistischen Partei der Sowjetunion unter ihrem Führer Stalin (1879-1953).

Stollen- und Tiefbau Methode für den Abbau von Erzen und Kohle. Stollen: horizontal oder fast horizontal in den Berg getriebene Strecke; Tiefbau: Bergbau unter Tage, im Gegensatz zum Tagebau.

Subsistenzwirtschaft Bezeichnung für kleine landwirtschaftliche Betriebe, die ganz oder nahezu ausschließlich der Selbstversorgung ihrer Besitzer und deren Familien dienen.

Suchtprävention Suchtvorbeugung.

Technologie-Park Von staatlicher Seite zur Verfügung gestelltes Gelände, auf dem sich Firmen (Neugründungen) ansiedeln können. Ziel ist es, neue Technologien zu fördern und weiterzuentwickeln und damit Arbeitsplätze in einer Stadt (Region) zu schaffen.

Teufelskreis Bezeichnung für gesellschaftliche Ursachen, die durch ihre gegenseitige Abhängigkeit bedingen, daß eine bestimmte gesellschaftliche Situation, z.B. Armut oder Drogenabhängigkeit, sich nicht ändern oder verändern lassen.

Theologen Wissenschaftler, Gelehrte, die sich mit allen Fragen einer Religion und ihrer richtigen Ausübung beschäftigen, im engeren Sinne Gottesgelehrte.

Todfallgaben Abgaben, die bei einem Todesfall von den Hinterbliebenen an den Herrn gezahlt werden mußten.

Truchseß im Mittelalter für die Küche und die Tafel zuständiger Hofangestellter.

Tugend positive menschliche Eigenschaft wie Tüchtigkeit, Tapferkeit, Fleiß, Treue.

Tyrannei, tyrannisch (griech.) Gewaltherrschaft, mit Gewalt herrschend.

tyrannisch s. unter Tyrannei.

Verdunstung der Übergang von Wasser in flüssiger oder fester Form in Wasserdampf. Die Höhe der Verdunstung ist eines der wichtigsten Elemente des Klimas einer Region.

Verödung Entvölkerung eines Stadtteils.

Villa vornehmes, großzügiges Haus.

Villa Pancho mexikanischer Revolutionär, Mitstreiter von E. Zapata.

Vogt Verwalter, der eine Kirche oder Kloster in rechtlichen und wirtschaftlichen Angelegenheiten vertritt und die Ländereien verwaltet.

Yams, Yamswurzel ein ähnlich wie die Kartoffel schmeckende und ähnlich nährstoffereiche Erdfrucht.

Zapata, Emiliano mexikanischer Revolutionär, geb. 1879, ermordet 1919, dessen revolutionäre Pläne zu einer Umverteilung des mexikanischen Grundbesitzes bei den Bauern Mexikos große Zustimmung fanden. Sie wurden aber nicht verwirklicht.

Zehnt, Zehnten Regelmäßige Abgabe an Kirche, Kloster oder Grundherrn. Ursprünglich mußte ein Zehntel des landwirtschaftlichen Ertrags (Getreide, Vieh, Wein, Früchte) abgegeben werden.

Zonas residenciales geschützte Wohnviertel der Reichen.

Quellenverzeichnisse

Textquellen

1.1 Hunger im Sahel
S. 8: M1-3: Gespräch des Autors mit Osman Saed (Sudan) im Januar 1994 – **S. 14:** M1: Interview des Autors mit Abdelhag Eldodo (Sudan) im Januar 1994 – **S. 15:** M2: Interview des Autors mit Abdelhag Eldodo (Sudan) im Januar 1994 – **S. 16:** M1: Interview des Autors mit Abdelhag Eldodo (Sudan) im Januar 1994 – **S. 17:** M2: Interview des Autors mit Abdelhag Eldodo (Sudan) im Januar 1994 – **S. 18:** M1: Gespräch des Autors mit Emmanuel Somé (Burkina Faso) im Januar 1994 – **S. 19:** M2: Gespräch des Autors mit Emmanuel Somé (Burkina Faso) im Januar 1994 – **S. 20:** M1: Christine Grän, Die Kraft der Frauen von Djibo; in: Deutsche Welthungerhilfe (Hg.), Burkina Faso. Land im Sahel, o.J. (Eigenverlag) – **S. 21:** M2: Ina Nagel, Ohne Frauen geht gar nichts mehr; in: terre des hommes (Hg.), Burkina Faso, Osnabrück 1989, S. 19 (Eigenverlag); M3: Ina Nagel, a.a.O., S. 19 – **S. 25:** M: Informationsblatt der Hilfsorganisation terre des hommes; in: Deutsche Stiftung für internationale Entwicklung (Hg.), Zusammenstellung zum Thema Sahelzone, Bonn 1994, S. 37-38 (Eigenverlag) – **S. 27:** M1: zit. nach: D. Nohlen und F. Nuscheler (Hg.), Handbuch der Dritten Welt, Bd. 4, Verlag J.H.W. Dietz Nachf. GmbH, Bonn 1993, S. 38; M2: zit. nach: DIE ZEIT vom 23.9.94, S. 23

1.2 Die Nordsee – Ferienparadies oder Kloake?
S. 35: M: Karl Veit Riedel, Zwei Jahrhunderte Seebadewesen in Deutschland, Heft 16 der Schriftenreihe der Forschungsgemeinschaft für Meeresheilkunde, 1991; in: Nationalpark Niedersächsisches Wattenmeer, Natur-Bilder, Wilhelmshaven 1993, S. 6 (Eigenverlag) – **S. 38:** M: taz 25.7.1994, Bericht Andreas Weber – **S. 42:** M1: Greenpeace Magazin Nr. I/1991, S. 23, Greenpeace - Umweltschutzverlag, Hamburg 1991 (leicht verändert) – **S. 43:** M2: Mineralölwirtschaftsverband (Hg.), Mineralöl und Umweltschutz, Hamburg 1989, S. 25 (Eigenverlag) – **S. 45:** M1: Greenpeace (Hg.), Der Katalog zur Ausstellung „Nordsee", Hamburg 1994, S. 8f. (Eigenverlag); M2: wie S. 45 M1, aber S. 9; M3: Aktionskonferenz Nordsee (Hg.), Das Nordsee-Memorandum, Bremen 1989, S. 15 (Eigenverlag) – **S. 46:** M1: Bundesumweltministerium (Hg.), Aktuell: Lebensraum Nordsee/Ostsee, Bonn 1993 (Eigenverlag) – **S. 47:** M2: Hannoversche Allgemeine Zeitung vom 1.10.1993 – **S. 48:** M1: Interview des Autors; M2: wie S. 45 M1, aber S. 9f. – **S. 49:** M3: Bund für Umwelt und Naturschutz Deutschland (BUND) (Hg.), Die Nordsee – Lebendiges Meer oder Müllkippe Europas, Bonn 1991, S. 16ff., (Eigenverlag)

1.3 Projekte zum Thema Verkehr
S. 57: Fahrverbot wäre unsozial, Göttinger Tageblatt vom 28.11.1994 – **S. 58:** Q1: W. Zängl, Auto-Bahn und Auto-Wahn; in: Peter M. Bode u. a., Alptraum Auto, Raben Verlag, München 1986, S. 126; Q2: M. Holzer, Das Automobil; in: P. Raabe (Hg.), Ich schneide die Zeit aus. Expressionismus und Politik in Franz Pfemerts „Aktion" 1911-1919, München 1964, S. 81; Q3: H. Pudor, Zur Philosophie des Automobils; in: Menschheitswille 1908, S. 294; zit. nach: Geschichte lernen, Heft 4/1988, Friedrich Verlag, Seelze 1988, S. 42; M: Der Spiegel, Nr. 11/1991; zit. nach: Tempora Press, Nr. 10, 11/1991, Klett Verlag, Stuttgart 1991, S. 13

2.1 Nichts als die Gerechtigkeit ...
S. 65: Q: zit. nach: Peter Blickle, Die Revolution von 1525, Oldenbourg Verlag, München 1993, S. 5 – **S. 66:** Q: Günther Franz, Quellen zur Geschichte des Bauernkriegs, Wissenschaftliche Buchgesellschaft, Darmstadt 1963, S. 125 – **S. 68:** Q1: Geschichte in Quellen, Renaissance, Glaubenskämpfe, Absolutismus, Bayerischer Schulbuchverlag, München 1982, S. 144-148; Q2: Martin Luther, Vermahnung zum Frieden auf die zwölf Artikel der Bauernschaft in Schwaben, 1525; in: Martin Luther, Ausgewählte Schriften, Bd. 4, Insel Verlag, Frankfurt 1983, S. 121-126 – **S. 71:** Q: Günther Franz, a.a.O., S. 285f. – **S. 72:** Q1: G. Wehr (Hg.), Thomas Müntzer, Schriften und Briefe, Gütersloher Verlagshaus Gerd Mohn, Gütersloh 1978, S. 113; Q2: G. Franz, Der deutsche Bauernkrieg 1525, Berlin 1926, S. 511; Q3: G. Wehr, a.a.O., S. 160f.; Q4: zit. nach: P. Blickle, a.a.O., S. 228f. – **S. 73:** M: Marion Kobelt-Groch, Von „armen frowen" und „bösen wibern" – Frauen im Bauernkrieg zwischen Anpassung und Auflehnung; in: Archiv für Reformationsgeschichte 79, Gütersloher Verlagshaus Gerd Mohn, Gütersloh, 1988, S. 128; (1): G. Franz, a.a.O., S.487 – **S. 75:** M1: zit. nach: Andrian Kreye, Mit Latten und Flaschen gegen Panzer und Raketen; in: FAZ Magazin 738 vom 24.2.1994, S. 36; M2: Andrian Kreye, a.a.O., S. 37 – **S. 76:** M1: zit. nach: taz vom 24.1.1994, S. 10; M2: Walter Haubrich, Auch ohne erklärten Krieg nimmt die Gewalt zu; in: FAZ vom 16.12.1994, Nr. 292, S. 3; M3: zit. nach: Andrian Kreye, a.a.O., S. 37 – **S. 78:** M: taz vom 7.4.1994, S. 10

2.2 Freiheit – Gleichheit – Menschenrechte
S. 82: Q: Charles de Montesquieu: De l'Esprit de Lois, Genf 1748; zit. nach Irmgard und Paul Hartig: Die Französische Revolution, Klett Verlag, Stuttgart, S. 13 (= Tempora. Quellen zur Geschichte und Politik) – **S. 84:** Q1: J.M. Robertsa (Hg.), French Revolution Documents, Band 1, Oxford 1966, S. 78ff.; zit. nach: Ulrich Friedrich Müller (Hg.), Lust an der Geschichte: Die Französische Revolution 1789-1799, Piper Verlag, München, 2. Auflage 1989, S. 30, Übersetzung: Ulrich Friedrich Müller; Q2: Bibliotheque Nationale Lb. 39.817; zit. nach: Irmgard und Paul Hartig, a.a.O., S. 32; Q3: Cahier general de la senechaussee de Rennes, Art. X; zit. nach: erinnern und urteilen, Band III, Klett Verlag, Stuttgart 1980, S. 10 – **S. 85:** Q: Moniteur: Reimpression de l'ancien Moniteur, Seule histoire authentique et inaltérée de la Révolution francaise depuis la réunion des États Généraux jusquáu Consulat (Mai 1789 - Novembre 1799), 32 Bände, Paris 1854-1870 (neuer und verbesserter Nachdruck des „Moniteur universal ou gazette nationale" einschließlich der nachträglich hergestellten Nummern Mai - November 1789) – **S. 88:** Q1: Revolution de Paris, Nr. 13; in: A. Soboul: 1789, 2. Auflage, Paris 1950; zit. nach: S. Petersen, Die große Revolution und die kleinen Leute, Pahl-Rugenstein, Köln 1988, S. 48-51; M1: Paul Sethe, Die großen Tage, Deutscher Taschenbuch Verlag, München 1965, S. 67; M2: Susanne Petersen, Marktweiber und Amazonen, PapyRossa Verlag, Köln 1991, S. 13 – **S. 89:** Q2: Ch. A. Dauban, La démagogie en 1793 á Paris ou Histoire jour pour jour de l' année 1793, Paris 1886, S. 105-109; zit. nach: Susanne Petersen, a.a.O., S. 184; Q 3: Archives parlamentaires, Bd. 78, S. 50; zit. nach: Susanne Petersen, a.a.O., S. 221 – **S. 90:** Q1: W. Wachsmuth, Geschichte Frankreichs im Revolutionszeitalter, Bd. 1, Hamburg 1840-1844, S. 592ff.; zit. nach: W. Lautemann (Hg.), Geschichte in Quellen, Amerikanische und Französische Revolution, BSV Verlag, München 1981, S. 199-201 – **S. 91:** Q2: Paul Noack, Olympe de Gouges, 1748-1793, Deutscher Taschenbuch Verlag, München 1992, S. 164-168; M: Christine Madelung, Gewalt an Frauen – Wie Frauen von politischer Repression und männlicher Gewalt betroffen sind; in: amnesty international, Menschenrechte vor der Jahrtausendwende, hrsg. von Heiner Bielefeldt u. a., Fischer Taschenbuch, Frankfurt/M. 1993, S.229-231 – **S. 92:** M1: Unveröffentlichtes Hektogramm der ai – Koor-

Quellenverzeichnisse

dinationsgruppe Uruguay; zit. nach: Otfried Gericke: Menschenrechte und Folter, Vandenhoeck & Ruprecht, Göttingen, 4. Aufl. 1984, S. 8f.; M2: amnesty international, Jahresbericht 1993, Fischer Taschenbuch, Frankfurt/M. 1993, S. 561f. – **S. 93:** M3: Paul Noack, Olympe de Gouges, a.a.O., S. 164-168; M4: amnesty international, Jahresbericht 1993, a.a.O., S. 111 – **S. 95:** Zeitungsausschnitt o.: Frankfurter Rundschau, Nr. 57, 9. März 1994; Zeitungsausschnitt u.: Braunschweiger Zeitung, Nr. 57, 9. März 1994 – **S. 96:** Q1: Boissy d'Anglas, Einleitende Rede zum Verfassungsentwurf am 23.6.1795; in: Albert Soboul: Die große Französische Revolution, Europäische Verlagsanstalt, Frankfurt/M. 1973, S. 419f.; Titel der Originalausgabe: precis de l'histoire de la revolution francaise, Paris 1962. Übersetzt von Joachim Heilmann und Dietfried Krause-Vilmar. – **S. 97:** Q2: W. Markov und A. Soboul: Die Sansculotten von Paris, Berlin 1957, S. 3; zit. nach: P. Alter u.a., Geschichte und Geschehen, Bd. III, Klett Verlag, Stuttgart 1991, S. 69; Q3: W. Markov und A. Soboul, a.a.O., S. 136-140; zit. nach: I. u. P. Hartig, a.a.O., S. 95f. – **S. 98:** Q: M. Robespierre: Oeuvres Band 10, Paris 1967; zit. nach: I. u. P. Hartig, a.a.O., S. 99f – **S. 99:** Q: Bundeszentrale für politische Bildung (Hg.), Grundgesetz für die Bundesrepublik Deutschland, Artikel 3, Textausgabe (Stand: November 1994), Bonn 1994, S. 15 – **S. 100:** M: Horst Stasius, Menschenrechte. Gesetze ohne Gewähr, Rowohlt Taschenbuchverlag, Reinbek bei Hamburg 1991, S. 140-143

2.3 Kaffee – Coca – Kokain – Gewalt
S. 106: M: Karl Arnulf Rädecke, DuMont Reiseführer, Richtig reisen, DuMont Buchverlag, Köln 1993, S. 124 – **S. 110:** M1: Neues Aufflackern der Gewalt in Kolumbien, Neue Züricher Zeitung vom 21.1.1993, Fernausgabe, S.5; M2: Aachener Nachrichten vom 1.12.1994 (ap Meldung) – **S. 111:** M3,4: Eva Karnofsky, Der Tod blüht flammend rot, Süddeutsche Zeitung vom 7.6.1994, S. 3; (1): zit. nach: Die Koka-Wirtschaft; in: Geographische Rundschau 43, Westermann Verlag, Braunschweig 1991, S. 159 – **S. 112:** M1: Praxis Geographie, Heft 1, 1/1992, Westermann Verlag, Braunschweig 1992, S. 112 – **S. 113:** Q: Fritz Georg Kersting, Coca ist nicht Kokain, hrsg. von Misereor, Aachen 1991, M 04; M2: Praxis Geographie, Heft 1, 1/1992, Westermann Verlag, Braunschweig 1992, S. 41 – **S. 116:** M1: Presseerklärung von TransFair, Verein zur Förderung des Fairen Handels mit der „Dritten Welt", Köln, 19.7.1994 – **S. 117:** M2: Jahresbericht TransFair 1993, Köln 1994, S. 4

3.1 Typisch ... Rollen im Wandel
S. 120/21: zit. nach: Liste der Rollenstereotype der US-Psychologen Stevens und Hersberger; in: Der Spiegel, Nr. 40/1989 – **S. 124:** Kleinanzeigen: Schädelspalter. Stadtillustrierte Hannover, 1993 (verschiedene Ausgaben) – **S. 126:** M1: A. Kitsche u.a. (Hg.), Gleichberechtigung, Verlag Dr. Neufang KG, Bonn 1992/1993, S. 14; M2: Heidrun Hoppe, Frauenleben, Kleine Verlag, Bielefeld 1993, S. 18-21 – **S. 127:** M3-6: zit. nach: Franziska Stalmann, Die Schule macht die Mädchen dumm, Piper Verlag, München 1991, S. 13-17 – **S. 130:** („Jetzt reicht's"): zit. nach: Landesarbeitsgemeinschaft der Freien Wohlfahrtspflege in Niedersachsen. Landesstelle Jugendschule Niedersachsen Teil III, S. 34 (Eigenverlag)

3.2 Süchtige Gesellschaft – kranke Gesellschaft?
S. 138: (Meinungsknäuel): Eva Bilstein und Anette Voigt-Rubio, Ich lebe viel, Verlag an der Ruhr, Essen 1991, S. 28 – **S. 140:** M1: Eva Bilstein und Anette Voigt-Rubio, a.a.O., S. 39; zit. nach: Jugendamt Oberhausen, Mensch ich lieb dich doch, Tip – Materialien Nr. 31, Oberhausen 1981, S. 24; M2: Antoine de Saint-Exupery, Der kleine Prinz, Karl-Rand-Verlag, Düsseldorf 1988, S. 35 – **S. 141:** M3: Bundesverband der Ortskrankenkassen (Hg.), Nur Du bist Du, Bonn 1981; zit. nach: Niedersächsisches Landesinstitut für Lehrerfortbildung, Lehrerweiterbildung und Unterrichtsforschung (Hg.), Hilfen für die schulische Erziehung im Bereich Suchtprävention und Drogenproblematik für den Sekundarbereich I, Klassen 7-10, Hannover 1990, Mat. 2/4, M 8 – **S. 142:** M1: zit. nach: Anatol Feid, Die Spur des Fixers, Patmos Verlag, Düsseldorf 1991, S. 36-37; M2: zit. nach: Eva Bilstein und Anette Voigt-Rubio, a.a.O., S. 62 – **S. 143:** M3: zit. nach: Bundeszentrale für gesundheitliche Aufklärung/Ernst Klett Verlag (Hg.), Unterrichtswerke zu Drogenproblemen, Stuttgart 1980, S. 121 – **S. 144:** (Situationen A-D): Niedersächsisches Landesinstitut für Lehrerfortbildung, Lehrerweiterbildung und Unterrichtsforschung (Hg.), a.a.O., S. 24, M4a – **S. 146:** M1: Eva Bilstein und Anette Voigt-Rubio, a.a.O., S. 64 – **S. 147:** M2: zit. nach: Anatol Feid, a.a.O., S. 11-13; M3: zit. nach: Anatol Feid, a.a.O., S. 28-29 – **S. 148:** (Situationen A-C): Niedersächsisches Landesinstitut für Lehrerfortbildung, Lehrerweiterbildung und Unterrichtsforschung (Hg.), a.a.O., Kapitel 2.3, M 7a – **S. 150:** (Rezepte für Getränke): Niedersächsisches Landesinstitut für Lehrerfortbildung, Lehrerweiterbildung und Unterrichtsforschung (Hg.), a.a.O., Kapitel 2.7, M 10-3a – **S. 151:** (Gesundheitstest): zit. nach: Deutsches Rotes Kreuz – Referat Jugendrotkreuz, Bonn; zit. nach: Politik betrifft uns, Heft 11/1989, Bergmoser und Höller Verlag, Aachen 1989, S. 25

3.3 Von den Weibern, die man(n) nennet die Hexen
S. 154: Q: Wolfgang Behringer (Hg.), Hexen und Hexenprozesse, Deutscher Taschenbuch Verlag, München 1988, S. 209 – **S. 155:** M: Irene Franken und Ina Hoerner, Hexen, Köln 1985, S. 101 – **S. 157:** Hausmittel: zit. nach: Angelika Bunz, Hexen, Verfolgung von Frauen, Verlag an der Ruhr, Mühlheim 1993, S. 45; M: zit. nach: Hexen, Katalog zur Sonderausstellung Hexen im Hamburgischen Museum für Völkerkunde, Hamburg 1979, S. 31 – **S. 158:** M1: Eva Labouvie, Zauberei und Hexenwerk, Ländlicher Hexenglaube in der frühen Neuzeit, Fischer Taschenbuch, Frankfurt/M. 1991, S. 155-159; M2: Eva Labouvie, a.a.O., S. 162f.; M3: Eva Labouvie, a.a.O., S. 183 – **S. 159:** M4: Richard van Dülmen (Hg.), Hexenwelten, Fischer Taschenbuch, Frankfurt/M. 1987, S. 423; Umfrage: Der Stern, Nr. 38 vom 11.9.1986 – **S. 161:** Q1: zit. nach: Angelika Bunz, a.a.O., S. 10; Q2: Heide Wunder, Er ist die Sonn, sie ist der Mon, Beck Verlag, München 1993, S. 23; M: Heide Wunder, a.a.O., S. 12 – **S. 162:** Q1: zit. nach: Bodo von Borries und Anette Kuhn (Hg.), Frauen in der Geschichte, Bd. VIII, Schwann Verlag, Düsseldorf 1986, S. 139 – **S. 163:** Q2: zit. nach: Borries und Kuhn, a.a.O., S. 141; Q3: zit. nach: Borries und Kuhn, a.a.O., S. 141 – **S. 164:** Q: Wolfgang Behringer, a.a.O., S. 136f.; M: Wolfgang Behringer, a.a.O., S. 179-188 – **S. 165:** Übersicht nach: Richard van Dülmen, a.a.O., S. 192f.

3.4 Wohin mit Oma und Opa?
S. 172: M1: Gespräch mit der Autorin im Unterricht am 6.10.1994 in Garbsen; M2: zit. nach: B. Frandsen, Die Idee des Alexander U.; in: Frankfurter Rundschau vom 23.4.1988, S. 5 – **S. 173:** M3: Gespräch mit der Autorin im Unterricht am 27.9.1994 in Garbsen; M4: Gespräch mit der Autorin im Unterricht am 27.9.1994 in Garbsen – **S. 175:** Q1: Albrecht Dürer nach dem Tod seiner Mutter, 1514; zit. nach: Ingrid Weber-Kellermann, Die Familie, Insel Verlag, Frankfurt 1976; Q2: zit. nach: Adelbert von Keller, Hans Sachs Werke, Bd. 7, Hildesheim 1964, S. 215; (1): Peter Borscheid, Geschichte des Alters, Deutscher Taschenbuch Verlag, München 1989, S. 38 – **S. 178:** M1: Wochen-

Quellenverzeichnisse

schau Nr. 6, 1990, Themenheft Alter(n), Wochenschau Verlag, Schwalbach bei Frankfurt/M. 1990, S. 211 – **S. 179:** M2,3: Tonbandprotokoll der Autorin vom 18.5.1993 im Altersheim Eichenpark in Hannover-Langenhagen – **S. 180:** M: Interview am 8.11.1994 in Garbsen – **S. 183:** M: zit. nach: S. Weidenbach-Janositz, Treffpunkt ist die „Wissens-Börse"; in: Frankfurter Rundschau vom 23.4.1988, S. 5

4.1 Konflikte in der Stadt
S. 188: Q1: W. Lautemann und M. Schlenke, Geschichte in Quellen, Band 2, Mittelalter, Bayerischer Schulbuchverlag, München 1970, S. 723; Q2: Lampert von Hersfeld, Annalen, neu übersetzt von Adolf Schmidt (= Ausgewählte Quellen zur deutschen Geschichte des Mittelalters, hrsg. v. Rudolf Buchner, Band XIII), Berlin o.J., S. 237-249; Q3: Übersetzung H. Neifeind, nach: Koelhoffsche Chronik, S. 708; in: Die Chroniken der deutschen Städte, Band 14, Köln Band XIII, 2. unv. Aufl. Leipzig 1877 (unv. Nachdruck Göttingen 1968) – **S. 189:** Q4: Übersetzung H. Neifeind, nach: Dat nuwe boich, S. 257f.; in: Die Chroniken der deutschen Städte, Band 12, Köln Band I, 2. unv. Aufl. Leipzig 1875 (unv. Nachdruck Göttingen 1968); Q5: zit. nach: Ennen, Leonard: Geschichte der Stadt Köln meist aus den Quellen des Kölner Stadtarchivs, Band 2, Schwann, Köln und Neuß 1865, S. 677 – **S. 191:** Q: Übersetzung H. Neifeind, nach: Walther Stein, Akten zur Geschichte der Verfassung und Verwaltung der Stadt Köln, Band 2, Bonn 1895, S. 13, Nr. 19 – **S. 192:** Q1: G. Schneider, Die mittelalterliche Stadt; in: A. Kuhn und G. Schneider, Geschichtsunterricht 5-10, München-Wien-Baltimore 1981, S. 50 (Schneider zit. aus: H. Heumann und O. Reinhardt (Hg.), Bürger und Bauern im Mittelalter, 12. Aufl. Frankfurt 1975, Hirschgraben-Lesereihe für die Schule, Reihe IV, 1, S. 25f.); Q2: Ingeborg Seltmann, Frauenleben – Frauenarbeit; in: Praxis Geschichte 2/1994, Westermann Verlag, Braunschweig 1994, S. 40 – **S. 193:** M: Eva-Maria und Wilhelm Linert, Wohin mit Meister Laubenhard? in: Praxis Geschichte 2/1994, Westermann Verlag, Braunschweig 1994, S. 29 – **S. 194:** M: zit. nach: Erich Keyer, Deutsches Städtebuch, Band 3.1., Niedersachsen, Kohlhammer Verlag, Stuttgart 1952, S. 268; Q1: Übersetzung H. Neifeind, nach: Das hannöverische Stadtrecht, bearb. v. J. Frhr. Grote, Hannover 1856, S. 414; Q2: zit. nach: F. Keutgen, Urkunden zur städtischen Verfassungsgeschichte, Berlin 1899, Nr. 334; Q3: Übersetzung H. Neifeind, nach: Walther Stein, Akten zur Geschichte der Verfassung und Verwaltung der Stadt Köln, Band 2, Bonn 1895, S. 26, Nr. 38 – **S. 195:** Q4: Übersetzung H. Neifeind, nach: Das hannöverische Stadtrecht, a.a.O., S. 441; Q5: zit. nach: W. Lautemann und M. Schlenke, Geschichte in Quellen, Band 2, Mittelalter, München 1970, Bayerischer Schulbuchverlag, München, S. 724f.; Q6: Übersetzung H. Neifeind, nach: Chronik des B. Zink; in: Die Chroniken der deutschen Städte, Band 5, Augsburg, Leipzig 1866 (unv. Neudruck, Verlag Vandenhoek und Ruprecht, Göttingen 1965), S. 128ff. – **S. 196:** Q: Übersetzung H. Neifeind, nach: Chronik des B. Zink, a.a.O., S. 128ff. – **S. 202:** M1: Informationsblatt der Firmengruppe „Stadium und P&O" vom 24.9.1994; M2: Interview des Autors mit Norbert Turra-Ebeling (Die Grünen im Rat) am 4.11.1994 und Bunte Liste Oberhausen (Hg.), Neue Mitte Oberhausen, Oberhausen 1991, S. 15, 31, 50 (Eigenverlag) – **S. 204:** M: Deutsches Allgemeines Sonntagsblatt vom 22.7.1994

4.2 Gesichter der Industriegesellschaft
S. 209: Q: Christian Bernoulli, Rationelle oder theoretisch-praktische Darstellung der gesamten mechanischen Baumwollspinnerei, Basel 1829, S. 7ff.; zit. nach: W. Treue und K.-H. Manegold: Quellen zur Geschichte der industriellen Revolution, Musterschmidt-Verlag, Göttingen 2. Auflage 1979, S. 103f. – **S. 210:** Q1: Ottilie Baader, Aus meinem Leben, 3 Teile, Dietz Verlag, Stuttgart/Berlin 1910-1914, Abdruck nach der Neuauflage Berlin/DDR, Dietz Verlag 1961, S. 43 ff.; zit. nach: Wolfgang Emmerich (Hg.), Proletarische Lebensläufe, Band 1, Rowohlt, Reinbek bei Hamburg 1974, S. 132f.; Q2: Ch. Weber-Herfor, Termindruck und ständige Hetze. Berichte von Arbeiterinnen 1928 und 1992; zit. nach: Frankfurter Rundschau vom 2.5.1992, S. ZB 5; zit. nach: Neue Technologien, Wochenschau, Nr. 1/1994, Wochenschau Verlag, Schwalbach bei Frankfurt/M. 1994, S. 5 – **S. 211:** M: Ch. Weber-Herfor, a.a.O., S. 5 – **S. 212:** Q: H. Hirzel, Über die Wechselwirkungen der protestantischen Kirche und dem sozialbürgerlichen Leben, mit besonderer Berücksichtigung auf die Fabrikindustrie; in: Verhandlungen der schweizerischen reformierten Prediger-Gesellschaft, vierzehnte Jahresversammlung den 19. und 20. Juli 1853, Glarus 1853; zit. nach: J. Kuczynski, Geschichte des Alltags des deutschen Volkes, Band 3, Pahl-Rugenstein Verlag, Köln 1981, S. 258 – **S. 213:** M: Hans-Martin Große-Oetringhaus, Wenn die Kindheit im Knüpfrahmen hängenbleibt; zit. nach: Wochenschau Nr. 3/1986, Wochenschau Verlag, Schwalbach bei Frankfurt/M. 1986, S. 104f. – **S. 214:** Q1: W.H. (anonym), Im Hüttenwerk; in: Arbeiterjugend, Berlin, 9.4.1910; zit. nach: Fr. G. Kürbisch (Hg.), Der Arbeitsmann, er stirbt, verdirbt, wann steht er auf? Sozialreportagen 1880 bis 1918, J. H. W. Dietz Nachf., Berlin/Bonn 1982, S. 126f. – **S. 215:** Q2: A. Levenstein (Hg.), Aus der Tiefe. Arbeiterbrief. Beiträge zur Seelenanalyse moderner Arbeiter, Berlin 1909, S. 99-104; zit. nach: W. Emmerich (Hg.): Proletarische Lebensläufe, Band 1, Rowohlt, Reinbek 1974, S. 203 – **S. 216:** Q1: R. Mohl, Über die Nachteile, welche sowohl den Arbeitern selbst als dem Wohlstande und der Sicherheit der gesamten bürgerlichen Gesellschaft von dem fabrikmäßigen Betrieb der Industrie zugehen und über die Notwendigkeit gründlicher Vorbeugungsmittel, 1835; in: C. Jantke und D. Hilger (Hg.): Die Eigentumslosen, Alber-Verlag, München 1965, S. 299f; Q2: N. Joniak, Das Arbeiterwohnungselend im rheinisch-westfälischen Industriebezirk, Frankfurt/M. 1908, S. 4f.; zit. nach: H. de Buhr und M. Regenbrecht, Industrielle Revolution und Indsutriegesellschaft, Hirschgraben Verlag, Frankfurt/M. 1987, S. 46. – **S. 217:** M: Rudolf Braun, Einführung und Auswertung; in: Karl Ditt und Sidney Pollard (Hg.), Von der Heimarbeit in die Fabrik, F. Schöningh Verlag, Paderborn 1992, S. 361 – **S. 218:** Q1: Karl Marx und Friedrich Engels, Manifest der Kommunistischen Partei (1848); in: H.-J. Lieber und P. Furth (Hg.), Karl Marx, Werke, Band II, Frühe Schriften, Wissenschaftliche Buchgesellschaft, Darmstadt 3. Aufl. 1990, S. 818-832 – **S. 219:** Q2: E. Schraepler (Hg.), Quellen zur Geschichte der sozialen Frage in Deutschland 1800-1870, Band 1, Musterschmidt-Verlag, 3. Aufl. Göttingen 1964, S. 144f.; Q3: H. Mönnich, Aufbruch ins Revier – Aufbruch nach Europa (Hoesch 1871-1971), Bruckmann Verlag, München 1971, S. 184f. – **S. 220:** M1: Dietmar Petzina, Wirtschaft und Arbeit 1945-1985; in: Wolfgang Köllmann, Hermann Korte, Dietmar Petzina und Wolfhard Weber (Hg.), Das Ruhrgebiet im Industriezeitalter. Geschichte und Entwicklung, Band 1, Schwann im Patmos Verlag, Düsseldorf 1990, S. 518 – **S. 221:** M2: Westdeutsche Allgemeine Zeitung vom 21.5.1994, Norbert Welter – **S. 225:** M: Richard A. Houghton und George M. Woodwell, Globale Veränderung des Klimas; in: Spektrum der Wissenschaft, Digest, Umwelt-Wirtschaft, Heidelberg 1994, S. 76 (zuerst in: Spektrum der Wissenschaft, 6/1989, S. 106-114)

Quellenverzeichnisse

Bildquellen

amnesty international, Bonn: 92 (2) – Archiv Gerstenberg, Wietze: 217 – Archiv für Kunst und Geschichte, Berlin: 65, 69, 71, 73, 79 (4,5), 84, 154, 156 (2), 160 (3), 164, 166 (1), 168 – Arendt Communications, Bonn: 186 (u.), 201 (2,3), 205 (2) – Bavaria, Gauting: 99 (1) – Bayerische Staatsbibliothek, München: 190 – B & B Werbeagentur, Hannover: 132 (1,2) – Bergbaumuseum Bochum: 215 (1,2) – Berliner Stadtreinigungsbetriebe, Unternehmenskommunikation: 227 (1) – Bibliotèque Nationale, Paris: 96, 169 – Bielefelder Fotobüro, Veit Mette: 129 – Bildarchiv Preußischer Kulturbesitz, Berlin: 60, 64, 72, 79 (1), 85, 156 (1), 160 (1,2), 162 (1,2), 174 (3), 175, 195, 206, 207 (1), 219 – Blossey, Hans, Hamm: 221 – Bohle, Prof. Dr., Freiburg: 6 – British Library, London: 66, 79 (2) – Broschüre: Bundeszentrale für gesundheitliche Aufklärung: „Infoset Jugend und Drogen", Köln 1986: 138, 147 – Broschüre: Bundeszentrale für gesundheitliche Aufklärung: „Unsere Kinder frei von Drogen?", Köln 1986: 141 (1) – Broschüre: Bundeszentrale für gesundheitliche Aufklärung: „Rauchfrei", Köln 1993: 150 – Buch: Blanc, Olivier: „Une Femme de Libertés – Olympe de Gouges", Syros/Alternatives, Paris 1989: 81 – Buch: Borscheid, Peter: „Geschichte des Alters", Coppenrath Verlag, Münster 1987: 174 (1,2) – Buch: Dinkmuth, K.: „der seel wurtzgärtlein", 1483: 156 (3) – Buch: Herding, K. und Reichardt, R.: „Die Bildpublizistik der Französischen Revolution", Suhrkamp, Frankfurt/M. 1989: 87 (2) – Buch: Landesdenkmalamt Baden-Württemberg und der Stadt Zürich (Hg.): „Stadtluft, Hirsebrei und Bettelmönch. Die Stadt um 1300", 1992, Zeichnung: Jörg Müller, Biel: 205 (3) – Buch: Ruppert, W.: „Die Fabrik. Geschichte von Arbeit und Industrialisierung in Deutschland", Verlag C. H. Beck, München, 2. Aufl. 1993: 52 – Buch: Struck, Reiner: „Die Reformation", Ernst Klett Verlag, Stuttgart 1983: 63 (2) – Buch: Wolf-Graaf, Anke: „Die verborgene Geschichte der Frauenarbeit, Beltz Verlag, Weinheim 1983: 134 (1) – Buch: Wollschläger, Hermann Maria: „Hansestadt Köln", Wienand Verlag, Köln 1988: 186-187, 189 – Burgerbibliothek Bern: 194 – Busse, Gero, Göttingen: 8, 13 (1,2), 14, 15 (1,2), 16 (2), 17, 18, 19, 20 (1,2,3), 21 (1,2,3), 25, 29 (1), 30 (1,2), 202 – Castor-Film, Oberwesel: 63 (1) – CCC Cartoon-Caricatur-Contor, München: Haitzinger, Horst: 49, 224 (1), Mester, Gerhard: 141 (2), 204, 224 (2) – Deutsche Presseagentur, Frankfurt/M.: Titelbild, 28, 32 (2), 33 (1), 34, 38 (1), 44 (1), 53, 56, 102-103 (u.), 103 (3), 134 (2), 170-171, 171 (2), 209, 225 (1) – Deutsche Welthungerhilfe, Bonn: 20 (4), 24 (2) – Deutscher Entwicklungsdienst/Herbert Walther, Berlin: 29 (2) – Deutsches Museum, München: 208 (2), 212 – Drescher, Angela, Hannover: 120-121 (u.), 127, 135 (1,2) – Erich Schmidt Verlag, Berlin, Zahlenbilder: 59 (3) – Eschweiler, Aachen: 118 – Evangelischer Pressedienst (epd), Frankfurt/M.: 78 (2), 93 (1) (© epd-bild/Geilert) – Fink, Jockel, Berlin: 143 – Flentje, Ru-dolf, Eressen: 94 (1) – Foto-Pohl, Berlin: 137 (3), 142 (2), 146 – Frankfurter Rundschau/Felix Mussil: 95 – Fürstl. Waldburg-Zeil'sches Gesamtarchiv, Leutkirch: 74 (1,2) – Gesamttextil, Eschborn: 211 – Globus, Hamburg: 59 (1), 111 (2), 112, 176, 178 (1), 180, 182 (1) 220 (2), 222 (4), 223 (2) – Groß, Susanne, Garbsen: 170 (1,3), 172, 178 (2), 179, 182 (2) – Grote, Annegret, Kleve: 6-7 (Hintergrundfoto), 7 (1,3,4) – Gruner + Jahr: 36 (Geo Nordsee, S. 128), 148 (© Hegenbart/stern) – Hachette, Paris: 90 – Hamburger Kunsthalle, Hamburg: 166 (3) – Herzog August Bibliothek, Wolfenbüttel (Li 5530 21, 287): 163 – Historia Photo, Hamburg: 192 – Historisches Archiv Krupp, Essen: 214 – KNA-Bild, Frankfurt: 91 – Kruse, Michael, Bremen: 106 (2) – laif, Köln: 111 (1) (© Axel Krause/laif), 140 (2) (© Manfred Linke/laif) – Lichtenberg, Bernd, Übach-Palenberg: 103 (2), 119 (1,2) – Mansell collection, London: 208 (1) – Marcks, Marie, Heidelberg: 121 (o.r.) – Mary Evans Picture Library, London: 87 (1) – Mauritius, Frankfurt/M.: 126 (1) (© Mauri-tius/Cash) – MB-Archiv, Stuttgart: 222 (1) – Meinert, Franz, Dortmund: 94 (2) – Misereor, Aachen: 113 (2) – Müller-Moewes, Ulf, Königswinter: 106 (1) – Museum für bildende Künste, Leipzig: 166 (2) – Oechtering, Elisabeth, Rheine: 32-33 (Hintergrundfoto), 37, 40, 102 (1,2,3), 103 (1), 116, 126 (2), 152, 170 (2), 171 (1), 225 (2), 227 (2) – Photographie Giraudon, Vanves: 80 (1,2) (© Musee Carnavalet), 82, 86 (1,2,3), 88, 89, 97, 98 – Pressefoto Michael Seifert, Hannover: 120-121 (o.), 131 (1,2), 136 (1), 137 (1,2) – Ruhrkohle AG, Essen: 207 (2) – Schirmer & Mosel, München: 226 – Smorra, Henry, Bücken: 50-51 (Hintergrundfoto) – Spiegel-Verlag, Hamburg: 57 – Stadt Oberhausen, Presse- und Werbeamt: 198, 205 (1) – Süddeutscher Verlag, München: 210, 223 (1) – terre des hommes, Osnabrück: 99 (2), 213 – TransFair e.V., Köln: 117 (3) – transparent/Herby Sachs, Köln: 61, 75, 76, 78 (1), 79 (6) – Ullstein Bilderdienst, Berlin: 153, 216 (1) – Umweltschutzverlag/ Greenpeace, Hamburg: 33 (2) (© R. Borcherding/Greenpeace), 38 (2), 44 (2) (© Patrick Piel/ Greenpeace), 46 u. 48 (© S. Viel-mo/Greenpeace) – Unkel, Rainer, Bonn: 24 (1) – Verlagsarchiv, Berlin: 7 (1), 29 (3), 62, 79 (3), 113 (1), 149, 207 (3), 222 (2) – Vollmer, Manfred, Essen: 220 (1) – Werth, Inge, Frankfurt/M.: 128 – Wildlife, Hamburg: 32 (1), 42 (1), 42 (2) (© M. Ed-wards/Wildlife) – Zeitschrift: „Frauen und Schule", Heft 21, Mai 1988, Frauen + Schule Verlag, Berlin: 122, 123 (Florence Debray) – Zeitschrift: „Geschichte lernen", Heft 6, 1988, Friedrich Verlag, Seelze: 81 (o.), 92 (1), 93 (2,3) – Zenit, Berlin: 181

Zeichnungen
Teßmer, Michael, Hamburg

Karten und Grafiken
Becker, Klaus, Frankfurt/M.; Langkafel, Skip, Berlin

Register

Aachen 119
Abholzung 24, 31, 225
Absolutismus 82
Ackerbau 9
Adel 64f., 70, 82f., 84f., 86f., 97f., 189
Afrika 10ff., 26f., 95, 110, 116
Algenblüte 38
Algerien 45
Alphabetisierung 21, 29
Alten(pflege)heim 178f., 180f., 185
Altamirano 75
Amerika s. USA
Anden 105, 113
Äquator 105
Arbeiterinnen/Arbeiter 88, 178, 193, 197, 209, 214, 218
Arbeitslosigkeit 47, 213, 223
Arbeitsplätze 197f., 202, 223, 225
Arbeitszeit 210
Ärmelkanal 42f.
Armut 75, 77, 106f., 175, 178, 197, 213, 226
Asien 26
Aufklärer 82
Auto 55, 58f., 203

Baden-Württemberg 165
Bastillesturm 86, 88
Bäuerinnen/Bauern 14, 22f., 63ff., 83ff., 97f., 108, 160, 161, 215
Bauernkriege 68, 70, 72f., 74, 164
Baumwolle 14, 18f., 25f., 28, 104, 209, 212
Bayern 165
Beamte 188
Benz, Carl 58
Bergbau/Bergwerk 26, 71, 110, 198, 209, 220
Berlichingen, Götz von 70
Berlin 107, 210, 216
Bevölkerungsentwicklung 22f., 29, 31, 204
Bochum 183
Bodenschätze 76
Bogotá 106f., 111
Bohrinsel 44f., 48
Bolivien 112
Börse 108, 117
Bourgeoisie 218
Brache 15
Brandenburg 165
Bremen 46

Brügge 190f.
Buchdruck 62
Bundschuh 65
Bunte Liste/Grüne 200, 202
Bürgerinnen/Bürger 64, 70, 72, 74, 83f., 96, 188, 191, 194, 199
Bürgerkrieg 8f., 28, 110
Bürgerrechte 188, 193
Burkina Faso 18f., 20f., 22

Cali 107
Campesinos 103, 109
Cash Crops 25
CDU 200
Chiapas 75ff.
Chibchas 110
China 93
Coca 109, 111f., 113
Côte d'Ivoire (Elfenbeinküste) 19

Darfur 8ff., 14, 17, 24
Dagari 18
Daimler, Gottlieb 58
Dampfmaschine 58, 215
Dänemark 36
Deutschland 23, 26, 44f., 47, 58f., 66, 74, 96, 99, 107, 116, 139, 164f., 176, 180, 185, 203, 213, 221
Diktator/Diktatur 27, 98
Direktorium 98
Dortmund 191, 194, 221
Dritte Welt 78, 116, 119, 148, 213, 224
Dritter Stand 83f., 86f., 98
Drogen 110f., 112, 114f., 136ff.
Duisburg 181
Dürre 8f., 14, 22f., 31
Düsseldorf 194

Ebbe 36
Ecuador 110
Eichsfeld 72
Eisen-, Stahlindustrie 214f.
Eisenbahn 27, 197f.
Emden 47
Energiehunger 224f.
Engels, Friedrich 218
England s. Großbritannien
Entwicklungshilfe 23, 25, 31
Erdöl/Erdgas 42, 44, 47, 76f., 104, 108, 110
Erosion 23, 29, 31

Register

Erzbischof 188f., 191
Erziehung 17
Essen 12, 214, 219
Europa 26f., 47, 111f., 138, 154, 200, 221
Europäische Union (EU) 25, 46, 107, 203
Export 25, 27, 108f.

Fabrik/Fabrikant 197, 209f., 212, 218
Familie 8f., 14f., 17f., 19f., 24, 160f., 172, 180, 216
FDP 200
Flüchtlinge 8f., 28
Flüchtlingslager 8, 28
Flut 36
Folter 92, 155, 166, 169
Frankfurt 191
Frankreich 26, 74, 83ff., 90ff., 98
Französische Revolution 85, 91, 93
Frauen 16, 19f., 29, 64, 73f., 87f., 124f., 154, 178, 185, 192, 208
Frauenarbeit 134, 210f.
Frauenclub/-bewegung 89
Frauentag 94f.
Freizeit 172, 199, 202
Fritz, Joß 65
Fronarbeit 66

Gastarbeiter 181
Geismair, Michael 71
Generalstände 84
Genossenschaft 117
Geoffrin, Marie Therese 82
Geschlechterherrschaft 188f.
Gewalt 110f., 128f., 135, 189
Gewaltenteilung 82
Gewerkschaften 47, 218
Geyer, Florian 70
Ghana 18f.
Gleichberechtigung 74, 96, 99, 132f.
Gouges, Olympe de 91
Großbritannien 26, 44f., 202, 208, 224
Großfamilie 180f.
Grundherr 65, 87, 194
Guerilla 110
Gummi Arabicum 14, 28
Gutenberg, Johannes 62

Hamburg 37, 107, 219
Händlerinnen/Händler/Handel 15, 88, 108, 209

Handwerkerinnen/Handwerker 64, 160f., 189, 191f.
Hannover 195
Hebamme 156f., 161, 169, 192
Helgoland 43
Henot, Katharina 155
Hessen 56, 165
Hexen 154ff., 169
Hexenhammer 162f.
Hirse 8f., 14f., 18f., 20, 25, 30
Hüttenindustrie 214, 220
Hunger 8, 22ff., 31, 164, 224

Imperialismus 26
Import 27, 108
Indianer/Indios 26, 75ff., 107, 110, 113
Indien 99, 213
Industrialisierung 62, 197, 207ff., 224
Industrie 198, 207
Industriestaaten 27, 95, 224
Irak 93
Iran 45
Islam 14, 28, 138

Jugoslawien 93

Kaffee 104, 108f., 112, 116
Kapital 209
Kapitalismus 218
Kaufleute 64, 188f.
Kempten 65f.
Kinder 16f., 19, 100, 160, 208, 216
Kinderarbeit 212f., 217
Kindersterblichkeit 177, 184
Kirche 18, 161f., 169, 180, 199
Klerus 83, 85f., 98
Klima 10f., 22, 164, 225
Klimadiagramm 10f., 12f.
Kloster 62, 65f., 70, 73
Kohle 108, 214f.
Köln 107, 117, 155, 188ff., 194f., 197
Kolonialismus 26
Kolonie 26
Kolping, Adolf 219
Kolumbien 102ff., 116, 119
Körpersprache 130f.
Kredite 109
Krieg 44, 93, 175
Kuweit 45

Register

Landwirtschaft 14, 21, 27, 29, 38, 47f., 77, 110, 212, 225
Lateinamerika 26, 109, 116
Lebenserwartung 175, 177, 185
Leibeigenschaft 65, 68f., 74, 87
Lerida 119
Liberia 93
Libyen 45
Lohn 76, 97, 156, 164, 178, 209, 218, 223
London 46, 191
Lotzer, Sebastian 66, 68
Lübeck 191
Ludwig XVI. 86, 98
Luther, Martin 63, 68f., 72, 163

Magd/Dienstmagd 158, 161, 178
Mali 15, 28
Markt 15, 18f., 20, 24, 188, 221
Marx, Karl 218
Mayas 75f.
Maybach, Wilhelm 58
Mecklenburg-Vorpommern 165
Medellin 107, 111
Medizin 156f., 177, 184
Memmingen 66, 74
Menschen- und Bürgerrechte 82, 88, 90f., 100
Menschenrechtsverletzung 92
Mestizen 107
Metropole 58
Mexiko 75f., 112
Militär 26f., 75
Monokultur 25
Montesquieu, Charles de 82
Mulatten 107
Müll 38, 40f., 45, 227
Münster 188, 194
Müntzer, Thomas 71f.
Muslim 138

Nahrung 8
Napoleon Bonaparte 98
Nationalkonvent 97
Nationalpark 34f., 37, 47f.
Nationalversammlung 85, 87
Naturschutz 47
Neue Mitte 201f., 203
Niederlande 36
Niedersachsen 37, 47, 165

Niederschlag 9f., 12, 18, 22
Niger 22, 28
Nigeria 45
Nomaden 9, 15, 22f., 28, 31
Norderney 34f.
Nordrhein-Westfalen 95, 165, 199, 201
Nordsee 33ff.
Nordseeschutz-Konferenz 46, 48
Norwegen 44, 47

Oberhausen 198ff., 220
Ocosingo 73
ÖPNV 203, 225
Osnabrück 154
Otto, Nikolaus August 58
Ozon 56f.

Panama 110
Papst 63f.
Paris 86, 88, 96f.
Peru 112
Pest 164, 175
Philipp von Hessen 72
Pipeline 44f., 47
Plankton 38
Plantage 14, 26, 109
Portugal 26
Prag 157
Proletarier 210, 218

Reform 86
Reformation 63f., 66, 164
Regenwald 10, 105
Reichstag 74
Religion 14, 27f., 62, 175
Rente 178
Rheinland-Pfalz 165
Rheinland-Westfalen 219
Robespierre, Maximilian 97f.
Rohstoffe 26f., 97, 224f.
Rollenbilder 122, 133, 161f.
Rotterdam 42f.
Ruhrgebiet 198f., 200, 214f., 220f.
Ruiz, Samuel 78
Rußland 28, 45

Saarland 165
Sachsen 165
Sahara 10

Register

Sahel 9, 14, 22f., 25, 29, 31
San Cristobal de las Casas 75, 78
Sandsturm 8
Sansculotten 96f.
Santa Margarita 75
Saudi-Arabien 28, 45
Savanne 10, 13ff., 24, 31, 105
Schleswig-Holstein 37, 165
Schule 16, 18f., 25, 30, 47, 77, 122, 127f., 135, 142f., 172, 210
Schwaben 70
Schwäbischer Bund 70, 73
Schwarzmarkt 110
Selbsthilfe 21, 29
Senioren 172ff., 185
Shetland-Inseln 42
Sklaverei/Sklaven 26, 75, 85, 93
Somalia 93
Sozialhilfe 178
Sozialstaat 180
Spanien 26
SPD 200
Sri Lanka 93
Staat 15, 25, 27, 46, 71, 78, 84, 87, 90, 110f., 175, 178, 180, 212, 218
Stadt 188ff., 216
Stadtplanung 200
Stände 83f.
Ständeversammlung 86
Steuern 19, 25, 47, 65, 71, 79, 83f., 86f., 116, 188, 191, 194, 225
Streik 218f.
Sudan 8f., 14f., 22, 28
Syrien 45

■

Tansania 25
Teilzeitarbeit 133
Temperatur 12
Textilindustrie 88, 208f., 211, 217
Thailand 28
Therapie (Drogen-) 146f.
Thüringen 70f., 72, 165
Tirol 70f.
Togo 30
Tourismus 34f., 43, 46f., 48, 104
Tropen 10, 105
Tschad 93
Tuareg 28
Türkei 112, 181

■

Uganda 28
Umweltschutz 46f., 48, 199, 223, 225
Umweltverschmutzung 40, 42f., 45, 54
UNICEF 110
Universität 157, 169, 173, 183
Urlaub 183
Uruguay 92
USA 8, 25f., 93, 107, 110f., 112, 173

■

Venezuela 45, 110
Vereinte Nationen (UN) 93, 100, 223
Verfassung 71, 86f., 90, 96, 188f.
Verkehr 52ff., 54f., 202
Versailles 88
Versicherung (soziale) 178, 180, 218
Volkshochschule 183

■

Wahlrecht 87, 96
Watt/Wattenmeer 34f., 36f., 45, 47f.
Weberaufstand 188
Weinhandel 191
Weltgesundheitsorganisation (WHO) 139
Weltmarkt 27, 29, 108
Westfalen 154
Wichern, Johann Hinrich 219
Wilhelmshaven 43
Wohlfahrtsausschuß 97
Wolfsburg 55
World Tourist Center 200
Wuppertal 194
Württemberg 71, 164
Wüste 8, 10, 14, 22, 105

■

Xanten 194

■

Zehnt 65, 68f., 71, 84
Zensus 87
Zoll 84, 111, 116, 188
Zunft 189, 192f., 194
Zwölf Artikel 66, 68f., 70

Impressum

Verlagsredaktion: Johannes Völker
Technische Umsetzung: Mike Mielitz
Verlagsassistenz: Marie Coerper

Umschlagbild: Markt von Pisaq/Cusco in Peru
(Foto: dpa, Frankfurt/M.)

1. Auflage
Druck 5 4 3 2 Jahr 99 98 97 96

Alle Drucke dieser Auflage können im Unterricht
nebeneinander verwendet werden.

© 1995 Cornelsen Verlag, Berlin
Das Werk und seine Teile sind urheberrechtlich
geschützt. Jede Verwertung in anderen als den
gesetzlich zugelassenen Fällen bedarf deshalb der
vorherigen schriftlichen Einwilligung des Verlages.

Druck: Cornelsen Druck, Berlin

ISBN 3-464-64037-X

Bestellnummer 640370

gedruckt auf säurefreiem Papier, umweltschonend
hergestellt aus chlorfrei gebleichten Faserstoffen